Europarechtlicher Rahmen einer steuerlichen Förderung
von Forschung und Entwicklung

FINANZ- UND STEUERRECHT IN DEUTSCHLAND UND EUROPA

Herausgegeben von Klaus-Dieter Drüen,
Hanno Kube und Rainer Wernsmann

Band 21

Christian Kniese

Europarechtlicher Rahmen einer steuerlichen Förderung von Forschung und Entwicklung

Bibliografische Information der Deutschen Nationalbibliothek
Die Deutsche Nationalbibliothek verzeichnet diese Publikation
in der Deutschen Nationalbibliografie; detaillierte bibliografische
Daten sind im Internet über http://dnb.d-nb.de abrufbar.

Zugl.: Mainz, Univ., Diss., 2013

Gedruckt auf alterungsbeständigem,
säurefreiem Papier.

D 77
ISSN 1863-141X
ISBN 978-3-631-62806-5
© Peter Lang GmbH
Internationaler Verlag der Wissenschaften
Frankfurt am Main 2013
Alle Rechte vorbehalten.
PL Academic Research ist ein Imprint der Peter Lang GmbH.

Peter Lang – Frankfurt am Main · Bern · Bruxelles · New York ·
Oxford · Warszawa · Wien

www.peterlang.de

Meinen Eltern

Vorwort

Die vorliegende Arbeit wurde im Wintersemester 2012/2013 vom Fachbereich Rechts- und Wirtschaftswissenschaften der Johannes Gutenberg-Universität Mainz als Dissertation angenommen. Das Manuskript wurde im August 2012 fertiggestellt.

Sehr herzlich danke ich meinem Doktorvater, Herrn Prof. Dr. Hanno Kube, LL.M., der die Arbeit hervorragend und mit großem Engagement betreute und mir während des gesamten Promotionsverfahrens stets mit hilfreichen Anregungen ermutigend zur Seite stand. Ich bedanke mich ferner für die sehr schöne und lehrreiche Zeit, die ich als wissenschaftlicher Mitarbeiter am Lehrstuhl für Öffentliches Recht, Europarecht, Finanz- und Steuerrecht verbringen durfte. Herzlich danke ich auch meinen ehemaligen Kolleginnen und Kollegen an diesem Lehrstuhl für die sehr gute Zusammenarbeit.

Herrn Prof. Dr. Michael Droege gebührt mein Dank für die rasche Erstellung des Zweitgutachtens. Ferner danke ich den Herausgebern Prof. Dr. Klaus-Dieter Drüen, Prof. Dr. Hanno Kube, LL.M., und Prof. Dr. Rainer Wernsmann, für die Aufnahme meiner Arbeit in ihre Schriftenreihe „Finanz- und Steuerrecht in Deutschland und Europa".

Diese Arbeit ist meinen Eltern gewidmet, in großer Dankbarkeit dafür, dass sie mich stets liebevoll unterstützen.

Mainz, im März 2013   *Christian Kniese*

Inhaltsübersicht

Inhaltsverzeichnis

Abkürzungsverzeichnis

a.A.	anderer Ansicht
ABl.	Amtsblatt
Abs.	Absatz
AEUV	Vertrag über die Arbeitsweise der Europäischen Union
a.F.	alte Fassung
AfA	Absetzung für Abnutzung
AGVO	Allgemeine Gruppenfreistellungsverordnung
Anh.	Anhang
AO	Abgabenordnung
Art.	Artikel
Aufl.	Auflage
BB	Betriebs-Berater (Zeitschrift)
Bd.	Band
BFH	Bundesfinanzhof
BGBl.	Bundesgesetzblatt
BilMoG	Bilanzrechtsmodernisierungsgesetz
BIP	Bruttoinlandsprodukt
BMBF	Bundesministerium für Bildung und Forschung
BMF	Bundesministerium der Finanzen
BMWi	Bundesministerium für Wirtschaft und Technologie
BStBl.	Bundessteuerblatt
BT-Drucks.	Bundestagsdrucksache
BVerfG	Bundesverfassungsgericht
BVerfGE	Entscheidungen des Bundesverfassungsgerichts
bzw.	beziehungsweise

CDU/CSU	Christlich Demokratische Union Deutschlands/Christlich-Soziale Union in Bayern
DB	Der Betrieb (Zeitschrift)
DBA	Doppelbesteuerungsabkommen
DIW	Deutsches Institut für Wirtschaftsforschung e.V.
DStJG	Veröffentlichungen der Deutschen Steuerjuristischen Gesellschaft e.V.
DStR	Deutsches Steuerrecht (Zeitschrift)
DStZ	Deutsche Steuer-Zeitung (Zeitschrift)
DVBl.	Deutsches Verwaltungsblatt
EFI	Expertenkommission Forschung und Innovation
EG	Europäische Gemeinschaft
EGKS	Europäische Gemeinschaft für Kohle und Stahl
EGV	Vertrag über die Europäische Gemeinschaft
Einl.	Einleitung
ELR	European Law Reporter (Zeitschrift)
endg.	endgültig
EStDV	Einkommensteuer-Durchführungsverordnung
EStG	Einkommensteuergesetz
et al.	und andere
EU	Europäische Union
EuG	Gericht erster Instanz der Europäischen Union
EuGH	Europäischer Gerichtshof
EuR	Europarecht (Zeitschrift)
EUV	Vertrag über die Europäische Union
EuZW	Europäische Zeitschrift für Wirtschaftsrecht (Zeitschrift)
EWG	Europäische Wirtschaftsgemeinschaft
EWR	Europäischer Wirtschaftsraum

EWS	Europäisches Wirtschafts- und Steuerrecht (Zeitschrift)
f., ff.	folgende Seite(n)
FAZ	Frankfurter Allgemeine Zeitung
FDP	Freie Demokratische Partei
F&E, FuE	Forschung und Entwicklung
F&E&I, FuEuI	Forschung, Entwicklung und Innovation
FR	Finanz-Rundschau (Zeitschrift)
GewStG	Gewerbesteuergesetz
GRUR Int	Gewerblicher Rechtsschutz und Urheberrecht Internationaler Teil (Zeitschrift)
HGB	Handelsgesetzbuch
Hrsg.	Herausgeber
IBFD	International Bureau of Fiscal Documentation
IStR	Internationales Steuerrecht (Zeitschrift)
IStR-LB	Internationales Steuerrecht – Länderbericht (Zeitschrift)
IW	Institut der Deutschen Wirtschaft Köln e.V.
IWB	Internationales Steuer- und Wirtschaftsrecht (Zeitschrift)
iwd	Informationsdienst des Instituts der deutschen Wirtschaft Köln (Zeitschrift)
JZ	JuristenZeitung (Zeitschrift)
KMU	kleine und mittlere Unternehmen
KStG	Körperschaftsteuergesetz
KSzW	Kölner Schrift zum Wirtschaftsrecht (Zeitschrift)

lit.	Buchstabe
Nr.	Nummer
NJW	Neue Juristische Wochenschrift (Zeitschrift)
NVwZ	Neue Zeitschrift für Verwaltungsrecht (Zeitschrift)
OECD	Organisation for Economic Co-operation and Development
öEStG	österreichisches Einkommensteuergesetz
ÖStZ	Österreichische Steuerzeitung (Zeitschrift)
Rdnr.	Randnummer
RIW	Recht der Internationalen Wirtschaft (Zeitschrift)
Rs.	Rechtssache
s., S.	siehe; Seite
Slg.	Sammlung der Rechtsprechung des Gerichtshofs und des Gerichts erster Instanz
SPD	Sozialdemokratische Partei Deutschlands
StuB	Steuern und Bilanzen (Zeitschrift)
StuW	Steuer und Wirtschaft (Zeitschrift)
TNI	Tax Notes International (Zeitschrift)
Tz.	Textziffer
USA	Vereinigte Staaten von Amerika
v.	von; vom
vgl.	vergleiche
WiVerw	Wirtschaft und Verwaltung (Zeitschrift)

XXII

ZEuS	Zeitschrift für europarechtliche Studien (Zeitschrift)
ZfHR	Zeitschrift für Hochschulrecht (Zeitschrift)
ZfZ	Zeitschrift für Zölle und Verbrauchsteuern (Zeitschrift)
ZIM	Zentrales Innovationsprogramm Mittelstand

1. Kapitel: Einleitung

A. Einführung in die Problemstellung

Forschung und Entwicklung (F&E) haben eine eminente Bedeutung für das Wirtschaftswachstum und den Wohlstand einer Volkswirtschaft. Noch in den 1990er Jahren konnte wirtschaftliches Wachstum in Deutschland durch Rationalisierungsmaßnahmen in den Unternehmen erreicht werden.[1] Nunmehr sind viele unternehmerische Prozesse und Abläufe bereits derart effizient, dass Fortentwicklungen und Innovationen für ein weiteres Wachstum unerlässlich geworden sind – der Standort Deutschland hat sich mithin zu einem innovationsgetriebenen Markt weiterentwickelt.[2]

Deutsche Unternehmen haben in vielen Bereichen die Innovationsführerschaft in Europa, aber auch weltweit inne.[3] Da eine derartige Spitzenposition freilich nicht von garantierter Dauer ist, muss Deutschland dafür Sorge tragen, dass der Technologie- und Wissensvorsprung, auf dem die deutsche Wirtschaftskraft in vielen Branchen beruht, bewahrt und fortgeführt wird.[4] Auf dem globalisierten Weltmarkt kann sich nur behaupten, wer kontinuierlich Innovationen und Verbesserungen hervorbringt.

Innovationen können zwar auch als das Ergebnis spontaner Einfälle besonders kreativer Menschen entstehen, im Regelfall gehen sie jedoch aus intensiven Forschungsanstrengungen öffentlicher und privater Forschungseinrichtungen hervor.[5] Empirische Untersuchungen zur privatwirtschaftlichen Forschung belegen, dass ein Unternehmen umso innovativer ist, je mehr es forscht.[6] Auch ein Zusammenhang zwischen Forschungsaktivitäten und Wirtschaftswachstum ist belegt. So wuchs die Wirtschaft beispielsweise im Zeitraum zwischen 2000 und 2010 dort besonders kräftig, wo die Forschungskapazitäten besonders schnell ausgeweitet wurden.[7] Untersuchungen zufolge steigt mit zunehmenden For-

---

1   *Schlie/Stetzelberger*, IStR 2008, S. 269.
2   *Schlie/Stetzelberger*, IStR 2008, S. 269.
3   Europäische Kommission (Hrsg.), INNO-Policy Report Germany 2009, S. 6.
4   Bundesverband Informationswirtschaft, Telekommunikation und neue Medien (BIT-KOM) (Hrsg.), Positionspapier zur steuerlichen F&E-Förderung, S. 6.
5   Expertenkommission Forschung und Innovation (EFI) (Hrsg.), Gutachten 2010, S. 101; *Cremer*, Forschungssubventionen im Lichte des EGV, S. 19; *Lindecke*, Selektive staatliche Förderung innovativer Bereiche, S. 49.
6   *Spengel et al.*, Steuerliche Förderung von F&E, S. 3; Expertenkommission Forschung und Innovation (EFI) (Hrsg.), Gutachten 2012, S. 132.
7   Expertenkommission Forschung und Innovation (EFI) (Hrsg.), Gutachten 2010, S. 101; *Herbold*, Steuerliche Anreize für Forschung und Entwicklung im internationalen Vergleich, S. 8.

schungsinvestitionen eines Unternehmens auch dessen Produktivität.[8] Bei F&E handelt es sich demnach um einen elementaren Faktor für die Wettbewerbsfähigkeit von Industrien, der langfristig für die Sicherung des Wohlstands von Volkswirtschaften bedeutsam ist.[9] Eine hohe Forschungsintensität bewirkt eine nachhaltige Wertsteigerung für das forschende Unternehmen und wirkt sich – indem sie die Position der Volkswirtschaft im globalen Wettbewerb um innovative Produkte stärkt – positiv auf Wachstum und Beschäftigung aus.[10]

Während in den vergangenen Jahrzehnten viele Staaten auf dieser Erkenntnis aufbauten und die Ausgaben für öffentliche Forschung sowie für die Unterstützung privatwirtschaftlicher Forschung anhoben und damit auch ihre Privatwirtschaft zu vermehrter Forschung anregen konnten, stagniert in Deutschland der Anteil am BIP, der insgesamt für F&E ausgegeben wird. In der Folge ist Deutschland in der Rangfolge der forschungsintensivsten Volkswirtschaften der Welt aus der Spitzengruppe ins obere Mittelfeld abgerutscht. Befand sich die Bundesrepublik Ende der 1980er Jahren noch auf Platz 3, lag sie im Jahr 2006 nur noch auf Rang 11.[11] Nach jüngsten Daten wurden in Deutschland zuletzt 2,82 Prozent des BIP für öffentliche und private Forschung aufgewendet, während beispielsweise Japan und Korea ungefähr 3,7 Prozent und die USA knappe 3 Prozent aufwenden.[12] Obwohl insbesondere die nordeuropäischen Länder Finnland mit 3,9 Prozent und Schweden mit 3,4 Prozent eine auch international herausragende F&E-Quote aufweisen, werden in den 27 Mitgliedstaaten der Europäischen Union im Durchschnitt nur 1,9 Prozent des BIP für F&E ausgegeben.[13]

Um den Rückstand der Europäischen Union bei den Investitionen in Forschung nicht noch weiter anwachsen zu lassen, einigten sich die Vertreter der

---

8   Expertenkommission Forschung und Innovation (EFI) (Hrsg.), Gutachten 2010, S. 101; *Schlie/Stetzelberger*, IStR 2008, S. 269.

9   *Spengel et al.*, Steuerliche Förderung von F&E, S. 3; *Klodt et al.*, Forschungspolitik unter EG-Kontrolle, S. 4; Expertenkommission Forschung und Innovation (EFI) (Hrsg.), Gutachten 2012, S. 94.

10   *Schlie/Stetzelberger*, IStR 2008, S. 269; Expertenkommission Forschung und Innovation (EFI) (Hrsg.), Gutachten 2010, S. 101; *Legler/Schasse*, in: Expertenkommission Forschung und Entwicklung (EFI) (Hrsg.), Studien zum deutschen Innovationssystem Nr. 2-2010, S. 1 f.; *Rammer et al.*, Internationale Trends der Forschungs- und Innovationspolitik, S. 5.

11   *Legler/Krawczyk*, FuE-Aktivitäten von Wirtschaft und Staat im internationalen Vergleich, S. 1.

12   Stand 2010, OECD (Hrsg.), Main Science and Technology Indicators 2012/1, S. 21; siehe auch *Legler/Krawczyk*, FuE-Aktivitäten von Wirtschaft und Staat im internationalen Vergleich, S. 18.

13   OECD (Hrsg.), Main Science and Technology Indicators 2012/1, S. 21.

2

Mitgliedstaaten der EU im März 2002, den europäischen Binnenmarkt zum innovativsten Wirtschaftsraum der Welt auszubauen. Im Rahmen der sogenannten Lissabon-Strategie sollten bis zum Jahr 2010 die nationalen Ausgaben für F&E auf 3 Prozent des BIP ansteigen. Davon sollte die Privatwirtschaft mit zwei Drittel der Investitionen den Hauptanteil übernehmen.[14] Nachdem der Zeitrahmen abgelaufen war, ohne dass die Zielvorgabe erfüllt werden konnte, startete die EU im Jahr 2010 das Strategieprogramm „Europa 2020" und billigt den Mitgliedstaaten für das – der Höhe nach unveränderte – Ziel numehr ein längeres Zeitfenster zu: Bis zum Jahr 2020 sollen von den Mitgliedstaaten insgesamt 3 Prozent des BIP für F&E aufgewendet werden.

Das von der Bundesregierung verfolgte Bestreben, diese Zielvorgabe auf nationaler Ebene bereits bis zum Jahr 2015 zu erreichen, wird von Fachleuten als nur wenig ambitioniert bezeichnet.[15] Doch gleichwohl: Mit Steigerungen allein bei der öffentlich durchgeführten Forschung wird Deutschland dieses Ziel nur schwerlich erreichen können. Um mittelfristig die nationalen Forschungsausgaben auf 3 Prozent des BIP anzuheben, sind also insbesondere Zuwächse bei der privatwirtschaftlichen Forschung erforderlich. Um die Wirtschaft bei ihren Forschungsbemühungen zu unterstützen und Anreize für eine Ausweitung der Forschungsaktivitäten zu setzen, bietet sich staatliche Forschungsförderung an.[16]

In Deutschland werden Forschungsaktivitäten der Wirtschaft bislang nur mit direkten, projektbezogenen Programmen gefördert. Zwar werden derartige projektbezogene Maßnahmen als unverzichtbarer Grundstock der Förderung von F&E angesehen, jedoch bemängeln Fachleute viele der damit einhergehenden Nachteile. Wie noch eingehender zu zeigen sein wird, erfordern die für jedes Programm eigenen Ausschreibungsvoraussetzungen einen hohen Verwaltungsaufwand bei den um Unterstützung ersuchenden Unternehmen.[17] Dieser administrative Aufwand belastet insbesondere die kleinen und mittleren Unternehmen überproportional stark und hält diese daher oftmals von der Beantragung der Forschungsbeihilfe ab.[18] Forschungsförderung mit Mitteln des Steuerrechts (die so genannte indirekte Forschungsförderung) weist demgegenüber – wie noch darzulegen sein wird – diese nachteiligen Effekte nicht auf. Daher sprechen sich in der jüngeren politischen Debatte zahlreiche Vertreter von Wissenschaft, Politik und Wirtschaft dafür aus, auch in Deutschland eine steuerliche

---

14   Schlussfolgerungen des Vorsitzes, Europäischer Rat (Barcelona), 15. und 16. März 2002, Abs. 47; *Schlie/Stetzelberger*, IStR 2008, S. 269.
15   Expertenkommission Forschung und Innovation (EFI) (Hrsg.), Gutachten 2012, S. 20.
16   So auch *Legler/Krawczyk*, FuE-Aktivitäten von Wirtschaft und Staat im internationalen Vergleich, S. 1.
17   *Brinkmann/Maier/Brandstätter*, IStR 2009, S. 563.
18   *Kessler et al.*, DB 2008, S. 1172.

Forschungsförderung einzurichten, und verweisen dabei auf positive Erfahrungen aus dem Ausland. So stellen gegenwärtig bereits 19 der 27 EU-Mitgliedstaaten spezifische steuerliche Forschungsanreize bereit.[19] Auch im OECD-Vergleich setzen immer mehr Länder auf die verstärkte indirekte Förderung von F&E in Unternehmen.[20]

In der politischen Debatte über die Einführung einer steuerlichen Forschungsförderung in Deutschland offenbart sich ein Spannungsverhältnis. Auf der einen Seite steht das Interesse des deutschen Staates, die Haushaltsbelastung gering zu halten, indem etwa nur inländische Forschungstätigkeiten der Wirtschaft gefördert werden oder nur solche Forschungsaktivitäten steuerbegünstigt werden, die sich im Inland durch Wohlfahrtsgewinne oder die Schaffung von Arbeitsplätzen positiv auswirken. Auf der anderen Seite stehen die zwingenden Vorgaben des Europarechts, wonach die Nutzung des Binnenmarktes für Unternehmen aller Mitgliedstaaten diskriminierungsfrei und ohne Beschränkungen ermöglicht werden muss. Ferner hat sich die konkrete Ausgestaltung einer steuerlichen Forschungsförderung am europarechtlichen Verbot wettbewerbsverfälschender staatlicher Beihilfen zu messen.

Ziel dieser Arbeit ist es zum einen, einen Überblick über den gegenwärtigen Stand der deutschen Forschungsförderungslandschaft zu verschaffen und erstrebenswerte zukünftige Perspektiven im Hinblick auf eine steuerliche F&E-Förderung aufzuzeigen. Zum anderen sollen die europarechtlichen Rahmenbedingungen und zwingend zu beachtenden Vorgaben für eine derartige steuerliche Forschungsförderung untersucht werden, aus denen sich der Handlungsspielraum des nationalen Gesetzgebers ergibt.

B. Gang der Untersuchung

Die Untersuchung beginnt mit einer Definition des Begriffspaars Forschung und Entwicklung sowie der Untergruppen Grundlagenforschung, angewandte Forschung und experimentelle Entwicklung.

Daran schließt sich im zweiten Kapitel eine Bestandsaufnahme der deutschen Forschungslandschaft an. Dargestellt wird sowohl die öffentlich in Hochschulen und außeruniversitären Forschungseinrichtungen als auch die privatwirtschaftlich in Unternehmen durchgeführte Forschung. Die Ausführungen zur privat durchgeführten Forschung werden mit Statistiken über die genauen Modalitäten der unternehmerischen Forschung sowie der Forschungsaktivität in den

---

19 *Hornig*, BB 2010, S. 215.
20 Expertenkommission Forschung und Innovation (EFI) (Hrsg.), Gutachten 2012, S. 97.

einzelnen Branchen untermauert. Dabei wird bereits jeweils darauf einzugehen sein, von wem die Forschungsaktivitäten in Deutschland finanziert werden. Die Darstellung der Finanzierung von privatwirtschaftlich durchgeführter Forschung leitet über zum gegenwärtigen Stand der Forschungsförderung in Deutschland.

Ausgehend von den ökonomischen Gründen, die für eine staatliche Unterstützung von privatwirtschaftlicher Forschung sprechen, wird die in Deutschland praktizierte Forschungsförderung beleuchtet. Nach einem kurzen historischen Rückblick über steuerliche Forschungsförderung in Deutschland in früheren Jahrzehnten schließt sich ein Überblick über die gegenwärtigen projektbezogenen Forschungsförderungsprogramme des Bundes an. Besonderes Augenmerk wird sodann auf die Forschungsförderungsprogramme der EU zu richten sein. Die Kompetenzen der EU im Bereich von Forschung und Entwicklung werden beleuchtet und die von der Europäischen Kommission praktizierte Forschungspolitik sodann eingehend untersucht. Es wird dargestellt, welchen Standpunkt die Kommission zur steuerlichen Forschungsförderung in den Mitgliedstaaten eingenommen hat und welche Ziele auf europäischer Ebene im Forschungssektor verfolgt werden.

Die Art der konkreten Ausgestaltung von projektbezogener Forschungsförderung ist nicht unumstritten; daher wird auf die dagegen vorgebrachten kritischen Argumente einzugehen sein. Da bei der Untersuchung der Forschungsförderungslandschaft das umgebende Rechtssystem nicht außer Acht gelassen werden kann, schließt sich eine Darstellung von sonstigen Normen des deutschen Steuerrechts an, die sich hemmend auf die Forschungstätigkeit von Unternehmen auswirken können. Um die Bestandsaufnahme des Status quo der Forschungsförderung abzurunden, folgt ein Blick über die Landesgrenzen, der die Forschungsförderungsregime in ausgewählten europäischen Ländern – Frankreich, Niederlande und Österreich – in den Fokus nimmt.

Das dritte Kapitel widmet sich den Ansätzen einer steuerlichen Forschungsförderung. Zunächst wird behandelt, welche Meinungen von Vertretern der Wissenschaft, Politik und Unternehmensverbänden aus nationaler, deutscher Perspektive zur Einführung einer steuerlichen Forschungsförderung vertreten werden. Das Kapitel schließt mit einem Überblick über die möglichen steuersystematischen Anknüpfungspunkte, an denen eine steuerliche Forschungsförderung ansetzen könnte.

Das vierte Kapitel verfolgt das Ziel, herauszuarbeiten, welche Vorgaben des Europarechts bei der steuerlichen Förderung von F&E zu beachten sind. Zunächst sollen die allgemeinen Grundsätze der Anwendung des Europarechts auf das direkte Steuerrecht beleuchtet werden. Das den Grundfreiheiten innewohnende Diskriminierungs- und Beschränkungsverbot sowie mögliche Rechtfertigungsgründe werden aufgezeigt und sodann auf den Bereich der steuerlichen

Forschungsförderung angewandt. Dabei werden konkrete, in der politischen Debatte vorgetragene Ausgestaltungsvarianten einer steuerlichen Forschungsförderung auf ihre Vereinbarkeit mit den Grundfreiheiten hin überprüft. Daran schließt sich eine Untersuchung des europäischen Beihilfenrechts an. Nach einer Darstellung der Grundzüge des Verbots wettbewerbsverfälschender staatlicher Beihilfen einschließlich der im Bereich von F&E-Beihilfen einschlägigen Ausnahmetatbestände wird anschließend – ebenfalls anhand konkreter Beispiele – herausgearbeitet, auf welche Weise steuerliche Maßnahmen zur Forschungsförderung beihilfenrechtskonform ausgestaltet werden können.

Die Ergebnisse dieser grundfreiheits- und beihilfenrechtlichen Prüfung werden sodann im fünften Kapitel zusammengefasst. Dieses Kapitel nimmt auch Bezug auf die praktische Umsetzbarkeit einer steuerlichen F&E-Förderung, indem hier kurz auf die Frage nach der Finanzierbarkeit eines solchen Instruments eingegangen wird. Die Arbeit schließt sodann mit einer thesenförmigen Zusammenfassung im sechsten Kapitel.

C. Begriffsbestimmungen: Definition von F&E

Unter Forschung und Entwicklung versteht man schöpferische Arbeit, die systematisch durchgeführt wird, um den Kenntnisstand von Menschheit, Kultur und Gesellschaft zu erweitern und neue Anwendungsmöglichkeiten zu finden.[21]

Die Definition von F&E unterscheidet begrifflich nach dem Grad der Anwendungsnähe zwischen drei Arten von Forschungstätigkeiten. Neben der Grundlagenforschung spricht man von der angewandten Forschung sowie der experimentellen Entwicklung.[22]

Grundlagenforschung ist eine experimentelle oder theoretische Forschung, die in erster Linie neue wissenschaftliche Erkenntnisse anstrebt, ohne bereits deren Verwendungsmöglichkeiten im Blick zu haben. Reine Grundlagenforschung ist nicht auf die praktische Anwendbarkeit oder die kommerzielle Verwertung der neuen Erkenntnisse ausgerichtet, sondern strebt allein die Erweiterung des Erkenntnisstandes an.[23] Von zielgerichteter Grundlagenforschung spricht man,

---

21 OECD (Hrsg.), Frascati-Handbuch 2002, Rdnr. 63.

22 OECD (Hrsg.), Frascati-Handbuch 2002, Rdnr. 64; *Jungmittag*, in: Schefold/Lenz (Hrsg.), Europäische Wissensgesellschaft, S. 69 (71); *Bielinski*, Forschungs- und Entwicklungstätigkeiten von multinationalen Unternehmen in China, S. 29.

23 *Heinrich*, Systematik der Forschungsförderung, S. 31; *Durinke*, Gemeinschaftsrahmen, S. 192; Mitteilung der Kommission über den Gemeinschaftsrahmen für staatliche Beihilfen für Forschung, Entwicklung und Innovation, ABl. EU Nr. C 323/1 v. 30. 12. 2006, Tz. 2.2. lit. e), S. 9.

wenn Forschung mit der Erwartung ausgeführt wird, breite Erkenntnisse zu erlangen, die als Grundlage für Lösungen von bereits umrissenen Problembereichen verwendet werden können.[24] Als Beispiel für zielgerichtete Grundlagenforschung kann die Erforschung der Brennstoffzellentechnologie genannt werden.[25]

Mit dem Begriff der angewandten Forschung bezeichnet man Forschungstätigkeiten, die oftmals auf die im Rahmen von Grundlagenforschung erlangte Wissensbasis aufbauen und ebenfalls auf neue wissenschaftliche Erkenntnisse abzielen. Im Gegensatz zur Grundlagenforschung hat die angewandte Forschung – die auch als industrielle Forschung bezeichnet wird – jedoch primär eine spezifische praktische Verwendungsmöglichkeit der Forschungsergebnisse im Blick.[26] Angewandte Forschung wird durchgeführt, um Lösungen für bestimmte Probleme zu erlangen, und mündet oftmals in Patente.[27]

Von experimenteller Entwicklung, dem dritten Teilgebiet des Forschungsbegriffs, spricht man, wenn die Forschungsergebnisse zu einer praktischen Umsetzung gelangen, indem Materialien, Produkte, Dienstleistungen oder Herstellungsprozesse neu erschaffen oder bereits bestehende verbessert werden.[28] Dies kann etwa durch Prototypenbau oder das Erstellen von Demonstrations- oder Pilotprojekten geschehen.[29] Experimentelle Entwicklung weist von allen F&E-Stufen die größte Marktnähe auf, denn dieses Stadium ermöglicht eine kommerzielle Verwertung der Forschungsergebnisse.[30]

Nicht mehr vom F&E-Begriff umfasst sind indes die der eigentlichen Forschung nachgelagerten Tätigkeiten, die etwa auf die Umsetzung oder Markteinführung der neuerlangten Kenntnisse abzielen.[31] Kommen die Forschungsergebnisse zum praktischen Einsatz, indem beispielsweise ein verbessertes Produkt auf den Markt gebracht oder ein optimiertes Herstellungsverfahren angewandt wird, so wird dies nicht als Forschung oder Entwicklung, sondern als Innovation

---

24 *Reger*, Innovationsprozesse, S. 40.
25 OECD (Hrsg.), Frascati-Handbuch 2002, Rdnr. 242–243.
26 OECD (Hrsg.), Frascati-Handbuch 2002, Rdnr. 245.
27 OECD (Hrsg.), Frascati-Handbuch 2002, Rdnr. 247.
28 Mitteilung der Kommission über den Gemeinschaftsrahmen für staatliche Beihilfen für Forschung, Entwicklung und Innovation, ABl. EU Nr. C 323/1 v. 30. 12. 2006, Tz. 2.2. lit. g), S. 10.
29 Mitteilung der Kommission über den Gemeinschaftsrahmen für staatliche Beihilfen für Forschung, Entwicklung und Innovation, ABl. EU Nr. C 323/1 v. 30. 12. 2006, Tz. 2.2. lit. g), S. 10; *Durinke*, Gemeinschaftsrahmen, S. 204 f.; *Eisermann*, EuZW 1996, S. 683 (686).
30 *Durinke*, Gemeinschaftsrahmen, S. 204 f.
31 OECD (Hrsg.), Frascati-Handbuch 2002, Rdnr. 79.

bezeichnet.[32] Das Frascati-Handbuch grenzt von der F&E-Definition alle wissenschaftlichen, technischen, gewerblichen und finanziellen Schritte ab, die für die Implementierung von neuen oder verbesserten Produkten oder Dienstleistungen sowie für die gewerbliche Nutzung von neuen oder verbesserten Prozessen notwendig sind.[33] Dementsprechend sind beispielsweise Ausgaben, die ein Unternehmen für Kapitalbeschaffung oder Marketing von neuen Produkten aufwendet, auch nicht als F&E-Ausgaben anzusehen.

---

32 Vgl. Expertenkommission Forschung und Innovation (EFI) (Hrsg.), Gutachten 2010, S. 19; *Nonnenmacher*, DStR 1993, S. 1231.

33 OECD (Hrsg.), Frascati-Handbuch 2002, Rdnr. 79.

2. Kapitel: Bestandsaufnahme der deutschen Forschungslandschaft sowie des Status quo der Forschungsförderung

A. Überblick über die deutsche Forschungslandschaft

Die deutsche Forschungslandschaft lässt sich in zwei große Felder aufteilen: Forschung findet im öffentlichen Sektor und in der Privatwirtschaft statt. Von den gesamten in Deutschland getätigten Aufwendungen für F&E werden ungefähr 30 Prozent vom Staat und 70 Prozent von der Wirtschaft durchgeführt.[34] Die Frage nach der Finanzierung von Forschungstätigkeiten muss von deren Durchführung unterschieden werden, da die deutschen öffentlichen Forschungseinrichtungen auch im größeren Umfang Auftragsforschung für Wirtschaftsunternehmen ausführen und die Forschungskosten demgemäß von den Auftraggebern aus der Wirtschaft getragen werden. Umgekehrt finanziert der Staat mittels projektbezogener Fördergelder auch Teile der privatwirtschaftlich durchgeführten Forschung.

I. In öffentlicher Trägerschaft durchgeführte Forschung

In öffentlicher Trägerschaft geforscht wird in Deutschland an staatlichen Hochschulen sowie an außeruniversitären Wissenschafts- und Forschungseinrichtungen.

1. Hochschulen

Gegenwärtig zählt man 421 Hochschulen in Deutschland, darunter mehr als 100 Universitäten.[35] Den Hochschulen kommt eine eminente Bedeutung im Bereich der Forschung in Deutschland zu, so dass sie auch als das „Rückgrat" des deut-

---

34 Bundesministerium für Bildung und Forschung (BMBF) (Hrsg.), Bundesbericht Forschung und Innovation 2012, BT-Drucks. 17/9680, S. 78; Institut der deutschen Wirtschaft (IW) (Hrsg.), Grundgedanke und Ausgestaltungsvarianten einer steuerlichen FuE-Förderung, S. 3; *Herbold*, Steuerliche Anreize für Forschung und Entwicklung im internationalen Vergleich, S. 61.

35 Bundesministerium für Bildung und Forschung (BMBF) (Hrsg.), Bundesbericht Forschung und Innovation 2012, BT-Drucks. 17/9680, S. 57.

schen Forschungssystems bezeichnet werden.[36] Diese Bezeichnung begründet sich damit, dass die Hochschulen sowohl der Forschung als auch der Lehre dienen, indem sie zum einen bedeutsame Forschungsarbeit leisten und zum anderen die Ausbildung von wissenschaftlich geschultem Nachwuchs für Tätigkeiten in Wissenschaft und Wirtschaft übernehmen.[37] Die für die Erlangung von neuen Erkenntnissen wichtige Grundlagenforschung findet deutlich öfter an Hochschulen als in Unternehmen statt[38], da Hochschulen nicht auf Gewinnerzielung ausgerichtet sind und somit weniger stark als Forschungseinrichtungen der Privatwirtschaft darauf angewiesen sind, die konkrete kommerzielle Verwendungsmöglichkeit einer Erfindung im Blick zu haben.

Die im Rahmen der Grundlagenforschung erlangten Erkenntnisse mehren den Wissensstand der gesamten Gesellschaft und stehen somit – im Rahmen des patentrechtlich Zulässigen – auch den Unternehmen der Privatwirtschaft als Ausgangspunkt zur Verfügung, um darauf aufbauende Innovationen zu entwickeln und zu vermarkten. Die Privatwirtschaft profitiert somit im hohen Maße von einem gut ausgebauten Hochschulsystem. Neben der Ausbildung des von der Wirtschaft benötigten Nachwuchses an Fachkräften haben Hochschulen mit zahlreichen Unternehmen eine Kooperationspartnerschaft für ausgewählte Forschungsprojekte geschlossen.

Eine besondere Bedeutung für die regionale Wirtschaft haben dabei die gut 200 deutschen Fachhochschulen. Während diesen – im Gegensatz zu Universitäten – kein Auftrag zur Ausbildung von wissenschaftlichem Nachwuchs zugewiesen wurde, zeichnen sie sich oftmals durch einen erhöhten Bezug zur beruflichen Praxis aus. So haben sich die Fachhochschulen bei kleineren und mittleren Unternehmen sowie Unternehmen ohne eigene F&E-Abteilung zu einem wichtigen Kooperationspartner für Forschungsprojekte entwickelt.[39]

2. Außeruniversitäre Forschungseinrichtungen

Die zweite wichtige Säule innerhalb der deutschen öffentlichen Forschungslandschaft bilden die außeruniversitären Wissenschafts- und Forschungseinrichtungen. Im Wesentlichen sind hier vier große Forschungsverbünde zu nennen, die

---

36   Bundesministerium für Bildung und Forschung (BMBF) (Hrsg.), Bundesbericht Forschung und Innovation 2010, BT-Drucks. 17/1880, S. 46.

37   Vgl. Internationale Kommission zur Systemevaluation der Deutschen Forschungsgemeinschaft und der Max-Planck-Gesellschaft (Hrsg.), Forschungsförderung in Deutschland, S. 15.

38   Stifterverband für die Deutsche Wissenschaft (Hrsg.), FuE-Datenreport 2010, S. 24.

39   Bundesministerium für Bildung und Forschung (BMBF) (Hrsg.), Bundesbericht Forschung und Innovation 2012, BT-Drucks. 17/9680, S. 57.

vom Bund allein oder gemeinsam mit den Ländern getragen werden: die Fraunhofer-Gesellschaft zur Förderung der angewandten Forschung (FhG), die Her-
mann von Helmholtz-Gemeinschaft Deutscher Forschungszentren (HGF), die
Max-Planck-Gesellschaft (MPG) sowie die Wissenschaftsgemeinschaft Gott-
fried Wilhelm Leibniz (WGL).[40] Zusätzlich existieren weitere, von den Ländern
getragene Forschungseinrichtungen.[41]

3. Finanzierung der öffentlich durchgeführten Forschung

a. Finanzierung durch den Staat

Im Jahr 2009 betrug das gesamte Forschungsbudget im öffentlichen Sektor 21,7
Milliarden Euro, die sich auf insgesamt ungefähr 750 staatlich finanzierte Hochschulen und Forschungseinrichtungen verteilen.[42] Auf die staatlichen Hochschulen entfielen Forschungsausgaben in Höhe von 11,8 Milliarden Euro, die Zuwendungen an außeruniversitäre Forschungseinrichtungen im Wege der so genannten institutionellen Forschungsförderung lagen bei 9,9 Milliarden Euro.[43]

Mit insgesamt gut 7 Milliarden Euro floss der wesentliche Anteil der institutionellen Fördergelder an die vier großen Forschungsverbünde der Helmholtz-
Zentren sowie der Institute von Max-Planck-, Fraunhofer- und Leibniz-Gesell-
schaft.[44] Zwischen Bund und Ländern werden die Aufwendungen für die außeruniversitären Forschungseinrichtungen dabei nach einem festgelegten Schlüssel
aufgeteilt.[45] Diese Finanzierung durch Bund und Länder ist nicht auf einzelne

---

40 *Groß/Arnold*, Regelungsstrukturen der außeruniversitären Forschung, S. 17.
41 Ebenfalls unter die Rubrik der öffentlichen Einrichtungen mit F&E-Aufgaben fallen die
    von Bund oder Ländern eingerichteten Institute und Forschungsanstalten, wie beispiels-
    weise die Physikalisch-Technische Bundesanstalt (PTB) oder die Bundeszentrale für ge-
    sundheitliche Aufklärung (BZgA). Diese Bundeseinrichtungen sind an den Geschäftsbe-
    reich des jeweils zuständigen Bundesministeriums angegliedert und betreiben vornehm-
    lich Ressortforschung innerhalb dieses Themengebietes, vgl. Bundesministerium für
    Bildung und Forschung (BMBF) (Hrsg.), Bundesbericht Forschung und Innovation
    2010, BT-Drucks. 17/1880, S. 60.
42 Statistisches Bundesamt (Hrsg.), Statistisches Jahrbuch 2011, S. 164; siehe ferner Bun-
    desministerium für Bildung und Forschung (BMBF) (Hrsg.), Bundesbericht Forschung
    und Innovation 2010, BT-Drucks. 17/1880, S. 46.
43 Statistisches Bundesamt (Hrsg.), Statistisches Jahrbuch 2011, S. 164; Expertenkommis-
    sion Forschung und Innovation (EFI) (Hrsg.), Gutachten 2010, S. 41; für die Daten von
    2004 vgl.: *Groß/Arnold*, Regelungsstrukturen der außeruniversitären Forschung, S. 17.
44 Statistisches Bundesamt (Hrsg.), Statistisches Jahrbuch 2011, S. 164.
45 Bundesministerium für Bildung und Forschung (BMBF) (Hrsg.), Bundesbericht For-
    schung und Innovation 2010, BT-Drucks. 17/1880, S. 161.

Forschungsvorhaben bezogen, sondern bezweckt eine langfristige Förderung von Institutionen, an denen F&E-Tätigkeiten durchgeführt werden.

b. *Anteil der Privatwirtschaft an der Finanzierung von öffentlichen Forschungseinrichtungen*

Nicht sämtliche im öffentlichen Sektor durchgeführte F&E wird auch staatlich finanziert. So ist in Deutschland der von der Wirtschaft aufgebrachte Finanzierungsanteil an staatlichen Hochschulen und Forschungseinrichtungen besonders hoch: 14,2 Prozent der Hochschulforschung und 10,8 Prozent der außeruniversitären Forschung werden von der Wirtschaft getragen.[46] Im Durchschnitt aller OECD-Staaten liegt der Finanzierungsanteil der Wirtschaft weniger als halb so hoch: im Bereich der Hochschulforschung bei 6,2 Prozent und für die außeruniversitäre Forschung bei 3,7 Prozent.[47]

Zu Zahlungsflüssen von der Privatwirtschaft an die Hochschulen und staatlichen Forschungseinrichtungen kommt es, wenn letztere von der Wirtschaft mit der Durchführung von Forschungsaufgaben betraut und hierfür bezahlt werden. Der hohe Finanzierungsanteil der Wirtschaft an den öffentlichen Forschungseinrichtungen ist die Folge einer besonders intensiven Kooperation zwischen Wirtschaft und öffentlichen Forschungseinrichtungen in Deutschland. Diese wird damit begründet, dass die öffentliche Forschung zum einen in der Privatwirtschaft eine hohe Wertschätzung genieße und zum anderen vielfach auch inhaltlich an den Erfordernissen der Wirtschaft ausgerichtet werde.[48]

Der Finanzierungsanteil von Unternehmen der Privatwirtschaft ist jedoch nicht für alle außeruniversitären Forschungseinrichtungen gleich hoch, sondern variiert je nach inhaltlicher Ausrichtung der jeweiligen Einrichtung. So entstammen beispielsweise die Mittel für die auf Grundlagenforschung fokussierte Max-Planck-Gesellschaft zu 95 Prozent der öffentlichen Hand, während Mitgliedsbeiträge, Spenden und eigene Erträge mit lediglich ungefähr 5 Prozent zum Budget beitragen.[49] Die auf angewandte Forschung spezialisierte Fraunhofer-Gesellschaft hingegen wird zu ungefähr zwei Dritteln von der Wirtschaft fi-

---

46 Expertenkommission Forschung und Innovation (EFI) (Hrsg.), Gutachten 2010, S. 107.

47 Expertenkommission Forschung und Innovation (EFI) (Hrsg.), Gutachten 2009, S. 76.

48 *Legler/Krawczyk*, FuE-Aktivitäten von Wirtschaft und Staat im internationalen Vergleich, S. 54.

49 Bundesministerium für Bildung und Forschung (BMBF) (Hrsg.), Bundesbericht Forschung und Innovation 2010, BT-Drucks. 17/1880, S. 49; Bundesministerium für Bildung und Forschung (BMBF) (Hrsg.), Forschung und Innovation in Deutschland 2006, BT-Drucks. 16/3910, S. 183.

nanziert.[50] Dies lässt sich damit erklären, dass die anwendungsorientierten Forschungsprojekte der Fraunhofer-Gesellschaft zu einem hohen Maße auf die anschließende wirtschaftliche Verwertung abzielen[51] und damit für die meisten Unternehmen attraktiver sind als Projekte der Grundlagenforschung.

II. Privatwirtschaftlich durchgeführte Forschung

Neben der F&E im öffentlichen Bereich steht die privatwirtschaftlich durchgeführte Forschung. Mit einem Anteil von ungefähr 70 Prozent an den gesamten deutschen F&E-Aufwendungen stellt die Forschung durch Unternehmen eine wesentliche Säule in der deutschen Forschungslandschaft dar.[52]

In Unternehmen wird zu einem großen Teil anwendungsorientiert geforscht. Während die Grundlagenforschung eher an Hochschulen und außeruniversitären Forschungseinrichtungen angesiedelt ist, entfällt mit insgesamt ca. 95 Prozent der weit überwiegende Anteil der unternehmerischen Forschung auf die angewandte Forschung sowie die experimentelle Entwicklung und dementsprechend nur ca. 5 Prozent auf die Grundlagenforschung.[53] Einzig in Unternehmen der Chemiebranche wird mit ungefähr 11 Prozent ein über dem Durchschnitt liegender Anteil in Grundlagenforschung investiert.[54]

1. Interne und externe Forschung

Zum Zwecke einer genaueren Einordnung der von Unternehmen ausgeführten Forschung unterscheidet man zwischen internen und externen F&E-Aktivitäten. Die interne Forschung wird von den Unternehmen innerhalb des Unternehmens durchgeführt, während demgegenüber externe Forschung insbesondere die Situation der Auftragsforschung umschreibt, in der ein Unternehmen ein anderes

---

50 Bundesministerium für Bildung und Forschung (BMBF) (Hrsg.), Bundesbericht Forschung und Innovation 2010, BT-Drucks. 17/1880, S. 162.

51 Bundesministerium für Bildung und Forschung (BMBF) (Hrsg.), Bundesbericht Forschung und Innovation 2010, BT-Drucks. 17/1880, S. 162.

52 Institut der deutschen Wirtschaft (IW) (Hrsg.), Grundgedanke und Ausgestaltungsvarianten einer steuerlichen FuE-Förderung, S. 3; Bundesministerium für Bildung und Forschung (BMBF) (Hrsg.), Bundesbericht Forschung und Innovation 2010, BT-Drucks. 17/1880, S. 70; *Herbold*, Steuerliche Anreize für Forschung und Entwicklung im internationalen Vergleich, S. 61.

53 Stifterverband für die Deutsche Wissenschaft (Hrsg.), FuE-Datenreport 2010, S. 25; *Spengel/Wiegard*, Ökonomische Effekte einer steuerlichen Forschungsförderung in Deutschland, S. 9.

54 Stifterverband für die Deutsche Wissenschaft (Hrsg.), FuE-Datenreport 2010, S. 25.

Unternehmen, eine Hochschule oder eine Institution mit der Durchführung von Forschungstätigkeiten beauftragt.[55] Im Regelfall wird hierbei schuldrechtlich vereinbart, dass der Auftraggeber für die Forschungstätigkeiten ein Entgelt zu leisten hat und dass ihm hierfür die geistigen Eigentumsrechte sowie die Verwertungsrechte an dem Forschungsergebnis zustehen.[56] Bei extern ausgeführten Forschungstätigkeiten sind der Ort der Forschungsdurchführung und der Träger der anfallenden Kosten nicht identisch und es kommt in der Folge zu sektorübergreifenden Zahlungsflüssen.

Der überwiegende Teil der von der deutschen Wirtschaft durchgeführten Forschung findet intern in den Unternehmen statt. Der Anteil der von der deutschen Wirtschaft extern in Auftrag gegebenen Forschung liegt aktuell bei ca. 20 Prozent und bewegte sich auch in den Vorjahren auf diesem Niveau.[57] Im Jahr 2010 wandten deutsche Unternehmen 10,8 Milliarden Euro für externe Forschungsaufträge auf.[58]

Unternehmen können aus verschiedenen Gründen die Motivation haben, Forschungstätigkeiten auszulagern.[59] Die Inanspruchnahme fremden, mitunter sogar branchenfremden Know-hows mag ein Aspekt sein, ferner kann der Umfang extern durchgeführter Forschung leichter skaliert und an den Bedarf angepasst werden – ohne den kostspieligen und langwierigen Aufbau eigener Forschungseinrichtungen.[60]

Innerhalb der einzelnen Branchen unterscheidet sich das Verhältnis zwischen intern und extern durchgeführter Forschung zum Teil deutlich. Unternehmen des Fahrzeugbaus und der Pharmaindustrie wenden knapp 25 Prozent der Forschungsausgaben für externe F&E auf und liegen damit oberhalb des gesamtwirtschaftlichen Durchschnitts von ungefähr 19 Prozent. Im Maschinenbau hingegen werden Forschungsaufträge nur im Umfang von ca. 9 Prozent der Forschungsaufwendungen extern vergeben.[61]

---

55   *Herbold*, Steuerliche Anreize für Forschung und Entwicklung im internationalen Vergleich, S. 20.
56   *Herbold*, Steuerliche Anreize für Forschung und Entwicklung im internationalen Vergleich, S. 20.
57   Stifterverband für die Deutsche Wissenschaft (Hrsg.), FuE-Datenreport 2012, S. 8.
58   Stifterverband für die Deutsche Wissenschaft (Hrsg.), FuE-Datenreport 2012, S. 8.
59   Für einen tabellarischen Überblick über die Vor- und Nachteile von interner sowie externer Forschung siehe *Perlitz*, Internationales Management, S. 452.
60   Stifterverband für die Deutsche Wissenschaft (Hrsg.), FuE-Datenreport 2010, S. 11; *Lutz*, Steuerung internationaler Forschungs- und Entwicklungsnetzwerke, S. 89; *Perlitz*, Internationales Management, S. 448; siehe auch *Reger*, Innovationsprozesse, S. 44 f.; *Berger/Gassler/Meyer*, Kooperationspotentiale österreichischer Unternehmen, S. 96.
61   Stifterverband für die Deutsche Wissenschaft (Hrsg.), FuE-Datenreport 2012, S. 9.

An den Unternehmen des verarbeitenden Gewerbes wurde beispielhaft untersucht, wen diese Unternehmen mit externen Forschungstätigkeiten beauftragen und wer somit die Empfänger von Forschungsaufwendungen sind. Mit ungefähr 60 Prozent verbleibt dabei der größte Anteil der externen Forschungsaufwendungen innerhalb der inländischen Privatwirtschaft[62], im Umfang von 20 Prozent werden deutsche Hochschulen und staatliche Forschungseinrichtungen beauftragt und die restlichen 20 Prozent fließen an Auftragnehmer im Ausland.[63]

Der Anteil an den Aufwendungen, die von den untersuchten deutschen Unternehmen für externe Forschung ins Ausland gezahlt werden, richtet sich dabei zu vier Fünfteln an Empfänger innerhalb des eigenen Konzerns des Auftraggebers. Es handelt sich somit im Wesentlichen um interne Verrechnungen zwischen verbundenen Unternehmen, die der Finanzierung der konzernweit erfolgenden Forschungstätigkeiten dienen.[64] Von der deutschen verarbeitenden Industrie werden ausländische, nicht im Konzern verbundene Unternehmen mithin lediglich in einem Umfang von einem Fünftel der ins Ausland fließenden F&E-Aufwendungen beauftragt, was 4 Prozent der Gesamtaufwendungen für externe F&E entspricht.[65]

Zusammenfassend lässt sich festhalten, dass es sich im deutschen verarbeitenden Gewerbe bei den Empfängern von Geldern für externe Forschungstätigkeit zu ungefähr der Hälfte (46 Prozent) um verbundene Unternehmen im In- und Ausland handelt. Nichtverbundene Unternehmen im Inland erhalten 30 Prozent der Aufwendungen, jene im Ausland nur 4 Prozent. Die restlichen 20 Prozent fließen an staatliche Hochschulen und Forschungsinstitute in Deutschland.[66]

2. Forschungsaktivität von Unternehmen der deutschen Wirtschaft

a. Forschungsaktivitäten unterteilt nach Branchenzugehörigkeit

Nach einer Erhebung des Stifterverbandes für die Deutsche Wissenschaft wurden im Jahr 2010 von der deutschen Wirtschaft 57,8 Milliarden Euro für F&E aufgewendet.[67] Mit knapp 90 Prozent entfällt der größte Anteil daran auf Unter-

---

62 Das mit der Durchführung der externen Forschungsarbeit beauftragte Unternehmen befindet sich in ungefähr der Hälfte der Fälle mit dem auftraggebenden Unternehmen in einem Konzernverbund.

63 Stifterverband für die Deutsche Wissenschaft (Hrsg.), FuE-Datenreport 2010, S. 23.

64 Stifterverband für die Deutsche Wissenschaft (Hrsg.), FuE-Datenreport 2010, S. 23.

65 Und folglich nur noch 0,8 Prozent der gesamten von der deutschen Wirtschaft aufgewendeten Forschungsaufwendungen.

66 Stifterverband für die Deutsche Wissenschaft (Hrsg.), FuE-Datenreport 2010, S. 23.

67 Stifterverband für die Deutsche Wissenschaft (Hrsg.), FuE-Datenreport 2012, S. 9.

nehmen des verarbeitenden Gewerbes. Die Branche mit dem höchsten Anteil an den gesamten von der deutschen Wirtschaft aufgewendeten Forschungsausgaben stellt der Fahrzeugbau dar. Mit ca. 23,3 Milliarden Euro fiel knapp die Hälfte der F&E-Ausgaben der deutschen Unternehmen des verarbeitenden Gewerbes in diesem Sektor an.[68] Mit deutlichem Abstand folgen die Chemische Industrie einschließlich der Pharmaindustrie mit Forschungsausgaben in Höhe von 8,3 Milliarden Euro sowie die Elektrotechnik mit 7 Milliarden Euro. Der Maschinenbau belegt mit Forschungsausgaben in Höhe von 5,1 Milliarden Euro und einem Anteil von einem guten Zehntel an den gesamten F&E-Ausgaben innerhalb des verarbeitenden Gewerbes den vierten Platz.[69]

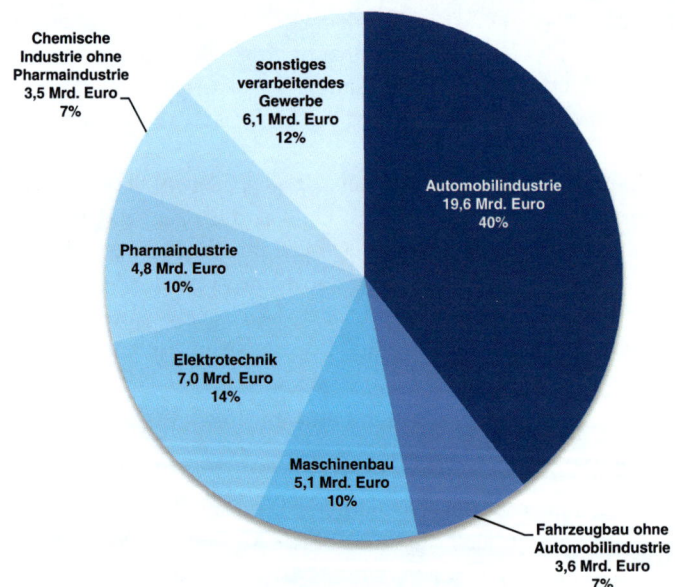

Forschungsaufwendungen des verarbeitenden Gewerbes, Stand 2010[70]

---

68 Stifterverband für die Deutsche Wissenschaft (Hrsg.), FuE-Datenreport 2012, S. 9.
69 Stifterverband für die Deutsche Wissenschaft (Hrsg.), FuE-Datenreport 2012, S. 9.
70 Quelle: Stifterverband für die Deutsche Wissenschaft (Hrsg.), FuE-Datenreport 2012, S. 9.

Mit knapp 20 Milliarden Euro entfällt ein Großteil der in der Fahrzeugbaubranche durchgeführten F&E-Aktivitäten auf Unternehmen der Automobilindustrie. In der Summe investiert die große und gesamtwirtschaftlich bedeutsame deutsche Automobilindustrie somit die meisten Mittel in die Forschung.[71] Setzt man hingegen den gesamten in einer Branche erzielten Umsatz in Relation zu den F&E-Aufwendungen, so stellen sich die Pharmaindustrie und der Luft- und Raumfahrzeugbau als die forschungsintensivsten[72] Branchen der deutschen Wirtschaft dar. Mit durchschnittlich 13 bis 14 Prozent ihres Umsatzes wenden diese Unternehmen den höchsten Umsatzanteil für F&E auf. Die Größe und der demzufolge hohe Umsatz der Unternehmen der deutschen Automobilindustrie bedingt es, dass der prozentuale Anteil des Branchenumsatzes, der für F&E aufgewendet wird, mit 6 bis 8 Prozent nur im Mittelfeld liegt.[73]

In den letzten Jahren kam es zu starken Veränderungen bei der Forschungsintensität von deutschen Unternehmen. So sank beispielsweise der Umsatzanteil, der bei Unternehmen der Elektro- und Nachrichtentechnik für Forschung aufgewandt wurde, von 1995 bis 2007 auf ein Drittel ab, während dieser Wert in der Pharmaindustrie im gleichen Zeitraum deutlich anstieg.[74]

b.   Forschungsaktivitäten von kleinen und mittleren Unternehmen (KMU)

Die Forschungsintensität von deutschen Unternehmen differiert nicht nur zwischen den Branchen, sondern auch hinsichtlich der Unternehmensgröße ergeben sich deutliche Unterschiede.

In der politischen Debatte wird nicht selten auf die hohe Bedeutung der kleinen und mittleren Unternehmen (KMU) für den Forschungsstandort Deutschland abgestellt – verbunden mit der Forderung, Unternehmen dieser Größe besonders zu fördern.[75] Daher soll zunächst dargestellt werden, welcher Anteil an der in Deutschland durchgeführten F&E auf kleine und mittlere Unternehmen entfällt.

Gemäß einer von der Europäischen Kommission entwickelten Definition spricht man von kleinen und mittleren Unternehmen (KMU), wenn ein Unternehmen nicht mehr als 250 Mitarbeiter beschäftigt. Zusätzlich muss entweder

---

71   Expertenkommission Forschung und Innovation (EFI) (Hrsg.), Gutachten 2010, S. 103.
72   Forschungsintensität ist definiert als das Verhältnis zwischen F&E-Aufwendungen und Umsatz, vgl. Stifterverband für die Deutsche Wissenschaft (Hrsg.), FuE-Datenreport 2010, S. 18.
73   Expertenkommission Forschung und Innovation (EFI) (Hrsg.), Gutachten 2010, S. 103.
74   Expertenkommission Forschung und Innovation (EFI) (Hrsg.), Gutachten 2010, S. 103.
75   Siehe etwa *Elschner/Ernst/Spengel*, Fiskalische Kosten, S. 21.

der jährliche Umsatz unterhalb der 50-Millionen-Euro-Grenze liegen oder die Jahresbilanzsumme darf höchstens 43 Millionen Euro betragen.[76]

Fast 99,5 Prozent aller deutschen Unternehmen sind als KMU zu klassifizieren – insgesamt weist die deutsche Wirtschaft knapp 1,9 Millionen Unternehmen dieser Größe auf.[77] Gleichwohl hatten kleine und mittlere Unternehmen im Jahr 2009 nur einen Anteil von ungefähr 11 Prozent an den gesamten Forschungsaufwendungen aller deutschen Unternehmen.[78] Fast 80 Prozent der F&E-Gesamtaufwendungen wurden von Betrieben mit mehr als 1 000 Mitarbeitern geleistet.[79] Auch in absoluten Zahlen überwiegt im Bereich der Forschung die Bedeutung der Großunternehmen: Allein auf die Unternehmen mit mehr als 10 000 Beschäftigten entfällt mit knapp 20 Milliarden Euro ein Anteil von ca. 44 Prozent des in der deutschen Wirtschaft jährlich für interne Forschungstätigkeiten aufgewendeten Betrags.[80]

Zwar findet der überwiegende Anteil der industriellen Forschung in Großunternehmen statt, jedoch nimmt die Bedeutung der kleinen und mittleren Unternehmen für die deutsche Forschungslandschaft stetig zu. Betrachtet man den Zuwachs der für interne Forschung aufgewendeten Mittel, so weisen die KMU gegenüber den Großunternehmen deutlich höhere Steigerungsraten auf. Bei kleinen und mittleren Unternehmen wuchsen die internen Forschungsaufwendungen im Jahr 2007 um über 13 Prozent, während in Großunternehmen nur eine Steigerung von ca. 3 Prozent zu verzeichnen war.[81]

Aus Untersuchungen geht ferner hervor, dass sich die kleinen und mittleren Unternehmen dadurch auszeichnen, dass sie bei ihrer Forschungstätigkeit mehr Flexibilität und eine höhere Risikobereitschaft aufweisen als die Großunternehmen. Es gibt eine sehr große Anzahl an KMU, die keine Forschung betreiben; wenn aber Forschung stattfindet, so erfolgt diese oftmals sehr intensiv. Somit spielen die kleinen und mittleren Unternehmen eine bedeutende Rolle in der deutschen Forschungslandschaft.[82] Aufgrund dieses Befunds und der großen An-

---

76 Empfehlung der Europäischen Kommission v. 6. 5. 2003 betreffend die Definition der Kleinstunternehmen sowie der kleinen und mittleren Unternehmen, ABl. EU Nr. L 124/36 v. 20. 5. 2003, S. 39.

77 Für eine Übersicht über den Sektor der kleinen und mittleren Unternehmen in Deutschland siehe: Europäische Kommission (Hrsg.), Small Business Act Fact Sheet Germany 2010/2011.

78 Stifterverband für die Deutsche Wissenschaft (Hrsg.), FuE-Datenreport 2011, S. 21.

79 Stifterverband für die Deutsche Wissenschaft (Hrsg.), FuE-Datenreport 2011, S. 21.

80 Bundesministerium für Bildung und Forschung (BMBF) (Hrsg.), Bundesbericht Forschung und Innovation 2012, BT-Drucks. 17/9680, S. 462.

81 Stifterverband für die Deutsche Wissenschaft (Hrsg.), FuE-Datenreport 2010, S. 14.

82 Expertenkommission Forschung und Innovation (EFI) (Hrsg.), KMU im Fokus, S. 10.

zahl von KMU erklärt sich, dass der politische Schwerpunkt in der deutschen Forschungsförderung auf die Unternehmen des Mittelstands gerichtet ist. Auch hinsichtlich einer steuerlichen Forschungsförderung wird daher diskutiert, die Förderung auf Unternehmen mit bis zu 250 Mitarbeitern zu begrenzen und damit die Kosten gering zu halten.[83] Dies würde jedoch nicht nur die Großunternehmen mit ihren hohen Forschungsaufwendungen von einer Förderung ausschließen, sondern auch Teile des industriellen Mittelstands in Deutschland, die oftmals ebenfalls oberhalb dieser Mitarbeiterschwelle liegen.[84]

3. Finanzierung der privatwirtschaftlich durchgeführten Forschung

Den weit überwiegenden Anteil der Forschungsaufwendungen innerhalb des deutschen Wirtschaftssektors finanzieren die Unternehmen selbst. Der Staat beteiligt sich jedoch an der Finanzierung der privatwirtschaftlichen Forschung im Wege der Forschungsförderung, die im Folgenden dargestellt werden soll.

B. Förderung privatwirtschaftlicher Forschung in Deutschland

I. Ökonomische Begründung von staatlicher Forschungsförderung

In einer freien Marktwirtschaft entscheiden die Marktteilnehmer über die Verwendung ihrer Ressourcen. Im Ausgangspunkt sind Privatunternehmen für die Finanzierung ihrer Forschungstätigkeiten daher selbst verantwortlich und ein wirtschaftspolitischer Eingriff des Staates in diese individuellen und dezentralen Entscheidungen bedarf einer ökonomischen Rechtfertigung.[85] Aus wirtschaftswissenschaftlicher Perspektive soll der Staat nur dann in das Innovationsgeschehen der Privatwirtschaft eingreifen, wenn ein Fall von Marktversagen vorliegt, der einer effizienten Ressourcenallokation im Bereich von Forschung und Innovation entgegensteht.[86]

---

83 Expertenkommission Forschung und Innovation (EFI) (Hrsg.), Gutachten 2012, S. 98; *Spengel et al.*, Steuerliche Förderung von F&E, S. 99.
84 Institut der deutschen Wirtschaft (IW) (Hrsg.), iwd Nr. 37/2009 v. 10. 9. 2009, S. 5; vgl. ferner Bundesverband der Deutschen Industrie (BDI) (Hrsg.), Positionspapier zur steuerlichen Forschungsförderung, S. 8.
85 Vgl. dazu grundlegend *Fritsch/Wein/Ewers*, Marktversagen und Wirtschaftspolitik, S. 1.
86 Institut der deutschen Wirtschaft (IW) (Hrsg.), Grundgedanke und Ausgestaltungsvarianten einer steuerlichen FuE-Förderung, S. 4; *Spengel/Wiegard*, Ökonomische Effekte einer steuerlichen Forschungsförderung in Deutschland, S. 54.

Es wurde bereits dargelegt, dass Forschung nicht nur dem jeweils forschenden Unternehmen selbst dient, sondern vielmehr den Kenntnisstand der gesamten Gesellschaft mehrt. Das durch Forschung erlangte Wissen steigert auch bei jenen die Produktivität, die zwar selbst keine F&E-Aufwendungen getätigt haben, aber auf das Wissen zugreifen können.[87] So werden beispielsweise die Forschungsergebnisse im Bereich der Grundlagenforschung typischerweise in Fachpublikationen veröffentlicht und zählen ab diesem Zeitpunkt zum allgemeinen Stand der Technik, auf welchem von anderen Forschern aufgebaut werden kann.[88] Da die positiven Auswirkungen der Forschungstätigkeit somit nicht nur im Bereich des Unternehmens verbleiben, sondern in die Gesellschaft hineinwirken, spricht man in der Wirtschaftswissenschaft diesbezüglich von einem „Spillover-Effekt".[89]

Ein Unternehmen wird in die Kostenkalkulation, ob die Ausgaben und finanziellen Risiken für Forschungstätigkeiten in einem angemessenen Verhältnis zum erhofften Ertrag stehen, indes nur die internen, innerbetrieblichen Faktoren mit einbeziehen und nicht berücksichtigen, welche externen positiven Effekte von Forschung auf die gesamte Gesellschaft ausgehen.[90] Wenn ein ökonomisch handelndes Unternehmen zu dem Schluss kommt, dass die Ergebnisse seiner Forschungsbemühungen größtenteils der Allgemeinheit zugutekommen, die Kosten aber im Unternehmen verbleiben, so würde es seine Forschungstätigkeiten verringern oder einstellen. Die Folge dieses Marktversagens wären Unterinvestitionen im betroffenen Forschungsfeld.[91] Durch staatliche Forschungsförderung kann diesem Hemmnis entgegengewirkt und ein Anreiz für Unternehmen gesetzt werden, verstärkt in Forschung zu investieren.[92]

Staatliche Forschungsförderung ist aber auch geeignet, sonstige Forschungshemmnisse für Unternehmen abzumildern. So birgt F&E für Unternehmen ein wirtschaftliches Risiko, da die oftmals hohen Forschungskosten von der Ungewissheit begleitet werden, ob die Forschungsbemühungen letztendlich überhaupt erfolgreich verlaufen bzw. ob die erzielten Ergebnisse jemals zu wirtschaftlich

---

87 *Legler/Krawczyk*, FuE-Aktivitäten von Wirtschaft und Staat im internationalen Vergleich, S. 12.

88 *Spengel et al.*, Steuerliche Förderung von F&E, S. 4.

89 Empirischen Studien zufolge erfahren inländische Unternehmen einen erheblichen positiven Effekt aufgrund der durch andere inländische Unternehmen durchgeführten Forschung. Dieser gesamtwirtschaftliche Spillover wird beziffert mit 170 bis 215 Prozent des privaten Nutzens, vgl. *Spengel et al.*, Steuerliche Förderung von F&E, S. 23.

90 Vgl. *Klodt*, Grundlagen der Forschungs- und Technologiepolitik, S. 8.

91 *Spengel et al.*, Steuerliche Förderung von F&E, S. 5.

92 *Herbold*, Steuerliche Anreize für Forschung und Entwicklung im internationalen Vergleich, S. 26.

verwertbaren Innovationen führen.[93] Außerdem hat ein Unternehmen über den Bereich der – von Unternehmen ohnehin nur geringfügig praktizierten – Grundlagenforschung hinaus auch in der angewandten Forschung einen „unfreiwilligen Spillover" der Forschungsergebnisse dadurch zu befürchten, dass sich Mitbewerber durch die eingehende Untersuchung des innovativen Produkts auch ohne eigene Forschungstätigkeit das dahinterstehende Wissen verschaffen können.[94] Auch die mit einer Patentanmeldung verbundenen Offenlegungspflichten führen dazu, dass die Mitbewerber des forschenden Unternehmens Einblick in die Forschungsergebnisse erhalten können. Dies birgt die Gefahr, dass von Konkurrenten ohne eigenen Forschungsaufwand ein Produkt preisgünstiger angeboten werden kann.[95] Zwar vermittelt ein Patent einen Eigentumsschutz, der anderen Unternehmen die Nutzung der patentierten Idee untersagt. Ein Spillover kann durch ein Patent jedoch nicht immer vollumfänglich verhindert werden.[96] So können die mit der Durchsetzung des Patentrechts verbundenen finanziellen und rechtlichen Risiken insbesondere finanzschwache kleinere Unternehmen davon abhalten, ihre Ansprüche in einem langwierigen Gerichtsverfahren geltend zu machen.[97]

All diese Faktoren können den Ausschlag geben, dass sich ein Unternehmen gegen die Durchführung von Forschung entscheidet. Staatliche Forschungsförderung kann nun dazu beitragen, das mit der Durchführung von Forschungstätigkeiten verbundene Investitionsrisiko abzumildern und es somit für ein kostenkalkulierendes Unternehmen attraktiver machen, in F&E zu investieren. Durch Forschungsförderung kann der Staat folglich dem Marktversagen entgegenwirken und für eine effiziente Allokation der Ressourcen in den Bereichen Forschung und Innovation sorgen.

---

93 *Klodt*, Grundlagen der Forschungs- und Technologiepolitik, S. 10; *Herbold*, Steuerliche Anreize für Forschung und Entwicklung im internationalen Vergleich, S. 25.

94 Expertenkommission Forschung und Innovation (EFI) (Hrsg.), Gutachten 2010, S. 20; *Cremer*, Forschungssubventionen im Lichte des EGV, S. 23.

95 Vgl. *Klodt*, Grundlagen der Forschungs- und Technologiepolitik, S. 8; zur Erwägung eines Unternehmens, die Offenlegung einer Erfindung zu vermeiden, indem auf die Erlangung von Patentschutz verzichtet wird: *Oppenländer*, in: Oppenländer (Hrsg.), Patentwesen, technischer Fortschritt und Wettbewerb, S. 47 (56).

96 *Cremer*, Forschungssubventionen im Lichte des EGV, S. 23.

97 *Spengel et al.*, Steuerliche Förderung von F&E, S. 6; *Spengel/Wiegard*, Ökonomische Effekte einer steuerlichen Forschungsförderung in Deutschland, S. 13.

II. Staatliche Unterstützung von privatwirtschaftlicher Forschung in Deutschland

Der deutsche Staat unterstützt privatwirtschaftliche Unternehmen bei deren Forschungstätigkeiten mit direkten, projektbezogenen Förderprogrammen. Diese Förderung stellt neben der institutionellen Forschungsförderung[98] die zweite wichtige Säule der deutschen Forschungsförderung dar. Bei der direkten Forschungsförderung wird in spezifischen Förderprogrammen eine zeitlich befristete finanzielle Unterstützung für Vorhaben in einem konkreten Forschungsfeld gewährt. Projektbezogene Förderung erfolgt aufgrund eines Antrags, der oftmals nicht nur von Unternehmen, sondern auch von Hochschulen und Forschungsinstituten gestellt werden kann.[99]

Eine indirekte, projektunabhängige F&E-Förderung mit Mitteln des Steuerrechts gibt es in Deutschland demgegenüber derzeit nicht. Eine derartige Regelung ist dem deutschen Steuerrecht indes nicht fremd. So bestand im deutschen Einkommensteuerrecht von 1964 bis 1974 sowie von 1984 bis 1989 die Möglichkeit, für F&E-Investitionen eine Sonderabschreibung in Anspruch zu nehmen.

1. Historischer Überblick über indirekte steuerliche Forschungsförderung in Deutschland

Im Jahr 1964 hielt eine Regelung über die steuerliche Förderung von F&E Einzug ins deutsche Einkommensteuerrecht. Nach dem im Rahmen des Steueränderungsgesetzes 1964[100] neu ins EStG eingefügten § 51 Abs. 1 Nr. 2 lit. u) EStG wurde die Bundesregierung ermächtigt, eine Rechtsverordnung über Sonderabschreibungen für Wirtschaftsgüter zu erlassen, die im Bereich der Forschung und Entwicklung genutzt werden. Aufgrund dieser Verordnungsermächtigung erging die Regelung des § 82d EStDV. Demnach konnten Gewinnermittler für ihre zum Zwecke von Forschung und Entwicklung angeschafften abnutzbaren Wirtschaftsgüter – neben der regulären Absetzung für Abnutzung nach § 7 EStG – eine Sonderabschreibung in Anspruch nehmen, die sich bei beweglichen Wirt-

---

98 Siehe oben, 2. Kapitel, A. I. 3., S. 11 f.

99 Bundesministerium für Bildung und Forschung (BMBF) (Hrsg.), Bundesbericht Forschung und Innovation 2010, BT-Drucks. 17/1880, S. 44.

100 Gesetz zur Änderung des Einkommensteuergesetzes, des Spar-Prämiengesetzes und anderer Gesetze (Steueränderungsgesetz 1964) v. 16. 11 1964, BGBl. I 1964, S. 885 = BStBl. I 1964, S. 553.

schaftsgütern auf 50 Prozent und bei unbeweglichen Wirtschaftsgütern auf 30 Prozent der Anschaffungs- oder Herstellungskosten belief.[101]

Mit dieser Regelung wurde in Deutschland auf die Situation reagiert, dass andere Staaten bereits teilweise sehr weitgehende steuerliche Vergünstigungen für F&E vorsahen.[102] Ursprünglich sollte die Sonderabschreibung nur für vor dem 31. 12. 1971 angeschaffte Wirtschaftsgüter gewährt werden; aber im Rahmen des Steueränderungsgesetzes 1969[103] wurde der zeitliche Anwendungsbereich der Regelung bis Ende 1974 ausgedehnt.[104] Im Jahr 1974 schließlich lief die Regelung aus und wurde nicht verlängert, weil der Gesetzgeber eine indirekte Forschungsförderung mittels Sonderabschreibungen neben der direkten Förderung als entbehrlich erachtete.[105]

Im Zuge des Steuerentlastungsgesetzes von 1984[106] wurde die Sonderabschreibung wieder eingeführt. Ausweislich der Gesetzesbegründung beabsichtigte der Steuergesetzgeber damit, den Leistungsstandard und die Wettbewerbsfähigkeit der deutschen Volkswirtschaft aufrechtzuerhalten.[107] Die Sonderabschreibung betrug für bewegliche Wirtschaftsgüter 40 Prozent der Anschaffungs- oder Herstellungskosten und wurde nur gewährt, wenn das Wirtschaftsgut im Unternehmen des Steuerpflichtigen ausschließlich der Forschung und Entwicklung diente. Für unbewegliche Wirtschaftsgüter war die Begünstigung in zwei Stufen nach dem Anteil der Forschungsnutzung ausgestaltet, so dass Sonderabschreibungen zwischen 10 Prozent und 15 Prozent geltend gemacht werden konnten.[108] Der Forschung dienlich war ein Wirtschaftsgut gemäß § 82d Abs. 4 EStDV, wenn es vom Unternehmen im Rahmen der Grundlagenforschung oder der Neu- oder Weiterentwicklung von Erzeugnissen oder Herstellungsverfahren eingesetzt wurde. Es genügte – wie bereits bei der Regelung von 1964 bis 1974 – eine mittelbare Verbindung, so dass auch Bürogeräte, Fahrzeu-

---

101 Vgl. *Röthlingshöfer/Sprenger*, Effizienz der indirekten steuerlichen Forschungsförderung, S. 40.

102 *Falk*, in: Blümich/Falk, EStG, 10. Aufl. 1971, Bd. 1, § 82d EStDV.

103 Gesetz über die Gewährung von Investitionszulagen und zur Änderung steuerrechtlicher und prämienrechtlicher Vorschriften (Steueränderungsgesetz 1969) v. 18. 8. 1969, BGBl. I 1969, S. 1211 = BStBl. I 1969, S. 477.

104 Art. 3 Nr. 3 lit. d) des Steueränderungsgesetzes 1969, BGBl. I 1969, S. 1211 (1217).

105 Vgl. die Gesetzesbegründung zum Steuerentlastungsgesetz 1984, BT-Drucks. 10/336, S. 27.

106 Gesetz zur Stärkung der Wettbewerbsfähigkeit der Wirtschaft und zur Einschränkung von steuerlichen Vorteilen (Steuerentlastungsgesetz 1984) v. 22. 12. 1983, BGBl. I 1983, S. 1583 = BStBl. I 1984, S. 14.

107 BT-Drucks. 10/336, S. 27.

108 *Hornschild*, Präferenzregelung der Forschungs- und Entwicklungsförderung in Berlin, S. 42.

ge oder sogar Kantinenräume begünstigt waren, sofern sie von der Forschungs-abteilung eines Betriebs genutzt wurden.[109]

Obgleich die Regelung als unbürokratische und effektive Unterstützung für Investitionen von Unternehmen viel Lob erfuhr[110], wurde diese Form der indirekten Forschungsförderung im deutschen Steuerrecht nach Ablauf des Geltungszeitraums am 31. 12. 1989 nicht weiter verlängert und mit Datum vom 23. 6. 1992 aus der EStDV gestrichen.[111] Letztlich hatten die Steuermehreinnahmen, die bei Abschaffung der Vorschrift zu erwarten waren, den Ausschlag gegeben, die Geltung der Sonderabschreibung nicht zu verlängern.[112]

Seit Beginn des Jahres 1990 existiert in Deutschland somit keine indirekte steuerliche Forschungsförderung mehr. Zwar profitiert die Wirtschaft mittelbar auch von der institutionellen Forschungsförderung, da die mit staatlichen Mitteln finanzierten Hochschulen und Forschungseinrichtungen die Ausbildung des benötigten Nachwuchses übernehmen sowie als wichtiger Partner für externe Forschung in Betracht kommen. Eine unmittelbare staatliche Förderung von Forschungstätigkeiten in der Wirtschaft erfolgt hingegen seitdem einzig über die direkten, projektbezogenen F&E-Förderprogramme.

2. Forschungsförderung heute: Überblick über direkte, projektbezogene Förderprogramme des Bundes

Zur Unterstützung von Unternehmen bei deren Forschungstätigkeit existiert eine Vielzahl an Programmen von unterschiedlichen Trägern – sowohl staatliche Programme als auch Forschungsförderung privater Stiftungen. Betrachtet man nur die Förderprogramme in öffentlicher Trägerschaft, so existieren allein in den 16 Bundesländern mehr als 180 verschiedene Innovationsförderprogramme.[113] Ferner haben der Bund sowie die EU jeweils zahlreiche Programme aufgelegt, um die F&E-Tätigkeit von Unternehmen zu unterstützen.

Bei den Förderprogrammen des Bundes sind insbesondere die vom Bundesministerium für Bildung und Forschung (BMBF), vom Bundesministerium der Verteidigung (BMVg) sowie vom Bundesministerium für Wirtschaft und

---

109 *Drenseck*, in: Schmidt, EStG, 4. Aufl. 1985, Anh. §§ 7–7g, Rdnr. 3.

110 *Löhr*, Steuerliche Förderung von Forschung und Entwicklung, S. 2.

111 Zweite Verordnung zur Änderung der Einkommensteuer-Durchführungsverordnung v. 23. 6. 1992, BGBl. I 1992, S. 1165 = BStBl. I 1992, S. 411 (413).

112 *Löhr*, Steuerliche Förderung von Forschung und Entwicklung, S. 3.

113 Siehe Bundesministerium für Wirtschaft und Technologie (BMWi), Förderdatenbank, online verfügbar unter <http://www.foerderdatenbank.de> (zuletzt abgerufen am 23. 3. 2013), vgl. ferner Europäische Kommission (Hrsg.), INNO-Policy Report Germany 2007, S. 16.

Technologie (BMWi) getragenen Programme von Bedeutung. Im Jahr 2010 leistete der Bund an Gesellschaften und Unternehmen der Wirtschaft insgesamt 2,6 Milliarden Euro für F&E.[114] Mit 815 Millionen Euro wurde der größte Anteil vom Wirtschaftsressort getragen, aus dem Verteidigungsressort wurden 607 Millionen Euro und vom BMBF 608 Millionen Euro bereitgestellt. Die übrigen Bundesressorts wandten insgesamt ungefähr 590 Millionen Euro für die Forschungstätigkeit der Wirtschaft auf.[115]

Ein Schwerpunkt der staatlichen Förderung liegt zurzeit auf der Unterstützung von kleinen und mittleren Unternehmen. So zielen sowohl die – zwischenzeitlich ausgelaufene – Forschungsprämie als auch das Programm „KMU-innovativ" sowie das „Zentrale Innovationsprogramm Mittelstand – ZIM" auf eine Förderung von kleinen und mittleren Unternehmen ab. Dem Trend zur verstärkten Förderung der Forschungsbemühungen von KMU liegt der politische Wille zugrunde, die Breitenwirkung der Forschungsförderung zu vergrößern, beispielsweise durch Kooperationen zwischen Wirtschaft und Wissenschaft.[116]

a.   Forschungsprämie

Zur Förderung der Zusammenarbeit zwischen Wirtschaft und staatlichen Hochschulen oder Forschungseinrichtungen bestand von 2007 bis 2009 das Instrument der Forschungsprämie. Das Programm richtete sich an Hochschulen und öffentlich finanzierte Forschungseinrichtungen und gewährte einen Zuschuss in Höhe von 25 Prozent des Auftragsvolumens, wenn diese Einrichtungen von kleinen und mittleren Unternehmen mit der Durchführung von Forschungstätigkeiten beauftragt wurden.[117] Die Fördergelder konnten nur von den Hochschulen und öffentlich finanzierten Forschungseinrichtungen beantragt werden, nicht jedoch von den an den Forschungsvorhaben beteiligten Unternehmen. Die Forschungsprämie durfte auch nicht für die Finanzierung von F&E-Aufträgen der Wirtschaft verwendet werden.[118] Angestrebtes Ziel der Forschungsprämie war also weniger die unmittelbare Begünstigung der Wirtschaft; vielmehr sollte ein Anreiz für die öffentliche Forschung gesetzt werden, sich thematisch stärker an

---

114 Bundesministerium für Bildung und Forschung (BMBF) (Hrsg.), Ausgaben des Bundes für Wissenschaft, Forschung und Entwicklung nach Empfängergruppen.

115 Bundesministerium für Bildung und Forschung (BMBF) (Hrsg.), Ausgaben des Bundes für Wissenschaft, Forschung und Entwicklung nach Empfängergruppen.

116 Expertenkommission Forschung und Innovation (EFI) (Hrsg.), KMU im Fokus, S. 24.

117 *Rosenberger*, WiVerw 2009, S. 133 (147).

118 Vgl. die Übersicht der Bundesregierung über die Forschungsprämie unter <http://www.hightech-strategie.de> (zuletzt abgerufen am 23. 3. 2013).

den Bedürfnissen der Wirtschaft auszurichten und vermehrt wirtschaftsrelevante Forschungsfelder aufzugreifen.[119]

An diese Herangehensweise knüpft auch der Hauptkritikpunkt am Programm an. Von den Sachverständigen der Expertenkommission Forschung und Innovation (EFI) wurde attestiert, aufgrund der hohen Komplexität des Verfahrens habe sich die Forschungsprämie nicht bewährt.[120] Die Auszahlung der Prämie an öffentliche Forschungseinrichtungen wurde als wenig marktkonform kritisiert – die Zahlung hätte stattdessen direkt an die Unternehmen geleistet werden sollen.[121] Nicht zuletzt aus diesem Grund war der Forschungsprämie kein Erfolg beschieden. Von den im Haushalt bereitgestellten 125 Millionen Euro wurden nur 24 Millionen Euro abgerufen.[122] Zwischenzeitlich ist das Förderprogramm der Forschungsprämie ausgelaufen; die letzten Anträge konnten bis zum 30. 9. 2009 eingereicht werden.

b. „KMU-innovativ"

Im Jahr 2007 wurde vom BMBF das Förderprogramm „KMU-innovativ" initiiert, um kleine und mittlere Unternehmen bei der Durchführung von Projekten im Bereich der Spitzenforschung zu unterstützen. Das Programm bezieht sich auf sieben als besonders förderungswürdig angesehene Technologiefelder, darunter Biotechnologie, Informations- und Kommunikationstechnologie sowie Nanotechnologie.[123] Mit Hilfe eines beratenden Lotsendienstes, eines beschleunigten Genehmigungsverfahrens sowie einer vereinfachten Bonitätsprüfung soll den Unternehmen der Zugang zur Forschungsförderung erleichtert werden und die Forschungsförderung insbesondere für diejenigen kleinen und mittleren Unternehmen attraktiver gemacht werden, die erstmalig einen Förderantrag stellen.[124] Die Förderhöhe beträgt bei den Unternehmen bis zu 50 Prozent der Kosten für F&E, bei Forschungseinrichtungen und Hochschulen bis zu 100 Pro-

---

119 Vgl. Bundesministerium für Bildung und Forschung (BMBF) (Hrsg.), Bekanntmachung zur Forschungsprämie, Tz. 1.1.

120 Expertenkommission Forschung und Innovation (EFI) (Hrsg.), Gutachten 2010, S. 28.

121 *Gillmann/Riedel*, Politik streitet über Förderung, Handelsblatt v. 6. 4. 2010.

122 *Gillmann/Riedel*, Politik streitet über Förderung, Handelsblatt v. 6. 4. 2010.

123 Bundesministerium für Bildung und Forschung (BMBF) (Hrsg.), KMU-innovativ – Vorfahrt für Spitzenforschung im Mittelstand.

124 Bundesministerium für Bildung und Forschung (BMBF) (Hrsg.), KMU-innovativ – Vorfahrt für Spitzenforschung im Mittelstand; *Boss/Rosenschon*, Subventionen in Deutschland, S. 6.

zent.[125] Nach aktuellem Stand konnten bereits ungefähr 860 Projekte mit einem Gesamtmittelvolumen von knapp einer Milliarde Euro gefördert werden.[126]

c. *„ZIM – Zentrales Innovationsprogramm Mittelstand"*

Zur finanziellen Unterstützung der Innovationstätigkeiten von kleinen und mittleren Unternehmen wurde vom BMWi das „Zentrale Innovationsprogramm Mittelstand" (ZIM) eingerichtet. Dieses Programm vereinigt eine Vielzahl bisher eigenständiger Programme zur Forschungsförderung.[127] Bis Ende 2013 soll mit dem branchen- und technologieoffenen Förderprogramm „ZIM" die Innovationskraft und Wettbewerbsfähigkeit von kleinen und mittleren Unternehmen gefördert werden.[128] In Anspruch genommen werden können die im Rahmen des Programms zur Verfügung gestellten Zuschüsse sowohl für Einzelprojekte von KMU als auch für Kooperationsprojekte von KMU mit anderen KMU oder mit Forschungseinrichtungen.

III. Forschungsförderungsprogramme der EU

Einen wichtigen Akteur in der Forschungsförderung stellt die Europäische Union dar. Während ursprünglich die Kompetenz für Forschungspolitik ausschließlich bei den Nationalstaaten lag und der Europäischen Gemeinschaft für Kohle und Stahl, der Wirtschafts- sowie der Atomgemeinschaft bei deren Gründung in den 1950er Jahren lediglich vereinzelte[129] forschungspolitische Zuständigkeiten

---

125 *Boss/Rosenschon*, Subventionen in Deutschland, S. 6.

126 Stand Februar 2012, vgl. Bundesministerium für Bildung und Forschung (BMBF) (Hrsg.), Bundesbericht Forschung und Innovation 2012, BT-Drucks. 17/9680, S. 215.

127 Europäische Kommission (Hrsg.), INNO-Policy Report Germany 2009, S. 6.

128 Expertenkommission Forschung und Innovation (EFI) (Hrsg.), Gutachten 2010, S. 26.

129 Den höchsten Stellenwert bekam Forschungsförderung im Gründungsvertrag der Europäischen Atomgemeinschaft (EAG) eingeräumt. Dies erklärt sich mit dem hohen Forschungsbedarf der damals noch in den Anfängen befindlichen Atomindustrie, der ohne umfangreiche Forschungsarbeiten schlicht die Grundlage gefehlt hätte. Durch die Koordinierung der nationalen Forschungsbemühungen und die sonstige von der Kommission betriebene Förderung der Kernforschung sollte die friedliche Nutzung der Atomenergie vorangetrieben werden, ohne dass es zu inhaltlichen Überschneidungen bei den Forschungstätigkeiten kommt. Im Vertrag über die Europäische Wirtschaftsgemeinschaft (EWG) dagegen wurden Möglichkeiten der Forschungsförderung nur hinsichtlich des Agrarsektors eingeräumt. Der Kommission wurde die Aufgabe zugewiesen, durch koordinierte Forschungsmaßnahmen einen technischen Fortschritt und Rationalisierungen herbeizuführen und somit die landwirtschaftliche Produktivität zu erhöhen. Ebenfalls auf zielgerichtete Forschung ausgerichtet und etwas weitreichender war die im Kohle- und Stahlsektor vorgesehene Gemeinschaftskompetenz zur Förderung der technischen

eingeräumt wurden, sahen es die Vertreter der Mitgliedstaaten in der Folgezeit vermehrt als erforderlich an, die nationale Forschungspolitik europaweit abzustimmen.[130] Um dem internationalen Wettbewerb zu begegnen, dem sich die europäische Industrie zunehmend ausgesetzt sah, beschlossen die Staats- und Regierungschefs der Mitgliedstaaten im Jahr 1972, zukünftig die nationale Forschungspolitik auf europäischer Ebene zu koordinieren und gemeinsame Aktionen durchzuführen.[131]

Heute handelt es sich bei der Förderung des wissenschaftlichen und technischen Fortschritts um ein politisches Ziel der Union gemäß Art. 3 Abs. 3 Satz 3 EUV; die Forschungspolitik hat somit innerhalb der Europäischen Union eine gewichtige Stellung inne.[132]

1. Kompetenz der EU im Bereich von Forschung und Entwicklung

Erstmals primärrechtlich verankert wurde die Rechtsgrundlage für ein Tätigwerden der Europäischen Gemeinschaft im Bereich der Forschungs- und Entwicklungsförderung 1986 in der Einheitlichen Europäischen Akte (EEA).[133] Im Zuge des Vertrags von Maastricht hielt 1992 die Formulierung in Art. 3 Abs. 1 lit. n) EGV Einzug in den EG-Vertrag, wonach die Tätigkeit der Gemeinschaft auch die Förderung von Forschung und technologischer Entwicklung umfasse. Der Europäischen Gemeinschaft kam im Bereich der Forschungs- und Technologiepolitik somit keine alleinige Kompetenz zu, sondern vielmehr bestanden auf diesem Gebiet die Kompetenzen von Mitgliedstaaten und Gemeinschaft parallel nebeneinander.[134]

Seit Inkrafttreten des Vertrags von Lissabon am 1. 12. 2009 enthält das Primärrecht im Vertrag über die Arbeitsweise der Europäischen Union (AEUV)

---

und wirtschaftlichen Forschung nach dem Vertrag über die Europäische Gemeinschaft für Kohle und Stahl (EGKS). Gemäß Art. 55 § 1 des EGKS-Vertrags von 1951 wurde die Kommission berechtigt und verpflichtet, Forschungstätigkeiten zur Verbesserung von Stahlerzeugung und Kohleabbau zu fördern. Vgl. im Übrigen den Überblick über die historische Entwicklung der Forschungsförderung im Recht der Europäischen Gemeinschaften in *Heinrich*, Systematik der Forschungsförderung, S. 100 ff.; *Eikenberg*, in: Grabitz/Hilf/Nettesheim (Hrsg.), Das Recht der Europäischen Union, Art. 179 AEUV, Rdnr. 1 ff.; *Ekardt/Kornack*, ZEuS 2010, S. 111 (114).

130 *Kallmayer*, in: Calliess/Ruffert (Hrsg.), EUV/EGV, 3. Aufl., Art. 163 EGV, Rdnr. 1.

131 *Kallmayer*, in: Calliess/Ruffert (Hrsg.), EUV/EGV, 3. Aufl., Art. 163 EGV, Rdnr. 1; *Ruffert*, in: Calliess/Ruffert (Hrsg.), EUV/AEUV, 4. Aufl., Art. 179 AEUV, Rdnr. 4; *Oppermann/Classen/Nettesheim*, Europarecht, § 34 Rdnr. 1.

132 *Ruffert*, in: Calliess/Ruffert (Hrsg.), EUV/AEUV, 4. Aufl., Art. 179 AEUV, Rdnr. 6.

133 *Heinrich*, Systematik der Forschungsförderung, S. 115.

134 *Haratsch/Koenig/Pechstein*, Europarecht, Rdnr. 1274.

einen ausführlichen Kompetenzkatalog, der zwischen ausschließlicher Zuständigkeit der Europäischen Union sowie geteilter Zuständigkeit von Union und Mitgliedstaaten unterscheidet. In den Fällen der geteilten Zuständigkeit nach Art. 2 Abs. 2 AEUV darf grundsätzlich sowohl die Union gesetzgeberisch tätig werden als auch die Mitgliedstaaten, sofern und soweit die Union ihre Kompetenz noch nicht ausgeübt hat. Die Kompetenzverteilung im Bereich der Forschungspolitik blieb hingegen insoweit unverändert. Nach Art. 4 Abs. 3 AEUV ist die Union ermächtigt, in den Bereichen Forschung, technologische Entwicklung und Raumfahrt Maßnahmen zu treffen und insbesondere Programme durchzuführen, ohne dass die Mitgliedstaaten hierdurch an der Ausübung ihrer Zuständigkeit gehindert würden.[135] Die Kompetenz der Union im Forschungsbereich weist demnach den Charakter einer Unterstützungs- und Ergänzungszuständigkeit auf.[136]

In Titel XIX des AEUV (Art. 179–190 AEUV) wird die Kompetenz der Union näher präzisiert. Gemäß Art. 179 Abs. 1 AEUV ist es das Ziel der Union, zur Stärkung ihrer wissenschaftlichen und technologischen Grundlagen einen europäischen „Raum der Forschung" zu schaffen. Mit dem Konzept des europäischen Raums der Forschung sollen Elemente des Binnenmarktes auf den Bereich der Forschung übertragen werden, wie insbesondere die Freizügigkeit für Forscher sowie ein ungehinderter Austausch von Erkenntnissen und Technologien.[137] Die Union unterstützt nach Art. 179 Abs. 2 AEUV Unternehmen in der gesamten Union bei deren Bemühungen um Forschung und technologische Entwicklung von hoher Qualität. Die grenzüberschreitende Zusammenarbeit von Unternehmen, Forschungszentren und Hochschulen wird gefördert, indem die Union nach Art. 179 Abs. 2 Halbsatz 2 AEUV die „dieser Zusammenarbeit entgegenstehenden rechtlichen und steuerlichen Hindernisse" beseitigt.

Durch Art. 180 AEUV wird die Union ermächtigt, eigene Programme für Forschung und technologische Entwicklung durchzuführen. Zum anderen wird der Union die Aufgabe zuteil, auf ein kohärentes Zusammenspiel von nationaler und EU-Forschungspolitik hinzuwirken. Art. 181 AEUV sieht vor, dass Union und Mitgliedstaaten ihre Maßnahmen auf dem Gebiet der Forschung und tech-

---

135 Vgl. auch *Ruffert*, in: Calliess/Ruffert (Hrsg.), EUV/AEUV, 4. Aufl., Art. 180 AEUV, Rdnr. 2; *Lorenzmeier*, in: Vedder/Heintschel von Heinegg (Hrsg.), Europäisches Unionsrecht, Art. 179, Rdnr. 1.

136 *Streinz/Ohler/Herrmann*, Der Vertrag von Lissabon zur Reform der EU, § 11 III. 2.

137 *Kotzur*, in: Geiger/Khan/Kotzur, EUV/AEUV, Art. 179 AEUV, Rdnr. 2; *Ruffert*, in: Calliess/Ruffert (Hrsg.), EUV/AEUV, 4. Aufl., Art. 179 AEUV, Rdnr. 8; *Lorenzmeier*, in: Vedder/Heintschel von Heinegg (Hrsg.), Europäisches Unionsrecht, Art. 179, Rdnr. 3.

nologischen Entwicklung koordinieren. Für diese Koordination ist nach Art. 181 Abs. 2 Satz 1 AEUV die Europäische Kommission zuständig.

2. Lissabon-Strategie als Ausdruck der EU-Forschungspolitik

Die von der EU-Forschungspolitik in der jüngeren Zeit verfolgten Ziele ergeben sich im Wesentlichen aus der Lissabon-Strategie des Europäischen Rates – die im März 2000 auf einer Sondersitzung der europäischen Staats- und Regierungschefs in Lissabon beschlossen wurde – sowie aus den darauf aufbauenden, nachfolgenden Strategieprogrammen.

Die Lissabon-Strategie zielt darauf ab, die Wettbewerbsfähigkeit der Europäischen Union zu steigern.[138] Die Vertreter der Europäischen Union wiesen darauf hin, dass Europa in Konkurrenz zu anderen Standorten wie den USA, Japan, aber auch Schwellenländern wie China, Indien und Brasilien stehe.[139] Im Wettbewerb zwischen den Volkswirtschaften müsse Europa wettbewerbsfähig bleiben, um Arbeitsplätze zu erhalten und auszubauen und somit das Sozialmodell der EU beibehalten zu können.[140] Dabei sollten grenzüberschreitende Synergien von den europäischen Staaten vollumfänglich genutzt werden, denn im Alleingang könne sich kein Mitgliedstaat gegenüber der weltweiten Konkurrenz erfolgreich als Innovationsstandort behaupten.[141]

Vom Europäischen Rat wurde der hohe Stellenwert betont, den Forschung und Entwicklung für das wirtschaftliche Wachstum sowie die Schaffung und den Erhalt von Arbeitsplätzen haben. Auch nach Ansicht der Europäischen Kommission tragen ein hohes Niveau von Forschungsausgaben und eine gute Innovationsleistung zu mehr und besseren Arbeitsplätzen bei.[142] Eine Erhebung aus dem Jahr 2002 ergab, dass bei den Investitionen in die Forschung der Rückstand der Europäischen Union gegenüber den USA jährlich über 120 Milliarden

---

138 Europäischer Rat, 23. und 24. März 2000, Lissabon, Schlussfolgerungen des Vorsitzes; *Kallmayer*, in: Calliess/Ruffert (Hrsg.), EUV/EGV, 3. Aufl., Art. 163 EGV, Rdnr. 3.
139 Mitteilung der Kommission über die Umsetzung des Lissabon-Programms der Gemeinschaft: Eine gemeinsame Strategie, KOM (2005) 488 endg., S. 4.
140 Arbeitsdokument der Kommissionsdienststellen zur Bewertung der Lissabon-Strategie, SEK (2010) 114 endg., S. 2; Mitteilung der Kommission über die Umsetzung des Lissabon-Programms der Gemeinschaft: Eine gemeinsame Strategie, KOM (2005) 488 endg., S. 4.
141 Mitteilung der Kommission über die Umsetzung des Lissabon-Programms der Gemeinschaft: Eine gemeinsame Strategie, KOM (2005) 488 endg., S. 4.
142 Mitteilung der Kommission über die Umsetzung des Lissabon-Programms der Gemeinschaft: Eine gemeinsame Strategie, KOM (2005) 488 endg., S. 4.

Euro betrug und ein zunehmender Abstand zu erwarten sei.[143] Die Kommission vermutet, dass der Grund für diesen Rückstand in den weniger attraktiven Bedingungen für private Forschungsinvestitionen in Europa liege. Dies wiederum sei auf die geringere und möglicherweise weniger wirksame öffentliche Förderung von F&E zurückzuführen.[144]

Daher wurde 2002 vom Europäischen Rat auf der Tagung in Barcelona vereinbart, mit Initiativen und Maßnahmen insbesondere in den Bereichen der Forschung und des technologischen Fortschritts anzusetzen und den europäischen Binnenmarkt bis zum Jahr 2010 zum innovativsten Wirtschaftsraum der Welt auszubauen. Am Ende dieses Achtjahres-Zeitraums sollten die Investitionen in F&E einen Anteil von 3 Prozent des BIP betragen, wovon zwei Drittel auf die Privatwirtschaft entfallen sollten.[145]

3. Maßnahmen der EU zur Erreichung der Ziele aus der Lissabon-Strategie

Um das langfristige Ziel zu erreichen, Europa zum wettbewerbsfähigsten und dynamischsten wissensbasierten Wirtschaftsstandort der Welt auszubauen, bedient sich die Europäische Union zweier unterschiedlicher Mittel. Zum einen wird die Union selbst mit eigenen Forschungsförderungsprogrammen tätig und zum anderen unterstützt sie die Mitgliedstaaten bei deren Bemühungen im Bereich der Forschungsförderung.

a. Eigenprogramme der EU

Die Politik der EU im Bereich von Forschung und technologischer Entwicklung stützt sich gemäß Art. 182 AEUV auf mehrjährige Rahmenprogramme.[146] Das aktuell laufende 7. Forschungsrahmenprogramm wurde im April 2006 beschlossen und stellt für den Zeitraum von 2007 bis 2013 ein Budget von 53,2 Milliarden Euro für Direktsubventionen zur Verfügung.[147] Damit handelt es sich um

---

143 Mitteilung der Kommission über Forschungsinvestitionen: Aktionsplan für Europa, KOM (2003) 226 endg., S. 5.

144 Mitteilung der Kommission über Forschungsinvestitionen: Aktionsplan für Europa, KOM (2003) 226 endg., S. 5.

145 Schlussfolgerungen des Vorsitzes, Europäischer Rat (Barcelona), 15. und 16. März 2002, Abs. 47; *Schlie/Stetzelberger*, IStR 2008, S. 269.

146 *Durinke*, Gemeinschaftsrahmen, S. 50; *Rosenberger*, WiVerw 2009, S. 133 (135); *Ekardt/Kornack*, ZEuS 2010, S. 111 (115); *Eisermann*, EuZW 1996, S. 683.

147 Seit Ende 2011 laufen bereits die Vorbereitungen für das 8. Forschungsrahmenprogramm der EU, das unter dem Namen „Horizont 2020" den Zeitraum von 2014 bis 2020 abdecken soll. Nach dem Vorschlag der Europäischen Kommission soll das Budget von

das Hauptinstrument der EU für die Forschungsfinanzierung in Europa.[148] Die Forschungsförderung der EU mittels Direktsubventionen soll keinen Ersatz für nationale Forschungsförderungsprogramme darstellen, sondern ergänzend neben diese treten und insbesondere solche Bereiche umfassen, in denen die einzelnen Mitgliedstaaten nicht hinreichend effizient fördern können – beispielsweise bei grenzüberschreitenden Forschungsprojekten.[149]

Mit ungefähr 32 Milliarden Euro wird daher auch der größere Teil des Budgets für die Förderung von grenzüberschreitenden Kooperationsprogrammen zwischen Hochschulen, Forschungseinrichtungen und der Wirtschaft bereitgestellt. Die Förderung erfolgt themenspezifisch, so dass nicht jede Betätigung im Bereich der Forschung gefördert wird, sondern nur Aktivitäten, die den inhaltlichen Vorgaben des EU-Rahmenprogramms entsprechen.[150] Förderungswürdig sind Projekte aus zehn Themengebieten, wie beispielsweise der Informations- oder der Biotechnologie, den Bereichen Energie und Umwelt, aber auch aus den Sozial- und Geisteswissenschaften.[151] Mit den restlichen gut 21 Milliarden Euro sollen insbesondere neue Ideen und Grundlagenforschung gefördert, Forscher innerhalb und außerhalb Europas angeworben sowie Forschungskapazitäten ausgebaut werden.[152] Die EU-Fördergelder werden an die Begünstigten im Regelfall in Form von nicht rückzahlbaren, so genannten „verlorenen" Zuschüssen ausgezahlt.[153]

Obgleich es sich bei den 53,2 Milliarden Euro, die im 7. EU-Forschungsrahmenprogramm für die Forschungsförderung bereitgestellt werden, um einen sehr hohen Betrag handelt, der noch deutlich über dem im 6. Forschungsrahmenprogramm angesetzten Budget liegt, sollte nicht außer Acht gelassen werden, dass diese Summe für einen Zeitraum von sieben Jahren und für Projekte in der ge-

---

„Horizont 2020" bei 87,7 Milliarden Euro liegen und damit gegenüber dem 7. Forschungsrahmenprogramm erneut erheblich erhöht werden, vgl. Art. 6 des Vorschlags der Kommission für eine Verordnung des Europäischen Parlaments und des Rates über das Rahmenprogramm für Forschung und Innovation „Horizont 2020" (2014–2020), KOM (2011) 809 endg., S. 15.

148 Einen Überblick über das 7. Forschungsrahmenprogramm bietet: Kommission (Hrsg.), Was ist neu im RP7?, S. 2.

149 *Durinke*, Gemeinschaftsrahmen, S. 50.

150 Vgl. *Kallmayer*, in: Calliess/Ruffert (Hrsg.), EUV/EGV, 3. Aufl., Art. 163 EGV, Rdnr. 9.

151 Bundesministerium für Bildung und Forschung (BMBF) (Hrsg.), Europäisches Forschungsrahmenprogramm.

152 *Kallmayer*, in: Calliess/Ruffert (Hrsg.), EUV/EGV, 3. Aufl., Art. 166 EGV, Rdnr. 3; vgl. im Übrigen Bundesministerium für Bildung und Forschung (BMBF) (Hrsg.), Europäisches Forschungsrahmenprogramm.

153 *Kallmayer*, in: Calliess/Ruffert (Hrsg.), EUV/EGV, 3. Aufl., Art. 163 EGV, Rdnr. 9.

samten, mittlerweile 27 Mitgliedstaaten umfassenden EU bestimmt ist. Betrachtet man nur die öffentlichen Forschungsausgaben in Deutschland, so lag das Budget des öffentlichen Sektor allein für das Jahr 2009 bereits bei 21,7 Milliarden Euro; zusätzlich zahlte der deutsche Staat ungefähr 2 Milliarden Euro für in der Privatwirtschaft durchgeführte Forschung.[154] Auch in vielen anderen Mitgliedstaaten – wie beispielsweise Frankreich, Großbritannien und Spanien – übersteigen die jährlich vom Staat finanzierten Forschungsausgaben den im 7. EU-Forschungsrahmenprogramm für die gesamte EU zur Verfügung gestellten Betrag mitunter deutlich.[155]

Die für die Finanzierung von Forschungsprojekten bereitgestellten Mittel der EU sind unzweifelhaft ein wichtiger Bestandteil der europäischen Forschungsförderung; einen höheren Umfang und damit eine noch höhere Bedeutung hat aber die von den Mitgliedstaaten durchgeführte Forschungsförderung.

b.   *Unterstützung der Mitgliedstaaten bei deren Forschungsförderung*

Bei der Durchführung von nationalen Forschungsförderungsmaßnahmen können die Mitgliedstaaten Unterstützung durch die Europäische Union erhalten. Im Rahmen der Lissabon-Strategie wurden die Mitgliedstaaten mobilisiert und dazu aufgerufen, die in ihre Kompetenzbereiche fallenden Maßnahmen zu ergreifen, um zum Ausbau des Forschungs- und Innovationsstandortes Europa beizutragen.

Da mit zwei Dritteln der größere Anteil am geplanten Zuwachs der Forschungsinvestitionen von der Wirtschaft geschaffen werden sollte, sah es die Europäische Kommission als erforderlich an, dass die Attraktivität für unternehmerische F&E-Investitionen erhöht wird.[156] Die Kommission betonte, dass private Unternehmen für ihre Investitionen in Forschung und Entwicklung ein kalkulierbares und günstiges Regelungsumfeld benötigen.[157] Staatliche Forschungspolitik, mit der die Kosten abgesenkt werden sollen, die einem Unternehmen durch Forschungstätigkeiten entstehen, kann im Wesentlichen aus zwei Arten der Förderung bestehen. Zum einen durch die direkte und projektbezogene Förderung, indem an die Unternehmen staatliche Beihilfen und Subventionen ausgezahlt werden, zum anderen indirekt durch eine steuerliche Begünstigung von Forschungsaktivitäten.

---

154   Vgl. oben, 2. Kapitel, A. I. 3. (S. 11) sowie unten, 2. Kapitel, B. III. (S. 42).

155   Vgl. die Übersicht der OECD (Hrsg.), Main Science and Technology Indicators 2010/1.

156   Mitteilung der Kommission über Wege zu einer wirksameren steuerlichen Förderung von FuE, KOM (2006) 728 endg., S. 3.

157   Mitteilung der Kommission über die Umsetzung des Lissabon-Programms der Gemeinschaft: Eine gemeinsame Strategie, KOM (2005) 488 endg., S. 5.

Die EU hat es sich zur Aufgabe gemacht, die Mitgliedstaaten bei der Durchführung dieser Forschungsförderungspolitik zu unterstützen.[158] Die führende Rolle bei der Koordinierung der Forschungspolitik von EU und Mitgliedstaaten nimmt – aufgrund ihrer Ermächtigung in Art. 181 Abs. 2 Satz 1 AEUV – die Europäische Kommission wahr. Die Unterstützung der Mitgliedstaaten soll insbesondere dadurch erfolgen, dass die Kommission rechtliche Unklarheiten beseitigt und Gestaltungsalternativen für die Forschungsförderung aufzeigt, indem sie bessere und gezieltere Rechtsvorschriften erlässt.[159] Im Zusammenhang mit der Umsetzung der Lissabon-Strategie veröffentlichte die Kommission eine Vielzahl an Strategiepapieren und Mitteilungen, in denen sie auf ihre Rechtsauffassung zu staatlichen Beihilfen sowie Steueranreizen als Mittel der Forschungsförderung eingeht.

aa.   Kommissionspolitik im Bereich staatlicher Forschungsbeihilfen

Im Bereich des Beihilfenrechts geht die Kommission vom Ausgangspunkt des Art. 107 Abs. 1 AEUV aus, wonach staatliche Beihilfen, die den Handel zwischen den Mitgliedstaaten beeinträchtigen, grundsätzlich unzulässig sind. Als Herrin des Beihilfenaufsichtsverfahrens strebt sie den Abbau von Handelshemmnissen und Wettbewerbsverzerrungen an[160] und arbeitet demnach auf einen weitgehenden Abbau der von den Mitgliedstaaten – in den „klassischen" Bereichen wie beispielsweise für die Steinkohleförderung oder im Agrarsektor – ausgeschütteten Subventionen hin. Eine gegenläufige Entwicklung lässt sich im Bereich der Forschungs- und Entwicklungsbeihilfen beobachten, wo sich die Kommission – das Ziel von Forschungsausgaben im Umfang von 3 Prozent des BIP im Blick – für eine verstärkte Wirtschaftsförderung ausspricht.[161]

Auch Forschung und Innovationen gedeihen nach Auffassung der Kommission am besten auf offenen und wettbewerbsfähigen Märkten.[162] Liege jedoch ein Fall von Marktversagen vor, so seien staatliche Beihilfen geeignet, dieser Unzulänglichkeit des Marktes entgegenzuwirken.[163] Die Kommission macht sich die Erkenntnisse von Wirtschaftstheorien und empirischen Untersuchungen

---

158 Mitteilung der Kommission über die Umsetzung des Lissabon-Programms der Gemeinschaft: Eine gemeinsame Strategie, KOM (2005) 488 endg., S. 5.

159 Mitteilung der Kommission über die Umsetzung des Lissabon-Programms der Gemeinschaft: Eine gemeinsame Strategie, KOM (2005) 488 endg., S. 5.

160 *Durinke*, Gemeinschaftsrahmen, S. 19 f.

161 *Lehner/Meiklejohn*, Europäische Wirtschaft, Nr. 48/1991, S. 7 (66).

162 Mitteilung der Kommission über die Umsetzung des Lissabon-Programms der Gemeinschaft: Eine gemeinsame Strategie, KOM (2005) 488 endg., S. 6.

163 Mitteilung der Kommission über die Umsetzung des Lissabon-Programms der Gemeinschaft: Eine gemeinsame Strategie, KOM (2005) 488 endg., S. 6.

zu eigen, dass es im Bereich der unternehmerischen F&E-Investitionen aufgrund des Spillover-Effekts[164] zu einem Marktversagen komme.[165] Das Überwiegen des von Forschungstätigkeiten ausgehenden sozialen Ertrags der gesamten Gesellschaft gegenüber dem privaten Ertrag des forschenden Unternehmens führe dazu, dass die Forschungsinvestitionen von Unternehmen hinter dem Optimum zurückblieben. Ohne öffentliche Forschungsförderung könne die Wirtschaft demnach nicht ihr volles Wachstumspotenzial entfalten.[166] Mit staatlichen Beihilfen könnten Forschungsanreize für Unternehmen gesetzt und könnte zu optimalen Forschungs- und Innovationsleistungen beigetragen werden.[167]

Die Kommissionspolitik zielt darauf ab, dass die von den Mitgliedstaaten – außerhalb der Bereiche Forschung und Innovation – gewährten Beihilfen schrittweise reduziert werden und dass die Förderpraxis der Mitgliedstaaten inhaltlich neu ausgerichtet wird, so dass forschungsfördernde Subventionen klar in den Vordergrund treten. Die Mitgliedstaaten sollen weniger staatliche Beihilfen leisten, dafür aber zielgerichteter Tätigkeiten fördern, die sich am nachhaltigsten auf Wettbewerbsfähigkeit, Arbeitsplätze und Wachstum auswirken.[168] In zahlreichen Sekundärrechtsakten, insbesondere im Gemeinschaftsrahmen für Forschungs-, Entwicklungs- und Innovationsbeihilfen[169] von 2006 sowie in der Allgemeinen Gruppenfreistellungsverordnung (AGVO)[170] von 2008, hat die Kommission den Mitgliedstaaten dargelegt, auf welche Weise eine staatliche Forschungsförderung mithilfe von staatlichen Beihilfen ausgestaltet werden sollte, damit diese im Einklang mit dem europäischen Beihilfenrecht steht.[171]

---

164 Siehe dazu die Ausführungen oben, 2. Kapitel, B. I. (S. 19).

165 Mitteilung der Kommission über den Beitrag der Steuer- und Zollpolitik zur Lissabon-Strategie, KOM (2005) 532 endg., S. 14.

166 Mitteilung der Kommission über den Beitrag der Steuer- und Zollpolitik zur Lissabon-Strategie, KOM (2005) 532 endg., S. 14.

167 Mitteilung der Kommission über die Umsetzung des Lissabon-Programms der Gemeinschaft: Eine gemeinsame Strategie, KOM (2005) 488 endg., S. 6.

168 Mitteilung der Kommission über die Umsetzung des Lissabon-Programms der Gemeinschaft: Eine gemeinsame Strategie, KOM (2005) 488 endg., S. 6 f.; *Zuleger,* in: Montag/Säcker (Hrsg.), MüKo-Wettbewerbsrecht, Bd. 3, Art. 30–37 AGVO, Rdnr. 2.

169 Mitteilung der Kommission über den Gemeinschaftsrahmen für staatliche Beihilfen für Forschung, Entwicklung und Innovation, ABl. EU Nr. C 323/1 v. 30. 12. 2006.

170 Verordnung (EG) Nr. 800/2008 der Kommission v. 6. 8. 2008 zur Erklärung der Vereinbarkeit bestimmter Gruppen von Beihilfen mit dem Gemeinsamen Markt in Anwendung der Artikel 87 und 88 EG-Vertrag (Allgemeine Gruppenfreistellungsverordnung), ABl. EU Nr. L 214/3 v. 9. 8. 2008.

171 Für eine konkrete Prüfung, welche Maßstäbe sich aus dem europäischen Sekundärrecht für eine steuerliche F&E-Förderung ergeben, sei auf das vierte Kapitel, Abschnitt C. verwiesen (siehe unten, 4. Kapitel, C., S. 177 ff.).

bb. Kommissionspolitik im Bereich der steuerlichen Forschungsförderung

Von der wohlwollenden Einstellung der Europäischen Kommission im Bereich der F&E-Beihilfen sind prinzipiell sämtliche Arten von staatlichen Beihilfen zugunsten von Forschung und Entwicklung umfasst, also etwa Subventionen, rückzahlbare Vorschüsse oder vergünstigte Darlehen an Unternehmen.[172] Ein Hauptaugenmerk legt die Kommission jedoch auf steuerliche Vergünstigungen. Steuerliche Anreize für Forschungstätigkeiten bezeichnet sie als eines der wichtigsten Instrumente, mit denen die Mitgliedstaaten die Unternehmensinvestitionen in F&E steigern können.[173]

Zwar haben sowohl steuerliche Vergünstigungen als auch Subventionen prinzipiell den gleichen wirtschaftlichen Effekt, indem sie die Kosten reduzieren, die einem Unternehmen durch Forschung entstehen; und beide Instrumente unterliegen überdies dem gleichen Regelungsregime, denn auch steuerliche Maßnahmen müssen gemäß den Vorgaben des Beihilfenrechts nach Art. 107 ff. AEUV ausgestaltet werden.[174] Nach Auffassung der Kommission sei eine steuerliche Förderung von Forschung und Innovation für die Unternehmen jedoch einfacher und vorhersehbarer als eine Unterstützung in Form von direkten Beihilfen.[175] Das von der Kommission hervorgehobene höhere Maß an Rechts- und Planungssicherheit[176] kann damit begründet werden, dass bei steuerlicher Förderung ein Anspruch auf die Vergünstigung besteht, sobald die tatbestandlichen Voraussetzungen erfüllt sind, während ein Unternehmen auf Subventionen keinen Rechtsanspruch hat, sondern im Regelfall ein aufwändiges Antragsverfahren durchlaufen muss.

---

172 *Zuleger,* in: Montag/Säcker (Hrsg.), MüKo-Wettbewerbsrecht, Bd. 3, Art. 30–37 AG-VO, Rdnr. 46.

173 Mitteilung der Kommission über Wege zu einer wirksameren steuerlichen Förderung von FuE, KOM (2006) 728 endg., S. 3.

174 EuGH v. 23. 2. 1961, Rs. 30/59 – De Gezamenlijke Steenkolenmijnen in Limburg, Slg. 1961, 3; EuGH v. 2. 7. 1974, Rs. 173/73 – Italien/Kommission, Slg. 1974, 709, Rdnr. 26/28; EuGH v. 15. 3. 1994, Rs. C-387/92 – Banco Exterior de España, Slg. 1994, I-877, Rdnr. 13 f.; EuGH v. 19. 9. 2000, Rs. C-156/98 – Deutschland/Kommission, Slg. 2000, I-6857, Rdnr. 25–28; *Kube,* Finanzgewalt in der Kompetenzordnung, § 4 A. II. 3. b. cc. aaa., S. 285; *Jann,* in: Monti et al. (Hrsg.), Festschrift für Baudenbacher, S. 419 (420); *Jestaedt,* in: Heidenhain (Hrsg.), Handbuch des Europäischen Beihilfenrechts, § 8, Rdnr. 1; *Voß,* in: Dauses (Hrsg.), Handbuch des EU-Wirtschaftsrechts, Rdnr. J-68; *Jochum,* Steuervergünstigung, S. 424; *Schön,* in: Koenig/Roth/Schön (Hrsg.), Aktuelle Fragen des EG-Beihilfenrechts, S. 106.

175 Mitteilung der Kommission über die Umsetzung des Lissabon-Programms der Gemeinschaft: Eine gemeinsame Strategie, KOM (2005) 488 endg., S. 9.

176 Mitteilung der Kommission über den Beitrag der Steuer- und Zollpolitik zur Lissabon-Strategie, KOM (2005) 532 endg., S. 15.

Die Europäische Kommission hebt die inhaltliche Neutralität als einen weiteren Vorteil der steuerlichen Forschungsförderung gegenüber der Förderung im Wege von projektbezogenen Zuschüssen hervor. Durch steuerliche Maßnahmen, die anders als Forschungssubventionen nicht an Arbeiten in bestimmten Themengebieten anknüpfen, werde den Unternehmen die Entscheidung überlassen, auf welche Projekte und mit welcher Priorität sie ihre Forschungsinvestitionen konzentrieren[177] – dies freilich um den Preis, dass der Mitgliedstaat bei steuerlicher Forschungsförderung keine ganz bestimmten Forschungs- und Innovationsziele anvisieren könne.[178]

Die Kommission begrüßt die Anstrengungen einiger Mitgliedstaaten, F&E steuerlich günstiger zu behandeln und damit die F&E-Ausgaben der Unternehmen zu stimulieren.[179] Da in vielen Mitgliedstaaten bereits steuerliche Anreize für F&E geschaffen worden seien, die sich in Umfang und Ausgestaltung mitunter stark unterschieden, sei nach Ansicht der Kommission auf europäischer Ebene jedoch eine „recht unübersichtliche Situation"[180] entstanden und es bestünde die Gefahr der Aufsplitterung der europäischen Unternehmenssteuerlandschaft.[181] Durch die vielfältigen Regelungen der Mitgliedstaaten werde das Regelungsumfeld für die steuerliche Behandlung von F&E in Europa zunehmend komplizierter.[182] Um einer Rechtszersplitterung entgegenzuwirken, plädiert die Kommission daher für „ein gewisses Maß an Koordinierung".[183] Das Ziel müsse sein, durch ein konzertiertes europäisches Vorgehen die Stabilität und die Wirksamkeit von Steueranreizen für Forschung und technologische Entwicklung zu verbessern.[184]

---

177 Mitteilung der Kommission über den Beitrag der Steuer- und Zollpolitik zur Lissabon-Strategie, KOM (2005) 532 endg., S. 15.

178 Mitteilung der Kommission über die Umsetzung des Lissabon-Programms der Gemeinschaft: Eine gemeinsame Strategie, KOM (2005) 488 endg., S. 9.

179 Mitteilung der Kommission über Wege zu einer wirksameren steuerlichen Förderung von FuE, KOM (2006) 728 endg., S. 14.

180 Mitteilung der Kommission über den Beitrag der Steuer- und Zollpolitik zur Lissabon-Strategie, KOM (2005) 532 endg., S. 15.

181 Mitteilung der Kommission über Wege zu einer wirksameren steuerlichen Förderung von FuE, KOM (2006) 728 endg., S. 14.

182 Mitteilung der Kommission über Wege zu einer wirksameren steuerlichen Förderung von FuE, KOM (2006) 728 endg., S. 3.

183 Mitteilung der Kommission über Wege zu einer wirksameren steuerlichen Förderung von FuE, KOM (2006) 728 endg., S. 14.

184 Mitteilung der Kommission über Zusammenarbeit für Wachstum und Arbeitsplätze – Ein Neubeginn für die Strategie von Lissabon, KOM (2005) 24 endg., S. 21; Mitteilung der Kommission über die Umsetzung des Lissabon-Programms der Gemeinschaft: Eine gemeinsame Strategie, KOM (2005) 488 endg., S. 9.

Im Rahmen der Lissabon-Strategie der Union wurde der Europäischen Kommission die Aufgabe übertragen, auf ein kohärentes, investitionsfreundliches Steuerumfeld für F&E hinzuarbeiten.[185] Da die Kompetenz für das direkte Steuerrecht nach wie vor und unverändert bei den Mitgliedstaaten liegt, kann die EU kein Konzept verbindlich vorgeben. Die Lissabon-Strategie enthielt daher einen an die Mitgliedstaaten gerichteten Aufruf zum Handeln. Da abzusehen war, dass die Umsetzung der Beschlüsse ein erhebliches Engagement auf Seiten der Mitgliedstaaten erfordern würde[186], sicherte die EU zu, die Mitgliedstaaten bei deren Bestrebungen zu unterstützen.[187] Die Kommission möchte daher bewährte und mit dem Unionsrecht in Einklang stehende Konzepte von Mitgliedstaaten ermitteln und anderen Mitgliedstaaten zur Nachahmung vorschlagen.[188] Als Orientierungshilfe für die Mitgliedstaaten erließ die Kommission eine Mitteilung[189], in der sie die Wege zu einer wirksameren steuerlichen Förderung von F&E aufzeigt. Damit soll den Mitgliedstaaten eine klarere Darstellung unterbreitet werden, wie steuerliche Forschungsförderung europarechtskonform – also im Einklang mit den Grundfreiheiten und dem Beihilfenrecht – ausgestaltet werden kann.[190] Die Mitgliedstaaten wurden von der Kommission aufgefordert, diese Leitlinien bei der Einführung steuerlicher Forschungsanreize zu berücksichtigen.[191] Freilich seien bei der Umsetzung der Kommissionsleitlinien immer auch die Spezifika des jeweiligen nationalen Steuerrechts zu berücksichtigen. So hänge die Wirkung von steuerlichen Forschungsanreizen zu einem erheblichen Teil von der Ausgestaltung der nationalen Steuerrechtsordnung ab. Beispielsweise komme der Höhe des Körperschaftsteuersatzes eine entscheidende Bedeutung dafür zu, welche Anreizeffekte steuerliche Vergünstigungen letztlich entfalten.[192] Die Kommission fasst zusammen, dass sich ein reduzierter Steuersatz für Einkünfte aus der Verwertung von Forschungsergebnissen oder ein erhöhter Be-

---

185 Mitteilung der Kommission über Wege zu einer wirksameren steuerlichen Förderung von FuE, KOM (2006) 728 endg., S. 3.

186 *Prange-Gstöhl*, in: Schefold/Lenz (Hrsg.), Europäische Wissensgesellschaft, S. 91 (94).

187 Mitteilung der Kommission über die Umsetzung des Lissabon-Programms der Gemeinschaft: Eine gemeinsame Strategie, KOM (2005) 488 endg., S. 5.

188 Mitteilung der Kommission über die Umsetzung des Lissabon-Programms der Gemeinschaft: Eine gemeinsame Strategie, KOM (2005) 488 endg., S. 9.

189 Mitteilung der Kommission über Wege zu einer wirksameren steuerlichen Förderung von FuE, KOM (2006) 728 endg.

190 Mitteilung der Kommission über Wege zu einer wirksameren steuerlichen Förderung von FuE, KOM (2006) 728 endg., S. 4.

191 Mitteilung der Kommission über Wege zu einer wirksameren steuerlichen Förderung von FuE, KOM (2006) 728 endg., S. 10.

192 Mitteilung der Kommission über den Beitrag der Steuer- und Zollpolitik zur Lissabon-Strategie, KOM (2005) 532 endg., S. 15.

triebsausgabenabzug für Forschungsausgaben naturgemäß besonders stark in Mitgliedstaaten mit relativ hohem Steuerniveau auswirkten.

Schließlich leistet die Kommission nicht nur rechtliche Hilfestellungen, sondern bezieht auch inhaltlich Stellung. Sie plädiert beispielsweise dafür, bei der steuerlichen Forschungsförderung ein besonderes Augenmerk auf die Belange von kleinen und mittleren Unternehmen zu legen.[193] Insbesondere junge innovative Unternehmen würden oftmals nur geringe Gewinne erwirtschaften oder gar Verluste ausweisen und daher weniger von Steueranreizen profitieren als Großunternehmen.[194]

c. Evaluation und „Relaunch" der Lissabon-Strategie

Im Jahr 2005 wurde ein Halbzeitbericht[195] veröffentlicht, in welchem eine mit der Evaluation der europäischen Forschungspolitik beauftragte Sachverständigengruppe einen nur unzureichenden Fortschritt bei der Umsetzung der Lissabon-Strategie bescheinigte. Zwar habe das 3-Prozent-Ziel der Lissabon-Strategie eine mobilisierende Wirkung auf die Mitgliedstaaten ausgeübt, so dass sich zahlreiche Mitgliedstaaten in der Folge ambitionierte Ziele für die nationale Forschungsförderung gesetzt hatten.[196] Jedoch blieben nach Ansicht der Europäischen Kommission die politischen Maßnahmen zur Steigerung der öffentlichen und privaten Forschungsinvestitionen in den meisten Mitgliedstaaten hinter den selbstgesetzten nationalen Zielen – geschweige denn der europäischen Zielvorgabe – zurück.[197] Dies habe dazu geführt, dass die Forschungsintensität in der EU nicht zugenommen habe, sondern auf im Wesentlichen unverändertem Niveau stagniere.[198] Die Kommission sah die Mitgliedstaaten in der Pflicht, den

---

193 Mitteilung der Kommission über die Umsetzung des Lissabon-Programms der Gemeinschaft: Eine gemeinsame Strategie, KOM (2005) 488 endg., S. 9.

194 Mitteilung der Kommission über die Umsetzung des Lissabon-Programms der Gemeinschaft: Eine gemeinsame Strategie, KOM (2005) 488 endg., S. 9.

195 Mitteilung der Kommission über Zusammenarbeit für Wachstum und Arbeitsplätze – Ein Neubeginn für die Strategie von Lissabon, KOM (2005) 24 endg.

196 Mitteilung der Kommission über die Umsetzung des Lissabon-Programms der Gemeinschaft: Eine gemeinsame Strategie, KOM (2005) 488 endg., S. 4.

197 Mitteilung der Kommission über die Umsetzung des Lissabon-Programms der Gemeinschaft: Eine gemeinsame Strategie, KOM (2005) 488 endg., S. 4.

198 Mitteilung der Kommission über die Umsetzung des Lissabon-Programms der Gemeinschaft: Eine gemeinsame Strategie, KOM (2005) 488 endg., S. 4; Arbeitsdokument der Kommissionsdienststellen zur Bewertung der Lissabon-Strategie, SEK (2010) 114 endg., S. 3.

Rückstand bei der Umsetzung der Lissabon-Reformen aufzuarbeiten.[199] Um in der zweiten Hälfte der geplanten Laufzeit die Ziele der Lissabon-Strategie doch noch zu erreichen, schlug die Kommission vor, eine umgestaltete und erneuerte Strategie auf den Weg zu bringen.[200] Im März 2005 trafen sich die Regierungschefs der EU-Mitgliedstaaten, bestätigten die Ziele der Lissabon-Strategie und befürworteten einen „Relaunch" der Strategie.[201] Die Kommission hielt unverändert am 3-Prozent-Ziel fest, im Übrigen wurden einige Prioritäten der Lissabon-Strategie jedoch neu ausgerichtet. Als dieser „Relaunch" im selben Jahr erfolgte, wurden von sämtlichen Mitgliedstaaten Zielmarken für die Steigerung der nationalen Forschungsintensität definiert.[202]

In einer Mitteilung an den Rat von Dezember 2007 zog die Kommission erneut Bilanz und stellte – trotz des „Relaunchs" – ein bis zu diesem Zeitpunkt unbefriedigendes Ergebnis fest.[203] So hatten beispielsweise Frankreich und Griechenland den Zeitpunkt zum Erreichen der nationalen Ziele verschoben, während einige der osteuropäischen Mitgliedstaaten die nationalen Zielvorgaben nach unten korrigierten. Da die F&E-Investitionen in vielen Mitgliedstaaten mit dem gestiegenen BIP nicht Schritt halten konnten, sank die für das Jahr 2006 ermittelte F&E-Investitionsquote.[204] Im gleichen Jahr revidierte auch die Kommission das ambitionierte Ziel aus der Lissabon-Strategie, bis zum Jahr 2010 Forschungsausgaben von 3 Prozent des BIP zu erreichen und prognostizierte nunmehr, dass die F&E-Investitionen bis 2010 einen Umfang von 2,5 Prozent des BIP erreichen könnten.[205] Die Kommission hielt jedoch unverändert an ihrer Auffassung fest, wonach steuerliche Anreize zur Erreichung dieses Ziels eine bedeutende Rolle spielten.[206]

---

199 Mitteilung der Kommission v. 2. 2. 2005 zur Zusammenarbeit für Wachstum und Arbeitsplätze – Ein Neubeginn für die Strategie von Lissabon, KOM (2005) 24 endg., S. 5.

200 Mitteilung der Kommission über Zusammenarbeit für Wachstum und Arbeitsplätze – Ein Neubeginn für die Strategie von Lissabon, KOM (2005) 24 endg., S. 5, 11.

201 *Prange-Gstöhl*, in: Schefold/Lenz (Hrsg.), Europäische Wissensgesellschaft, S. 91 (94).

202 Mitteilung der Kommission über den Strategiebericht zur erneuerten Lissabon-Strategie für Wachstum und Beschäftigung, KOM (2007) 803 endg., Teil III, S. 30.

203 Mitteilung der Kommission über den Strategiebericht zur erneuerten Lissabon-Strategie für Wachstum und Beschäftigung, KOM (2007) 803 endg., Teil I, S. 7; Teil III, S. 30.

204 Mitteilung der Kommission über den Strategiebericht zur erneuerten Lissabon-Strategie für Wachstum und Beschäftigung, KOM (2007) 803 endg., Teil I, S. 15.

205 Mitteilung der Kommission über den Strategiebericht zur erneuerten Lissabon-Strategie für Wachstum und Beschäftigung, KOM (2007) 803 endg., Teil III, S. 30.

206 Mitteilung der Kommission über den Strategiebericht zur erneuerten Lissabon-Strategie für Wachstum und Beschäftigung, KOM (2007) 803 endg., Teil III, S. 31.

d. *„Europa 2020" als Nachfolger der Lissabon-Strategie und daraufhin ergangene nationale Zielvorgaben*

Nachdem mit Beginn des Jahres 2010 feststand, dass die Ziele aus der Lissabon-Strategie nicht erreicht worden waren, schlug die Kommission im März 2010 das auf zehn Jahre ausgelegte Programm „Europa 2020" als Nachfolgeregelung zur Lissabon-Strategie vor.[207] Die Strategie enthält fünf Kernziele für die Bereiche Arbeitsmarkt, Klimaschutz, Armutsbekämpfung, Bildung sowie F&E.[208] Im Bereich der Forschungs- und Entwicklungspolitik knüpft das im Juni 2010 vom Rat angenommene[209] Programm inhaltlich an die Ziele aus der Lissabon-Strategie an. Die Mitgliedstaaten haben sich mit der Strategie „Europa 2020" das Ziel gesetzt, bis zum Jahr 2020 ein öffentliches und privates Forschungsinvestitionsvolumen zu erreichen, welches – wie bereits bei der Lissabon-Strategie – bei 3 Prozent des BIP liegen soll.[210]

Im April 2011 setzten die Mitgliedstaaten die gemeinsamen Ziele aus dem Strategieprogramm in nationale Ziele um. Einige wenige Mitgliedstaaten streben eine Forschungsquote von über 3 Prozent an[211], ein großer Teil hat sich jedoch Werte zwischen 0,5 und 2,5 Prozent zum Ziel gesetzt. Deutschland beabsichtigt laut nationalem Reformprogramm, bis zum Jahr 2020 eine F&E-Quote von 3 Prozent des BIP zu erreichen.[212]

Zum gegenwärtigen Zeitpunkt lässt sich noch nicht abschätzen, welche Auswirkungen die jüngsten volkswirtschaftlichen Verwerfungen, die im Jahr 2007 als amerikanische Immobilienkrise begannen und sich in den Folgejahren zu einer globalen Finanz- und Wirtschaftskrise ausweiteten, auf das Erreichen der Forschungsquote haben werden. Zum einen steht zu befürchten, dass zahlreiche Unternehmen als Reaktion auf die Krise ihre Forschungsausgaben redu-

---

207 Mitteilung der Kommission über Europa 2020 – eine Strategie für intelligentes, nachhaltiges und integratives Wachstum, KOM (2010) 2020 endg., S. 13.

208 Mitteilung der Kommission über Europa 2020 – eine Strategie für intelligentes, nachhaltiges und integratives Wachstum, KOM (2010) 2020 endg., S. 5.

209 Schlussfolgerungen der Tagung des Europäischen Rats v. 17. 6. 2010, EUCO 13/10, S. 11.

210 Mitteilung der Kommission über Europa 2020 – eine Strategie für intelligentes, nachhaltiges und integratives Wachstum, KOM (2010) 2020 endg., S. 13; Schlussfolgerungen der Tagung des Europäischen Rats v. 17. 6. 2010, EUCO 13/10, S. 11; Mitteilung der Kommission über den Europäischen Forschungsraum, KOM (2012) 392 endg., S. 2.

211 Beispielsweise Finnland mit einer selbstgesetzten Zielvorgabe von 4 Prozent und Österreich mit 3,76 Prozent. Dabei handelt es sich insbesondere um Mitgliedstaaten, in denen bereits gegenwärtig mehr als 3 Prozent des BIP für F&E aufgewendet werden.

212 Für eine Übersicht über die nationalen Zielvorgaben siehe Europäische Kommission (Hrsg.), Ziele der Strategie „Europa 2020".

zieren, was ein Absinken der Forschungsquote zur Folge hätte. Jedoch kann es auch zu gegenläufigen Effekten kommen: Käme es rezessionsbedingt zu einem Absinken des BIP, so bedeutet dies zugleich, dass sich die statistische Bezugsgröße für die Berechnung der Forschungsquote verringert. Einzelne Branchen, in denen unverändert auf gleichbleibendem Niveau geforscht wird, könnten in der Folge zu einem Ansteigen der Forschungsquote führen, ohne dass tatsächlich mehr Forschungsaufwendungen getätigt wurden.

Nach den jüngsten vorliegenden Daten wurden im Jahr 2010 in Deutschland 2,82 Prozent des BIP für öffentliche und private Forschung aufgewendet,[213] die Differenz zur selbstgesetzten nationalen Zielvorgabe von 3 Prozent beträgt damit zwar nur 0,18 Prozentpunkte. Bei einem BIP, das im Jahr 2011 bei 2 571 Milliarden Euro[214] lag, müssten aber folglich zusätzliche Forschungsaufwendungen im Umfang von jährlich ungefähr 5 Milliarden Euro getätigt werden. Um diesen Zuwachs zu erreichen, ist entweder eine erhebliche Steigerung des staatlichen Forschungsbudgets[215] erforderlich oder eine prozentual geringere Ausweitung der unternehmerischen Forschung[216], angeregt insbesondere durch eine staatliche Unterstützung.

IV. Anteil des deutschen Staates an der Finanzierung von F&E-Tätigkeiten im Wirtschaftssektor

1. Historische Entwicklung des staatlichen Finanzierungsanteils

Trotz der hohen Bedeutung von staatlicher Forschungsförderung ist der Anteil des deutschen Staates an der Finanzierung von F&E-Tätigkeiten der Privatwirtschaft kontinuierlich im Rückgang begriffen.[217] Während in den achtziger Jahren des 20. Jahrhunderts in Deutschland noch fast 14 Prozent der F&E-Gesamtaufwendungen im Wirtschaftssektor vom Staat finanziert wurden – also in Form von Fördergeldern oder als Entgelt für Forschungsaufträge –, sank der Anteil

---

213 Stand 2010, OECD (Hrsg.), Main Science and Technology Indicators 2012/1, S. 21; siehe auch *Legler/Krawczyk*, FuE-Aktivitäten von Wirtschaft und Staat im internationalen Vergleich, S. 18.

214 Statistisches Bundesamt (Hrsg.), Volkswirtschaftliche Gesamtrechnungen, S. 14.

215 Das gesamte deutsche Forschungsbudget im öffentlichen Sektor von gegenwärtig knapp 22 Milliarden Euro (siehe oben, 2. Kapitel, A. I. 3. a., S. 11) müsste demnach um mehr als 23 Prozent angehoben werden.

216 So müssten die Forschungsaufwendungen im Wirtschaftssektor von knapp 58 Milliarden Euro auf 63 Milliarden Euro steigen, was einem Zuwachs von 8,6 Prozent entspricht. Siehe auch oben, 2. Kapitel, A. II. 2. a., S. 15.

217 Expertenkommission Forschung und Innovation (EFI) (Hrsg.), KMU im Fokus, S. 23.

kontinuierlich, bis er 2009 nur noch 4 Prozent betrug.[218] Bei den besonders forschungskräftigen Unternehmen des verarbeitenden Gewerbes liegt der Anteil noch geringer, bei zuletzt ungefähr 3 Prozent.[219] Spiegelbildlich zum Absinken des staatlichen Finanzierungsanteils stieg der prozentuale Anteil der von Unternehmen selbst finanzierten Forschung im selben Zeitraum von 85 auf über 92 Prozent. Den restlichen Anteil an den Gesamtforschungsaufwendungen der deutschen Wirtschaft stellen Zahlungen aus dem Ausland dar, die in den letzten Jahren konstant bei ungefähr 3 Prozent lagen, sowie Zahlungen von Hochschulen und privaten nichtkommerziellen Organisationen, die jedoch bei einem Anteil von 0,1 bis 0,3 Prozent statistisch nicht stark ins Gewicht fallen.[220]

Der sinkende staatliche Finanzierungsanteil an den Forschungsaufwendungen des Wirtschaftssektors resultiert daraus, dass der von den Unternehmen für Forschung aufgewandte Geldbetrag in den letzten drei Jahrzehnten kontinuierlich anstieg, während der Umfang der staatlichen Zahlungen für in der Wirtschaft durchgeführte Forschung sogar leicht absank. Den knapp 11,5 Milliarden Euro, die 1983 vom Wirtschaftssektor für Forschung[221] aufgewandt wurden, standen damals 1,8 Milliarden Euro gegenüber, die der Staat finanzierte.[222] Die Unternehmen steigerten ihr finanzielles Engagement für Forschung in den folgenden Jahren stetig, bis der von der Privatwirtschaft selbst finanzierte Teil der Gesamtaufwendungen in der Wirtschaft zuletzt im Jahr 2009 bei ungefähr 45,4 Milliarden Euro[223] lag.[224] Der staatliche Beitrag blieb viele Jahre vergleichsweise unverändert und ging zuletzt auf 2,1 Milliarden Euro zurück, so dass sich das Verhältnis der Mittelherkunft in der Folge mehr und mehr zu Lasten des staatlichen Finanzierungsanteils verschob.[225] Noch deutlicher wird der Rückgang des Anteils, den der Staat an den Forschungsaufwendungen der Privatwirtschaft finanziert, wenn die Forschungsaufwendungen in Relation zum BIP gesetzt wer-

---

218 Stifterverband für die Deutsche Wissenschaft (Hrsg.), FuE-Datenreport 2011, S. 18; Expertenkommission Forschung und Innovation (EFI) (Hrsg.), Gutachten 2012, S. 126.

219 Stifterverband für die Deutsche Wissenschaft (Hrsg.), FuE-Datenreport 2011, S. 18.

220 Stifterverband für die Deutsche Wissenschaft (Hrsg.), FuE-Datenreport 2010, S. 21.

221 Aus statistischen Gründen sind in diesem Betrag nicht sämtliche F&E-Aufwendungen der Wirtschaft umfasst, sondern nur interne und externe Aufwendungen, die nicht im Wirtschaftssektor verbleiben. Um eine Doppelzählung zu vermeiden, wurden jene Aufwendungen für externe F&E ausgenommen, die an fremde Unternehmen oder an verbundene Unternehmen im eigenen Konzern fließen und dort ihrerseits interne F&E-Aufwendungen darstellen. Vgl. Stifterverband für die Deutsche Wissenschaft (Hrsg.), FuE-Datenreport 2012, S. 7.

222 Stifterverband für die Deutsche Wissenschaft (Hrsg.), FuE-Datenreport 2012, S. 38.

223 Vgl. Fußnote 221.

224 Stifterverband für die Deutsche Wissenschaft (Hrsg.), FuE-Datenreport 2012, S. 38.

225 Stifterverband für die Deutsche Wissenschaft (Hrsg.), FuE-Datenreport 2010, S. 21.

den. Das BIP der Bundesrepublik Deutschland stieg von 898 Milliarden im Jahr 1983 auf 2 374 Milliarden Euro im Jahr 2009, mithin also auf das 2,6-Fache.[226] Im Jahr 1983 entsprachen die von der Wirtschaft finanzierten privaten F&E-Aufwendungen 1,28 Prozent des BIP und der Staat beteiligte sich im Umfang von 0,21 Prozent des BIP an der privatwirtschaftlichen Forschung. Im Jahr 2009 entsprachen die von der Wirtschaft getragenen Forschungsaufwendungen nunmehr einem – leicht verbesserten – Anteil von 1,9 Prozent des BIP, während der Staat die privatwirtschaftliche Forschung signifikant geringer, nämlich nur noch im Umfang von 0,08 Prozent des BIP unterstützte.

2. Staatlicher Finanzierungsanteil unterteilt nach Branchenzugehörigkeit

Dem statistischen Datenmaterial lässt sich entnehmen, dass in Deutschland der staatliche Finanzierungsanteil an der von Wirtschaftsunternehmen durchgeführten Forschung zum einen zwischen den Branchen und zum anderen zwischen den Unternehmensgrößen variiert. In der chemischen Industrie – einer Branche mit hohem Forschungsvolumen – wird F&E nahezu ausschließlich von der Wirtschaft selbst finanziert. Der staatliche Finanzierungsanteil lag hier im Jahr 2009 bei 1,4 Prozent, bei Unternehmen der Pharmabranche sogar bei nur 0,4 Prozent. Auch die Unternehmen des Fahrzeugbaus wenden die Mittel für Forschung überwiegend selbst auf. Auch hier entstammen nur 0,4 Prozent der gesamten Forschungsaufwendungen aus staatlichen Kassen.[227] Einzig die Hersteller von Luft- und Raumfahrzeugen haben einen immens hohen staatlichen Finanzierungsanteil: Mehr als ein Viertel der in dieser Branche getätigten Forschungsausgaben von insgesamt 2,8 Milliarden Euro wurden vom deutschen Staat getragen, was auf die hohen Subventionen in diesem Bereich zurückzuführen ist. Neben die deutschen Geldleistungen treten die EU-Subventionen, die zusätzlich ungefähr 10 Prozent der gesamten F&E-Aufwendungen im Luft- und Raumfahrzeugbau ausmachen.[228]

3. Staatlicher Finanzierungsanteil unterteilt nach Unternehmensgröße

Unterschiede beim staatlichen Anteil an der Finanzierung von F&E ergeben sich neben der Branchenzugehörigkeit auch hinsichtlich der Größe und Beschäftigtenanzahl der Unternehmen. Der staatliche Finanzierungsanteil für kleine und

---

226 Statistisches Bundesamt (Hrsg.), Volkswirtschaftliche Gesamtrechnungen, S. 14.
227 Stifterverband für die Deutsche Wissenschaft (Hrsg.), FuE-Datenreport 2011, S. 20.
228 Stifterverband für die Deutsche Wissenschaft (Hrsg.), FuE-Datenreport 2010, S. 23.

mittlere Unternehmen ist zum Teil deutlich höher als der für Großunternehmen. Die höchste staatliche Finanzierungsquote weisen die forschenden kleinen Unternehmen mit bis zu 50 Mitarbeitern auf. Von den gesamten Forschungsaufwendungen eines kleinen Unternehmens wurden im Jahr 2009 zwischen 14 und 26 Prozent vom Staat finanziert.[229] Mit zunehmender Größe des Unternehmens nimmt der staatliche Finanzierungsanteil ungefähr linear ab. Bei mittleren Unternehmen mit bis zu 500 Mitarbeitern werden nur noch 2,6 Prozent der gesamten F&E-Aufwendungen aus staatlichen Mitteln finanziert, bei den Großunternehmen mit 2 000 bis 9 999 Beschäftigten liegt die Quote zwischen 1 und 3 Prozent.[230] Hinsichtlich des staatlichen Finanzierungsanteils von F&E könne nach Ansicht von Sachverständigen der Expertenkommission Forschung und Innovation (EFI) nicht davon gesprochen werden, dass Großunternehmen stärker begünstigt werden als kleine und mittlere Unternehmen. Vielmehr sei in der deutschen Politik gegenwärtig der Trend vorherrschend, die Förderung von KMU durch die öffentliche Hand höher zu priorisieren, indem spezifisch auf KMU ausgelegte Förderprogramme eingerichtet wurden.[231] Der hohe staatliche Finanzierungsanteil bei KMU sagt jedoch nicht viel über den Erfolg dieser Bestrebungen aus, denn es darf nicht außer Acht gelassen werden, dass viele kleine und mittlere Unternehmen keine Forschung betreiben oder sich nicht um Fördergelder bewerben. Entscheidet ein mittelständisches Unternehmen, dass die Beantragung der Forschungsbeihilfen nach gegenwärtiger Rechtslage zu aufwändig ist, und sieht es daher mangels hinreichender Finanzmittel von Forschungstätigkeiten ab, so fällt dieses Unternehmen aus der statistischen Betrachtung der forschenden kleinen und mittleren Unternehmen heraus.

Zwar liegt der Schwerpunkt der jüngeren deutschen Forschungspolitik auf einer bevorzugten Förderung von KMU, aber gleichwohl ist der Anteil der mit Forschungsfördergeldern unterstützten Großunternehmen deutlich größer als der Anteil der kleinen und mittleren Unternehmen. Im Jahr 2003 wurden 8 Prozent der kleinen und 10 Prozent der mittleren Unternehmen gefördert, demgegenüber jedoch knapp 35 Prozent der sehr großen Unternehmen.[232] Auch in absoluten Zahlen kommt der Förderung der Großunternehmen ein hohes Gewicht zu. So

---

229 Stifterverband für die Deutsche Wissenschaft (Hrsg.), FuE-Datenreport 2011, S. 21.
230 Stifterverband für die Deutsche Wissenschaft (Hrsg.), FuE-Datenreport 2011, S. 21.
231 Expertenkommission Forschung und Innovation (EFI) (Hrsg.), KMU im Fokus, S. 23; *Herbold*, Steuerliche Anreize für Forschung und Entwicklung im internationalen Vergleich, S. 63; Institut der Deutschen Wirtschaft (IW) (Hrsg.), Grundgedanke und Ausgestaltungsvarianten einer steuerlichen FuE-Förderung, S. 8; *Eickelpasch/Grenzmann*, DIW Wochenbericht 29/2009, S. 468.
232 IW Consult (Hrsg.), Forschungsförderung in Deutschland, S. 13; *Herbold*, Steuerliche Anreize für Forschung und Entwicklung im internationalen Vergleich, S. 63.

floss im Jahr 2009 mit 1,2 Milliarden Euro deutlich über die Hälfte der vom deutschen Staat finanzierten Forschungsgesamtaufwendungen an Unternehmen, die mehr als 1 000 Mitarbeiter beschäftigen.[233] Allein auf die sehr großen Unternehmen mit über 10 000 Mitarbeitern entfallen rund 30 Prozent der gesamten vom Staat finanzierten F&E-Aufwendungen. Dass der prozentuale Finanzierungsanteil des Staates in dieser Unternehmensklasse gleichwohl nur bei ungefähr 2,9 Prozent liegt, resultiert aus den bereits angesprochenen immensen Forschungsaufwendungen, die von Großunternehmen getätigt werden. So wenden allein die Unternehmen mit mehr als 10 000 Mitarbeitern jährlich knappe 22 Milliarden Euro für Forschung und Entwicklung auf.[234]

V. Kritik an der gegenwärtigen Form der projektbezogenen Forschungsförderung

Die Darstellung der vielfältigen Förderprogramme hat deutlich gemacht, wie facettenreich die deutsche Forschungsförderungslandschaft ist. Von Kritikern wird vorgetragen, die Vielzahl an unterschiedlichen Forschungsförderprogrammen von jeweils unterschiedlichen Trägern führe zu einer Unüberschaubarkeit, die es den forschenden Unternehmen erschwere, die für sie einschlägigen Förderprogramme ausfindig zu machen.[235] Diese Intransparenz der Förderlandschaft benachteilige insbesondere die kleinen und mittleren Unternehmen, da diese es sich im Gegensatz zu Großunternehmen weniger oft leisten könnten, personelle und finanzielle Ressourcen für das Anwerben von Fördergeldern abzustellen. Eine Studie aus dem Jahr 2006 ergab, dass sich über mehrere Jahre nur gut ein Viertel der kleinen und mittleren Unternehmen überhaupt mit dem Thema Forschungsförderung beschäftigt hatte. Als Grund für das mangelnde Interesse der restlichen mittelständischen Unternehmen wurde herausgefunden, dass diese mehrheitlich der Annahme waren, es gebe keine für sie relevanten Förderungsmöglichkeiten.[236]

An zweiter Stelle nennen die kleinen und mittleren Unternehmen, die sich nicht um Forschungsförderung bemüht haben, den erwarteten hohen Bewerbungsaufwand.[237] Auch von Fachleuten wird bemängelt, dass die Vielzahl an unterschiedlichen Förderprogrammen mit einer Vielzahl an unterschiedlichen

233 Stifterverband für die Deutsche Wissenschaft (Hrsg.), FuE-Datenreport 2011, S. 21.
234 Stifterverband für die Deutsche Wissenschaft (Hrsg.), FuE-Datenreport 2011, S. 21.
235 *Brinkmann/Maier/Brandstätter*, IStR 2009, S. 563; *Kessler et al.*, DB 2008, S. 1172.
236 *Spengel et al.*, Steuerliche Förderung von F&E, S. 31.
237 *Kessler et al.*, DB 2008, S. 1172; *Spengel et al.*, Steuerliche Förderung von F&E, S. 32; Institut der Deutschen Wirtschaft (IW) (Hrsg.), Grundgedanke und Ausgestaltungsvarianten einer steuerlichen FuE-Förderung, S. 7.

Förderbedingungen einhergehe. Um in den Genuss von Forschungsgeldern zu gelangen, muss das Unternehmen ein im Regelfall komplexes und mit nicht unerheblichem Offenlegungsaufwand verbundenes Antragsverfahren durchlaufen.[238] Weist nun jedes Förderprogramm ein eigenes Antragsverfahren auf, komme das Unternehmen durch mehrfache Bewerbungen kaum in den Genuss von Synergieeffekten, sondern sehe sich einem zunehmenden Verwaltungsaufwand ausgesetzt. Derartige bürokratische Hemmnisse belasten nach Ansicht von Fachleuten kleine und mittlere Unternehmen überproportional stark und schrecken diese oftmals von der Beantragung von Forschungsgeldern ab.[239]

Ein Forschungsförderungsregime, an dem ein nennenswerter Anteil der – insbesondere kleineren – Unternehmen aufgrund der Unübersichtlichkeit über die angebotenen Förderprogramme sowie der hohen Komplexität des Antragsverfahrens nicht partizipiert, weist daher eine unerwünschte Selektivität im Hinblick auf die Unternehmensgröße und nur eine geringe Breitenwirkung der Förderung auf.[240]

Selektiv ist eine direkte projektbezogene Forschungsförderung aber auch hinsichtlich der inhaltlichen Ausrichtung der Förderung.[241] Bei projektbezogener Forschungsförderung werden Fördergelder in den meisten Fällen nur für Arbeiten in thematisch eingegrenzten und für besonders zukunftsträchtig befundenen Technologiebereichen wie beispielsweise der Bio- oder der Nanotechnologie gewährt.[242] Faktisch ist es damit nicht mehr dem jeweils forschenden Unternehmen überlassen, das bevorzugte Gebiet der eigenen innovativen Tätigkeit festzulegen, da die staatliche Förderung nicht für jede Art von Forschungstätigkeiten gewährt wird. Ist ein Unternehmen auf Forschungsgelder angewiesen, so wird es durch die finanziellen Anreize angehalten, in den spezifisch von Förderprogrammen umfassten Bereichen zu forschen. Eine auf diese Weise selektiv ausgestaltete projektbezogene Forschungsförderung verhält sich somit nicht technologieneutral, sondern marktverzerrend und nimmt Einfluss auf die thematische Ausrichtung der Forschungsaktivitäten von Unternehmen.[243]

Die Entscheidung des jeweiligen Trägers der Förderprogramme über die Förderungswürdigkeit von Forschungsvorhaben beruht dabei letztlich auf einer subjektiven Einschätzung, die im Falle der staatlichen Förderung oftmals auch

---

238 *Brinkmann/Maier/Brandstätter*, IStR 2009, S. 563.
239 *Kessler et al.*, DB 2008, S. 1172.
240 *Kessler et al.*, DB 2008, S. 1172.
241 *Herbold*, Steuerliche Anreize für Forschung und Entwicklung im internationalen Vergleich, S. 93.
242 Vgl. *Hinze*, in: Hornbostel/Knie/Simon (Hrsg.), Handbuch Wissenschaftspolitik, S. 171.
243 Expertenkommission Forschung und Innovation (EFI) (Hrsg.), Gutachten 2008, S. 33.

von politischen Erwägungen geleitet wird.[244] Es erscheint fraglich, ob die staatlichen Entscheidungsträger gegenüber der Wirtschaft einen Wissensvorsprung haben, der es rechtfertigt, über die Förderungswürdigkeit von Technologiebereichen zu befinden. Zumindest im Bereich der anwendungsorientierten Forschung ist – aufgrund der gesteigerten Marktnähe der Forschungsvorhaben – davon auszugehen, dass die in diesem Sektor tätigen Unternehmen besser als die öffentliche Hand in der Lage sind, über die Erfolgsaussichten von Technologien zu urteilen.[245]

Beeinflusst der Staat durch die selektive Förderung von bestimmten Technologiebereichen die Entscheidung der Wirtschaft, in diesen Feldern zu forschen, so können im Wege der Forschungsförderung zwar sonstige politisch opportune Ziele erreicht werden, wie beispielsweise die Anregung von Innovationen im Bereich der erneuerbaren Energien. Die selektive Förderung birgt aber auch die Gefahr, dass – sollte sich die Schwerpunktsetzung später als ökonomisch verfehlt oder wissenschaftlich überholt herausstellen – nicht nur einzelne Unternehmen einen Fehlweg gegangen sind, sondern schlimmstenfalls die gesamte staatlich geförderte Branche. Zu einer derartigen Begebenheit kam es in den 1980er Jahren, als die deutsche Regierung im Bereich der Internettechnologie einseitig nur Forschungsprojekte förderte, denen ein bestimmter Technikstandard zugrunde lag. Als sich später ein amerikanischer Konkurrenzstandard auf dem Weltmarkt durchsetzte, hatten die beteiligten deutschen Unternehmen nicht nur hohe Abschreibungen auf die erfolglosen Entwicklungsaufwendungen vorzunehmen, sondern sie waren aufgrund ihrer einseitigen Forschungsaktivitäten auch technologisch um Jahre zurückgefallen.[246]

VI. Überblick über patent- und steuerrechtliche Normen mit Auswirkung auf die Forschungstätigkeit von Unternehmen

Das gegenwärtige System der Forschungsförderung in Deutschland kann in seiner Wirkung auf die Forschungstätigkeit von Unternehmen nicht isoliert von dem umgebenden rechtlichen Rahmen betrachtet werden. Für die betriebswirtschaftliche Kalkulation eines Unternehmens über den Umfang seiner For-

---

244 *Schlie/Stetzelberger*, IStR 2008, S. 269 (270); siehe auch *Rosenberger*, WiVerw 2009, S. 133 (186).
245 *Klodt*, Grundlagen der Forschungs- und Technologiepolitik, S. 105; vgl. *Spengel et al.*, Steuerliche Förderung von F&E, S. 34; vgl. ferner *Plickert*, FAZ v. 31. 1. 2011, S. 12.
246 *Scholz*, Internet-Politik in Deutschland, S. 46.

schungsaktivität spielen neben dem Umfang des Patentschutzes insbesondere die Vorgaben des Steuerrechts eine bedeutende Rolle.

1. Patentrechtliche Rahmenbedingungen

Für neue und gewerblich anwendbare Erfindungen kann ein Patentschutz gewährt werden.[247] Beim Patentrecht handelt es sich um ein zeitlich begrenztes Ausschlussrecht, so dass der Inhaber[248] für die Dauer des Patentschutzes andere von der Nutzung der patentierten Erfindung ausschließen kann.[249] Ihm wird exklusiv das Recht der wirtschaftlichen Verwertung der Erfindung zugewiesen.[250]

Auch wenn der mit dem Patentrecht verbundene Nutzen für ein Unternehmen durch das Prozess- und Kostenrisiko bei unberechtigter Verwendung durch konkurrierende Unternehmen etwas geschmälert sein mag[251], geht vom Patentschutz gleichwohl ein gewichtiger Anreiz für Unternehmen aus, sich mit Forschung und Innovationen zu befassen.[252] Im Regelfall rentiert sich für ein Unternehmen die kostspielige Aufnahme von Forschungstätigkeiten – wenn überhaupt – nur langfristig. Ein Unternehmen wird in seine Kalkulation über das Lohnen von Forschungsaktivitäten daher die Dauer des Patentschutzes einbezie-

---

247 *Osterrieth*, Patentrecht, S. 2.

248 Beim Inhaber eines Patentes muss es sich nicht zwangsläufig um den Erfinder handeln, vielmehr weist Deutschland einen relativ hohen Anteil an Diensterfindungen auf, bei denen die Erfindung im Rahmen eines Dienstverhältnisses stattfand. Arbeitsvertraglich vereinbart ist hier im Regelfall, dass der Arbeitgeber der Patentinhaber wird, vgl. *Kraßer*, Patentrecht, § 3 III. 2., S. 39.

249 *Kraßer*, Patentrecht, § 1 A. I. 2., S. 1; Expertenkommission Forschung und Innovation (EFI) (Hrsg.), Gutachten 2010, S. 119.

250 Im Einzelnen umstritten ist dabei, wo das richtige Maß der Abwägung zwischen den widerstreitenden Interessen von Patentinhaber und Wettbewerbern liegt. So scheint der Gedanke eines freien Wettbewerbs mit grundsätzlich gleichem Marktzugang für jeden Marktteilnehmer im Widerspruch zu stehen mit dem von Patenten vermittelten Ausschließlichkeitsrechten. Der heutigen Wettbewerbspolitik liegt jedoch die Erwägung zugrunde, dass von Innovationen eine zentrale Bedeutung für einen dynamischen Wettbewerb ausgeht. Der Schutz durch Patente sorge dafür, dass Unternehmen ihre Forschungsausgaben amortisieren können und dies ermögliche nachhaltig Innovationen (*Osterrieth*, Patentrecht, S. 9). Die Wirtschaftspolitik hat zu beachten, dass das exklusive Verwertungsrecht des Patentinhabers dabei nicht so weit ausgedehnt wird, dass es zu einer Behinderung von Konkurrenten und des Wettbewerbs kommt. Zum Spannungsverhältnis zwischen dem Interesse der Allgemeinheit an freiem Zugang zu jedweder technischer Neuerung und dem Schutz durch geistige Eigentumsrechte siehe *Kraßer*, Patentrecht, § 3 II. 3., S. 36.

251 Vgl. bereits oben die Ausführungen zum unfreiwilligen Erkenntnis-Spillover, siehe 2. Kapitel, B. I., S. 19.

252 *Oppenländer*, GRUR Int 1982, S. 598 (599).

hen, denn die Möglichkeit, während dieser Zeit die Innovation exklusiv verwerten oder entgeltlich an andere Unternehmen weiterlizenzieren zu können, mildert das der Forschung innewohnende wirtschaftliche Risiko.[253] Das Patent stellt damit letztlich die rechtliche Absicherung der Möglichkeit dar, dass sich der Forschungsaufwand durch Erträge aus der Verwertung der patentierten Erfindung amortisiert.[254] Hierdurch kann das Patentrecht zur langfristigen Förderung von Innovationen beitragen.[255]

Obgleich es vor diesem Hintergrund als wünschenswert erscheint, den Patentschutz auszudehnen, wird kontrovers diskutiert, ob eine Ausweitung des Patentschutzes einen Anreiz zu mehr Forschungstätigkeit darstellt. So spricht sich beispielsweise der Wissenschaftliche Beirat beim Bundesministerium für Wirtschaft und Technologie dafür aus, die Reichweite von Patenten zu begrenzen und die für ihre Erteilung aufgestellten Kriterien sorgfältiger zu prüfen, da eine innovationsfördernde Wirkung von Patenten nur eintreten könne, wenn sich diese nicht zu einer Massenware entwickelten.[256] Im Bereich der Grundlagenforschung kommt es ohnehin kaum zu patentierbaren Erfindungen, da der Grundlagenforschung im Regelfall noch die für ein Patent erforderliche Anwendungsnähe fehlt.[257] Nach geltendem Recht sind nur gewerblich verwertbare Erfindungen patentierbar, so dass nicht für jede Form von wissenschaftlichen Entdeckungen ein Patentschutz erlangt werden kann.[258] Somit kann ein Anreiz für Unterneh-

---

253 *Oppenländer*, GRUR Int 1982, S. 598 (599).
254 *Brandt*, Die Schutzfrist des Patents, S. 176.
255 *Baaijens/Breuer*, BB 2010, S. 2932 (2933).
256 Bundesministerium für Wirtschaft und Technologie (BMWi) (Hrsg.), Patentschutz und Innovation, S. 20.
257 *Beier*, GRUR Int 1982, S. 77 (82); *Kraßer*, Patentrecht, § 3 III. 3., S. 40.
258 *Beier*, GRUR Int 1982, S. 77 (82). In der patentrechtlichen Literatur gibt es eine Diskussion über die Reichweite des Patentschutzes. So wird vertreten, vermehrt auch weitere „belohnungswürdige" geistige Leistungen – wie beispielsweise Ergebnisse der Grundlagenforschung – vom Patentschutz zu umfassen. Dagegen wird von *Kraßer* vorgebracht, dass dies zu schwierig handhabbaren Zuordnungsproblemen führen könnte. So stelle sich bei Patenten auf grundlegende wissenschaftliche Erkenntnisse unter anderem die Frage, von wem eine Vergütung für die Patentnutzung an den Patentinhaber zu zahlen und nach welchem Maßstab diese zu bemessen sei. Die im Rahmen von Grundlagenforschung erlangten Erkenntnisse seien noch zu weit von einer konkreten technischen Anwendbarkeit entfernt, so dass eine Vielzahl von Unternehmen aus diesen Erkenntnissen auch indirekt wirtschaftlichen Nutzen zöge. Durch eine Anknüpfung an den Vorgang der einzelnen Nutzung der Erfindung könne daher kein abgrenzbarer Kreis von Vergütungsschuldnern definiert werden. Daher plädiert *Kraßer* dafür, Grundlagenforschung durch eine „von den Erträgen ihrer Ergebnisse unabhängige Forschungsförderung zu honorieren", *Kraßer*, Patentrecht, § 3 III. 3., S. 40.

men, Grundlagenforschung zu betreiben, weniger mit Mitteln des Patentrechts, sondern insbesondere mit staatlicher Forschungsförderung gesetzt werden.[259]

Doch auch in Forschungssegmenten, in denen ein Patentschutz erlangt werden kann, wird von diesem Recht nicht immer Gebrauch gemacht. So verzichten Unternehmen oftmals aus Geheimhaltungsgründen oder strategischen Erwägungen auf die Patentierung von Erfindungen.[260] Eine Verlängerung oder Ausweitung des Patentschutzes würde bei diesen Unternehmen somit keinen Anreiz für mehr Forschungstätigkeiten darstellen. Dies hebt die besondere Bedeutung einer steuerlichen Vergünstigung von Forschungsaufwendungen hervor, da Unternehmen eine steuerliche Förderung auch für derartige Forschungstätigkeiten in Anspruch nehmen können, die nicht in Patente münden.

2. Steuerrechtliche Rahmenbedingungen

Der zweite Komplex, den ein Unternehmen bei seiner Entscheidung über Forschungsaktivitäten berücksichtigen wird, sind die allgemeinen steuerlichen Rahmenbedingungen. So entscheiden beispielsweise die Regelungen eines Steuersystems, wie mit den während der Forschungsphase angelaufenen Verlusten verfahren wird, über die Höhe des finanziellen Risikos der Forschungstätigkeit. Sind Verluste vollumfänglich und unbeschränkt mit zukünftigen Erträgen verrechenbar, so ist die finanzielle Hürde für ein Unternehmen, forschend tätig zu werden, niedriger, als wenn ein Teil der Forschungsaufwendungen nicht oder nur eingeschränkt steuermindernd berücksichtigt werden kann.

In Deutschland wird die Verlustverrechnung nicht vollumfänglich gewährt, sondern gerade in diesem für forschende Unternehmen besonders bedeutsamen Bereich sieht das Steuerrecht eine Reihe von Beschränkungen vor. Zu nennen sind insbesondere die Vorschriften über die Mindestbesteuerung nach § 10d Abs. 2 EStG sowie den Verlustuntergang bei Beteiligungserwerb gemäß § 8c KStG. Als forschungshemmend erweist sich hier die asymmetrische steuerliche Behandlung von Gewinnen und Verlusten.[261] Während der Fiskus Verluste viel-

---

259 So auch *Kraßer*, Patentrecht, § 3 III. 3., S. 40; *Durinke*, Gemeinschaftsrahmen, S. 22.

260 Vgl. *Schlösser*, IStR 2009, S. 557 (561); *Oppenländer*, in: Oppenländer (Hrsg.), Patentwesen, technischer Fortschritt und Wettbewerb, S. 47 (56). Auch finanzielle Erwägungen können Unternehmen – insbesondere mittelständische Unternehmen – davon abhalten, eine Erfindung patentieren zu lassen. So können nach einer Untersuchung des Instituts der deutschen Wirtschaft aus Köln die Kosten für Patentschutz in Deutschland schnell mehrere Tausend Euro betragen, eine Anmeldung beim Europäischen Patentamt samt der hierfür erforderlichen Übersetzungen gar mehrere Zehntausend Euro, vgl. Institut der deutschen Wirtschaft (IW) (Hrsg.), iwd Nr. 37/2009 v. 10. 9. 2009, S. 4.

261 Vgl. Expertenkommission Forschung und Innovation (EFI) (Hrsg.), Gutachten 2008, S. 29.

fach nur beschränkt anerkennt, wird bei erfolgreicher Forschungstätigkeit der gesamte Gewinn der Besteuerung unterworfen.[262] In der Kostenkalkulation eines Unternehmens führt dieses ungleich verteilte Verhältnis von Chance zu Risiko dazu, dass viele Investitionen in Forschungsprojekte als unwirtschaftlich angesehen und daher nicht durchgeführt werden.[263]

Ferner können sich auch die Zinsschranke nach § 4h EStG in Verbindung mit § 8a KStG und die gewerbesteuerliche Hinzurechnung von Aufwendungen für Konzessionen und Lizenzen gemäß § 8 Nr. 1 lit f) GewStG innovationshemmend auf forschende Unternehmen auswirken.[264]

a. Mindestbesteuerung

Die Verrechnung von negativen Einkünften, die bei der Ermittlung des Gesamtbetrags der Einkünfte eines Steuerpflichtigen in einem Veranlagungszeitraum nicht ausgeglichen werden können, richtet sich nach § 10d EStG. Über § 8 Abs. 1 Satz 1 KStG gilt diese Norm auch für Körperschaften, mithin insbesondere für Unternehmen in der Rechtsform einer Kapitalgesellschaft.[265]

Nach dem vorrangigen, aber in der Höhe begrenzten Rücktrag in den vergangenen Veranlagungszeitraum gemäß § 10d Abs. 1 Satz 1 EStG, werden verbleibende Verluste nach § 10d Abs. 2 EStG in die zukünftigen Veranlagungszeiträume vorgetragen, können aber nur bis zu einem Gesamtbetrag der Einkünfte von 1 Million Euro unbeschränkt verrechnet werden. Oberhalb dieser Schwelle können im jeweiligen Veranlagungszeitraum höchstens 60 Prozent der übersteigenden Einkünfte mit vorgetragenen Altverlusten verrechnet werden. Ein Steuerpflichtiger hat demgemäß in jedem Jahr mindestens 40 Prozent der den Sockelbetrag von 1 Million Euro übersteigenden Einkünfte zu versteuern, selbst wenn noch nicht ausgeglichene Verluste aus den Vorjahren vorliegen. Diese sogenannte Mindestbesteuerung bewirkt demnach, dass die Verlustverrechnung zeitlich gestreckt wird.[266] Die Regelung wurde 2004 eingeführt, um dem „gewaltigen Verlustvortragspotenzial"[267] zu begegnen, das von deutschen

262 Vgl. *Spengel et al.*, Steuerliche Förderung von F&E, S. 51.
263 Vgl. *Spengel et al.*, Steuerliche Förderung von F&E, S. 51.
264 *Brinkmann/Maier/Brandstätter*, IStR 2009, S. 563 (564).
265 *Lambrecht*, in: Kirchhof (Hrsg.), EStG, § 10d, Rdnr. 4.
266 *Lang*, Mindestbesteuerung, S. 3.
267 Im Jahr 2006 wiesen deutsche Unternehmen ausweislich der jüngsten Steuerstatistik akkumulierte Verlustvorträge in Höhe von 603,6 Milliarden Euro bei der Körperschaftsteuer sowie 62,2 Milliarden Euro bei der Einkommensteuer auf, vgl. Bundesministerium der Finanzen (BMF) (Hrsg.), Verlustverrechnung und Gruppenbesteuerung, S. 7. Zu den gewerbesteuerlichen Verlustvorträgen in Höhe von weiteren 569 Milliarden Euro sowie weiteren Hochrechnungen vgl. *Dorenkamp*, Systemgerechte Neuordnung der Ver-

Unternehmen angehäuft worden war.[268] Mit der zeitlichen Streckung des Verlustvortrags verfolgte der Gesetzgeber das Ziel, das Steueraufkommen der öffentlichen Haushalte kalkulierbarer zu machen und die Staatseinnahmen zu verstetigen.[269] Die Mindestbesteuerung folgt mithin einer ausschließlich fiskalpolitischen Motivation[270], und da sie einen Eingriff in das vom Leistungsfähigkeitsprinzip abgeleitete objektive Nettoprinzip darstellt, wird auch ihre verfassungsrechtliche Rechtfertigung in Zweifel gezogen.[271]

Besonders stark werden kleine oder neugegründete innovative Unternehmen von der Mindestbesteuerung betroffen. Während ein großes Unternehmen oftmals bereits aus dem operativen Geschäft mit anderen Produkten Gewinne generiert, fehlen den neu am Markt auftretenden Unternehmen derartige Einkünfte, mit denen die hohen Anlaufverluste von umfangreichen und kostspieligen Forschungsprojekte ausgeglichen werden könnten.[272] Die Forschungsaufwendungen können zwar als Verluste in zukünftige Jahre vorgetragen werden, aber nur unter den erwähnten Einschränkungen zeitlich gestreckt mit späteren Gewinnen verrechnet werden.[273]

Erzielt das Unternehmen aufgrund der späteren Verwertung der Forschungsergebnisse Gewinne, werden diese trotz der in der Vergangenheit aufgelaufenen Verluste wenigstens im Umfang der Mindestbesteuerung zur Besteuerung herangezogen.[274] Die Folge dieser zeitlichen Streckung der Verlustverrechnung sind zumindest Liquiditätsnachteile beim steuerpflichtigen Unternehmen[275], die Min-

---

lustverrechnung, S. 35 f. sowie Statistisches Bundesamt (Hrsg.), Körperschaftsteuerstatistik 2004.

268 Entwurf eines Gesetzes zur Umsetzung der Protokollerklärung der Bundesregierung zur Vermittlungsempfehlung zum Steuervergünstigungsabbaugesetz („Korb-II-Gesetz"), BT-Drucks. 15/1518, S. 13.

269 Entwurf eines Gesetzes zur Umsetzung der Protokollerklärung der Bundesregierung zur Vermittlungsempfehlung zum Steuervergünstigungsabbaugesetz („Korb-II-Gesetz"), BT-Drucks. 15/1518, S. 13.

270 *Lang*, Mindestbesteuerung, S. 27; so auch *Dorenkamp*, Systemgerechte Neuordnung der Verlustverrechnung, S. 27, 35; *Töben*, FR 2010, S. 249 (250).

271 So ist *Lang* der Auffassung, die Mindestbesteuerung sei verfassungswidrig, *Lang*, Mindestbesteuerung, S. 78.

272 Expertenkommission Forschung und Innovation (EFI) (Hrsg.), Gutachten 2008, S. 29.

273 Vgl. *Hallerbach*, in: Herrmann/Heuer/Raupach, § 10d EStG, Rdnr. 6.

274 *Lambrecht*, in: Kirchhof (Hrsg.), EStG, § 10d, Rdnr. 4.

275 Vgl. Bundesverband Informationswirtschaft, Telekommunikation und neue Medien (BITKOM) (Hrsg.), Positionspapier zur Unternehmensbesteuerung, S. 6; *Dorenkamp*, Systemgerechte Neuordnung der Verlustverrechnung, S. 31.

destbesteuerung kann jedoch auch dazu führen, dass ein Unternehmen von einer wünschenswerten Investition in F&E gänzlich Abstand nimmt.[276]

b. *Verlustuntergang bei Beteiligungserwerb nach § 8c KStG*

Bei Körperschaften können nicht abgezogene Verlustvorträge nach § 8c Abs. 1 Satz 2 KStG sogar gänzlich verloren gehen, wenn es zu einem schädlichen Beteiligungserwerb von über 50 Prozent der Unternehmensanteile innerhalb von fünf Jahren kommt. Eine Übertragung von Anteilen zwischen 25 und 50 Prozent führt nach § 8c Abs. 1 Satz 1 KStG zu einem quotalen Untergang der Verlustvorträge. Als schädlichen Beteiligungserwerb definiert § 8c Abs. 1 Satz 1 KStG jede mittelbare oder unmittelbare Übertragung von Mitgliedschafts-, Beteiligungs- oder Stimmrechten an einer Körperschaft an einen Erwerber oder diesem nahestehende Person sowie damit vergleichbare Sachverhalte.

Der im Jahr 2007 neu ins Gesetz aufgenommene § 8c KStG löst die Regelung über den Mantelkauf nach § 8 Abs. 4 KStG a.F. ab. Die Vorgängervorschrift zielte darauf ab, die künstliche Inanspruchnahme von Verlusten zu unterbinden.[277] Einem Handel mit Verlustmänteln sollte dadurch entgegengewirkt werden, dass eine Körperschaft den Verlustabzug nur dann in Anspruch nehmen konnte, wenn sie sowohl rechtlich als auch wirtschaftlich mit der Körperschaft identisch war, die den Verlust erlitten hatte.[278] Bei § 8 Abs. 4 KStG a.F. handelte es sich demnach um eine Missbrauchsvermeidungsvorschrift.[279]

Der sehr weit gefasste Tatbestand des neuen § 8c KStG wird demgegenüber auch in einer Vielzahl von Fällen erfüllt, bei denen kein missbräuchlicher Handel vorliegt.[280] So kann die bisherige Praxis vieler Start-up-Unternehmen, nach einer verlustreichen Entwicklungsphase den Kapitalbedarf für die Produktvermarktung durch die Aufnahme neuer Gesellschafter zu erfüllen, nun zum Untergang der bereits angelaufenen Verlustvorträge führen.[281] Auch das Anwerben von Investoren wird erschwert, da in der Vergangenheit viele Kapitalgeber ein innovatives Unternehmen insbesondere aufgrund der Aussicht auf eine zukünftige, profitable Übernahme finanziell unterstützten.[282]

---

276 *Lang*, Mindestbesteuerung, S. 74.
277 *Dötsch*, in: Dötsch et al. (Hrsg.), KStG, § 8c, Rdnr. 1.
278 *Sistermann/Brinkmann*, DStR 2008, S. 897.
279 *Roser*, in: Gosch (Hrsg.), KStG, § 8c, Rdnr. 1; *Dötsch*, in: Dötsch et al. (Hrsg.), KStG, § 8c, Rdnr. 1.
280 *Olbing*, in: Streck (Hrsg.), KStG, § 8c, Rdnr. 1 f.
281 Vgl. *Olbing*, in: Streck (Hrsg.), KStG, § 8c, Rdnr. 1.
282 Expertenkommission Forschung und Innovation (EFI) (Hrsg.), Gutachten 2008, S. 29.

Da strategische Übernahmen grundsätzlich nur um den Preis des Untergangs der bis dahin kumulierten Verlustvorträge möglich sind, werden wirtschaftlich notwendige Neustrukturierungen von § 8c KStG behindert.[283] Das Anfang 2010 in Kraft getretene Wachstumsbeschleunigungsgesetz[284] sieht nunmehr für in einem Konzern zusammengeschlossene Unternehmen eine Ausnahme von der Verlustabzugsbeschränkung vor. Ist an übertragendem und übernehmendem Rechtsträger dieselbe Person zu 100 Prozent beteiligt, so handelt es sich nach § 8c Abs. 1 Satz 5 KStG nicht um einen schädlichen Beteiligungserwerb. Befindet sich ein Unternehmen hingegen nicht in einem Konzern oder treten beispielsweise neue Gesellschafter hinzu, so gilt diese Ausnahme nicht und es kommt unverändert zur Anwendung der Verlustabzugsbeschränkung.[285]

Eine für forschende Unternehmen wesentlich bedeutsamere Entschärfung des § 8c KStG erfolgte ebenfalls im Rahmen des Wachstumsbeschleunigungsgesetzes. Nach dem neu angefügten § 8c Abs. 1 Satz 6 KStG[286] kann ein Verlustvortrag nunmehr bis zur Höhe der stillen Reserven des inländischen Betriebsvermögens abgezogen werden. Gedanklicher Hintergrund der Regelung ist, dass der Erwerber eines Unternehmens mit den stillen Reserven auch zukünftige Steuerlasten übernimmt und ihm korrespondierend auch die steuermindernde Nutzung der Verlustvorträge ermöglicht werden soll.[287]

---

283 *Spengel et al.*, Steuerliche Förderung von F&E, S. 47; *Cortez/Brucker*, BB 2010, S. 734 (738).

284 Gesetz zur Beschleunigung des Wirtschaftswachstums (Wachstumsbeschleunigungsgesetz) v. 22. 12. 2009, BGBl. I 2009, S. 3950 = BStBl. I 2010, S. 2.

285 Vgl. Gesetzentwurf der Fraktionen der CDU/CSU und FDP zum Wachstumsbeschleunigungsgesetz, BT-Drucks. 17/15 v. 9. 11. 2009, S. 19; *Plewka*, NJW 2010, S. 488 (491).

286 Vom Gesetzgeber war zunächst eine branchenspezifische Lösung angedacht. Im Rahmen des Gesetzes zur Modernisierung der Rahmenbedingungen für Kapitalbeteiligungen (MoRaKG) vom 12. 8. 2008 sollte in § 8c Abs. 2 KStG eine Ausnahmeregelung nur für Wagniskapitalbeteiligungsgesellschaften eingeführt werden. Aufgrund des Beihilfecharakters einer derartigen selektiven Regelung war eine Genehmigung durch die Europäische Kommission erforderlich. Mit Entscheidung vom 30. 9. 2009 (vgl. Kommission K (2009) 7387 endg.) erklärte die Kommission die Vorschrift für unvereinbar mit EU-Beihilfenrecht sowie der Niederlassungsfreiheit. § 8c Abs. 2 KStG trat demzufolge nicht in Kraft. Stattdessen entschied sich der Gesetzgeber für die heutige Regelung, die branchenunabhängig eine Ausnahme von der Verlustverrechnungsbeschränkung in Höhe der stillen Reserven zulässt, vgl. *Cortez/Brucker*, BB 2010, S. 734 (739); *Wittkowski/Hielscher*, DB 2010, S. 11.

287 *Wittkowski/Hielscher*, DB 2010, S. 11 (15).

Da im deutschen Steuerrecht nach § 5 Abs. 2 EStG selbstgeschaffene immaterielle Wirtschaftsgüter nicht aktiviert werden dürfen[288] und sich die Ergebnisse von Forschungsaktivitäten demnach nur in Form von stillen Reserven im Unternehmen niederschlagen, können insbesondere forschende Unternehmen von der Neuregelung des § 8c Abs. 1 Satz 6 KStG profitieren. Ist ein Forschungsprojekt bereits weit fortgeschritten, so geht dies mit oftmals hohen stillen Reserven im Unternehmen einher, die im Falle eines schädlichen Beteiligungserwerbs in entsprechender Höhe zum Erhalt eines Verlustvortrags beitragen.[289]

c. Zinsschranke

Durch das Wachstumsbeschleunigungsgesetz wurden auch die Vorschriften zur Zinsschranke nach § 4h EStG in Verbindung mit § 8a KStG novelliert. Durch die Zinsschranke – die nach § 4h Abs. 2 Satz 1 lit. b) EStG nur bei konzernangehörigen Unternehmen zur Anwendung kommt – wird der Betriebsausgabenabzug für Zinsaufwendungen beschränkt. Liegt der Zinsaufwand nicht höher als 3 Millionen Euro über dem Zinsertrag eines Unternehmens, so kann er gemäß § 4h Abs. 2 Satz 1 lit. a) EStG unbeschränkt gewinnmindernd angesetzt werden. Oberhalb dieser Freigrenze ist Zinsaufwand nur in Höhe von 30 Prozent des verrechenbaren EBITDA[290] zum Betriebsausgabenabzug zugelassen. Durch das Wachstumsbeschleunigungsgesetz wurde die Grenze des uneingeschränkt als Betriebsausgaben absetzbaren Zinsaufwands von vormals 1 Million Euro auf nunmehr 3 Millionen Euro angehoben.[291]

Bei einem konzernangehörigen Unternehmen, das einen Überschuss des Zinsaufwands gegenüber dem Zinsertrag von über 3 Millionen Euro aufweist, kommt die Zinsschranke unverändert zur Anwendung, so dass Aufwendungen für Schuldzinsen nur eingeschränkt als Betriebsausgaben abgezogen werden können. Für ein solches Unternehmen stellt die Zinsschranke daher ein Hinder-

---

288 Handelsrechtlich gilt seit dem Bilanzrechtsmodernisierungsgesetz (BilMoG) vom 25. 5. 2009 nach § 248 Abs. 2 HGB ein Wahlrecht zur Aktivierung von selbst geschaffenen immateriellen Vermögensgegenständen. Da § 5 Abs. 2 EStG für eine Aktivierung von immateriellen Wirtschaftsgütern unverändert deren entgeltlichen Erwerb voraussetzt, kommt es insofern zu einer Durchbrechung der Maßgeblichkeit der Handelsbilanz für die Steuerbilanz mit dem Ergebnis, dass selbstgeschaffene immaterielle Wirtschaftsgüter nach wie vor steuerrechtlich nicht aktiviert werden dürfen. Siehe auch *Küting/Pfirmann/Ellmann*, DStR 2010, S. 2206.

289 *Scheunemann/Dennisen*, DB 2010, S. 408.

290 Beim EBITDA (earnings before interest, taxes, depreciation and amortization) handelt es sich um den Gewinn vor Zinsen, Steuern und Abschreibungen.

291 *Plewka*, NJW 2010, S. 488 (489); *Rödding*, DStR 2009, S. 2649 (2650); *Töben*, FR 2010, S. 249 (257).

nis dar, welche von einer mit Fremdkapital finanzierten Forschungstätigkeit abhalten kann.[292]

d. *Gewerbesteuerliche Hinzurechnung*

Eine zusätzliche Belastung für innovative Unternehmen geht auch von der gewerbesteuerlichen Hinzurechnung gemäß § 8 GewStG aus. Nach § 8 Nr. 1 lit. a) GewStG wird dem für die Bemessung der Gewerbesteuer relevanten Gewinn aus Gewerbebetrieb ein Viertel der Entgelte für Schulden hinzugerechnet. Laut § 8 Nr. 1 lit. f) GewStG ist dem Gewinn ferner ein Viertel eines Viertels (also 6,25 Prozent) der Aufwendungen für die zeitlich beschränkte Überlassung von Rechten, insbesondere Konzessionen und Lizenzen, hinzuzurechnen. Die Hinzurechnung bewirkt wirtschaftlich, dass 25 Prozent der Schuldzinsen bzw. 6,25 Prozent der für Lizenzen und Konzessionen geleisteten Aufwendungen nicht gewinnmindernd in Abzug gebracht werden können. Steuersystematischer Hintergrund der Regelung über die Hinzurechnungen ist die Entscheidung des Gesetzgebers, die Gewerbesteuer als Objektsteuer auszugestalten, mit welcher die Ertragskraft des Gewerbebetriebs als solchem besteuert werden soll.[293] Durch die Hinzurechnung wird die gewerbesteuerliche Bemessungsgrundlage um bestimmte, ursprünglich vom Betrieb erwirtschaftete Erträge vermehrt, die bei der Gewinnermittlung nach Einkommen- oder Körperschaftsteuergesetz als Betriebsausgaben abgezogen worden waren.[294] Ferner soll durch diese Regelung verhindert werden, dass mit Lizenzzahlungen Gewinne innerhalb eines Konzerns verlagert werden.[295]

Die gewerbesteuerliche Hinzurechnung eines Viertels der Schuldzinsen verteuert für ein Unternehmen die Fremdfinanzierung und erschwert damit beispielsweise die Kapitalbeschaffung für kostenintensive Forschungsprojekte.[296] Aufgrund der Hinzurechnung von pauschalisierten 6,25 Prozent der Aufwendungen für Lizenzen steigt die Steuerlast des Lizenznehmers – ohne dass es auf Seiten des Lizenzgebers zu einer korrespondierenden Entlastung kommt.[297] Diese Kostenbelastung bewirkt wirtschaftlich einen Preisaufschlag auf Lizenzge-

---

292 Vgl. *Lehmann*, DStR 2010, S. 1459.

293 *Hofmeister*, in: Blümich (Begr.), 114. Aufl., § 8 GewStG, Rdnr. 21; zur steuerdogmatischen Einordnung und Rechtfertigung der Gewerbesteuer siehe nur *Hartmann*, BB 2008, S. 2490.

294 *Hofmeister*, in: Blümich (Begr.), 114. Aufl., § 8 GewStG, Rdnr. 21.

295 *Güroff*, in: Glanegger/Güroff, § 8 Nr. 1f GewStG, Rdnr. 1.

296 Vgl. *Spengel et al.*, Steuerliche Förderung von F&E, S. 48.

297 *Herbold*, Steuerliche Anreize für Forschung und Entwicklung im internationalen Vergleich, S. 81; *Hornig*, BB 2010, S. 215 (220).

bühren und erschwert es somit dem Lizenzgeber, Abnehmer für seine Lizenzen und Konzessionen zu finden. Bei Unternehmen, die wegen unzureichender Kapitalausstattung darauf angewiesen sind, ihre Forschungsergebnisse ganz oder teilweise an andere Unternehmen weiterzulizenzieren, kann dies nun dazu führen, dass F&E-Projekte nicht finanziert werden können.

VII. Zusammenfassung zu B.

Die staatliche Unterstützung von Unternehmen bei deren Forschungsaktivitäten erhält ihre ökonomische Rechtfertigung aufgrund des Marktversagens im Bereich von F&E. Die Forschungsergebnisse und Erkenntnisgewinne nützen der gesamten Gesellschaft, während die Forschungskosten im Grundsatz allein vom Unternehmen zu tragen sind. In der Folge kann es zu Unterinvestitionen der Unternehmen in den Forschungssektor kommen. Staatliche Forschungsförderung kann nun diesem Hemmnis entgegenwirken und dazu beitragen, das mit der Durchführung von Forschungstätigkeiten verbundene Investitionsrisiko abzumildern und es somit für ein kostenkalkulierendes Unternehmen attraktiver machen, in Forschung und Entwicklung zu investieren.

Während in Deutschland von 1964 bis 1974 sowie von 1984 bis 1989 auch eine indirekte Forschungsförderung mit Mitteln des Steuerrechts stattfand, indem Unternehmen eine Sonderabschreibung auf die von ihnen zu Forschungszwecken angeschafften Wirtschaftsgüter in Anspruch nehmen konnten, wurde diese Regelung nach Ablauf des Gültigkeitszeitraums nicht weiter verlängert. Staatliche Forschungsförderung findet nunmehr ausschließlich über direkte Förderprogramme statt, indem jeweils auf Antrag eine finanzielle Unterstützung bei der Durchführung von F&E-Aktivitäten gewährt wird. Von Bund, Ländern und EU werden hierfür eine Vielzahl an Forschungsförderungsprogrammen bereitgestellt.

Primärrechtlich ist seit dem Maastrichter Vertrag verankert, dass es auch zu den Aufgaben der Europäischen Gemeinschaft – der jetzigen Europäischen Union – zählt, Forschung und technologische Entwicklung zu fördern. Die EU ist berechtigt, die Mitgliedstaaten im Forschungsbereich zu unterstützen sowie eigene Maßnahmen durchzuführen. Sie beabsichtigt, auf einen europäischen „Raum der Forschung" hinzuwirken, in dem die europäische Forschungspolitik koordiniert ist und von EU und Mitgliedstaaten gemeinsame Aktionen durchgeführt werden. In der Lissabon-Strategie von 2000 und der Nachfolgestrategie „Europa 2020" wurde die Zielvorgabe aufgestellt, dass in den Mitgliedstaaten der EU bis zum Jahr 2020 jährlich 3 Prozent des BIP für F&E aufgewendet werden sollen.

Nach jüngsten Zahlen lag die Forschungsquote in Deutschland im Jahr 2010 mit 2,82 Prozent unterhalb dieser Schwelle. Um die Zielvorgabe mittelfristig erreichen zu können, sollte insbesondere der in Deutschland vorherrschende Trend umgekehrt werden, wonach sich der Staat in immer geringerem Maße an der Forschung der Unternehmen beteiligt. So ist der Anteil des Staates an der Finanzierung von in der Privatwirtschaft durchgeführter Forschung seit den achtziger Jahren des 20. Jahrhunderts kontinuierlich im Rückgang begriffen und lag zuletzt im Jahr 2009 gesamtgesellschaftlich nur noch bei 4 Prozent. Zwischen den einzelnen Branchen und Unternehmensgrößen schwankt die Förderintensität indes zum Teil erheblich. Einen hohen Anteil an den Forschungsaufwendungen hat der deutsche Staat bei kleinen Unternehmen mit bis zu 50 Mitarbeitern; mit zunehmender Größe des Unternehmens nimmt der staatliche Finanzierungsanteil jedoch ungefähr linear ab. Dies ist Ausdruck der politischen Schwerpunktsetzung, wonach bestimmten Technologiefeldern oder Unternehmensgrößen eine bevorzugte Förderung zuteilwerden soll.

Der hohe staatliche Finanzierungsanteil bei den forschenden kleinen und mittleren Unternehmen darf jedoch nicht von der Tatsache ablenken, dass sich viele mittelständische Unternehmen nicht um Forschungsförderung bemühen und folglich oftmals mangels erforderlichen Kapitals auch keinerlei F&E betreiben. Insbesondere die kleinen und mittleren Unternehmen sind es, die von einer intransparenten Förderlandschaft abgeschreckt werden. Der für eine Antragstellung erforderliche administrative Aufwand belastet Unternehmen dieser Größenordnung in besonderem Maße, da sie es sich im Gegensatz zu Großunternehmen weniger oft leisten können, personelle und finanzielle Ressourcen für das Anwerben von Fördergeldern abzustellen. Die gegenwärtig in Deutschland praktizierte direkte Forschungsförderung weist daher eine nur geringe Breitenwirkung auf; vielmehr ist sie selektiv hinsichtlich der Unternehmensgröße. Da Fördergelder oftmals nur in als besonders förderungswürdig angesehenen Technologiebereichen ausgelobt werden, nimmt die gegenwärtige Form der deutschen Forschungsförderung auch Einfluss auf die inhaltliche Ausrichtung der von Unternehmen durchgeführten Forschung – sie ist mithin auch selektiv hinsichtlich des Forschungsinhalts.

Ferner wird die Situation von forschenden Unternehmen dadurch erschwert, dass das deutsche Steuerrecht einige Regelungen enthält, die sich nachteilig auf die Innovationstätigkeit eines Unternehmens auswirken können. Durch das Wachstumsbeschleunigungsgesetz wurden die steuerlichen Rahmenbedingungen zwar an einigen wichtigen Stellen nachjustiert. So kommt die Entschärfung bei § 8c Abs. 1 Satz 6 KStG, wonach ein Verlustabzug bis zur Höhe der stillen Reserven ermöglicht wird, unter anderem forschenden Unternehmen zugute. Die auf 3 Millionen Euro angehobene Freigrenze, bis zu welcher die Zinsschranke keine Anwendung findet, führt jedoch lediglich für Konzernunternehmen mit einem Schuldzinsensaldo unterhalb dieser Grenze zu einer Entlastung. Eine unverändert nachteilige Auswirkung auf die Innovationstätigkeit der deutschen Wirtschaft haben die Vorschriften über die Mindestbesteuerung und die gewerbesteuerliche Hinzurechnung. Die durch die Mindestbesteuerung auftretenden Liquiditätsnachteile belasten insbesondere die kleinen oder die neugegründeten innovativen Unternehmen, denen durch die Besteuerung auch in Verlustsituationen Kapital entzogen wird, welches folglich nicht für Investitionen in F&E zur Verfügung steht. Auch kann die zeitlich gestreckte Verlustverrechnung die Investitionsentscheidung eines Unternehmens dergestalt beeinflussen, dass Investitionen mit hohen Anfangsverlusten nicht getätigt werden. Die gewerbesteuerliche Hinzurechnung nach § 8 Nr. 1 lit. f) GewStG schließlich verteuert zum einen die Fremdfinanzierung und zum anderen die Lizenz- und Patentüberlassung und kann sich daher ebenfalls negativ auf die Forschungsaktivitäten von Unternehmen auswirken.

Im Rahmen der politischen Debatte um die Einführung einer steuerlichen Begünstigung von Forschung sollte daher beachtet werden, dass steuerliche Forschungsförderung kein Allheilmittel sein kann, sondern in ein auch im Übrigen forschungsfreundliches Regelungsumfeld eingebettet werden muss. Bleiben steuerliche Vorschriften – wie die oben dargestellten Normen – in gegenwärtiger Form bestehen, droht es, dass deren hemmende Auswirkungen die positiven Effekte von einem neu eingeführten steuerlichen Forschungsförderungsregime überlagern und damit konterkarieren könnten. An dieser Stelle kann keine Handlungsempfehlung gegeben werden, ob und inwiefern die als innovationshemmend angesehenen Normen des deutschen Steuerrechts reformiert werden können[298], sondern es soll lediglich aufgezeigt werden, in welchen Bereichen Handlungsbedarf des Gesetzgebers besteht, um forschende Unternehmen zu entlasten.

---

298 Für eine Reform sprechen sich beispielsweise *Spengel/Wiegard* (Ökonomische Effekte einer steuerlichen Forschungsförderung in Deutschland, S. 16), *Brinkmann/Maier/Brandstätter* (IStR 2009, S. 563 (564)) sowie *Löhr* (Steuerliche Förderung von Forschung und Entwicklung, S. 24) aus. Die Autoren *Kessler et al.* (DB 2008, S. 1237 (1240)) und *Hornig* (BB 2010, S. 215 (220)) plädieren dafür, bei der Zinsschranke eine Ausnahme für F&E-Finanzierungen aufzunehmen und Verlustvorträge aus F&E-Aufwendungen von der Anwendung der Mindestbesteuerung nach § 10d EStG auszunehmen.

C. Steuerliche Forschungsförderung in ausgewählten Ländern des europäischen Auslands

Vergleicht man weltweit die einzelnen Steuerrechtsordnungen, so ist ein deutlicher Trend hin zu einer vermehrten steuerlichen Förderung von F&E zu konstatieren. Im Jahr 2008 existierte in 21 von 27 OECD-Staaten eine steuerliche Forschungsförderung, während im Jahr 1995 erst 12 Staaten derartige Instrumente vorzuweisen hatten.[299] Von den 27 Staaten der EU haben gegenwärtig neben Deutschland nur noch Estland, Lettland, Litauen, Rumänien, Schweden, die Slowakei und Zypern keine steuerliche Begünstigung für F&E-Aktivitäten von Wirtschaftsunternehmen.[300]

Nachfolgend soll dargestellt werden, wie die steuerliche Förderung von F&E in ausgewählten Ländern erfolgt. Als Vergleichsnationen werden exemplarisch Frankreich, die Niederlande und Österreich herangezogen. Frankreich ist neben Deutschland eine der großen europäischen Volkswirtschaften und kann – da es bereits seit vielen Jahrzehnten eine ausgedehnte Förderung von F&E im Steuerrecht etabliert hat – diesbezüglich Erfahrung und ein zwischenzeitlich ausdifferenziertes System vorweisen. In den Niederlanden werden bereits seit mehr als einem Jahrzehnt die Lohnkosten von forschendem Personal subventioniert und seit einigen Jahren besteht zusätzlich die Möglichkeit, die Erträge aus den Forschungsergebnissen einer begünstigten Besteuerung zu unterwerfen. Österreich schließlich praktizierte über Jahre hinweg ein aus zwei Komponenten kombiniertes Fördersystem, hat sich aber unlängst zu einer grundlegenden Reform und Rechtsvereinheitlichung entschlossen.

I. Frankreich

In Frankreich kommen forschende Unternehmen bereits seit 1983 in den Genuss von steuerlichen Vergünstigungen in Form von ermäßigten Steuersätzen sowie Steuergutschriften für Forschungsaufwendungen.[301] Seit diesem Zeitpunkt wurden die Förderungsinstrumente kontinuierlich ausgeweitet, so dass Frankreich bei der steuerlichen Forschungsförderung innerhalb Europas heute eine Vorreiterrolle einnimmt.[302]

Zum einen wird forschenden Unternehmen eine Steuergutschrift für ihre Forschungsaufwendungen gewährt, der so genannte „Crédit d'Impôt de Recher-

---

299 Expertenkommission Forschung und Innovation (EFI) (Hrsg.), Gutachten 2010, S. 26.
300 *Spengel et al.*, Steuerliche Förderung von F&E, S. XXV.
301 *Brinkmann/Maier/Brandstätter*, IStR 2009, S. 563 (564).
302 *Schlösser*, IStR 2009, S. 557 (563).

che". Zum zweiten gilt für Lizenzeinnahmen und Gewinne aus dem Verkauf von Patenten ein ermäßigter Steuersatz, der weniger als die Hälfte des regulären Steuersatzes beträgt.[303] Weitere Steuervorteile resultieren aus besonderen Abschreibungsregelungen für zu Forschungszwecken angeschaffte Wirtschaftsgüter sowie daraus, dass die aus Forschungsaufwendungen entstandenen steuerlichen Verluste grundsätzlich unbeschränkt vorgetragen werden können.[304] Schließlich werden junge innovative Unternehmen besonders gefördert, indem ihnen beispielsweise eine zeitlich beschränkte Befreiung von Einkommen- oder Körperschaftsteuer sowie vom Arbeitgeberanteil der Sozialabgaben gewährt wird.[305]

1. Steuergutschrift „Crédit d'Impôt de Recherche"

Die Steuergutschrift „Crédit d'Impôt de Recherche" wurde mit Wirkung ab dem 1. 1. 2008 novelliert, unter anderem wurde der Umfang der staatlichen Förderung deutlich angehoben.[306] Für Forschungsaufwendungen bis 100 Millionen Euro beträgt die Gutschrift nunmehr 30 Prozent, gegenüber 10 Prozent vor dem Jahr 2008. Oberhalb der Schwelle von 100 Millionen Euro werden Forschungsausgaben mit 5 Prozent für die Steuergutschrift herangezogen.[307]

Um einen zusätzlichen Anreiz für Unternehmen zu schaffen, die sich bisher weniger intensiv mit Forschungstätigkeiten auseinander gesetzt haben, wird diesen Unternehmen eine erhöhte Steuergutschrift gewährt. Beantragt ein Unternehmen erstmals oder nach einer mehr als fünfjährigen Pause die staatliche Forschungsförderung, so beläuft sich die Steuergutschrift auf 40 Prozent im ersten und 35 Prozent im zweiten Jahr.[308] Ein weiterer Zuschlag zielt auf die Steigerung der Zusammenarbeit zwischen Wirtschaft und öffentlichen Forschungseinrichtungen ab: Vergeben Unternehmen Forschungsaufträge an universitäre oder außeruniversitäre Forschungsinstitute, werden die Aufwendungen bei der Berechnung der Steuergutschrift in doppelter Höhe berücksichtigt.[309]

---

303 *Brinkmann/Maier/Brandstätter*, IStR 2009, S. 563 (564); *Kessler et al.*, DB 2008, S. 1237 (1239).

304 *Brinkmann/Maier/Brandstätter*, IStR 2009, S. 563 (565).

305 *Schlösser*, IStR 2009, S. 557 (560).

306 *Krenz*, IStR-LB 2008, S. 10.

307 Art. 244 quater B des französischen Allgemeinen Steuergesetzbuchs (Code général des impôts); vgl. ferner *Linder/Müller*, Der Schweizer Treuhänder 2008, S. 146 (150); *Schlösser*, IStR 2009, S. 557 (559); *Krenz/Halbach*, IStR-LB 2010, S. 16 (17).

308 *Krenz*, IStR-LB 2011, S. 28 (30). Die Sätze wurden mit Wirkung ab 1. 1. 2011 geringfügig reduziert. Zur alten Rechtslage vgl. *Hornig*, BB 2010, S. 215 (217); *Brinkmann/Maier/Brandstätter*, IStR 2009, S. 563 (564).

309 Expertenkommission Forschung und Innovation (EFI) (Hrsg.), Gutachten 2010, S. 27.

Vom Steuerabzug „Crédit d'Impôt de Recherche" begünstigt sind Aufwendungen, die im Zusammenhang mit Grundlagenforschung, angewandter Forschung oder experimenteller Entwicklung eines Unternehmens anfallen.[310] Zu den begünstigten Aufwendungen zählen somit insbesondere Abschreibungen auf unmittelbar zu Forschungszwecken erworbene Patente oder sonstige Wirtschaftsgüter des Anlagevermögens, aber auch Personalausgaben für Forscher und technische Mitarbeiter.[311] Ist in einem Zweifelsfall nicht klar, ob eine bestimmte Tätigkeit von der steuerlichen Förderung begünstigt ist, kann das Unternehmen bei der französischen Finanzverwaltung eine verbindliche Auskunft einholen. Wird die Anfrage nicht binnen drei Monaten beantwortet, so gilt eine positive Zusage als stillschweigend erteilt.[312] Aufgrund dieser Verfahrensbeschleunigung erhält das Unternehmen frühzeitig Rechtssicherheit, ob ihm für seine Forschungstätigkeiten eine steuerliche Vergünstigung gewährt wird.

Die Steuergutschrift wird mit der Einkommen- bzw. Körperschaftsteuer verrechnet.[313] Erleidet ein Unternehmen einen Verlust und schuldet daher keine Steuer, so wird die Steuergutschrift zunächst drei Jahre vorgetragen und dann in bar ausgezahlt.[314]

Damit ein Unternehmen in den Genuss der Steuergutschrift für begünstigte Forschungsaufwendungen kommen kann, muss die Forschungstätigkeit in Frankreich, im EU-Ausland[315] oder in Staaten, mit denen Frankreich ein Amtshilfeabkommen geschlossen hat, durchgeführt werden.[316]

---

310 *Schlösser*, IStR 2009, S. 557 (558).
311 *Krenz*, IStR-LB 2008, S. 10; *Schlösser*, IStR 2009, S. 557 (558).
312 *Schlösser*, IStR 2009, S. 557 (558).
313 *Schlösser*, IStR 2009, S. 557 (559).
314 Für das Jahr 2009 wurde als Ausnahme von dieser Regelung vorgesehen, dass das Steuerguthaben unmittelbar erstattet werden konnte, vgl. *Hornig*, BB 2010, S. 215 (217); *Schlösser*, IStR 2009, S. 557.
315 Der französische „Crédit d'Impôt de Recherche" wurde mit Wirkung ab dem 1. 1. 2005 auch auf Forschungstätigkeiten im EU-Ausland erweitert. Der Hintergrund ist die Entscheidung des EuGH über die Europarechtswidrigkeit der bisherigen Regelung, vgl. EuGH v. 10. 3. 2005, Rs. C-39/04 – Laboratoires Fournier, Slg. 2005, I-2057. In dieser Rechtssache judizierte der Europäische Gerichtshof, dass eine steuerliche Vergünstigung, die nur für im Inland durchgeführte Forschung gewährt wird, eine gemäß Art. 56 AEUV unzulässige Beschränkung der Dienstleistungsfreiheit darstelle. Eine derartige Regelung halte die steuerpflichtigen Unternehmen davon ab, Forschungsdienstleistungen in anderen Mitgliedstaaten in Anspruch zu nehmen und behindere somit in nicht zu rechtfertigender Weise das grenzüberschreitende Tätigwerden des Dienstleistungserbringers.
316 *Kessler et al.*, DB 2008, S. 1237 (1239).

Ferner ist es erforderlich, dass der Gewinn, der durch die im Ausland ausgeführte Forschung generiert wird, in Frankreich steuerpflichtig ist.[317] Nach französischem Steuerrecht unterliegen die bei einer ausländischen Betätigung eines französischen Unternehmens erzielten Gewinne und Verluste grundsätzlich nicht dem französischen Steuerzugriff, wenn die Tätigkeit im Ausland in Form einer Betriebsstätte erfolgt.[318] Um in den Genuss der Steuergutschrift zu gelangen, darf das forschende Unternehmen im Ausland somit grundsätzlich keine Betriebsstätte unterhalten.[319] Ebenfalls nicht in Frankreich steuerpflichtig sind solche ausländischen Einkünfte, für welche Frankreich in einem Doppelbesteuerungsabkommen vollständig zugunsten des Quellenstaats auf das Besteuerungsrecht verzichtet hat. Unterliegen die Ergebnisse der ausländischen Betätigung demnach nicht in Frankreich der Steuerpflicht, so sind die hiermit im Zusammenhang stehenden Forschungsaufwendungen auch nicht in Frankreich abziehbar und berechtigen auch nicht zum Empfang des „Crédit d'Impôt de Recherche".[320]

Durch das Erfordernis, dass die generierten Gewinne in Frankreich der Steuerpflicht unterliegen müssen, werden neben den rein inländischen Sachverhalten im Wesentlichen zwei grenzüberschreitende Konstellationen gefördert: Zum einen erhält ein Unternehmen die Steuergutschrift, wenn es sich an ausländischen Forschungsprojekten von Dritten beteiligt[321], denn die bloße Beteiligung an der Forschung eines Dritten begründet noch keine Betriebsstätte im jeweiligen Land, die einer Ergebnisbesteuerung in Frankreich abträglich wäre. Zweitens kann ein in Frankreich steuerpflichtiges Unternehmen die französische Steuergutschrift in Anspruch nehmen, wenn es externe Forschungsaufträge an Auftragnehmer vergibt, die innerhalb der EU – oder in mit Frankreich durch ein Amtshilfeabkommen verbundenen Ländern – ansässig sind.[322] Bei externer Forschung erwirbt regelmäßig der Auftraggeber sämtliche Eigentumsrechte an den Forschungsergebnissen, während der Auftragnehmer als bloßer Dienstleistungserbringer auftritt. Ist das auftraggebende Unternehmen in Frankreich steuerpflichtig, so unterliegen auch die Erträge aus der wirtschaftlichen Verwertung der Forschungsergebnisse der französischen Besteuerung und getätigte Aufwendungen berechtigen zum Empfang der Steuergutschrift.

---

317 *Schlösser*, IStR 2009, S. 557 (558).
318 Vgl. International Bureau of Fiscal Documentation (IBFD) (Hrsg.), Tax Treatment, S. 63.
319 *Schlösser*, IStR 2009, S. 557 (559).
320 Vgl. International Bureau of Fiscal Documentation (IBFD) (Hrsg.), Tax Treatment, S. 63.
321 *Schlösser*, IStR 2009, S. 557 (558).
322 *Schlösser*, IStR 2009, S. 557 (558).

2. Ermäßigter Steuersatz für Lizenzeinnahmen und Einkünfte aus dem Verkauf von Immaterialgüterrechten

Das französische Steuerrecht sieht für bestimmte Erträge aus dem Verkauf oder der Lizenzierung von geistigen Eigentumsrechten einen ermäßigten Steuersatz vor, der weniger als die Hälfte des regulären Steuersatzes beträgt.[323] Begünstigt werden die Einkünfte aus der Lizenzierung sowie Gewinne aus der Veräußerung von Immaterialgüterrechten wie insbesondere Patenten oder patentierbaren Erfindungen, die vom Unternehmen selbst entwickelt oder vor über zwei Jahren erworben wurden.[324] In diesen Fällen beläuft sich der Körperschaftsteuersatz auf 15 Prozent anstelle der regulären 33⅓ Prozent.[325] Für Unternehmen, die nicht der Körperschaftsteuer unterliegen, beträgt der Steuersatz 16 Prozent – zuzüglich des Sozialabgabenanteils in Höhe von 12,1 Prozent.[326]

3. Verlustverrechnungsvorschriften sowie besondere Abschreibungsregeln

Bis zum Jahr 2011 kannte das französische Steuerrecht keine Verrechnungsbeschränkungen für noch nicht ausgeglichene steuerliche Verluste. Somit war beispielsweise der aus den Aufwendungen für F&E-Tätigkeiten entstehende Verlust grundsätzlich unbegrenzt vortragbar.[327] Im Rahmen eines Prozesses zur Angleichung des deutschen und des französischen Körperschaftsteuerrechts wurden jedoch unlängst auch in Frankreich Vorschriften zur Mindestbesteuerung eingeführt.[328] Die Regelungen sind in wesentlichen Teilen identisch mit den deutschen Vorschriften: Auch im französischen Steuerrecht gilt nun, dass Verlustvorträge nur bis zu einem Betrag von 1 Million Euro voll abzugsfähig sind. Von den darüber hinausgehenden Einkünften können nur maximal 60 Prozent mit vorgetragenen Altverlusten verrechnet werden.[329]

In einem anderen Punkt unterscheidet sich das französische Steuerrecht jedoch nach wie vor von der geltenden deutschen Rechtslage: Als zusätzlichen Stimulus für die Forschungsaktivitäten von Unternehmen sieht das französische

---

323 *Brinkmann/Maier/Brandstätter*, IStR 2009, S. 563 (564).

324 *Krenz*, IStR-LB 2008, S. 10; *Brinkmann/Maier/Brandstätter*, IStR 2009, S. 563 (564).

325 *Kessler et al.*, DB 2008, S. 1237 (1239); *Schlösser*, IStR 2009, S. 557 (561).

326 *Schlösser*, IStR 2009, S. 557 (561).

327 *Brinkmann/Maier/Brandstätter*, IStR 2009, S. 563 (565).

328 *Siegemund*, Auswirkungen der Steuerreform in Frankreich auf deutsche Unternehmen, Handelsblatt v. 3. 11. 2011; Bundesministerium der Finanzen (BMF) (Hrsg.), Verlustverrechnung und Gruppenbesteuerung, Vorbemerkungen, S. 1.

329 *Siegemund*, Auswirkungen der Steuerreform in Frankreich auf deutsche Unternehmen, Handelsblatt v. 3. 11. 2011.

Steuerrecht eine beschleunigte Abschreibung von zu Forschungszwecken ange-schafften oder hergestellten Wirtschaftsgütern vor. Abhängig von der betriebs-gewöhnlichen Nutzungsdauer des Wirtschaftsgutes kann ein Unternehmen bei der linearen Abschreibung jährlich den 1,5-fachen bis 2,5-fachen Abschrei-bungsbetrag vornehmen.[330]

4. Forschungsförderung für junge innovative Unternehmen

Um die Forschungsaktivitäten von jungen innovativen Unternehmen („Jeunes Entreprises Innovantes") zu steigern, wird diesen Unternehmen in Frankreich eine besondere Begünstigung zuteil. Als jung und innovativ gelten alle Unter-nehmen, die klein oder mittelständisch[331] sind, vor nicht mehr als acht Jahren gegründet wurden und mindestens 15 Prozent ihrer gesamten steuerlich abzieh-baren Betriebsausgaben für F&E aufwenden.[332]

Die zusätzliche Vergünstigung für junge innovative Unternehmen liegt da-rin, dass die Steuergutschrift des „Crédit d'Impôt de Recherche" als direkte Be-zuschussung ausgezahlt werden kann.[333] Hiermit wird der Tatsache Rechnung getragen, dass ein neu auf dem Markt auftretendes Unternehmen im Regelfall noch keine Einnahmen erwirtschaftet – beispielsweise, weil die Produkte und Dienstleistungen noch nicht marktreif sind – und somit auch keine Steuern schuldet, die mit einer Steuergutschrift verrechnet werden könnten. Die Auszah-lung als Zuschuss ist somit besser geeignet, dem erhöhten Kapitalbedarf von jungen innovativen Unternehmen zu begegnen. Aber auch solche jungen innova-tiven Unternehmen, die bereits Gewinne erwirtschaften und somit grundsätzlich zu Steuerzahlungen herangezogen werden müssten, können sich auf Antrag für die ersten drei gewinnbringenden Jahre komplett und für die beiden Folgejahre zu 50 Prozent von der Körperschaft- und Einkommensteuer befreien lassen.[334] In der Praxis weitaus bedeutsamer als die Steuerbefreiung ist die Reduzierung der Lohnkosten für forschendes Personal, die dadurch eintritt, dass jungen innovati-

---

330 International Bureau of Fiscal Documentation (IBFD) (Hrsg.), Tax Treatment, S. 62.

331 Die Einstufung richtet sich hierbei nach den von der Europäischen Kommission entwi-ckelten Kriterien: Ein Unternehmen wird als klein oder mittelständisch bezeichnet, wenn es nicht mehr als 250 Mitarbeiter beschäftigt sowie entweder einen Jahresumsatz von weniger als 50 Millionen Euro oder eine Jahresbilanzsumme von höchstens 43 Mil-lionen Euro aufweist.

332 *Schlösser*, IStR 2009, S. 557 (560).

333 *Herbold*, Steuerliche Anreize für Forschung und Entwicklung im internationalen Ver-gleich, S. 115.

334 *Linder/Müller*, Der Schweizer Treuhänder 2008, S. 146 (150); *Schlösser*, IStR 2009, S. 557 (560); *Herbold*, Steuerliche Anreize für Forschung und Entwicklung im interna-tionalen Vergleich, S. 111.

ven Unternehmen für einen Zeitraum von acht Jahren der Arbeitgeberanteil an den Sozialabgaben für ihre F&E-Mitarbeiter erlassen wird.[335] Dies reduziert unmittelbar die Personalkosten, die ein Unternehmen für hochqualifizierte Arbeitnehmer in Forschungsabteilungen zu tragen hat und somit auch die Kosten für F&E-Aktivitäten.

II. Niederlande

Im niederländischen Steuerrecht wird F&E („Speur- en Ontwikkelingswerk", S&O) von Unternehmen mit zwei verschiedenen Instrumenten gefördert. Zum einen werden Einkünfte aus bestimmten immateriellen Wirtschaftsgütern nach der „Innovatiebox" mit einem effektiven Steuersatz besteuert, der nur ungefähr ein Fünftel des regulären Steuersatzes beträgt und zum anderen wird Unternehmen bei dem für F&E eingesetzten Personal ein Teil der Lohnsteuer erlassen.

1.   Ermäßigte Besteuerung von Einkünften aus der „Innovatiebox"

Eine begünstigte Besteuerung für Einkünfte aus der Verwertung oder Veräußerung von immateriellen Wirtschaftsgütern wurde 2007 unter dem Namen Patentbox („Octrooibox") in das niederländische KStG eingeführt und sah vor, dass ein forschendes Unternehmen Wirtschaftsgüter, für die es ein Patent erlangt hat, sowie andere selbst entwickelte Immaterialgüterrechte in diese Patentbox einstellen konnte. Die Einkünfte aus diesen Wirtschaftsgütern wurden nur zu einem Bruchteil zur steuerlichen Bemessungsgrundlage herangezogen, so dass sie im Ergebnis mit einem effektiven Steuersatz von 10 Prozent – gegenüber dem regulären niederländischen Steuersatz von 25,5 Prozent – begünstigt besteuert wurden.[336]

Zum 1.1.2010 wurde die Patentbox verbessert, tatbestandlich ausgeweitet und in Innovationsbox („Innovatiebox") umbenannt.[337] Der effektive Steuersatz für die begünstigten Einkünfte beträgt mit nunmehr 5 Prozent nur noch ein knappes Fünftel des regulären Körperschaftsteuersatzes.[338] In die Innovationsbox eingebracht werden können Patente oder sonstige immaterielle Wirtschaftsgüter, für die vom niederländischen Wirtschaftsministerium eine F&E-Deklaration („S&O verklaringen"[339]) vorliegt.[340] Das Patent muss im Eigentum eines

---

335   *Schlösser*, IStR 2009, S. 557 (560); *Hornig*, BB 2010, S. 215 (217).

336   *Hohage et al.*, IStR-LB 2010, S. 50; *Schlie/Stetzelberger*, IStR 2008, S. 269 (273).

337   *Baaijens/Breuer*, BB 2010, S. 2932; *Hohage et al.*, IStR-LB 2010, S. 50.

338   *Hornig*, BB 2010, S. 215 (217).

339   Zu den administrativen Anforderungen an die „S&O verklaringen" siehe *Baaijens/Breuer*, BB 2010, S. 2932 (2935).

niederländischen Unternehmens stehen und von diesem nach dem 1. 1. 2007 im Inland oder Ausland angemeldet worden sein.[341] Anders als noch bei der Patentbox werden von der Innovationsbox auch Einkünfte aus selbst entwickelter Software sowie aus Geschäftsgeheimnissen umfasst.[342]

In die Innovationsbox eingebracht werden können sowohl Wirtschaftsgüter, die vom steuerpflichtigen Unternehmen in der eigenen Forschungsabteilung selbst entwickelt worden sind, als auch solche, die von einem Dritten für Rechnung und im Namen des Unternehmens erschaffen wurden.[343] Ein Unternehmen kann für Wirtschaftsgüter, deren Erforschung zu mehr als 50 Prozent von Dritten erbracht wurde, nur dann die Vergünstigungen der Innovationsbox in Anspruch nehmen, wenn es die Forschungsarbeit koordiniert oder federführend geleitet hat.[344]

Begünstigt sind alle Erträge, die aus den in die Innovationsbox eingelegten immateriellen Wirtschaftsgütern erzielt werden. Dabei ist es unerheblich, ob die Erträge unmittelbar aus dem Wirtschaftsgut erzielt werden – beispielsweise in Form von Lizenzeinkünften oder als Entgelt für die Veräußerung des Wirtschaftsguts –, oder ob die Einkünfte nur eine mittelbare Verbindung zum Wirtschaftsgut aufweisen, wie beispielsweise Einkünfte aus der Veräußerung von Waren, bei deren Herstellung das immaterielle Wirtschaftsgut verwendet wurde.[345]

Die begünstigte Besteuerung der Erträge aus den in der Innovationsbox befindlichen Wirtschaftsgütern wird technisch nicht etwa durch einen eigenen Steuersatz umgesetzt, sondern in Form einer Bemessungsgrundlagenbegünstigung. Die Einkünfte werden nur in Höhe von $\frac{5}{25,5}$ zur steuerlichen Bemessungsgrundlage herangezogen, auf welche sodann der reguläre niederländische Körperschaftsteuersatz von 25,5 Prozent angewandt wird.[346] Dies führt gleichsam zu einer effektiven steuerlichen Belastung in Höhe von 5 Prozent, weist aber den Vorteil auf, dass das Steuersystem nicht durch verschiedene Steuersätze verkompliziert wird. Somit muss nur ein einheitlicher Steuersatz zugrunde gelegt werden, wenn beispielsweise Verlustvorträge aus zurückliegenden Jahren mit

---

340 *Hohage et al.*, IStR-LB 2010, S. 50; *Scheunemann/Dennisen*, DB 2010, S. 408 (411).
341 *Scheunemann/Dennisen*, DB 2010, S. 408 (411); *Hornig*, BB 2010, S. 215 (217).
342 *Hornig*, BB 2010, S. 215 (217).
343 *Hohage/Willkommen/Meijer*, IStR-LB 2010, S. 12; *Baaijens/Breuer*, BB 2010, S. 2932 (2933).
344 *Baaijens/Breuer*, BB 2010, S. 2932 (2933).
345 *Scheunemann/Dennisen*, DB 2010, S. 408 (410).
346 *Herbold*, Steuerliche Anreize für Forschung und Entwicklung im internationalen Vergleich, S. 144; *Baaijens/Breuer*, BB 2010, S. 2932 (2936).

dem Gewinn von Jahren verrechnet werden sollen, in welchen die Innovations-box angewandt wurde.[347]

Durch die niederländische Innovationsbox senkt sich die steuerliche Belastung, die ein Unternehmen nach erfolgreicher Forschungsarbeit bei der anschließenden wirtschaftlichen Verwertung des Forschungsergebnisses zu tragen hat. Damit begünstigt die Innovationsbox nur erfolgreiche Forschungsvorhaben.[348]

Da es bei letztendlich erfolglos gebliebenen Forschungsprojekten nicht zu Erträgen für das Unternehmen kommt, die durch den effektiv geringeren Steuersatz begünstigt würden, kann dem Forschungshemmnis von Unternehmen durch die Innovationsbox allein nicht vollends entgegengewirkt werden. Zur Förderung nicht des Forschungsergebnisses, sondern der Forschungsarbeit als solcher, weist das niederländische Steuerrecht daher eine Lohnsteuerreduktion bei Forschungspersonal auf.

2. Lohnsteuerreduktion bei Forschungspersonal

Ähnlich wie in Frankreich, wo jungen innovativen Unternehmen für einen beschränkten Zeitraum der Arbeitgeberanteil an den Sozialabgaben erlassen wird[349], wird forschenden Unternehmen auch in den Niederlanden eine Lohnsteuerreduktion gewährt. Auch die niederländische Regelung beabsichtigt, die Lohnkosten zu reduzieren, die ein Unternehmen für Personal im Forschungssektor aufzuwenden hat. Gemäß der Vorschrift im niederländischen Steuerrecht behält ein Unternehmen vom Arbeitslohn zwar die volle gesetzlich geschuldete Lohnsteuer ein, muss aber bei begünstigten Löhnen von F&E-Personal nur einen Teil davon an das Finanzamt abführen. Subventioniert wird demnach nur das forschende Unternehmen in seiner Position als Arbeitgeber, eine Begünstigung des Arbeitnehmers ist von der Vorschrift nicht intendiert.[350] Forschungsförderung durch eine Lohnsteuerreduktion bei Forschungspersonal führt dazu, dass die Personalkosten im Forschungsbereich unmittelbar gesenkt werden und damit einer der größten Posten der F&E-Ausgaben eines Unternehmens verringert wird.[351]

---

347 *Baaijens/Breuer*, BB 2010, S. 2932 (2936).
348 *Schlie/Stetzelberger*, IStR 2008, S. 269 (273).
349 Siehe oben, 2. Kapitel, C. I. 4., S. 66.
350 *Herbold*, Steuerliche Anreize für Forschung und Entwicklung im internationalen Vergleich, S. 142.
351 Vgl. Stellungnahme des Europäischen Wirtschafts- und Sozialausschusses zu der Mitteilung der Kommission an den Rat, das Europäische Parlament und den Europäischen Wirtschafts- und Sozialausschuss: Wege zu einer wirksameren steuerlichen Förderung

Bis zu einem Lohnaufwand von 220 000 Euro je Arbeitnehmer vermindert sich die vom Unternehmen an das Finanzamt abzuführende Lohnsteuer um 46 Prozent, darüber hinaus um 16 Prozent.[352] Pro Arbeitgeber und Jahr liegt die maximale Lohnsteuerreduktion bei 11 Millionen Euro.[353] Die Lohnsteuerreduktion ist im niederländischen Steuerrecht als eigenständige Subvention ausgestaltet und kann vom steuerpflichtigen Unternehmen zusätzlich zu den Vergünstigungen aus der Innovationsbox in Anspruch genommen werden.[354]

Die Lohnsteuerreduktion wird angewandt auf Personalaufwendungen, die für die technische oder wissenschaftliche Erforschung neuer Produkte oder Produktionsprozesse angefallen sind.[355] Die Forschungstätigkeit der Arbeitnehmer muss grundsätzlich in den Niederlanden durchgeführt werden. Für F&E-Tätigkeiten in anderen EU-Mitgliedstaaten kann die Lohnsteuerreduktion nur dann in Anspruch genommen werden, wenn der Arbeitgeber in den Niederlanden niedergelassen ist und die Forschungsarbeit von Arbeitnehmern ausgeführt wird, für die in den Niederlanden Lohnsteuer einzubehalten ist. In den Fällen, in denen das Besteuerungsrecht kraft Doppelbesteuerungsabkommen einem anderen Mitgliedstaat zugewiesen ist, wird in den Niederlanden keine Lohnsteuer vom Arbeitslohn einbehalten, so dass auch keine Förderung in Anspruch genommen werden kann.[356]

III. Österreich

Das österreichische System der steuerlichen Forschungsförderung wurde mit Wirkung ab dem 1. 1. 2011 grundlegend geändert. Nach alter Rechtslage konnten Forschungsaufwendungen entweder in Form eines erhöhten Betriebsausgabenabzugs steuermindernd geltend gemacht werden (so genannte Forschungsfreibeträge I und II) oder das Unternehmen konnte sich dafür entscheiden, seine Steuerschuld im Umfang von 8 Prozent der begünstigten F&E-Aufwendungen zu mindern (so genannte Forschungsprämie).[357] Die Forschungsprämie wurde ins Gesetz aufgenommen, um auch Unternehmen ohne positive Steuerbemes-

---

von FuE, KOM (2006) 728 endg., ABl. EU Nr. C 010 v. 15. 1. 2008, S. 83 f., Rdnr. 3.11.

352 *Hornig*, BB 2010, S. 215 (217); *Baaijens/Breuer*, BB 2010, S. 2932 (2935).

353 *Baaijens/Breuer*, BB 2010, S. 2932 (2935).

354 *Baaijens/Breuer*, BB 2010, S. 2932 (2935).

355 *Hornig*, BB 2010, S. 215 (217); *Herbold*, Steuerliche Anreize für Forschung und Entwicklung im internationalen Vergleich, S. 142.

356 *Baaijens/Breuer*, BB 2010, S. 2932 (2935).

357 *Heitzinger/Silber*, IStR 2005, S. 118 (119); einen Überblick über die alte Rechtslage gewährt *Schneider*, Steuerliche Begünstigung von Forschung und Entwicklung.

sungsgrundlage fördern zu können, bei denen ein erhöhter Betriebsausgabenabzug nämlich lediglich zu einer Erhöhung des vortragbaren Verlustes geführt hätte.[358] Die verschiedenen Förderinstrumente des österreichischen Steuerrechts konnten nur alternativ in Anspruch genommen werden.[359] Der Forschungsfreibetrag I sah vor, dass Aufwendungen zur Entwicklung oder Verbesserung volkswirtschaftlich wertvoller Erfindungen in Höhe von 125 Prozent von der steuerlichen Bemessungsgrundlage abgezogen werden konnten. Der gleich hohe Forschungsfreibetrag II („Frascati-Freibetrag") orientierte sich an der F&E-Definition der OECD aus dem Frascati-Handbuch und konnte anstelle des Forschungsfreibetrags I gewählt werden.

Durch das Budgetbegleitgesetz 2011[360] wurden die bislang in § 4 Abs. 4 Nr. 4 öEStG geregelten Forschungsfreibeträge ersatzlos abgeschafft. Der österreichische Gesetzgeber verfolgte damit das Ziel, das steuerliche Forschungsförderungsregime zu vereinheitlichen, da dieses zuletzt als zersplittert und daher als für Unternehmen und Verwaltung nur noch aufwändig administrierbar empfunden worden war.[361] Für die ab dem 1. 1. 2011 beginnenden Wirtschaftsjahre kommt demnach nur noch die in § 108c Abs. 1 Nr. 1 öEStG geregelte Forschungsprämie zur Anwendung.[362] Im Zuge der Neugestaltung wurde die Forschungsprämie von ehemals 8 Prozent auf nunmehr 10 Prozent angehoben.[363]

Von der Forschungsprämie gefördert werden sowohl eigenbetriebliche Forschung als auch Auftragsforschung. Die eigenbetriebliche Forschung muss gemäß § 108c Abs. 2 Nr. 1 öEStG in einem inländischen Betrieb oder einer inländischen Betriebsstätte erfolgen. Auftragsforschung ist gemäß § 108c Abs. 2 Nr. 2 öEStG nur prämienbegünstigt, wenn die Forschungsarbeit von einem inländischen Betrieb oder einer inländischen Betriebsstätte in Auftrag gegeben und von einer Forschungseinrichtung mit Sitz in einem Mitgliedstaat der EU oder des EWR ausgeführt wird. Ferner gilt für Auftragsforschung, dass der Auftragnehmer nicht im Konzernverbund mit dem Auftraggeber stehen oder von diesem beherrscht werden darf. Schließlich ist die Forschungsprämie bei Auftragsforschung auf Aufwendungen bis 100 000 Euro pro Wirtschaftsjahr begrenzt, während bei eigenbetrieblicher Forschung Aufwendungen in unbegrenzter Höhe prämienbegünstigt sind. Die Forschungsprämie wird unmittelbar an das

358 *Hörmann/Haslinger/Hirschler*, Unternehmensbesteuerung, S. 97.
359 *Hornig*, BB 2010, S. 215 (216).
360 Budgetbegleitgesetz 2011 v. 23. 12. 2010, BGBl.-Österreich I Nr. 111/2010 v. 30. 12. 2010.
361 Regierungsvorlage zum Budgetbegleitgesetz 2011, Vorblatt, S. 1.
362 Vgl. Österreichisches Bundesministerium für Wirtschaft, Familie und Jugend (BMWFJ) (Hrsg.), Forschungsfreibetrag.
363 *Gatterer*, IStR-LB 2011, S. 64.

begünstigte Unternehmen erstattet und stellt für dieses eine steuerfreie Einnahme dar.[364]

IV. Zusammenfassung zu C.

Die Ausgestaltung der steuerlichen Forschungsförderung in den drei exemplarisch dargestellten EU-Mitgliedstaaten Frankreich, den Niederlanden und Österreich unterscheidet sich sowohl hinsichtlich der verwendeten Instrumente als auch hinsichtlich der jeweils Begünstigten erheblich. Frankreich gewährt Steuergutschriften für Forschungsaufwendungen und besteuert Lizenzeinnahmen ermäßigt. Damit ist Frankreich das einzige Land Europas, in dem die steuerliche Förderung von F&E mittels eines ermäßigten Steuersatzes erfolgt.[365] In den Niederlanden kommt es ebenfalls zu einer günstigeren Besteuerung von Einkünften aus selbstgeschaffenen immateriellen Wirtschaftsgütern, dies wird rechtstechnisch jedoch nicht durch einen ermäßigten Steuersatz erreicht, sondern indem die begünstigten Einkünfte nur zu einem Bruchteil in die steuerliche Bemessungsgrundlage eingehen. Von der ermäßigten Besteuerung nach der niederländischen Innovationsbox werden nur erfolgreiche Forschungsvorhaben begünstigt, während die Lohnsteuerreduktion unabhängig vom erfolgreichen Ausgang des Projekts die Lohnkosten von forschenden Unternehmen in den Niederlanden senkt. Österreich förderte F&E bislang mittels eines erhöhten Betriebsausgabenabzugs, hat seine steuerliche Forschungsförderung jedoch zum Jahr 2011 bereinigt und gewährt nunmehr nur noch eine steuerschuldbezogene Forschungsprämie in Höhe von 10 Prozent der von Unternehmen getätigten Forschungsaufwendungen.

---

364 *Heitzinger/Silber*, IStR 2005, S. 118 (120); *Hornig*, BB 2010, S. 215 (216); *Herbold*, Steuerliche Anreize für Forschung und Entwicklung im internationalen Vergleich, S. 147.

365 *Hornig*, BB 2010, S. 215 (216).

3. Kapitel: Ansätze einer steuerlichen Forschungsförderung

A.   Neue Wege für eine F&E-Förderung in Deutschland – Standpunkte von Vertretern der Wissenschaft, Politik und Wirtschaft

I.   Ansichten in Literatur und Wissenschaft

In der juristischen und wirtschaftswissenschaftlichen Fachliteratur sprechen sich zahlreiche Autoren für die Einführung von steuerlicher Forschungsförderung in Deutschland aus[366], darunter auch die von der Forschungsunion Wirtschaft – Wissenschaft eingerichtete Arbeitsgruppe Steuerliche FuE-Förderung[367], der Sachverständigenrat zur Begutachtung der gesamtwirtschaftlichen Entwicklung[368] sowie die von der Bundesregierung beauftragte Expertenkommission Forschung und Innovation (EFI)[369]. In ihrem Gutachten 2011 zu Forschung, Innovation und technologischer Leistungsfähigkeit mahnt die EFI an, dass die Einführung einer steuerlichen Forschungsförderung dringend auf die Agenda der Politik zurückkehren müsse.[370] Die Expertenkommission ist der Auffassung, dass es „sehr bedauerlich" und „für die Entwicklung des deutschen Innovationssystems überaus hinderlich" sei, dass die von der Regierung im Koalitionsvertrag angekündigte steuerliche Forschungsförderung bislang nicht umgesetzt wurde.[371] Die EFI spricht sich dafür aus, steuerliche F&E-Förderung in Form einer Steuergutschrift auszugestalten, welche vom Unternehmen in eine auszahlbare Beihilfe umgewandelt werden kann – um auf diesem Wege auch Unternehmen zu unterstützen, deren Steuerschuld zu gering ist, um von einer Anrechnung der F&E-Förderung profitieren zu können.[372] Sollte das staatliche Budget nur eine begrenzte steuerliche Förderung von F&E zulassen, so sollten nach An-

---

366   Nach *Kessler et al.* (DB 2008, S. 1237) seien steuerliche Anreize zur Stimulierung von F&E „zwingend geboten"; *Schlie/Stetzelberger* (IStR 2008, S. 269 (271)) schreiben, Deutschland dürfe sich „im Hinblick auf die internationale Wettbewerbsfähigkeit diesem Instrument nicht verschließen".

367   Der Abschlussbericht der Arbeitsgruppe „Steuerliche FuE-Förderung" ist abgedruckt bei *Spengel et al.*, Steuerliche Förderung von F&E.

368   Sachverständigenrat zur Begutachtung der gesamtwirtschaftlichen Entwicklung (Hrsg.), Jahresgutachten 2008/09, BT-Drucks. 16/10985 v. 18. 11. 2008, Rdnr. 429.

369   Expertenkommission Forschung und Innovation (EFI) (Hrsg.), Gutachten 2011, S. 9.

370   Expertenkommission Forschung und Innovation (EFI) (Hrsg.), Gutachten 2011, S. 9.

371   Expertenkommission Forschung und Innovation (EFI) (Hrsg.), Gutachten 2011, S. 19.

372   Expertenkommission Forschung und Innovation (EFI) (Hrsg.), Gutachten 2010, S. 27.

sicht der EFI bevorzugt kleine und mittlere Unternehmen[373] unterstützt oder die Fördersumme begrenzt werden.[374] Nach Auffassung der EFI spricht für steuerliche Forschungsförderung, dass eine höhere Effizienz bei gleichzeitig geringerem Verwaltungsaufwand erreicht werden kann.[375] Insgesamt werden in wissenschaftlichen Publikationen insbesondere folgende wesentliche Vorteile von steuerlicher Forschungsförderung hervorgehoben: Im Vergleich zu direkter Projektförderung zeichne sie sich durch die inhaltliche Neutralität, eine höhere Breitenwirkung, durch ein hohes Maß an Verlässlichkeit und Planbarkeit sowie durch einen niedrigeren Bürokratieaufwand aus.

1. Neutralität

Während bei der direkten Projektförderung im Regelfall – wie oben bereits dargestellt wurde[376] – nur F&E-Tätigkeiten in bestimmten Technologie- oder Wissensbereichen und nur innerhalb des von der Projektausschreibung des jeweiligen Förderprogramms gestellten Rahmens begünstigt sind, kann steuerliche Forschungsförderung so ausgestaltet werden, dass alle Branchen und Technologiebereiche einheitlich begünstigt werden.[377]

Als Kritikpunkt an der gegenwärtigen Form der direkten Forschungsförderung wurde herausgearbeitet, dass der Geldgeber Einfluss auf die inhaltliche Ausrichtung der unternehmerischen Forschungstätigkeit nehmen kann.[378] Selektive, nur einzelne Forschungsgebiete begünstigende Forschungsförderung führe zu einer verzerrenden Behandlung von verschiedenen Branchen und Technologiebereichen[379] und könne dazu führen, dass Unternehmen aufgrund der Förderung in wirtschaftlich wenig sinnvolle Projekte investieren oder innovative Ideen, für die es jedoch keine Förderprojekte gibt, nicht weiterverfolgen.[380]

---

373 Die bevorzugte Förderung von KMU begründet die EFI damit, dass zahlreiche steuerliche Regelungen – wie die Mindestbesteuerung nach § 10d EStG oder der schädliche Beteiligungserwerb nach § 8c KStG – Unternehmen dieser Größenordnung stärker treffe als Großunternehmen. Vgl. Expertenkommission Forschung und Innovation (EFI) (Hrsg.), Gutachten 2008, S. 35.

374 Expertenkommission Forschung und Innovation (EFI) (Hrsg.), Gutachten 2010, S. 27.

375 Expertenkommission Forschung und Innovation (EFI) (Hrsg.), Gutachten 2010, S. 27.

376 Vgl. oben, 2. Kapitel, B. II. 2., S. 24 f.

377 *Schlie/Stetzelberger*, IStR 2008, S. 269 (271); *Elineau/Stahl-Rolf*, Steuerliche Anreize für FuE-Investitionen, S. 43.

378 Vgl. oben, 2. Kapitel, B. V., S. 46 ff.

379 *Koppel* spricht in diesem Zusammenhang von einer „wenig wünschenswerten Sonderbehandlung politisch favorisierter Technologiebereiche", vgl. *Koppel*, in: Institut der deutschen Wirtschaft (IW) (Hrsg.), Wachstumsfaktor Innovation, S. 142 (146).

380 *Spengel et al.*, Steuerliche Förderung von F&E, S. XXIII.

Steuerliche Forschungsförderung demgegenüber kann technologieneutral ausgestaltet werden, indem durch eine steuerliche Begünstigung, welche beispielsweise an die Höhe der Forschungsaufwendungen eines Unternehmens anknüpft, die Kosten der Forschung unabhängig vom Inhalt des Forschungsprojekts gesenkt werden.[381] Somit bliebe die Beurteilung, in welchem thematischen Gebiet F&E-Investitionen am aussichtsreichsten sind, dem forschenden Unternehmen und damit dem Markt überlassen und würde nicht durch die staatliche Zuschussförderung beeinflusst werden.[382] Eine derartige technologieneutrale Förderung könne somit – da der Staat hier nur in geringerem Maße in die Marktmechanismen eingreife – zu einer effizienteren Ressourcenverteilung beitragen als die Subventionierung einzelner Forschungsprojekte.[383] Wie bereits dargestellt wurde, erscheint es schließlich auch zweifelhaft, ob der Staat gegenüber dem im jeweiligen Technologiesegment agierenden Unternehmen einen Wissensvorsprung hat, der es rechtfertigt, dass von staatlicher Seite eine Entscheidung über die inhaltliche Ausrichtung von Forschungsprojekten getroffen wird.[384]

2. Breitenwirkung

Indirekte und direkte Forschungsförderung unterscheiden sich ferner hinsichtlich der Breitenwirkung. Um Unternehmen allgemein und branchenübergreifend dazu anzuregen, ihre Investitionen in Forschung zu steigern, bietet sich die steuerliche Förderung an.[385] Eine in das System des Steuerrechts eingebettete Forschungsförderung erreicht jedes steuerzahlende Unternehmen, während von projektbezogenen Fördergeldern nur die Unternehmen begünstigt werden, die sich um Förderung bemüht haben. Somit ist steuerliche Forschungsförderung eher geeignet, das von den EU-Mitgliedstaaten im Rahmen der Lissabon-Strategie aufgestellte und seitdem wiederholt erneuerte Ziel zu erreichen, die jährlichen Forschungsaufwendungen auf 3 Prozent des BIP anzuheben.

---

381 Expertenkommission Forschung und Innovation (EFI) (Hrsg.), Gutachten 2008, S. 33; *Schlie/Stetzelberger*, IStR 2008, S. 269 (271).

382 *Herbold*, Steuerliche Anreize für Forschung und Entwicklung im internationalen Vergleich, S. 41; *Löhr*, Steuerliche Förderung von Forschung und Entwicklung, S. 11; *Koppel*, in: Institut der deutschen Wirtschaft (IW) (Hrsg.), Wachstumsfaktor Innovation, S. 142 (146); *Ernst/Heinemann*, in: Bayer AG (Hrsg.), Stärker mit Forschung, S. 12 (13).

383 Expertenkommission Forschung und Innovation (EFI) (Hrsg.), Gutachten 2010, S. 27; *Koppel*, in: Institut der deutschen Wirtschaft (IW) (Hrsg.), Wachstumsfaktor Innovation, S. 142 (146).

384 Vgl. oben, 2. Kapitel, B. V., S. 46 ff.

385 *Löhr*, Steuerliche Förderung von Forschung und Entwicklung, S. 12.

Direkte Förderung ist thematisch auf spezifische Forschungsgebiete zugeschnitten und ist daher nicht im gleichen Maße wie steuerliche Förderung geeignet, den Sockel von forschungstreibenden Unternehmen anzuheben.[386] Mit direkter Förderung können hingegen forschungspolitische Ziele erreicht werden, indem Fördergelder vom Staat für die zielgerichtete Forschung in diesen Bereichen ausgelobt werden.[387]

Direkte sowie indirekte Forschungsförderung verfolgen demnach unterschiedliche Ziele, sodass eine Form der Forschungsförderung keinen Ersatz für die andere darstellen kann. Steuerliche Forschungsförderung könnte dazu beitragen, die F&E-Intensität in Deutschland zu steigern, während direkte Fördergelder unverzichtbar sind, um innovationspolitische Ziele zu verfolgen. Somit sollte die Einführung einer steuerlichen Forschungsförderung das gegenwärtige direkte Forschungsförderungssystem nicht ablösen, sondern als zusätzliches Instrument daneben treten.

3.   Verlässlichkeit und Planbarkeit

Um von direkten Fördergeldern begünstigt zu werden, muss ein Unternehmen zunächst das beim jeweiligen Förderprogramm erforderliche Antragsverfahren erfolgreich durchlaufen. Die Gewährung von Forschungsfördergeldern hängt im Regelfall von der Einschätzung eines Fachgremiums ab, welches beispielsweise über den Innovationsgrad oder die Erfolgsaussichten des Forschungsvorhabens zu befinden hat.[388] Da das Unternehmen dementsprechend keinen Rechtsanspruch auf direkte Forschungsförderung hat, kann es erst ab dem Zeitpunkt sicher mit den Einnahmen aus der Projektförderung kalkulieren, wenn es eine endgültige Zusage über die Fördergelder erhalten hat.[389]

Bei der steuerlichen Forschungsförderung hingegen besteht ein Anspruch auf die Vergünstigung, wenn die tatbestandlichen Voraussetzungen erfüllt sind. Steuerliche Forschungsförderung kann und sollte so ausgestaltet werden, dass die Höhe der Unterstützung vom Unternehmen ohne großen Aufwand selbst berechnet werden kann. Damit ist steuerliche F&E-Förderung sowohl dem Grunde als auch der Höhe nach vorhersehbarer und planbarer und kann vom forschen-

---

386 Vgl. Expertenkommission Forschung und Innovation (EFI) (Hrsg.), KMU im Fokus, S. 26.

387 *Herbold*, Steuerliche Anreize für Forschung und Entwicklung im internationalen Vergleich, S. 92.

388 Vgl. Zusammenfassung des Bundesministeriums für Bildung und Forschung (BMBF) (Hrsg.), Förderung in der Forschung.

389 *Löhr*, Steuerliche Förderung von Forschung und Entwicklung, S. 9.

den Unternehmen unmittelbar in die Kostenkalkulation aufgenommen werden.[390]

4. Niedriger Bürokratieaufwand

Ferner ist der Verfahrensaufwand bei der steuerlichen Forschungsförderung geringer als bei der direkten Projektförderung.[391] Indirekte F&E-Förderung wird in das bestehende Steuersystem eingegliedert und bedient sich des steuerlichen Verfahrensrechts, das den steuerpflichtigen Unternehmen daher bereits bekannt ist. Nicht erforderlich ist somit ein Durchlaufen von separaten Antragsverfahren, wie sie bei der Projektförderung üblich sind und die von vielen Unternehmen als kompliziert und abschreckend empfunden werden.[392] Durch steuerliche Forschungsförderung werden für Unternehmen nicht nur die Kosten für die Beantragung der Forschungsförderung abgesenkt, sondern auch die laufenden Compliance-Kosten.[393] Bei direkter Förderung unterscheiden sich die einzelnen Ausschreibungsvoraussetzungen im Regelfall je nach Förderprogramm mitunter erheblich und ein Unternehmen muss regelmäßig aufwändig sicherstellen, dass die Förderkriterien auch eingehalten werden, um in den Genuss der Fördergelder zu gelangen; jeder einzelne Projektträger ist seinerseits auf Kontrollen der geförderten Unternehmen angewiesen, um die ordnungsgemäße Beantragung und Verwendung seiner Fördergelder sicherzustellen.[394] Bei einer Förderung mit Mitteln des Steuerrechts demgegenüber können die Dokumentationspflichten des Unternehmens im Rahmen der allgemeinen steuerlichen Nachweispflichten erbracht und von der Verwaltung im Wege der steuerlichen Außenprüfungen überprüft werden.[395] Somit sind bei der Einführung von indirekter Forschungsförderung nicht nur Einsparungen auf Seiten der geförderten Unternehmen zu erwarten, sondern der niedrige Bürokratieaufwand macht diese Form der For-

---

390 *Schlie/Stetzelberger*, IStR 2008, S. 269 (270).

391 So auch eine Schätzung der Europäischen Kommission, siehe Empfehlung der Kommission v. 6. 5. 2003 betreffend die Definition der Kleinstunternehmen sowie der kleinen und mittleren Unternehmen, K (2003) 1422, ABl. EG Nr. L 124 v. 20. 5. 2003, S. 36–41.

392 Vgl. oben, 2. Kapitel, B. V., S. 46 ff.

393 *Schlie/Stetzelberger*, IStR 2008, S. 269 (271).

394 *Kessler et al.*, DB 2008, S. 1172; Expertenkommission Forschung und Innovation (EFI) (Hrsg.), Gutachten 2010, S. 20; Expertenkommission Forschung und Innovation (EFI) (Hrsg.), Gutachten 2008, S. 34.

395 Expertenkommission Forschung und Innovation (EFI) (Hrsg.), Gutachten 2010, S. 20; Expertenkommission Forschung und Innovation (EFI) (Hrsg.), Gutachten 2008, S. 34.

schungsförderung auch für die staatliche Verwaltung – im Vergleich zur gegenwärtigen Projektförderung – leichter und kostengünstiger administrierbar.[396]

II. Standpunkte von Vertretern der Politik

Im Koalitionsvertrag 2009 hatten sich CDU/CSU und FDP darauf verständigt, eine steuerliche Förderung von Forschung und Entwicklung einzuführen, um zusätzliche Forschungsimpulse insbesondere für kleine und mittlere Unternehmen auszulösen.[397] Seitdem ist jedoch kein entsprechender Gesetzesentwurf in den Bundestag eingebracht worden. In einer Antwort auf eine große Anfrage der SPD-Fraktion teilte die Bundesregierung im September 2010 mit, dass die Einführung einer steuerlichen Förderung für F&E aufgrund der Haushaltslage sowie des zwingend gebotenen Konsolidierungskurses derzeit nicht realisierbar sei.[398] Ohne Aussagen über den genauen Zeitpunkt zu treffen, teilte die Bundesregierung ferner mit, dass die Entscheidung über die Einführung von steuerlicher Forschungsförderung in ein haushalts- und steuerpolitisches Gesamtkonzept eingepasst werde.[399] Zuletzt ist die Bundesregierung indes – wohl bedingt durch die Finanz- und Wirtschaftskrise sowie die durch die Bemühungen zur Stabilisierung der gemeinsamen europäischen Währung hervorgerufene Haushaltsbelastung – von dem Vorhaben, eine steuerliche F&E-Förderung einzuführen, vorerst abgewichen. Ende Juli 2012 ließ die Bundesregierung daher per Schreiben an die Vorstände von forschungsintensiven Großunternehmen mitteilen, dass es in der aktuellen, noch bis zum Jahr 2013 laufenden Legislaturperiode nicht zur Einführung einer steuerlichen Vergünstigung von Forschungsaufwendungen kommen wird.[400]

Auch Teile der Opposition – so beispielsweise die Bundestagsfraktion von Bündnis 90/Die Grünen – teilen die Auffassung, wonach eine steuerliche For-

---

396 *Koppel*, in: Institut der deutschen Wirtschaft (IW) (Hrsg.), Wachstumsfaktor Innovation, S. 142 ff.

397 Koalitionsvertrag zwischen CDU, CSU und FDP, 17. Legislaturperiode, 1.2, S. 15.

398 Antwort der Bundesregierung auf die Große Anfrage der Abgeordneten Röspel et al., BT-Drucks. 17/2942 v. 14. 9. 2010, S. 2.

399 Antwort der Bundesregierung auf die Große Anfrage der Abgeordneten Röspel et al., BT-Drucks. 17/2942 v. 14. 9. 2010, S. 2; siehe ferner Bundesministerium für Bildung und Forschung (BMBF) (Hrsg.), Bundesbericht Forschung und Innovation 2012, BT-Drucks. 17/9680, S. 26.

400 *Krumrey*, Wirtschaftswoche v. 21. 7. 2012.

schungsförderung momentan nicht finanzierbar sei.[401] Das Projekt jedoch gänzlich aufzugeben, sei falsch und sende ein „verheerendes Signal" an den Forschungsstandort Deutschland.[402] Die Bundestagsfraktion der Partei Bündnis 90/ Die Grünen plädiert für eine Steuergutschrift in Höhe von 15 Prozent der Forschungsausgaben, die nur für KMU gewährt wird.[403] Auch die SPD fordert steuerliche Forschungsförderung. Für Investitionen in Forschung sollten – zusätzlich zur bestehenden Projektförderung – Steuergutschriften gewährt werden, um der Gefahr entgegenzuwirken, dass deutsche Betriebe ihre F&E-Abteilungen in Länder verlegen, die mit günstigeren Forschungsrahmenbedingungen aufwarten.[404]

III. Auffassungen von Industrie- und Branchenverbänden

In den deutschen Industrie- und Branchenverbänden gibt es ebenfalls eine breite Zustimmung zur Einführung von steuerlicher Forschungsförderung. Vor dem Hintergrund, dass die in den Verbänden zusammengeschlossenen Unternehmen von einem verbesserten Forschungsförderungsregime unmittelbar profitieren würden, überrascht diese Zustimmung kaum. Gleichwohl ist es wichtig, die in der Wirtschaft vertretenen Auffassungen in den Blick zu nehmen; zum einen, weil die Wirtschaftsunternehmen langjährige Erfahrungen mit dem gegenwärtigen System der Forschungsförderung vorweisen können und zum anderen, weil sich die Unternehmen im Fall der Einführung einer steuerlichen Forschungsförderung mit den Regelungen im Alltagseinsatz zu befassen haben.

Das von Arbeitgeber- und Wirtschaftsverbänden getragene Institut der deutschen Wirtschaft (IW) in Köln plädiert für eine steuerliche Forschungsförderung. Mit den Mitteln des Steuerrechts könnten insbesondere Unternehmen, die nur sporadisch Forschung betreiben, zu einer kontinuierlichen Forschungsarbeit motiviert werden.[405] Der Bundesverband der Deutschen Industrie (BDI) sowie die Bundesvereinigung der Deutschen Arbeitgeberverbände (BDA) fordern in einem gemeinsamen Positionspapier die unverzügliche Einführung von steuerli-

---

401 Pressemitteilung Nr. 168 der Bundestagsfraktion Bündnis 90/Die Grünen v. 21. 2. 2011, abrufbar unter <http://gruene-bundestag.de/cms/presse/dok/371/371734.steuerliche_for schungsfoerderung_koaliti@en.html> (zuletzt abgerufen am 23. 3. 2013).

402 Pressemitteilung Nr. 168 der Bundestagsfraktion Bündnis 90/Die Grünen v. 21. 2. 2011, abrufbar unter <http://gruene-bundestag.de/cms/presse/dok/371/371734.steuerliche_for schungsfoerderung_koaliti@en.html> (zuletzt abgerufen am 23. 3. 2013).

403 Antrag der Abgeordneten Maisch et al. und der Fraktion Bündnis 90/Die Grünen, BT-Drucks. 17/9569 v. 9. 5. 2012.

404 Vgl. *Dohrn*, Vorwärts v. 14. 3. 2011.

405 Institut der deutschen Wirtschaft (IW) (Hrsg.), iwd Nr. 26/2010 v. 1. 7. 2010, S. 6 f.

cher Forschungsförderung[406] und teilen damit die Auffassung von zahlreichen weiteren deutschen Industrie- und Branchenverbänden.[407]

B. Konzepte zur Umsetzung einer steuerlichen F&E-Förderung – Darstellung der möglichen systematischen Anknüpfungspunkte im deutschen Steuerrecht

Für die steuerliche Förderung von F&E kommen im deutschen Steuerrecht drei systematische Anknüpfungspunkte in Betracht. Forschende Unternehmen können auf der Ebene der steuerlichen Bemessungsgrundlage begünstigt werden, durch einen ermäßigten Steuersatz oder indem die Steuerschuld reduziert wird.[408]

I. Begünstigung auf Ebene der steuerlichen Bemessungsgrundlage

Die steuerliche Bemessungsgrundlage von forschenden Unternehmen kann durch einen erhöhten Betriebsausgabenabzug oder Investitionsfreibeträge reduziert werden oder indem das Unternehmen eine beschleunigte bzw. Sonderabschreibung in Anspruch nehmen kann.[409]

Im Kern liegen den Bemessungsgrundlagenbegünstigungen zwei verschiedene Ansätze zugrunde. Zum einen kann der zu versteuernde Gewinn eines Un-

---

406 Bundesverband der Deutschen Industrie (BDI) (Hrsg.), Positionspapier, S. 7.
407 Exemplarisch seien hier nur die Chemie- sowie die Elektronikbranche genannt. Sowohl der Verband der Chemischen Industrie (VCI) als auch die Deutsche Industrievereinigung Biotechnologie (DIB) fordern die Einführung von steuerlicher Forschungsförderung in Deutschland. Diese Forderung wurde im Frühsommer 2011 erneuert, als die zuversichtlichen Ergebnisse der Steuerschätzung einen finanziellen Spielraum für die steuerliche Forschungsförderung erhoffen ließen. Der Forderung schließen sich der Zentralverband Elektrotechnik- und Elektronikindustrie (ZVEI) (vgl. Zentralverband Elektrotechnik- und Elektronikindustrie (ZVEI) (Hrsg.), Steuerliche Förderung von Forschung und Entwicklung) sowie der IT-Branchenverband BITKOM an (vgl. Bundesverband Informationswirtschaft, Telekommunikation und neue Medien (BITKOM) (Hrsg.), Positionspapier zur steuerlichen F&E-Förderung, S. 10).
408 *Herbold*, Steuerliche Anreize für Forschung und Entwicklung im internationalen Vergleich, S. 54.
409 *Herbold*, Steuerliche Anreize für Forschung und Entwicklung im internationalen Vergleich, S. 54.

ternehmens dadurch reduziert werden, dass die für Forschung getätigten Aufwendungen in Höhe von mehr als 100 Prozent der tatsächlich getätigten Aufwendungen als Betriebsausgaben steuerlich abzugsfähig sind. Zum anderen können forschende Unternehmen auf Ebene der Bemessungsgrundlage dadurch gefördert werden, dass ihnen die Möglichkeit eingeräumt wird, bei zu Forschungszwecken angeschafften abnutzbaren Wirtschaftsgütern eine günstigere Abschreibungsmethode vorzunehmen. Hierbei bleibt das Abschreibungsvolumen unverändert, aufgrund der verkürzten Dauer des Abschreibungsvorgangs kommt das Unternehmen jedoch in den Genuss von Zins- und Liquiditätsvorteilen.[410]

1. Erhöhter Abzug von Betriebsausgaben

Da selbsterstellte immaterielle Wirtschaftsgüter nach dem deutschen Steuerrecht[411] nicht in der Steuerbilanz des Unternehmens aktiviert werden dürfen, sind die nicht auf materielle Wirtschaftsgüter gerichteten Forschungsaufwendungen sofort als Betriebsausgaben abziehbar.[412] Ein Anreiz für Unternehmen, verstärkt in Forschung zu investieren, könnte nun dadurch gesetzt werden, dass die tatsächlich getätigten Aufwendungen multipliziert mit einem Faktor „größer als 1" als Betriebsausgaben steuerlich zum Abzug zugelassen würden.[413] Legt man bei dieser sogenannten „Superdeduction" beispielsweise einen Faktor von 1,5 zugrunde, so führen Aufwendungen in Höhe von 100 Euro dazu, dass sich der steuerliche Gewinn des Unternehmens um 150 Euro mindert.

---

410 *Löhr*, Steuerliche Förderung von Forschung und Entwicklung, S. 38; *Herbold*, Steuerliche Anreize für Forschung und Entwicklung im internationalen Vergleich, S. 320.

411 Handelsrechtlich wird seit dem BilMoG in § 248 Abs. 2 HGB ein Wahlrecht zur Aktivierung von selbstgeschaffenen immateriellen Vermögensgegenständen eingeräumt. Im Steuerrecht gilt jedoch nach § 5 Abs. 2 EStG unverändert, dass eine Aktivierung den entgeltlichen Erwerb voraussetzt, vgl. die Anmerkung in Fußnote 288, S. 56.

412 Indem diese Aufwendungen sofort den steuerlichen Gewinn mindern, kommt es beim forschenden Unternehmen schon nach geltender Rechtslage zu einem Liquiditäts- und Zinsvorteil gegenüber der Situation, dass Aufwendungen erst im Wege der Abschreibung erfolgswirksam werden. Mittelbar bewirkt die Sofortabziehbarkeit von F&E-Aufwendungen auf immaterielle Wirtschaftsgüter somit einen Anreiz für forschende Unternehmen, obgleich diese Regelung vom Gesetzgeber nicht als Forschungsfördermaßnahme intendiert war. Sie geht vielmehr auf die grundlegenden Bilanzierungsprinzipien zurück, wonach bei immateriellen Wirtschaftsgütern, deren objektiver Wert oftmals nur problematisch zu bestimmen ist, eine steuerliche Gewinnauswirkung vom entgeltlichen Erwerb abhängig zu machen, vgl. *Herbold*, Steuerliche Anreize für Forschung und Entwicklung im internationalen Vergleich, S. 56.

413 *Lehmann*, DStR 2010, S. 1459 (1463).

Auch bei abnutzbaren Wirtschaftsgütern, die vom Unternehmen bilanziert und entsprechend abgeschrieben werden müssen, können Investitionsanreize auf Ebene der steuerlichen Bemessungsgrundlage gesetzt werden.[414] Für Fördermaßnahmen, die neben die reguläre Abschreibung treten und den steuerlichen Gewinn um einen Anteil an den Anschaffungs- oder Herstellungskosten eines Wirtschaftsguts mindern, hat sich der Begriff des Investitionsfreibetrags etabliert. Ähnlich wie bei der „Superdeduction" bewirken auch Investitionsfreibeträge wirtschaftlich, dass höhere Aufwendungen zum steuerlichen Abzug zugelassen werden, als tatsächlich vom Unternehmen getätigt worden sind. Bei Investitionsfreibeträgen kommt es mithin zu einer „Überabschreibung", indem ein Betrag von der Bemessungsgrundlage abgezogen wird, der über den Anschaffungs- oder Herstellungskosten liegt.[415]

2. Beschleunigte Abschreibung

Als zweite Ausgestaltungsalternative von steuerlicher Forschungsförderung auf der Ebene der Bemessungsgrundlage kommt die Möglichkeit zur beschleunigten Abschreibung von zu Forschungszwecken angeschafften Wirtschaftsgütern in Betracht. Wie jede Abschreibungsregel setzt auch diese Vergünstigung tatbestandlich voraus, dass es sich um ein Wirtschaftsgut des Anlagevermögens handelt, dessen Nutzungszeitraum sich auf voraussichtlich länger als ein Jahr erstreckt und das einer technischen oder wirtschaftlichen Abnutzung unterliegt.[416] Von einer Begünstigung in Form einer beschleunigten Abschreibung umfasst wären daher sowohl immaterielle Wirtschaftsgüter, wie beispielsweise das von einem Forschungsunternehmen für eine bestimmte Zeitdauer lizenzierte gewerbliche Schutzrecht, als auch materielle Wirtschaftsgüter, wie etwa eine neu angeschaffte Laboreinrichtung. Während es beim Ansatz von erhöhten Betriebsausgaben effektiv zu einer Reduzierung der Bemessungsgrundlage und damit zu einer verringerten Steuerschuld kommt, wird bei der beschleunigten Abschreibung nur die Zeitdauer reduziert, die ein Unternehmen für die Abschreibung eines Wirtschaftsguts benötigt. Die Höhe des Abschreibungsbetrags bleibt unverändert, das Unternehmen wird jedoch in die Lage versetzt, den gleichen Aufwand in kürzerer Zeit steuermindernd geltend zu machen.[417]

414 *Schlie/Stetzelberger*, IStR 2008, S. 269 (271).
415 *Herbold*, Steuerliche Anreize für Forschung und Entwicklung im internationalen Vergleich, S. 55.
416 *Brandis*, in: Blümich (Begr.), 114. Aufl., § 7 EStG, Rdnr. 91.
417 Folgendes Beispiel verdeutlicht die Wirkung einer beschleunigten Abschreibung: Angenommen, im Jahr der Anschaffung oder Herstellung eines begünstigten Wirtschaftsguts wird einmalig eine Sonderabschreibung in Höhe von 30 Prozent der AfA-Bemessungs-

Begrifflich wird zwischen Sonderabschreibungen und erhöhten Absetzungen unterschieden. Die Sonderabschreibung kann zusätzlich zur regulären – im Regelfall linearen – Abschreibung beansprucht werden, während eine erhöhte Absetzung an die Stelle der regulären Abschreibung tritt.[418] Identisch ist indes die wirtschaftliche Auswirkung dieser beiden Instrumente: Sie beschränkt sich darauf, dass für ein Unternehmen der mit der Dauer eines regulären Abschreibungsvorgangs verbundene Zins- und Liquiditätsnachteil verringert wird.[419] Insofern kann eine vorteilhafte Abschreibungsregelung die Investitionsentscheidungen von Unternehmen beeinflussen.[420] Von diesen Effekten abgesehen, geht von begünstigten Abschreibungsregelungen jedoch keine unmittelbare Förderwirkung aus.[421]

II. Steuersatzbezogene Begünstigungen durch Einführung eines ermäßigten Steuertarifs für Einkünfte aus der Verwertung von F&E-Ergebnissen

Als weiterer gesetzessystematischer Anknüpfungspunkt für eine steuerliche Forschungsförderung in Deutschland kommt die Ebene des Steuersatzes in Betracht. So könnten Lizenzerträge oder Einkünfte aus der Verwertung oder Veräußerung von Forschungsergebnissen durch einen ermäßigten Steuertarif begünstigt werden.

Von den Mitgliedstaaten der Europäischen Union wendet gegenwärtig nur Frankreich einen begünstigten Steuersatz für Einkünfte aus der Verwertung von Forschungsergebnissen an.[422] Das niederländische Steuerrecht setzt eine Bemes-

---

grundlage gewährt. Erwirbt ein Unternehmen zu Beginn des Jahres 01 für 100 000 Euro ein abnutzbares Wirtschaftsgut mit einer betriebsgewöhnlichen Nutzungsdauer von acht Jahren, so wäre dieser Gegenstand bei einer jährlichen Abschreibung von 12 500 Euro (nämlich 100 000 Euro $\div$ 8) erst Ende des Jahres 08 vollständig abgeschrieben. Unter Geltung einer Sonderabschreibung von 30 Prozent kann das Unternehmen im ersten Jahr nicht nur die reguläre AfA von 12 500 Euro geltend machen, sondern zusätzlich die Sonderabschreibung im Umfang von 30 000 Euro. Der Restbuchwert Ende des Jahres 01 würde somit nur 57 500 Euro betragen. In den Folgejahren wird die lineare Abschreibung fortgeführt, so dass das Wirtschaftsgut bereits Ende des Jahres 06 bis auf einen Erinnerungswert abgeschrieben ist.

418 *Ballwieser*, in: K. Schmidt (Hrsg.), MüKo HGB, Bd. 4, § 254, Rdnr. 14.
419 *Herbold*, Steuerliche Anreize für Forschung und Entwicklung im internationalen Vergleich, S. 55; *Löhr*, Steuerliche Förderung von Forschung und Entwicklung, S. 38.
420 *Brandis*, in: Blümich (Begr.), 114. Aufl., § 7 EStG, Rdnr. 46.
421 *Löhr*, Steuerliche Förderung von Forschung und Entwicklung, S. 38.
422 Siehe oben, 2. Kapitel, C. I. 2., S. 65.

sungsgrundlagenbegünstigung ein, die den gleichen wirtschaftlichen Effekt aufweist wie ein ermäßigter Steuersatz.[423]

Bei Forschungsförderung, die mittels eines reduzierten Steuertarifs ausgestaltet ist, wirkt sich die Begünstigung für das Unternehmen erst dann aus, wenn das Forschungsvorhaben bereits abgeschlossen ist und die Ergebnisse wirtschaftlich verwertet werden. In der kapitalintensiven Investitionsphase hingegen entfaltet ein ermäßigter Steuersatz keinen positiven Effekt für das Unternehmen.[424] Ferner setzt ein ermäßigter Steuersatz auf Einkünfte aus der Verwertung von Forschungsergebnissen voraus, dass das Unternehmen sein Forschungsvorhaben erfolgreich beenden konnte. Bei erfolglosen Projekten, an deren Ende dementsprechend kein zu verwertendes Forschungsergebnis steht, wird den Unternehmen auch keine Förderung zuteil. Das Risiko, dass das Forschungsprojekt fehlschlägt und die Forschungsaufwendungen vergeblich aufgewendet wurden, wird durch eine an den Steuersatz anknüpfende Forschungsförderungsmaßnahme mithin nicht abgefedert. Somit wird Unternehmen, die aufgrund des hohen finanziellen Risikos gänzlich von Forschungstätigkeiten absehen, durch eine ermäßigte Besteuerung von Lizenzeinkünften kein unmittelbarer Anreiz zu mehr Forschungsinvestitionen gesetzt.[425]

III. Förderung im Rahmen der Steuerschuld durch Steuerbefreiung oder Steuergutschrift

Schließlich kann bei der rechtstechnischen Gestaltung von steuerlicher Forschungsförderung an die Steuerschuld angeknüpft werden. Bei Steuervergünstigungen auf Ebene der Steuerschuld handelt es sich um Steuerbetragsermäßigungen – es wird der Betrag reduziert, den ein Steuerpflichtiger an Steuern zu zahlen hat.[426]

Als steuerschuldbezogene Begünstigung von F&E kommt insbesondere die Steuergutschrift in Betracht. Ferner zählen die in Frankreich praktizierten temporären Steuerbefreiungen für junge innovative Unternehmen[427] sowie die von den Niederlanden angewandte Reduktion der abzuführenden Lohnsteuer auf die

---

423 Siehe oben, 2. Kapitel, C. II. 1., S. 67 ff.
424 *Hornig*, BB 2010, S. 215 (218).
425 *Herbold*, Steuerliche Anreize für Forschung und Entwicklung im internationalen Vergleich, S. 314; *Löhr*, Steuerliche Förderung von Forschung und Entwicklung, S. 44.
426 *Jochum*, Steuervergünstigung, S. 178.
427 In Frankreich können sich junge innovative Unternehmen auf Antrag für die ersten drei gewinnbringenden Jahre komplett und für die beiden Folgejahre hälftig von Einkommen- und Körperschaftsteuer befreien lassen, siehe oben 2. Kapitel, C. I. 4., S. 66 f.

Gehälter von F&E-Personal[428] zu den Begünstigungen, die rechtssystematisch auf der Ebene der Steuerschuld ansetzen.[429]

Die im internationalen Vergleich am häufigsten angewandte Form der steuerschuldbezogenen Begünstigung von Forschungstätigkeiten ist jedoch die Steuergutschrift, auch „Tax credit" genannt.[430] Unter dem Begriff der Steuergutschrift versteht man, dass ein Prozentsatz der Forschungsaufwendungen als Gutschrift auf die Steuer angerechnet wird.[431] Wirtschaftlich bewirkt dies, dass Forschungsaufwendungen doppelt steuermindernd berücksichtigt werden, da sie zunächst regulär auf Ebene der Bemessungsgrundlage als Betriebsausgaben sofort oder im Wege der Abschreibung periodisiert abziehbar sind und anschließend anteilig als Steuergutschrift den vom Unternehmen geschuldeten Steuerbetrag senken.[432]

Der „Tax credit" kann volumenbasiert ausgestaltet werden, so dass der Prozentsatz auf die gesamten Forschungsaufwendungen angewandt wird, die das begünstigte Unternehmen im jeweiligen Jahr getätigt hat. Alternativ kann inkrementell gefördert werden, indem nur der in einem bestimmten Zeitraum erzielte Zuwachs an F&E-Aufwendungen zum Empfang einer Steuergutschrift berechtigt. Die volumenbasierte Förderung zeichnet sich unter anderem dadurch aus, dass sich Unternehmen in konjunkturellen Schwächephasen, in denen trotz hoher Forschungstätigkeit gegebenenfalls kein Zuwachs der Forschungsaufwendungen gegenüber dem Vorjahr erzielt werden kann, nicht der unangenehmen Folge ausgesetzt sehen, keine steuerliche Forschungsförderung zu erhalten. Ferner übt eine Forschungsförderungsregelung, die allein auf den Zuwachs der Forschungsaufwendungen abstellt, einen stärkeren Anreiz auf das Unternehmen aus, geplante Projekte zeitlich zu verschieben oder künstliche Gestaltungen anzuwenden, um eine möglichst hohe Förderung zu erhalten, was zu Lasten der Effektivität der Fördermaßnahmen gehen kann.[433] Schließlich honoriert eine inkrementelle Forschungsförderung diejenigen Unternehmen nur wenig, die be-

---

428 Das niederländische Steuerrecht weist eine Regelung auf, wonach Unternehmen die bei der Beschäftigung von Forschungspersonal anfallende Lohnsteuer zwar vollumfänglich vom Lohn einbehalten müssen, jedoch nur zu einem Teil an das Finanzamt abzuführen haben, siehe oben 2. Kapitel, C. II. 2., S. 69.

429 *Herbold*, Steuerliche Anreize für Forschung und Entwicklung im internationalen Vergleich, S. 56.

430 *Herbold*, Steuerliche Anreize für Forschung und Entwicklung im internationalen Vergleich, S. 317.

431 *Lehmann*, DStR 2010, S. 1459 (1463).

432 Institut der deutschen Wirtschaft (IW) (Hrsg.), iwd Nr. 37/2009 v. 10. 9. 2009, S. 5.

433 *Herbold*, Steuerliche Anreize für Forschung und Entwicklung im internationalen Vergleich, S. 325.

reits vor Inkrafttreten der Forschungsförderungsregelung in einem hohen Maße F&E-Aufwendungen getätigt haben.[434]

Neben der Frage, ob die Steuergutschrift für Forschungsaufwendungen volumenbasiert oder inkrementell ausgestaltet werden sollte, wäre vom Gesetzgeber ferner zu entscheiden, ob die Steuergutschrift nur mit bestehenden Steuerschulden verrechnet werden kann, ob sie im Verlustfalle in zukünftige Veranlagungszeiträume vorgetragen oder gar an das Unternehmen ausgezahlt werden soll. Während sich der „Tax credit" im ersten Falle nur dann positiv für das forschende Unternehmen auswirkt, wenn dieses einen steuerlichen Gewinn ausweisen kann und daher tatsächlich Steuern schuldet, profitieren im Fall einer vortragbaren oder auszahlbaren Steuergutschrift auch die Unternehmen, bei denen der Betrag der Steuergutschrift die Steuerschuld des Unternehmens übersteigt. Eine vortragbare Steuergutschrift kann dann in späteren Veranlagungszeiträumen mit zukünftigen Gewinnen verrechnet werden. Durch eine auszahlbare Steuergutschrift wird dem Unternehmen wie durch eine Barbeihilfe zusätzliche Liquidität bereitgestellt. So dürfte eine auszahlbare Steuergutschrift insbesondere bei jungen innovativen Unternehmen in der Anfangsverlustphase einen hohen Fördereffekt zeitigen, während sich eine auf die Verrechnung mit Steuerschulden beschränkte steuerliche Forschungsförderung – da bei diesen Unternehmen im Regelfall mangels hinreichender Gewinne noch keine oder nur eine geringe Steuerschuld anfällt – finanziell kaum auswirken würde.[435]

Insgesamt zeichnet sich die Steuergutschrift dadurch aus, dass sie für die begünstigten Unternehmen gut planbar und vorhersehbar sind. Ein Unternehmen kann die Steuergutschrift anhand der eigenen Forschungsaufwendungen im Regelfall selbst berechnen und in die interne Kalkulation aufnehmen.[436] Die Steuergutschrift kann daher bereits bei der Kostenplanung einer F&E-Aktivität berücksichtigt werden.[437] Nicht zuletzt deswegen entfaltet sie – ökonomischen Untersuchungen zufolge – von allen Ausgestaltungsalternativen steuerlicher Forschungsförderung die größte Anreizwirkung.[438]

---

434 Für eine vertiefte Darstellung der weiteren Argumente, die für und gegen eine volumenbasierte Ausgestaltung der Steuergutschrift sprechen, sei auf die umfangreichen Ausführungen in der wirtschaftswissenschaftlichen Literatur verwiesen, vgl. *Herbold*, Steuerliche Anreize für Forschung und Entwicklung im internationalen Vergleich, S. 323 ff.

435 Institut der deutschen Wirtschaft (IW) (Hrsg.), iwd Nr. 37/2009 v. 10. 9. 2009, S. 5.

436 *Herbold*, Steuerliche Anreize für Forschung und Entwicklung im internationalen Vergleich, S. 317.

437 *Löhr*, Steuerliche Förderung von Forschung und Entwicklung, S. 40.

438 *Spengel et al.*, Steuerliche Förderung von F&E, S. XXII.

C. Zusammenfassung und Zwischenergebnis zu den Ansätzen einer steuerlichen Forschungsförderung

Das gegenwärtig in Deutschland praktizierte Forschungsförderungssystem, wonach Unternehmen sich um die in Förderprogrammen für bestimmte Förderprojekte ausgeschriebenen Gelder bewerben können, weist unzweifelhaft viele Vorteile auf. Die Geldgeber können die Förderbedingungen festlegen sowie inhaltliche Forschungsschwerpunkte vorgeben, indem die Arbeit in diesen Bereichen besonders gefördert wird. Das bestehende System bietet den Trägern der Forschungsförderung damit die Möglichkeit, über die Ausschreibungskriterien politischen Einfluss auf die thematische Ausrichtung der in Unternehmen durchgeführten Forschung zu nehmen. Dies kann dazu genutzt werden, Innovationen in bestimmten Technologiebereichen zu fördern. Politisch opportune Ziele, wie beispielsweise die weitere Erforschung der Elektromobilität oder die Förderung bestimmter Methoden zur Gewinnung erneuerbarer Energien, können dadurch gezielt formuliert und gefördert werden. Die projektbezogene Forschungsförderung weist daher auch den Charakter eines forschungspolitischen Steuerungsinstruments auf. Das gegenwärtige System sollte daher unbedingt beibehalten werden.

Zugleich ist Projektförderung jedoch auch durch einige Nachteile gekennzeichnet. So wird es insbesondere den kleinen und mittleren Unternehmen erschwert, an Fördergelder zur Unterstützung bei ihrer Forschungsarbeit zu gelangen. Die Antragsverfahren sind oftmals komplex und unübersichtlich. Auch die Möglichkeit, dass der Projektträger durch den Zuschnitt des Förderprogramms die inhaltliche Ausrichtung der unternehmerischen Forschung beeinflussen kann, birgt neben den soeben genannten Vorteilen auch Risiken. Wenn Fördergelder nur für die Arbeit in bestimmten Themengebieten gewährt werden, sind die Unternehmen nicht frei darin, eigenverantwortlich über die Verwendung ihrer Forschungsmittel zu entscheiden und die ihres Erachtens effizienteste Investition zu tätigen.

Diese strukturellen Defizite weist eine steuerliche Forschungsförderung nicht auf. Forschungsförderung mit Mitteln des Steuerrechts verhält sich inhaltlich neutral, da für sämtliche unternehmerischen F&E-Tätigkeiten die gleiche Förderung gewährt wird, so dass es somit den Unternehmen belassen ist, über die thematische Ausrichtung ihrer Forschungsbemühungen zu entscheiden. Darüber hinaus stellt steuerliche F&E-Förderung eine verlässliche und somit planbare Vergünstigung dar, denn bei Erfüllen der Tatbestandsvoraussetzungen steht dem forschenden Unternehmen ein Anspruch auf die Leistung zu. Aufgrund der

Anknüpfung an das allgemeine Steuersystem ist schließlich auch der Administrations- und Bürokratieaufwand geringer – sowohl auf Seiten der Unternehmen als auch für die Verwaltung. Im Interesse der nachhaltigen Entwicklung des Forschungsstandortes Deutschland wäre die Einführung von steuerlicher Forschungsförderung daher sehr sinnvoll. Steuerliche Forschungsförderung sollte als zusätzliches[439] Förderinstrument neben die bereits etablierte Projektförderung treten, damit die Schwächen des gegenwärtigen Systems ausgeglichen werden und ein wirkungsvoller Anreiz für Unternehmen gesetzt wird, die Investitionen in F&E auszubauen.

Aus rechtstechnischer Sicht könnte eine Begünstigung von forschenden Unternehmen im deutschen Steuerrecht auf Ebene der Bemessungsgrundlage angesiedelt werden, in Form eines ermäßigten Steuersatzes oder durch eine Reduzierung der Steuerschuld.

Bei den Bemessungsgrundlagenbegünstigungen kann zwischen zwei verschiedenen Instrumenten unterschieden werden. Während ein Unternehmen durch einen erhöhten Betriebsausgabenabzug in die Lage versetzt wird, höhere Aufwendungen von der steuerlichen Bemessungsgrundlage abzuziehen als tatsächlich aufgewendet wurden, führen Regelungen über die beschleunigte Abschreibung lediglich zu einer zeitlichen Vorverlagerung von in der Höhe unverändertem Aufwand. Alle bemessungsgrundlagenbezogenen Begünstigungen entfalten jedoch nur dann eine unmittelbare Förderwirkung, wenn das zu fördernde Unternehmen eine positive steuerliche Bemessungsgrundlage erwirtschaftet hat. Weist ein Unternehmen einen Verlust auf, so würde sich die Bemessungsgrundlage durch die Begünstigung noch weiter reduzieren, was sich für das Unternehmen erst in Folgejahren im Wege des Verlustvortrags steuermindernd auswirkt.[440] Demzufolge begünstigen die an die steuerliche Bemessungsgrundlage anknüpfenden Förderinstrumente insbesondere erfolgreiche, am Markt bereits etablierte Unternehmen.[441] Da etwa junge innovative Unternehmen aufgrund der hohen Forschungsaufwendungen in den ersten Jahren nach der Gründung erfah-

---

439 Eine Doppelförderung könnte vermieden werden, indem die Fördergelder, die ein Unternehmen eventuell bereits aus direkter Förderung erhalten hat, bei der Ermittlung der Höhe der steuerlichen Forschungsförderung herausgerechnet werden, siehe auch *Lehmann*, DStR 2010, S. 1459 (1462); *Löhr*, Steuerliche Förderung von Forschung und Entwicklung, S. 11.
440 Die endgültige Nutzbarkeit der angelaufenen Altverluste steht freilich unter dem Vorbehalt, dass es nicht aufgrund etwa einer Umstrukturierung zu einem schädlichen Beteiligungserwerb kommt, der gemäß § 8c KStG zum ganz- oder teilweisen Untergang der Verlustvorträge führt, siehe oben, 2. Kapitel, B. VI. 2. b., S. 54 ff.
441 *Lehmann*, DStR 2010, S. 1459 (1463); *Herbold*, Steuerliche Anreize für Forschung und Entwicklung im internationalen Vergleich, S. 55.

rungsgemäß hohe Verluste und damit hohe steuerliche Verlustvorträge ange-häuft haben, bewirkt eine weitere Erhöhung dieser Verlustvorträge nicht, dass das der Forschungsaktivität innewohnende finanzielle Risiko bei Start-up-Unternehmen abgemildert oder dass dem Unternehmen zusätzliche Liquidität zugeführt wird.

Ein ermäßigter Steuersatz für Einkünfte aus der Verwertung von For-schungsergebnissen knüpft an den Abschluss der F&E-Tätigkeit an und begüns-tigt somit nur erfolgreiche Forschungsprojekte. Wenn das Vorhaben letztendlich erfolglos blieb und entsprechend ein Unternehmen daraus keine Verwertungs-einkünfte erzielt, kann auch kein ermäßigter Steuersatz in Anspruch genommen werden. Insofern ist dieses Förderinstrument nicht geeignet, die finanziellen Folgen eines Fehlschlagens abzumildern und Unternehmen, die aus diesem Grund nur wenig forschen, zu mehr Forschung zu motivieren.

Als steuerschuldbezogene Forschungsförderung kommen Steuergutschrif-ten, temporäre Steuerbefreiungen oder Steuerreduzierungen beispielsweise für die zum Lohnsteuerabzug verpflichteten Arbeitgeber von Forschungspersonal in Betracht. Die Steuergutschrift, das international am häufigsten angewandte Mit-tel, wird im Regelfall so ausgestaltet, dass sich der vom Unternehmen geschul-dete Steuerbetrag um einen Teil des im jeweiligen Jahr für F&E aufgewendeten Geldbetrags mindert. Bei der Förderung kann entweder der absolute Betrag an Forschungsaufwendungen zugrunde gelegt werden oder der Zuwachs gegenüber einem Vorjahreszeitraum. Daneben unterscheidet sich die Förderwirkung einer Steuergutschrift auch danach, ob die Gutschrift nur mit bestehenden Steuer-schulden verrechnet werden oder gegebenenfalls in zukünftige Jahre vorgetra-gen werden kann oder ob sie bei nicht hinreichender Steuerschuld wie eine Bar-beihilfe an das Unternehmen ausgezahlt wird.

4. Kapitel: Europarechtliche Vorgaben und Rahmenbedingungen – Vereinbarkeit einer steuerlichen F&E-Förderung mit Grundfreiheiten und Beihilfenrecht

A. Allgemeines: Nationales Steuerrecht und europäisches Recht

Bei der Europäischen Union handelt es sich um die Rechtsnachfolgerin der Europäischen Gemeinschaft, welche durch die römischen Verträge von 1957 als Europäische Wirtschaftsgemeinschaft (EWG) gegründet wurde. Die Europäische Union stellt einen Zusammenschluss von gegenwärtig 27 Mitgliedstaaten dar. Da es sich bei der Union um einen Staatenverbund[442] handelt, nicht jedoch um einen eigenen souveränen Staat, ist die Union kompetenziell darauf angewiesen, dass ihr Zuständigkeiten von den einzelnen Mitgliedstaaten übertragen werden: Im Gegensatz zu einem souveränen Staat kommt der Europäischen Union keine Kompetenz-Kompetenz zu, kraft derer sie sich selbst Regelungszuständigkeiten erteilen könnte.[443] Nach dem in Art. 5 Abs. 1 Satz 1 EUV niedergelegten Prinzip der begrenzten Einzelermächtigung darf die Europäische Union vielmehr nur solche Aufgaben wahrnehmen, die ihr von den Mitgliedstaaten in den Gründungsverträgen ausdrücklich zugewiesen wurden.[444]

Für das Recht der indirekten Steuern[445] ergibt sich aus Art. 113 AEUV ein Harmonisierungsauftrag, auf dessen Grundlage insbesondere die Mehrwertsteuersystemrichtlinie[446] zur Angleichung der Umsatzsteuervorschriften der Mit-

---

442 BVerfG v. 12. 10. 1993, 2 BvR 2134/92 – Maastricht, BVerfGE 89, 155.

443 *Streinz*, Europarecht, Rdnr. 135; *Tiedtke/Mohr*, EuZW 2008, S. 424.

444 *Seiler*, in: Depenheuer et al. (Hrsg.), Festschrift für Isensee, S. 875 (880); *Tiedtke/Mohr*, EuZW 2008, S. 424; *Birk*, FR 2005, S. 121; *Kokott*, in: Lehner (Hrsg.), Grundfreiheiten im Steuerrecht der EU-Staaten, S. 1 (5); *Borchardt*, Die rechtlichen Grundlagen der Europäischen Union, Rdnr. 417; *Herdegen*, Europarecht, § 8, Rdnr. 59.

445 Bei den indirekten Steuern sind der Steuerschuldner und derjenige, der die Steuer wirtschaftlich zu tragen hat (Steuerträger) nicht identisch. Im Regelfall wird die Steuer vom Erbringer einer Leistung geschuldet, kann aber im Preis auf den Endabnehmer überwälzt werden. Indirekte Steuern sind insbesondere die Umsatzsteuer sowie besondere Verbrauchsteuern wie die Steuer auf Mineralöle, Tabakwaren und Alkohol sowie alkoholhaltige Getränke, vgl. *Birk*, Steuerrecht, Rdnr. 231.

446 Richtlinie 2006/112/EG des Rates v. 28. 11. 2006 über das gemeinsame Mehrwertsteuersystem, ABl. EU Nr. L 347/1 v. 11. 12. 2006, S. 1.

gliedstaaten ergangen ist.[447] Innerhalb der Europäischen Union ist das Recht der indirekten Steuern daher weitgehend harmonisiert.

Anders verhält es sich bei den direkten Steuern.[448] In diesem Bereich wurden der Europäischen Union keine Kompetenzen zur Rechtsangleichung zugewiesen. Die Mitgliedstaaten waren nicht bereit, ihre Besteuerungshoheit über die direkten Steuern auch nur teilweise an die Europäische Union zu übertragen.[449] Mangels einer ausdrücklich primärrechtlich niedergelegten Harmonisierungskompetenz kann eine Rechtsangleichung im Recht der direkten Steuern nur über die allgemeine Harmonisierungsvorschrift des Art. 115 AEUV erfolgen.[450]

Art. 115 AEUV ermächtigt den Rat, mit einstimmigem Beschluss Richtlinien für die Angleichung von Rechtsvorschriften zu erlassen, die sich unmittelbar auf die Errichtung oder das Funktionieren des Binnenmarktes auswirken. Die auf diese Norm gestützte Harmonisierung beschränkte sich daher bislang auf Vorschriften zur Regelung von punktuellen grenzüberschreitenden Sachverhalten.[451] Auf Grundlage der Ermächtigung in Art. 115 AEUV sind bislang unter anderem die Fusionsrichtlinie[452], die Mutter-Tochter-Richtlinie[453] sowie die

---

447 Eine Rechtsangleichung im Verbrauchsteuerrecht erfolgte ferner über die Verbrauchsteuersystemrichtlinie (Richtlinie 92/12/EWG des Rates v. 25. 2. 1992 über das allgemeine System, den Besitz, die Beförderung und die Kontrolle verbrauchsteuerpflichtiger Waren, ABl. EG Nr. L 76/1 v. 23. 3. 1992, S. 1) sowie durch Strukturrichtlinien zur Harmonisierung der Verbrauchsteuern auf Mineralöle, Tabakwaren sowie Alkohol und alkoholhaltige Getränke. Beispielhaft genannt sei hier die Richtlinie 95/59/EG des Rates v. 27. 11. 1995 über die anderen Verbrauchsteuern auf Tabakwaren als die Umsatzsteuer, ABl. EG Nr. L 291/1 v. 6. 12. 1995, S. 40.

448 Im Gegensatz zu den indirekten Steuern zeichnen sich direkte Steuern dadurch aus, dass Steuerschuldner und Steuerträger identisch sind. Direkte Steuern sind insbesondere die Einkommen- und Körperschaftsteuer.

449 *Kube*, Finanzgewalt in der Kompetenzordnung, § 4 A. II. 3. b. aa., S. 279; *Birk*, FR 2005, S. 121.

450 *Lang*, Die Rechtsprechung des EuGH zu den direkten Steuern, S. 13 ff.; *Seiler*, StuW 2005, S. 25; *Tiedtke/Mohr*, EuZW 2008, S. 424.

451 *Kokott/Ost*, EuZW 2011, S. 496 (497).

452 Richtlinie 90/434/EWG des Rates v. 23. 7. 1990 über das gemeinsame Steuersystem für Fusionen, Spaltungen, Einbringungen von Unternehmensteilen und den Austausch von Anteilen, die Gesellschaften verschiedener Mitgliedstaaten betreffen, ABl. EG Nr. L 225/1 v. 20. 8. 1990, S. 1–5.

453 Richtlinie 90/435/EWG des Rates v. 23. 7. 1990 über das gemeinsame Steuersystem der Mutter- und Tochtergesellschaften verschiedener Mitgliedstaaten, ABl. EG Nr. L 225/6 v. 20. 8. 1990, S. 6–9.

Zins- und Lizenzgebührenrichtlinie[454] ergangen. Es ist auf das Einstimmigkeits-erfordernis des Art. 115 AEUV sowie auf die „Unnachgiebigkeit"[455] der Mit-gliedstaaten im fiskalischen Bereich zurückzuführen, dass es gegenwärtig nur in geringem Maße zu einer Rechtsangleichung der direkten Steuern kam. So ge-staltet es sich in einer EU, deren 27 Mitgliedstaaten einen oftmals unterschiedli-chen volkswirtschaftlichen Entwicklungsstand und infolgedessen divergierende politische Interessenlagen aufweisen, zunehmend schwierig, eine einstimmige Ratsentscheidung herbeizuführen.[456] Von den meisten Mitgliedstaaten wird eine Harmonisierung des direkten Steuerrechts auch nicht angestrebt, würde dies doch bedeuten, die Kontrolle über wichtige Steuereinnahmen zumindest teilwei-se an die Europäische Union abtreten zu müssen und damit ein Instrument zur Wirtschaftslenkung aus der Hand zu geben.[457] Daher betrachten die Vertreter von zahlreichen Mitgliedstaaten das Einstimmigkeitserfordernis des Art. 115 AEUV auch als eine Absicherung ihrer nationalen Steuersouveränität.[458]

Da für das Recht der direkten Steuern weder ausdrückliche primärrechtliche Kompetenzen der EU bestehen noch es bislang zu einer über die oben angespro-chenen Richtlinien hinausgehenden Rechtsangleichung auf Grundlage der all-gemeinen Harmonisierungsvorschrift des Art. 115 AEUV kam, liegt die Finanz-hoheit unverändert bei den Mitgliedstaaten. Somit bleibt es den Mitgliedstaaten überlassen, ihr nationales Steuerrecht autonom nach ihren jeweiligen Bedürfnis-sen und ihren eigenen Vorstellungen auszurichten.[459]

Freilich kann aus der Tatsache, dass es im direkten Steuerrecht noch kaum zu einer Rechtsharmonisierung kam, nicht abgeleitet werden, dass diese Rechtsmaterie dem Unionsrecht entzogen sei.[460] Vielmehr judiziert der EuGH in ständiger Rechtsprechung, dass die Mitgliedstaaten ihre Kompetenz unter Wah-rung des Unionsrechts auszuüben haben.[461] Die Mitgliedstaaten müssen dem-

---

454 Richtlinie 2003/49/EG des Rates v. 3. 6. 2003 über eine gemeinsame Steuerregelung für Zahlungen von Zinsen und Lizenzgebühren zwischen verbundenen Unternehmen ver-schiedener Mitgliedstaaten, ABl. EU Nr. L 157/49 v. 26. 6. 2003, S. 49–54.
455 So *Tiedtke/Mohr*, EuZW 2008, S. 424.
456 *Stewen*, EuR 2008, S. 445 (446); *Haase*, Internationales und Europäisches Steuerrecht, Rdnr. 765; *Oppermann/Classen/Nettesheim*, Europarecht, § 32 Rdnr. 35.
457 *Kokott*, in: Lehner (Hrsg.), Grundfreiheiten im Steuerrecht der EU-Staaten, S. 1 (3).
458 *Seitz*, in: Lang/Weinzierl (Hrsg.), Festschrift für Rödler, S. 867 (868 f.).
459 *Kämper*, Nationale Steuervergünstigungshoheit und Europarecht, S. 116; *Schnitger*, Die Grenzen der Einwirkung der Grundfreiheiten des EG-Vertrages auf das Ertragsteuer-recht, S. 15.
460 *Schnitger*, Die Grenzen der Einwirkung der Grundfreiheiten des EG-Vertrages auf das Ertragsteuerrecht, S. 15.
461 EuGH v. 4. 10. 1991, Rs. C-246/89 – Kommission/Vereinigtes Königreich, Slg. 1991, I-4585, Rdnr. 12; EuGH v. 14. 2. 1995, Rs. C-279/93 – Schumacker, Slg. 1995, I-225,

nach die Vorgaben des primären sowie des sekundären Unionsrechts beachten.[462] Das Europarecht gibt den Rahmen vor, innerhalb dessen sich die Mitgliedstaaten bei der Ausgestaltung ihres nationalen Steuerrechts zu bewegen haben.[463] Nach unstreitiger Auffassung genießt das Unionsrecht einen Anwendungsvorrang vor dem nationalen Recht.[464] Im Kollisionsfalle setzt sich das europäische Recht daher gegenüber dem nationalen Recht durch, das nationale Recht bleibt aber – anders als im Falle eines Geltungsvorrangs – weiterhin gültig und kommt in Konstellationen ohne grenzüberschreitenden Bezug nach wie vor zur Anwendung.[465] Der Anwendungsvorrang des Europarechts nimmt den Mitgliedstaaten mithin nicht ihre Besteuerungskompetenz als solche, sondern setzt eine Grenze bei deren Ausübung.[466]

Da es im Recht der direkten Steuern – wie dargestellt – nur eine so geringe Anzahl an Sekundärrechtsakten gibt, dass vereinzelt gar von einem „sekundärrechtlichen Vakuum"[467] gesprochen wird, sind die mitgliedstaatlichen Regelungen in diesem Bereich unmittelbar am Primärrecht zu messen.[468] Bei der Ausgestaltung ihres Steuerrechts haben sich die EU-Mitgliedstaaten somit in dem vertraglich vorgegebenen primärrechtlichen Rahmen zu bewegen und damit insbesondere die grundfreiheitlichen Diskriminierungs- und Beschränkungsverbote sowie das Beihilfeverbot zu beachten.[469]

Rdnr. 21; EuGH v. 11. 8. 1995, Rs. C-80/94 – Wielockx, Slg. 1995, I-2493, Rdnr. 16; EuGH v. 27. 6. 1996, Rs. C-107/94 – Asscher, Slg. 1996, I-3089, Rdnr. 36; EuGH v. 28. 4. 1998, Rs. C-118/96 – Safir, Slg. 1998, I-1897, Rdnr. 21; EuGH v. 14. 9. 1999, Rs. C-391/97 – Gschwind, Slg. 1999, I-5451, Rdnr. 20; EuGH v. 13. 12. 2005, Rs. C-446/03 – Marks & Spencer, Slg. 2005, I-10837, Rdnr. 29; EuGH v. 13. 10. 2011, Rs. C-9/11 – Waypoint Aviation, noch nicht in Slg. veröffentlicht, Rdnr. 19; EuGH v. 20. 10. 2011, Rs. C-284/09 – Kommission/Deutschland, noch nicht in Slg. veröffentlicht, Rdnr. 44.

462 *Weber-Grellet*, DStR 2009, S. 1229 (1234); *Kokott/Ost*, EuZW 2011, S. 496 (497); *Lenaerts*, EuR 2009, S. 728 (729).

463 *Lenaerts*, EuR 2009, S. 728 (729) spricht diesbezüglich daher vom „Umrahmungsprinzip".

464 EuGH v. 9. 3. 1978, Rs. 106/77 – Simmenthal, Slg. 1978, 629; EuGH v. 2. 8. 1993, Rs. C-158/91 – Levy, Slg. 1993, I-4287, Rdnr. 9; *Oppermann/Classen/Nettesheim*, Europarecht, § 10 Rdnr. 9.

465 *Hahn*, DStZ 2005, S. 433 (434); *Haase*, Internationales und Europäisches Steuerrecht, Rdnr. 769.

466 *Cordewener*, DStR 2004, S. 6 (9).

467 *Englisch*, StuW 2003, S. 88 (91).

468 *Englisch*, StuW 2003, S. 88 (91); *Tiedtke/Mohr*, EuZW 2008, S. 424.

469 *Schön*, IStR 2004, S. 289 f.; *Jochum*, Steuervergünstigung, S. 422.

Dies gilt auch für steuerliche Instrumente zur Forschungsförderung. Zwar liegt die Forschungspolitik in der Kompetenz der Mitgliedstaaten[470], hieraus ergibt sich indes nichts Abweichendes hinsichtlich des Prüfungsmaßstabs für steuerliche Forschungsförderung. Entscheidend ist, auf welche Weise die Forschungsförderung rechtstechnisch umgesetzt wird. Wird die staatliche Unterstützung mit den Mitteln des Steuerrechts gewährt, so hat sich diese Regelung folglich an den für das Steuerrecht geltenden Maßstäben zu messen.[471]

B. Grundfreiheiten

I. Grundfreiheiten im Allgemeinen

In Art. 3 Abs. 3 Satz 1 EUV ist eines der zentralen Ziele der Europäischen Union niedergeschrieben: die Verwirklichung des Binnenmarktes. Näher bestimmt wird der Begriff des Binnenmarktes in Art. 26 Abs. 2 AEUV. Er umfasst demnach einen Raum ohne Binnengrenzen, in dem der freie Verkehr von Waren, Personen, Dienstleistungen und Kapital gemäß den Bestimmungen der Verträge gewährleistet ist. Zur Gewährleistung dieser fundamentalen Rechte wurden die auch als Marktfreiheiten bezeichneten Grundfreiheiten primärrechtlich verankert, namentlich die Freiheit des Warenverkehrs (Art. 28–37 AEUV), die Freizügigkeit der Arbeitnehmer (Art. 45–48 AEUV), die Niederlassungsfreiheit (Art. 49–55 AEUV), die Dienstleistungsfreiheit (Art. 56–62 AEUV) sowie die Freiheit des Kapital- und Zahlungsverkehrs (Art. 63–66 AEUV). Obgleich die aufgezählten Grundfreiheiten tatbestandlich unterschiedliche Konstellationen umfassen, geht man davon aus, dass sie eine einheitliche dogmatische Struktur aufweisen.[472]

---

470 Im Forschungssektor stehen die Zuständigkeiten von Europäischer Union und Mitgliedstaaten nebeneinander. Die EU kann Forschungsförderung betreiben, ohne dass die Mitgliedstaaten hierdurch an der Ausübung ihrer Zuständigkeiten gehindert würden, siehe oben 2. Kapitel, B. III. 1., S. 28 ff.

471 Vgl. *Wünschig*, Perspektiven eines europarechtskonformen Gemeinnützigkeits- und Zuwendungsrechts, S. 86.

472 Zu dieser so genannten „Konvergenz der Grundfreiheiten" siehe Generalanwalt *Lenz*, Schlussanträge v. 20. 9. 1995 zur Rs. C-415/93 – Bosman, Slg. 1995, I-4921, Rdnr. 200; hierzu ferner *Behrens*, EuR 1992, S. 145 (155); *Classen*, EWS 1995, S. 97 (98); *Eberhartinger*, EWS 1997, S. 43 (52); *Weiß*, EuZW 1999, S. 493; *Jarass*, EuR 2000, S. 705 (706); *Lehner*, in: Kirchhof/Jakob/Beermann (Hrsg.), Festschrift für Offerhaus, S. 117 (121); *Cordewener*, Europäische Grundfreiheiten und nationales Steuerrecht, S. 105; *Schnitger*, Die Grenzen der Einwirkung der Grundfreiheiten des EG-Vertrages auf das Ertragsteuerrecht, S. 168; *Kortz*, Rechtsprechung des EuGH, S. 57.

Die Grundfreiheiten stellen für alle Mitgliedstaaten verbindliches, unmittelbar zu beachtendes Recht dar.[473] Indem sie somit weder eines nationalen Umsetzungsaktes noch eines Ausführungsgesetzes bedürfen, wird sichergestellt, dass die Grundfreiheiten in allen Mitgliedstaaten die gleiche einheitliche Wirkung entfalten.[474]

Der Europäische Gerichtshof äußerte sich erstmals in der Rechtssache „Avoir fiscal"[475] im Jahr 1986 zur Anwendbarkeit der Grundfreiheiten auf das direkte Steuerrecht.[476] In dieser Entscheidung unterwarfen die Richter des EuGH – indes ohne eine weitere Begründung – die fraglichen Regelungen des französischen direkten Steuerrechts einer primärrechtlichen Kontrolle am Maßstab der Grundfreiheiten.[477] Dem ist auch zuzustimmen, schließlich verfolgen die Grundfreiheiten den Zweck, den Binnenmarkt umfassend vor Diskriminierungen und Beschränkungen zu schützen. Grenzüberschreitende wirtschaftliche Tätigkeiten können nicht nur durch Zölle oder staatliche Ein- und Ausfuhrverbote eingeschränkt werden, sondern in gleichem Maße auch durch steuerliche Vorschriften.[478] Da den Regelungen des Steuerrechts ein erheblicher Einfluss auf Unternehmensentscheidungen zukommt – steuerliche Vorschriften können grenzüberschreitende wirtschaftliche Betätigungen unrentabel machen oder gar faktisch Verboten gleichkommen –, muss auch das direkte Steuerrecht tatbestandlich von den Grundfreiheiten erfasst sein, wenn es nicht zu massiven Lücken im Schutzgehalt der Grundfreiheiten kommen soll.[479]

Zu einer Entscheidung des EuGH über die Auslegung des europäischen Rechts kommt es insbesondere im Rahmen des Vorabentscheidungsverfahrens nach Art. 267 AEUV, wenn dem Europäischen Gerichtshof von nationalen Gerichten Rechtsfragen zur Entscheidung vorgelegt werden. Außerdem ist der EuGH nach Art. 258 Abs. 2 AEUV dazu berufen, in Vertragsverletzungsverfah-

---

473 EuGH v. 21. 6. 1974, Rs. C-2/74 – Reyners, Slg. 1974, 631, Rdnr. 1; EuGH v. 3. 12. 1974, Rs. 33/74 – van Binsbergen, Slg. 1974, 1299, Rdnr. 24/26; EuGH v. 13. 4. 2000, Rs. C-251/98 – Baars, Slg. 2000, I-2787, Rdnr. 27; EuGH v. 14. 12. 1995, Rs. C-163/94 – Sanz de Lera, Slg. 1995, I-4821, Rdnr. 41; *Wernsmann*, EuR 1999, S. 754 (755); *Sedemund*, IStR 2001, S. 190; *Cordewener*, DStR 2004, S. 6 (7); *Tiedtke/Mohr*, EuZW 2008, S. 424 (425); *Kämper*, Nationale Steuervergünstigungshoheit und Europarecht, S. 2.

474 *Tiedtke/Mohr*, EuZW 2008, S. 424 (425); *Wünschig*, Perspektiven eines europarechtskonformen Gemeinnützigkeits- und Zuwendungsrechts, S. 91.

475 EuGH v. 28. 1. 1986, Rs. 270/83 – Avoir fiscal, Slg. 1986, 273.

476 *Kube*, EuGH-Rechtsprechung zum direkten Steuerrecht, S. 2.

477 *Cordewener*, Europäische Grundfreiheiten und nationales Steuerrecht, S. 389.

478 *Wünschig*, Perspektiven eines europarechtskonformen Gemeinnützigkeits- und Zuwendungsrechts, S. 89.

479 *Tiedtke/Mohr*, EuZW 2008, S. 424 (426).

ren zu entscheiden, die von der Kommission angestrengt werden können.[480] Seit der Entscheidung in der Rechtssache „Avoir fiscal" hatte der EuGH in zahlreichen Verfahren die Gelegenheit, zur Auslegung der Grundfreiheiten Stellung zu nehmen und rechtliche Aspekte näher zu präzisieren. Obgleich eine Entscheidung des EuGH grundsätzlich nur inter partes wirkt, wurden die Konturen der Grundfreiheiten maßgeblich durch die Rechtsprechung des EuGH bestimmt.[481] So wurde der zum Teil eher knappe Wortlaut der Grundfreiheiten erst durch die Rechtsprechung des EuGH inhaltlich ausgefüllt.[482]

Durch sein Urteil kann der EuGH mit ex-tunc-Wirkung die Unvereinbarkeit einer nationalen Regelung mit den Grundfreiheiten feststellen. Der jeweilige Mitgliedstaat ist sodann gehalten, eine europarechtskonforme Neuregelung zu treffen. Die Rechtsprechung des Gerichtshofs übt demnach einen Druck zur stillen Harmonisierung auf die Mitgliedstaaten aus, in dessen Folge die nationalen Steuersysteme – wenn auch nur punktuell[483] – einander angeglichen werden.[484] Vor dem Hintergrund der Kompetenzverteilung wird dies kritisiert.[485] Obgleich der EuGH primärrechtlich freilich nicht für die Harmonisierung von Rechtsvorschriften zuständig ist, entfalten seine Urteile eine erhebliche Harmonisierungstendenz. Vereinzelt wird kritisiert, der EuGH schwinge sich zu einem „Ersatzgesetzgeber" im Bereich des direkten Steuerrechts auf.[486] Dieser Kritik kann jedoch nicht gefolgt werden: Da sich der EuGH innerhalb seiner vom Primärrecht zugewiesenen Befugnisse bewegt, das Unionsrecht einheitlich und für alle Mitgliedstaaten verbindlich auszulegen, stellt sich diese faktische Rechtsangleichungswirkung kompetenziell als grundsätzlich unbedenklich dar.[487]

1. Schutzbereich der Grundfreiheiten

Damit ein bestimmter Vorgang vom sachlichen Anwendungsbereich der Grundfreiheiten umfasst ist, muss es sich zunächst um eine grenzüberschreitende wirtschaftliche Tätigkeit handeln. Auf rein nationale Sachverhalte, die mit keinem

---

480 *Ehlers*, in: Ehlers (Hrsg.), Europäische Grundrechte und Grundfreiheiten, § 7 VIII 2, Rdnr. 120.

481 *Sedemund*, Europäisches Ertragsteuerrecht, Rdnr. 141.

482 *Sedemund*, Europäisches Ertragsteuerrecht, Rdnr. 140.

483 *Lang*, in: Klein/Stihl/Wassermeyer (Hrsg.), Festschrift für Flick, S. 873 (884 f.).

484 *Hey*, StuW 2005, S. 317 (324); *Grube*, DStZ 2007, S. 371 (372).

485 *Stewen*, EuR 2008, S. 445 (458); *Kämper*, Nationale Steuervergünstigungshoheit und Europarecht, S. 118; *Tiedtke/Mohr*, EuZW 2008, S. 424 (425 f.).

486 So etwa *Wieland*, in: Gaitanides/Kadelbach/Rodriguez (Hrsg.), Festschrift für Zuleeg, S. 492.

487 So auch *Tiedtke/Mohr*, EuZW 2008, S. 424 (426).

relevanten Element über die Grenzen eines Mitgliedstaates hinausweisen, finden die Grundfreiheiten keine Anwendung.[488]

Neben diesem allgemeinen Erfordernis müssen auch die spezifischen Tatbestandsvoraussetzungen der jeweiligen Grundfreiheit gewahrt sein. Für den Bereich der steuerlichen Forschungsförderung von besonderer Relevanz sind die Niederlassungsfreiheit, die Dienstleistungsfreiheit sowie die Freiheit des Kapital- und Zahlungsverkehrs. So können sich beispielsweise Unternehmen auf die Niederlassungsfreiheit berufen, wenn sie im Ausland eine Betriebsstätte einrichten wollen, um dort Forschungsarbeiten durchzuführen. Von der Dienstleistungsfreiheit geschützt wären etwa Forschungsdienstleister, die ihre Forschungstätigkeiten grenzüberschreitend anbieten sowie die Empfänger dieser Dienstleistungen. Die Geldzahlungen als Gegenleistung für Forschungstätigkeiten oder die Zahlungsflüsse für Forschungsinvestitionen im Ausland schließlich wären tatbestandlich von der Kapital- und Zahlungsverkehrsfreiheit umfasst.

Der Schutz der Warenverkehrsfreiheit nach Art. 28–37 AEUV stellt demgegenüber auf tatsächliche Warenbewegungen ab. Da physische Warenströme im Regelfall keine Auswirkungen ertragsteuerlicher Art haben, kommt dieser Grundfreiheit im direkten Steuerrecht allgemein keine nennenswerte Bedeutung zu.[489] Für die Frage nach der Vereinbarkeit von Vorschriften der Mitgliedstaaten zur steuerlichen Förderung von forschenden Unternehmen ebenfalls nicht relevant ist die Arbeitnehmerfreizügigkeit nach Art. 45–48 AEUV. Diese Grundfreiheit schützt abhängig Beschäftigte und findet daher auf die selbstständige wirtschaftliche Betätigung von Unternehmen keine Anwendung.

a.   *Niederlassungsfreiheit, Art. 49–55 AEUV*

Durch die Niederlassungsfreiheit nach Art. 49 ff. AEUV ist die freie Standortwahl innerhalb der EU zum Zwecke der Ausübung einer selbstständigen Erwerbstätigkeit geschützt. Auf diese Grundfreiheit kann sich berufen, wer in einem anderen Staat als seinem Herkunftsstaat eine feste Niederlassung begrün-

---

488 EuGH v. 28. 1. 1992, Rs. C-332/90 – Steen, Slg. 1992, I-341, Rdnr. 9; EuGH v. 16. 1. 1997, Rs. C-134/95 – USSL Nr. 47 di Biella, Slg. 1997, I-195, Rdnr. 19; EuGH v. 5. 6. 1997, Rs. C-64/96 – Uecker und Jacquet, Slg. 1997, I-3171, Rdnr. 16; EuGH v. 2. 7. 1998, Rs. C-225/95 – Kapasakalis u. a., Slg. 1998, I-4239, Rdnr. 22; *Kellersmann/ Treisch*, Europäische Unternehmensbesteuerung, S. 133; *Haase*, Internationales und Europäisches Steuerrecht, Rdnr. 794; *Jochum*, Steuervergünstigung, S. 452; *Sedemund*, Europäisches Ertragsteuerrecht, Rdnr. 159; *Jarass*, EuR 2000, S. 705 (707); *Hahn*, DStZ 2005, S. 433 (437).

489 *Schnitger*, Die Grenzen der Einwirkung der Grundfreiheiten des EG-Vertrages auf das Ertragsteuerrecht, S. 25; *Sedemund*, Europäisches Ertragsteuerrecht, Rdnr. 154; *Hahn*, DStZ 2005, S. 469.

det, um dort einer wirtschaftlichen Tätigkeit nachzugehen.[490] Dies kann entweder dergestalt geschehen, dass der Steuerpflichtige mit seiner selbstständigen Tätigkeit in einen anderen Mitgliedstaat übersiedelt oder dort eine solche Tätigkeit neu aufnimmt (primäre Niederlassungsfreiheit) oder indem er im anderen Staat eine weitere Erwerbstätigkeit begründet, seine ursprüngliche Hauptniederlassung im Herkunftsstaat aber weiterhin beibehält (sekundäre Niederlassungsfreiheit).[491] Gemäß Art. 49 Abs. 1 Satz 2 AEUV ist es in diesem Fall irrelevant, ob die Erwerbstätigkeit in dem anderen Staat in Form einer Agentur, Zweigniederlassung oder Tochtergesellschaft ausgeübt wird.[492] Vom persönlichen Schutzbereich der Niederlassungsfreiheit umfasst sind alle natürlichen Personen mit Staatsangehörigkeit eines Mitgliedstaates. Art. 54 AEUV erweitert den Anwendungsbereich auf Gesellschaften, die innerhalb der EU gegründet wurden und dort Sitz, Hauptverwaltung oder Hauptniederlassung haben.

b. Dienstleistungsfreiheit, Art. 56–62 AEUV

Von der Dienstleistungsfreiheit aus Art. 56 ff. AEUV wird die grenzüberschreitende Erbringung von Dienstleistungen geschützt. Dies betrifft Fälle von einzelner, vorübergehender Erwerbstätigkeit auf dem Gebiet eines anderen Mitgliedstaates.[493] Die Dienstleistungsfreiheit ist somit einschlägig, wenn ein Steuerpflichtiger in einem anderen Staat wirtschaftlich tätig wird, ohne dort eine dauerhafte feste Einrichtung innzuhaben.[494] Die Abgrenzung zwischen der Niederlassungsfreiheit und der Dienstleistungsfreiheit erfolgt dementsprechend über das Merkmal der Dauerhaftigkeit. Die Dienstleistungsfreiheit schützt den Fall einer vorübergehenden wirtschaftlichen Betätigung. Demgegenüber setzt die Anwendbarkeit der Niederlassungsfreiheit voraus, dass eine Person oder Gesellschaft ihrer Erwerbstätigkeit in einem anderen Mitgliedstaat von einem festen Mittelpunkt aus nachgeht.[495]

---

490 *Haase*, Internationales und Europäisches Steuerrecht, Rdnr. 804.

491 *Schnitger*, Die Grenzen der Einwirkung der Grundfreiheiten des EG-Vertrages auf das Ertragsteuerrecht, S. 30; *Tietje*, in: Ehlers (Hrsg.), Europäische Grundrechte und Grundfreiheiten, § 10 II 3, Rdnr. 35 f.

492 *Schnitger*, Die Grenzen der Einwirkung der Grundfreiheiten des EG-Vertrages auf das Ertragsteuerrecht, S. 30.

493 *Sedemund*, Europäisches Ertragsteuerrecht, Rdnr. 224.

494 *Pache*, in: Ehlers (Hrsg.), Europäische Grundrechte und Grundfreiheiten, § 11 II 3, Rdnr. 43; *Schnitger*, Die Grenzen der Einwirkung der Grundfreiheiten des EG-Vertrages auf das Ertragsteuerrecht, S. 43.

495 *Haase*, Internationales und Europäisches Steuerrecht, Rdnr. 804; *Pache*, in: Ehlers (Hrsg.), Europäische Grundrechte und Grundfreiheiten, § 11 II 3, Rdnr. 43; *Frenz*, Handbuch Europarecht, Bd. 1, Rdnr. 2995.

Art. 57 AEUV definiert Dienstleistungen als Leistungen, die im Regelfall gegen Entgelt erbracht werden, soweit sie nicht den Vorschriften über den freien Waren- und Kapitalverkehr und über die Freizügigkeit der Person unterliegen. Diesen Freiheiten gegenüber ist die Dienstleistungsfreiheit demnach subsidiär. Der Schutzgehalt der Dienstleistungsfreiheit kann in drei Ausprägungen unterteilt werden: Geschützt sind neben der aktiven Dienstleistungsfreiheit, bei welcher der Leistende die Grenze überschreitet, und der passiven Dienstleistungsfreiheit, bei welcher der Leistungsempfänger die Grenze überschreitet, auch die so genannte Korrespondenzdienstleistung, die sich dadurch auszeichnet, dass die Dienstleistung – beispielsweise ein Telekommunikationsdienst – selbst die Ländergrenze übertritt.[496] Somit unterfallen auch Tätigkeiten, die ohne Ortswechsel der Beteiligten stattfinden, dem Anwendungsbereich der Dienstleistungsfreiheit.[497] Im Bereich von F&E kann es sich beispielsweise bei im Ausland erbrachter externer Forschungstätigkeit um einen Fall der Korrespondenzdienstleistung handeln. Beauftragt etwa ein Unternehmen einen in einem anderen EU-Mitgliedstaat ansässigen Forschungsdienstleister mit der Durchführung von Forschungsaktivitäten und wird vereinbart, dass die Forschungsergebnisse dem Auftraggeber übersandt werden, so genügt dieser Grenzübertritt der Dienstleistung, um den Tatbestand der Dienstleistungsfreiheit zu erfüllen. Es wäre demnach jedenfalls nicht erforderlich, dass der Dienstleister oder der Dienstleistungsempfänger jemals die Staatsgrenze überqueren.

Persönlich geschützt sind alle Staatsangehörigen der EU-Mitgliedstaaten. Durch den Verweis von Art. 62 AEUV, wonach Art. 54 AEUV entsprechend anwendbar ist, sind auch Gesellschaften vom Schutz der Dienstleistungsfreiheit umfasst.[498]

c. *Kapital- und Zahlungsverkehrsfreiheit, Art. 63–66 AEUV*

Schließlich wird auch der freie Kapital- und Zahlungsverkehr grundfreiheitlich geschützt. Es soll ermöglicht werden, dass Kapital als ein zentraler Produktionsfaktor innerhalb der Europäischen Union den Ort der ertragreichsten Anlage – die optimale Allokation – aufsuchen und damit volkswirtschaftlich den größten

---

496 *Kokott*, in: Lehner (Hrsg.), Grundfreiheiten im Steuerrecht der EU-Staaten, S. 1 (20); *Frenz*, Handbuch Europarecht, Bd. 1, Rdnr. 3063 ff.; *Rolshoven*, „Beschränkungen" des freien Dienstleistungsverkehrs, S. 68; *Schnitger*, Die Grenzen der Einwirkung der Grundfreiheiten des EG-Vertrages auf das Ertragsteuerrecht, S. 43; *Pache*, in: Ehlers (Hrsg.), Europäische Grundrechte und Grundfreiheiten, § 11 II 3, Rdnr. 37 ff.
497 *Rolshoven*, „Beschränkungen" des freien Dienstleistungsverkehrs, S. 70.
498 *Pache*, in: Ehlers (Hrsg.), Europäische Grundrechte und Grundfreiheiten, § 11 II 2, Rdnr. 26.

Nutzen stiften kann.[499] Daher sind nach Art. 63 Abs. 1 und 2 AEUV sämtliche Beschränkungen des Kapitalverkehrs sowie des Zahlungsverkehrs zwischen den Mitgliedstaaten sowie zwischen den Mitgliedstaaten und dritten Ländern verboten. In Ermangelung einer primärrechtlichen Definition der Begriffe Kapital- und Zahlungsverkehr zieht der EuGH die Richtlinie 88/361/EWG[500] als Auslegungshilfe heran.[501] Diese sogenannte „Kapitalverkehrsrichtlinie" enthält eine Aufzählung von Vorgängen, die unter den Begriff des Kapitalverkehrs fallen, und entfaltet somit nach Auffassung des EuGH einen Hinweischarakter für die Auslegung dieser Rechtsbegriffe.[502]

Kapitalverkehr umfasst demnach den Transfer von Kapital als Grundgeschäft, mithin Konstellationen, bei denen der Finanztransfer nicht die Gegenleistung für eine Dienstleistung oder dergleichen darstellt.[503] Von der Kapitalverkehrsfreiheit geschützt sind die Verbringung von Sach- und Geldkapital jeglicher Art, also beispielsweise der Erwerb von Aktien, die Veräußerung von Wertgegenständen sowie die Gewinnüberweisung zwischen Stammhaus und Betriebsstätte.[504] Dies umfasst somit insbesondere auch Direktinvestitionen wie etwa Kapitalflüsse zur Gründung eines Unternehmens.[505]

Während die Kapitalverkehrsfreiheit Finanztransaktionen als Grundgeschäft schützt, stellt der sachliche Schutzbereich der Zahlungsverkehrsfreiheit darauf ab, dass sich die Zahlungserbringung als Gegenleistung von Waren-, Dienst-

---

499 *Schön*, in: Schön (Hrsg.), Gedächtnisschrift für Knobbe-Keuk, S. 743 (745).

500 Richtlinie 88/361/EWG des Rates v. 24. 6. 1988 zur Durchführung von Artikel 67 des Vertrages (Art. 67 des EWG-Vertrags stellt die Regelung zum Kapitalverkehr und damit den Vorläufer zum heutigen Art. 63 AEUV dar).

501 EuGH v. 31. 1. 1984, Rs. 286/82 – Luisi und Carbone, Slg. 1984, 377, Rdnr. 20; EuGH v. 16. 3. 1999, Rs. C-222/97 – Trummer und Mayer, Slg. 1999, I-1661, Rdnr. 21; EuGH v. 11. 1. 2001, Rs. C-464/98 – Stefan, Slg. 2001, I-173, Rdnr. 5; EuGH v. 5. 3. 2002, Rs. C-515/99 – Reisch, Slg. 2002, I-2157, Rdnr. 30; zustimmend auch *Dautzenberg*, StuB 2000, S. 720 (723); *Schön*, in: Schön (Hrsg.), Gedächtnisschrift für Knobbe-Keuk, S. 743 (747).

502 A.A., wonach die Richtlinie 88/361/EWG seit der Änderung des Primärrechts durch den Vertrag von Maastricht als weggefallen zu betrachten sei, *Lang*, in: Lechner/Staringer/ Tumpel (Hrsg.), Kapitalverkehrsfreiheit und Steuerrecht, S. 181 (185).

503 EuGH v. 31. 1. 1984, Rs. 286/82 – Luisi und Carbone, Slg. 1984, 377, Rdnr. 21; dazu auch *Frenz*, Handbuch Europarecht, Bd. 1, Rdnr. 3588.

504 *Haase*, Internationales und Europäisches Steuerrecht, Rdnr. 808; *Frenz*, Handbuch Europarecht, Bd. 1, Rdnr. 3592.

505 *Sedemund*, Europäisches Ertragsteuerrecht, Rdnr. 208; *Schön*, in: Schön (Hrsg.), Gedächtnisschrift für Knobbe-Keuk, S. 743 (747 f.).

und Kapitalgeschäften darstellt.[506] Geschützt sind somit sowohl bare als auch unbare Geldzahlungen, die grenzüberschreitend als Vergütung für Dienstleistungen oder Warenlieferungen gezahlt werden.[507]

Insgesamt – einer Differenzierung zwischen den beiden Tatbestandsalternativen kommt wegen der gleichen Rechtsfolge in der Praxis keine entscheidende Bedeutung zu[508] – ist der Anwendungsbereich der Kapital- und Zahlungsverkehrsfreiheit somit sehr weit.[509] Dies kann zu Überschneidungen mit anderen Grundfreiheiten führen. So kann es beispielsweise zu einer tatbestandlichen Überschneidung mit der Niederlassungsfreiheit kommen, wenn der Steuerpflichtige grenzüberschreitende Zahlungen vornimmt, um eine geschäftliche Niederlassung im Ausland zu begründen. Zu einer parallelen Anwendbarkeit von Kapitalverkehrs- und Dienstleistungsfreiheit kann etwa im Ausland durchgeführte externe Forschung führen. Die zugrundeliegende Forschungsdienstleistung würde der Dienstleistungsfreiheit unterfallen, die Zahlung des dazugehörigen Entgelts wäre von der Zahlungsverkehrsfreiheit geschützt. In der Folge müssten potenziell grundfreiheitsbeschränkende Vorschriften der Mitgliedstaaten daher mitunter an verschiedenen Grundfreiheiten gemessen werden, und es müsste – sollten sich etwa auf der Rechtfertigungsebene unterschiedlich strenge Prüfungsmaßstäbe ergeben – die jeweils strengste Regelung zu beachten sein.[510] Der EuGH freilich wendet zur Lösung derartiger Konflikte eine auf den konkreten Fall bezogene Schwerpunktbetrachtung an und prüft damit im Ergebnis faktisch nur jeweils eine Grundfreiheit.[511]

---

506 *Schnitger*, Die Grenzen der Einwirkung der Grundfreiheiten des EG-Vertrages auf das Ertragsteuerrecht, S. 50; *Schön*, in: Schön (Hrsg.), Gedächtnisschrift für Knobbe-Keuk, S. 743 (749); *Von Wilmowsky*, in: Ehlers (Hrsg.), Europäische Grundrechte und Grundfreiheiten, § 12 I 4, Rdnr. 6.

507 EuGH v. 31. 1. 1984, Rs. 286/82 – Luisi und Carbone, Slg. 1984, 377, Rdnr. 9 ff.; EuGH v. 22. 6. 1999, Rs. C-412/97 – ED, Slg. 1999, I-3845, Rdnr. 17; *Stapperfend*, FR 2003, S. 165 (166); *Sedlaczek*, in: Lechner/Staringer/Tumpel (Hrsg.), Kapitalverkehrsfreiheit und Steuerrecht, S. 27 (46); *Haase*, Internationales und Europäisches Steuerrecht, Rdnr. 808.

508 *Schnitger*, Die Grenzen der Einwirkung der Grundfreiheiten des EG-Vertrages auf das Ertragsteuerrecht, S. 51.

509 *Lang*, in: Lechner/Staringer/Tumpel (Hrsg.), Kapitalverkehrsfreiheit und Steuerrecht, S. 181 (187); *Schön*, in: Schön (Hrsg.), Gedächtnisschrift für Knobbe-Keuk, S. 743 (748); *Dautzenberg*, StuB 2000, S. 720 (723).

510 *Lang*, in: Lechner/Staringer/Tumpel (Hrsg.), Kapitalverkehrsfreiheit und Steuerrecht, S. 181 (187); *Ehlers*, in: Ehlers (Hrsg.), Europäische Grundrechte und Grundfreiheiten, § 7 VII 1, Rdnr. 65; *Von Wilmowsky*, in: Ehlers (Hrsg.), Europäische Grundrechte und Grundfreiheiten, § 12 I 2, Rdnr. 3; *Dautzenberg*, StuB 2000, S. 720 (722).

511 *Germelmann*, EuZW 2008, S. 586.

Die Anwendbarkeit der Vorgaben der Kapital- und Zahlungsverkehrsfreiheit gilt nach herrschender Meinung uneingeschränkt auch im Steuerrecht. Nach Art. 65 Abs. 1 lit. a) AEUV berührt diese Grundfreiheit zwar nicht das Recht der Mitgliedstaaten, die einschlägigen Vorschriften ihres Steuerrechts anzuwenden, nach welchen Steuerpflichtige mit unterschiedlichem Wohnort oder Kapitalanlageort unterschiedlich behandelt werden.[512] Derartige Maßnahmen dürfen jedoch nach Art. 65 Abs. 3 AEUV weder eine willkürliche Diskriminierung noch eine verschleierte Beschränkung des freien Kapital- und Zahlungsverkehrs darstellen. Betrachtet man dementsprechend die beiden Absätze der genannten Vorschrift im Zusammenspiel, so läuft der Regelungsgehalt nur auf die Überprüfung steuerlicher Vorschriften am Verhältnismäßigkeitsprinzip hinaus.[513] Mithin begründet Art. 65 Abs. 1 lit. a) AEUV keine Bereichsausnahme für das Steuerrecht, sondern stellt lediglich den für alle Grundfreiheiten geltenden Grundsatz dar, wonach nationale Vorschriften, die nach der Nationalität oder der Ansässigkeit direkt oder indirekt differenzieren, einer sachlichen Rechtfertigung bedürfen.[514]

Hinsichtlich des persönlichen Schutzbereichs unterscheidet sich die Kapital- und Zahlungsverkehrsfreiheit von den übrigen Grundfreiheiten, denn als einzige

---

512 Diese Vorschrift entspricht – inhaltlich unverändert – der Regelung des Art. 58 Abs. 1 lit. a) EGV, die erstmals mit Wirkung ab dem 1. 1. 1994 in den EG-Vertrag aufgenommen worden war. Ausweislich einer Erklärung im Rahmen der Schlussakte zum Vertrag von Maastricht sollte den Mitgliedstaaten damit kein Spielraum für eine zukünftige Ungleichbehandlung mit Mitteln des Steuerrechts eröffnet werden, sondern die Vorschrift zielt nur auf jene steuerrechtlichen Regelungen der Mitgliedstaaten ab, die Ende 1993 bereits bestanden. Bereits bestehende steuerliche Regelungen sollten somit auch nach neuer Rechtslage zulässig sein, sofern es sich dabei nicht gemäß Art. 58 Abs. 3 EGV (entspricht dem heutigen Art. 65 Abs. 3 AEUV) um willkürliche Diskriminierungen oder verschleierte Beschränkungen des Kapital- und Zahlungsverkehrs handelte. Vgl. dazu *Dautzenberg*, StuB 2000, S. 720 (722); *Schön*, in: Schön (Hrsg.), Gedächtnisschrift für Knobbe-Keuk, S. 743 (764 f.).

513 *Schnitger*, Die Grenzen der Einwirkung der Grundfreiheiten des EG-Vertrages auf das Ertragsteuerrecht, S. 52; *Dautzenberg*, FR 2000, S. 725 (726); *Saß*, FR 2000, S. 1270 (1272).

514 EuGH v. 7. 9. 2004, Rs. C-319/02 – Manninen, Slg. 2004, I-7477, Rdnr. 29; EuGH v. 14. 9. 2006, Rs. C-386/04 – Centro di Musicologia Walter Stauffer, Slg. 2006, I-8203, Rdnr. 42; *Von Wilmowsky*, in: Ehlers (Hrsg.), Europäische Grundrechte und Grundfreiheiten, § 12 IV 1, Rdnr. 17; *Ruppe*, in: Lechner/Staringer/Tumpel (Hrsg.), Kapitalverkehrsfreiheit und Steuerrecht, S. 9 (25); *Dautzenberg*, StuB 2000, S. 720 (725); *Kämper*, Nationale Steuervergünstigungshoheit und Europarecht, S. 42.

Grundfreiheit schützt sie gemäß Art. 63 Abs. 1 und 2 AEUV auch Angehörige von Drittstaaten.[515]

d. Allgemeines Diskriminierungsverbot, Art. 18 Abs. 1 AEUV

Nicht unerwähnt bleiben soll hier das allgemeine Diskriminierungsverbot aus Art. 18 Abs. 1 AEUV, wonach jede Diskriminierung aus Gründen der Staatsangehörigkeit verboten ist. Dieses allgemeine Diskriminierungsverbot hat indes seine Ausprägung durch die Grundfreiheiten erhalten und ist daher gegenüber diesen spezielleren Diskriminierungsverboten subsidiär.[516]

2. Gewährleistungsgehalt der Grundfreiheiten: Diskriminierungs- und Beschränkungsverbot

Ursprünglich wurden die Grundfreiheiten nur als spezielle Ausformungen des allgemeinen Diskriminierungsverbots aus Art. 18 AEUV aufgefasst und vermittelten demnach nur einen Schutz vor Schlechterstellung eines Gebietsfremden gegenüber Gebietsansässigen.[517] Aus den Grundfreiheiten ergab sich die Verpflichtung der Mitgliedstaaten zur Inländergleichbehandlung in der Inbound-Konstellation, mithin durften die Angehörigen von anderen Mitgliedstaaten bei deren grenzüberschreitender wirtschaftlicher Betätigung nicht schlechter behandelt werden als die eigenen Staatsangehörigen.[518] Bei diesem Verständnis des Gewährleistungsgehalts der Grundfreiheiten blieb es indes nicht, sondern die Grundfreiheiten wurden in der Rechtsprechung des EuGH zu Beschränkungs-

---

515 *Sedemund*, Europäisches Ertragsteuerrecht, Rdnr. 219; siehe auch *Wunderlich/Blaschke*, IStR 2008, S. 754.

516 EuGH v. 30. 5. 1989, Rs. 305/87 – Kommission/Griechenland, Slg. 1989, 1461, Rdnr. 12; EuGH v. 26. 1. 1993, Rs. C-112/91 – Werner, Slg. 1991, I-429, Rdnr. 20; EuGH v. 13. 7. 1993, Rs. C-330/91 – Commerzbank, Slg. 1993, I-4017, Rdnr. 21; EuGH v. 12. 4. 1994, Rs. C-1/93 – Halliburton, Slg. 1994, I-1137, Rdnr. 12; *Rossi*, EuR 2000, S. 197 (198); *Stapperfend*, FR 2003, S. 165; *Jochum*, Steuervergünstigung, S. 450; *Thömmes*, in: Schön (Hrsg.), Gedächtnisschrift für Knobbe-Keuk, S. 795 (800); *Wernsmann*, EuR 1999, S. 754.

517 Dass die Grundfreiheiten ursprünglich nur als Gebot zur Inländergleichbehandlung verstanden wurden, kann wohl auf eine in vielen Handelsverträgen des 19. und 20. Jahrhunderts anzutreffende historische Tradition zurückgeführt werden, vgl. *Mössner*, in: Haarmann (Hrsg.), Die beschränkte Steuerpflicht, S. 110 (113); *Everling*, in: Schön (Hrsg.), Gedächtnisschrift für Knobbe-Keuk, S. 607 (608).

518 *Schnitger*, Die Grenzen der Einwirkung der Grundfreiheiten des EG-Vertrages auf das Ertragsteuerrecht, S. 171; *Wünschig*, Perspektiven eines europarechtskonformen Gemeinnützigkeits- und Zuwendungsrechts, S. 94; *Kämper*, Nationale Steuervergünstigungshoheit und Europarecht, S. 31.

verboten fortentwickelt und schützen in der Outbound-Konstellation davor, dass Staatsangehörige von ihren Mitgliedstaaten beim Gebrauch der Grundfreiheiten behindert werden.[519]

a.   Diskriminierungsverbot

Durch das Diskriminierungsverbot ist den Mitgliedstaaten untersagt, vergleichbare Sachverhalte aufgrund der Staatsangehörigkeit ungleich zu behandeln oder objektiv unterschiedliche Sachverhalte gleich zu behandeln.[520] Indes sind vom grundfreiheitlichen Diskriminierungsverbot nur solche Maßnahmen umfasst, die den Steuerausländer schlechterstellen.[521] Eine unterschiedliche Behandlung von innerstaatlichen und grenzüberschreitenden Sachverhalten stellt dann keine Diskriminierung dar, wenn der grenzüberschreitende Sachverhalt nicht schlechter behandelt wird als der rein innerstaatliche Sachverhalt.[522]

Nach dem Diskriminierungsverbot untersagt und daher rechtfertigungsbedürftig sind zum einen offene Diskriminierungen, die formell an das Kriterium der Staatsangehörigkeit von natürlichen Personen oder der Ansässigkeit von juristischen Personen anknüpfen.[523]

Ebenfalls unzulässig sind versteckte Diskriminierungen, die zwar formell andere Unterscheidungsmerkmale anwenden, faktisch jedoch zu dem gleichen Ergebnis führen.[524] So wird im Recht der direkten Steuern im Regelfall nicht

---

519   Generalanwalt *Maduro*, Schlussanträge v. 7. 4. 2005 zur Rs. C-446/03 – Marks & Spencer, Slg. 2005, I-10837, Rdnr. 25 ff.; *Jochum*, Steuervergünstigung, S. 465; *Kämper*, Nationale Steuervergünstigungshoheit und Europarecht, S. 31; *Erhardt*, KSzW 2012, S. 198 (200).

520   EuGH v. 14. 2. 1995, Rs. C-279/93 – Schumacker, Slg. 1995, I-249, Rdnr. 30; *Mitschke*, DStR 2010, S. 1368; *Frenz*, Handbuch Europarecht, Bd. 1, Rdnr. 114 f.

521   *Roth*, in: Dauses (Hrsg.), Handbuch des EU-Wirtschaftsrechts, E. I., Rdnr. 159; *Frenz*, Handbuch Europarecht, Bd. 1, Rdnr. 114; *Kellersmann/Treisch*, Europäische Unternehmensbesteuerung, S. 158; *Kämper*, Nationale Steuervergünstigungshoheit und Europarecht, S. 4.

522   *Kellersmann/Treisch*, Europäische Unternehmensbesteuerung, S. 158.

523   *Roth*, in: Dauses (Hrsg.), Handbuch des EU-Wirtschaftsrechts, E. I., Rdnr. 159; *Kingreen*, Die Struktur der Grundfreiheiten des Europäischen Gemeinschaftsrechts, S. 38.

524   EuGH v. 12. 2. 1974, Rs. C-152/73 – Sotgiu, Slg. 1974, I-153, Rdnr. 11; EuGH v. 29. 10. 1980, Rs. 22/80 – Boussac Saint-Frères, Slg. 1980, III-3427, Rdnr. 9; EuGH v. 8. 5. 1990, Rs. C-175/88 – Biehl, Slg. 1990, I-1779, Rdnr. 13; EuGH v. 13. 7. 1993, Rs. C-330/91 – Commerzbank, Slg. 1993, I-4017, Rdnr. 14 ff.; EuGH v. 14. 2. 1995, Rs. C-279/93 – Schumacker, Slg. 1995, I-225, Rdnr. 26; EuGH v. 11. 8. 1995, Rs. C-80/94 – Wielockx, Slg. 1995, I-2493, Rdnr. 16; *Jochum*, Steuervergünstigung, S. 451; *Schnitger*, Die Grenzen der Einwirkung der Grundfreiheiten des EG-Vertrages auf das Ertrag-

nach der Staatsangehörigkeit des Steuerbürgers unterschieden[525], sondern nach dessen Wohnsitz oder tatsächlichem Aufenthalt. Jedoch handelt es sich bei den Personen, die im Ausland ansässig sind, in den meisten Fällen auch um ausländische Staatsangehörige[526], so dass nach Auffassung des EuGH die Gefahr besteht, dass sich eine an die Ansässigkeit anknüpfende Regelung besonders zum Nachteil von Steuerpflichtigen auswirkt, die Angehörige anderer Mitgliedstaaten sind.[527] Da das Kriterium der steuerlichen Ansässigkeit somit typischerweise dieselbe Unterscheidungswirkung entfaltet wie eine Differenzierung nach der Staatsangehörigkeit, erblickt der EuGH darin in ständiger Rechtsprechung ein verstecktes Diskriminierungskriterium.[528]

Bei juristischen Personen und Gesellschaften tritt das Unterscheidungsmerkmal der Ansässigkeit an die Stelle der Staatsangehörigkeit.[529] Ebenso wie bei natürlichen Personen die Staatsangehörigkeit, dient bei juristischen Personen der Sitz der Gesellschaften dazu, ihre Zugehörigkeit zur Rechtsordnung eines Staates zu bestimmen.[530] Daher liegt eine offene Diskriminierung vor, wenn Körperschaften aufgrund des Ortes ihres satzungsmäßigen Sitzes, ihrer Hauptverwaltung oder Hauptniederlassung unterschiedlich behandelt werden.[531]

---

steuerrecht, S. 179; *Classen*, EWS 1995, S. 97; *Thömmes*, in: Schön (Hrsg.), Gedächtnisschrift für Knobbe-Keuk, S. 795 (801).

525 Dementsprechend kommt offenen Diskriminierungen im Ertragsteuerrecht keine nennenswerte Bedeutung zu, vgl. *Reimer*, in: Lehner (Hrsg.), Grundfreiheiten im Steuerrecht der EU-Staaten, S. 39 (43).

526 EuGH. v. 27. 6. 1996, Rs. C-107/94 – Asscher, Slg. 1996, I-3089, Rdnr. 38; *Kellersmann/Treisch*, Europäische Unternehmensbesteuerung, S. 151; *Haase*, Internationales und Europäisches Steuerrecht, Rdnr. 820.

527 EuGH v. 8. 5. 1990, Rs. C-175/88 – Biehl, Slg. 1990, I-1779, Rdnr. 15; EuGH v. 14. 2. 1995, Rs. C-279/93 – Schumacker, Slg. 1995, I-225, Rdnr. 28.

528 EuGH v. 8. 5. 1990, Rs. C-175/88 – Biehl, Slg. 1990, I-1779, Rdnr. 15; EuGH v. 14. 2. 1995, Rs. C-279/93 – Schumacker, Slg. 1995, I-225, Rdnr. 26–29; hierzu ferner *Lehner*, in: Kirchhof/Jakob/Beermann (Hrsg.), Festschrift für Offerhaus, S. 117 (122); *Kämper*, Nationale Steuervergünstigungshoheit und Europarecht, S. 6.

529 EuGH v. 13. 7. 1993, Rs. C-330/91 – Commerzbank, Slg. 1993, I-4017, Rdnr. 13.

530 EuGH v. 16. 7. 1998, Rs. C-264/96 – ICI, Slg. 1998, I-4695, Rdnr. 20; EuGH v. 29. 4. 1999, Rs. C-311/97 – Royal Bank of Scotland, Slg 1999, I-2651, Rdnr. 23; EuGH v. 8. 3. 2001, verbundene Rs. C-397/98 und C-410/98 – Metallgesellschaft, Slg. 2001, I-1727, Rdnr. 42; EuGH v. 18. 7. 2007, Rs. C-231/05 – Oy AA, Slg. 2007, I-6373, Rdnr. 30; EuGH v. 22. 12. 2008, Rs. C-282/07 – Truck Center, Slg. 2008, I-10767, Rdnr. 32; EuGH v. 25. 1. 2011, Rs. C-382/08 – Neukirchinger, Slg. 2011, I-139, Rdnr. 32; *Kokott/Ost*, EuZW 2011, S. 496 (497).

531 EuGH v. 13. 7. 1993, Rs. C-330/91 – Commerzbank, Slg. 1993, I-4017, Rdnr. 14; EuGH v. 12. 4. 1994, Rs. C-1/93 – Halliburton, Slg. 1994, I-1137, Rdnr. 15; EuGH v. 19. 9. 2000, Rs. C-156/98 – Kommission/Deutschland, Slg. 2000, I-6857, Rdnr. 83;

Für das Steuerrecht folgt aus dem Diskriminierungsverbot demnach, dass ein Mitgliedstaat die von einem Steuerinländer erzielten Einkünfte nicht anders besteuern darf als die Einkünfte von einem Steuerausländer aus einem anderen EU-Mitgliedstaat.[532]

Das Gebot der Gleichbehandlung greift indes nur, wenn sich Steuerinländer und -ausländer in einer vergleichbaren Situation befinden.[533] Im Hinblick auf die Besteuerung natürlicher Personen ging der EuGH in seinem Urteil in der Rechtssache „Schumacker"[534] zunächst davon aus, grundsätzlich läge keine Vergleichbarkeit der Situation von gebietsansässigen und gebietsfremden Steuerpflichtigen vor.[535] Diese Aussage wurde erst in den nachfolgenden Urteilen in den Rechtssachen „Asscher"[536] und „Gerritse"[537] stark eingeschränkt, so dass nunmehr hinsichtlich der Berücksichtigung von objektiv erwerbssichernden Aufwendungen von einer vergleichbaren Situation ausgegangen wird.[538]

Kellersmann/Treisch, Europäische Unternehmensbesteuerung, S. 161; *Schnitger*, Die Grenzen der Einwirkung der Grundfreiheiten des EG-Vertrages auf das Ertragsteuerrecht, S. 178.

532 *Jochum*, Steuervergünstigung, S. 452.

533 EuGH v. 6. 6. 1996, Rs. C-101/94 – Kommission/Italien, Slg. 1996, I-2691, Rdnr. 13; EuGH v. 14. 9. 1999, Rs. C-391/97 – Gschwind, Slg. 1999, I-5451, Rdnr. 21. Allgemein zum Vergleichbarkeitserfordernis bei Diskriminierungen siehe EuGH v. 13. 11. 1984, Rs. C-283/83 – Racke, Slg. 1984, 3792, Rdnr. 7.

534 EuGH v. 14. 2. 1995, Rs. C-279/93 – Schumacker, Slg. 1995, I-225.

535 In der Rechtssache „Schumacker" hatte der EuGH über die Vorlagefrage des BFH zu entscheiden, ob eine Regelung des deutschen Steuerrechts, wonach der vergünstigte Ehegattensplittingtarif nur unbeschränkt Steuerpflichtigen gewährt wird, mit den Vorgaben des Europarechts vereinbar ist. Der Gerichtshof stellte fest, dass sich gebietsansässige und gebietsfremde natürliche Personen grundsätzlich nicht in einer vergleichbaren Situation befänden (EuGH v. 14. 2. 1995, Rs. C-279/93 – Schumacker, Slg. 1995, I-225, Rdnr. 31). Es stelle somit keinen Verstoß gegen die Grundfreiheiten dar, wenn bei der Besteuerung die persönlichen Umstände sowie die Lebenssituation des Steuerpflichtigen nur vom Wohnsitzstaat berücksichtigt werden. Von dem Grundsatz der Nichtvergleichbarkeit sei ausnahmsweise abzuweichen, wenn der Steuerpflichtige – wie im Fall „Schumacker" – im Wohnsitzstaat keine nennenswerten Einkünfte erziele. In diesem Fall stelle die Nichtberücksichtigung der persönlichen Verhältnisse durch den Beschäftigungsstaat eine versteckte Diskriminierung dar.

536 EuGH v. 27. 6. 1996, Rs. C-107/94 – Asscher, Slg. 1996, I-3089.

537 EuGH v. 12. 6. 2003, Rs. C-234/01 – Gerritse, Slg. 2003, I-5933.

538 So hatte der Gerichtshof in der Rechtssache „Asscher" über eine niederländische Steuerregelung mit unterschiedlichen Steuersätzen für Gebietsansässige und Gebietsfremde zu entscheiden und attestierte, dass sich diese beiden Gruppen von Steuerpflichtigen in einer vergleichbaren Situation befänden (EuGH v. 27. 6. 1996, Rs. C-107/94 – Asscher, Slg. 1996, I-3089, Rdnr. 48). Ebenfalls ein objektbezogenes Besteuerungsmerkmal war

Hinsichtlich juristischer Personen gilt seit der Rechtssache „Avoir fiscal" aus dem Jahr 1986 der Grundsatz der Vergleichbarkeit von gebietsansässigen Gesellschaften und inländischen Betriebsstätten gebietsfremder Gesellschaften.[539] Ein Staat, der sowohl die inländischen Einkünfte von gebietsansässigen als auch von gebietsfremden Gesellschaften der Besteuerung unterwerfe und diese damit auf die gleiche Stufe stelle, erkennt nach Auffassung des EuGH damit an, dass zwischen beiden Gruppen kein objektiver Unterschied bestehe, der eine unterschiedliche Behandlung rechtfertigen könne.[540] Zwar besteuere ein Staat die inländischen Gesellschaften unbeschränkt auf der Grundlage ihres Welteinkommens, während die Zweigniederlassungen ausländischer Gesellschaften nur beschränkt mit ihren inländischen Einkünften der Besteuerung unterworfen werden. Dies sei jedoch Folge der auf das Territorium des Staates begrenzten Steuerhoheit und hindere nicht daran, beide Gruppen von Gesellschaften in Bezug auf das Verfahren zur Ermittlung der Besteuerungsgrundlagen als vergleichbar anzusehen.[541] Ließe man zu, dass Mitgliedstaaten eine unterschiedliche Behandlung allein aufgrund der Tatsache vornehmen dürften, dass sich der

---

Gegenstand des Verfahrens in der Rechtssache „Gerritse". In dieser Rechtssache ging es um die europarechtliche Vereinbarkeit der deutschen Vorschrift zum Steuerabzug bei beschränkt Steuerpflichtigen, wonach für Gebietsfremde ein im Einzelfall höherer Steuersatz ohne die Möglichkeit der Abziehbarkeit von Betriebsausgaben vorgesehen wurde. Auch im Fall „Gerritse" befand der EuGH, dass sich Gebietsfremde und Gebietsansässige in einer vergleichbaren Situation befinden (EuGH v. 12. 6. 2003, Rs. C-234/01 – Gerritse, Slg. 2003, I-5933, Rdnr. 27). Damit wird klargestellt, dass die Aussage des EuGH in der Rechtssache „Schumacker" über die grundsätzliche Unvergleichbarkeit von Gebietsansässigen und Gebietsfremden nur insoweit Geltung beansprucht, als es sich um Fragen der Berücksichtigung der persönlichen Lage und des Familienstandes des Steuerpflichtigen, mithin um Aspekte der subjektiven Leistungsfähigkeit des Steuerpflichtigen handelt. In allen übrigen Konstellationen mit objektorientierten Steuernormen wird vom EuGH durchweg die Vergleichbarkeit angenommen; vgl. auch *Schnitger*, Die Grenzen der Einwirkung der Grundfreiheiten des EG-Vertrages auf das Ertragsteuerrecht, S. 202; *Englisch*, StuW 2003, S. 88 (92); *Schön*, IStR 2004, S. 289 (292).

539 Ständige Rechtsprechung, vgl. EuGH v. 28. 1. 1986, Rs. 270/83 – Avoir fiscal, Slg. 1986, 273, Rdnr. 20; EuGH v. 12. 4. 1994, Rs. C-1/93 – Halliburton, Slg. 1994, I-1137, Rdnr. 19 f.; EuGH v. 29. 4. 1999, Rs. C-311/97 – Royal Bank of Scotland, Slg. 1999, I-2651, Rdnr. 28; EuGH v. 12. 12. 2002, Rs. C-324/00 – Lankhorst-Hohorst, Slg. 2002, I-11779, Rdnr. 31 f.

540 EuGH v. 28. 1. 1986, Rs. 270/83 – Avoir fiscal, Slg. 1986, 273, Rdnr. 20; *Reimer*, in: Lehner (Hrsg.), Grundfreiheiten im Steuerrecht der EU-Staaten, S. 39 (47).

541 EuGH v. 29. 4. 1999, Rs. C-311/97 – Royal Bank of Scotland, Slg. 1999, I-2651, Rdnr. 29.

Sitz einer Gesellschaft in einem anderen Mitgliedstaat befindet, so würde damit die Niederlassungsfreiheit ausgehöhlt.[542]

Als Fazit kann festgehalten werden, dass sich beschränkt und unbeschränkt steuerpflichtige juristische Personen nach der Rechtsprechung des EuGH grundsätzlich in einer vergleichbaren Situation befinden. Wenn ein Mitgliedstaat die inländischen Niederlassungen von ausländischen Gesellschaften den gleichen steuerbegründenden Tatbeständen unterwirft wie inländische Gesellschaften, muss er ihnen auch die gleichen Steuervorteile gewähren.[543] Eine schlechtere Behandlung von Steuerausländern mit Sitz in einem anderen Mitgliedstaat stellt daher eine rechtfertigungsbedürftige Diskriminierung dar.[544]

b. Beschränkungsverbot

Der grundfreiheitsrechtliche Schutzgehalt wird komplettiert durch das Beschränkungsverbot, welches neben das Diskriminierungsverbot tritt.[545] Durch die Rechtsprechung des EuGH wurde der Gewährleistungsgehalt der Grundfreiheiten zunehmend ausgeweitet, indem dieser die Grundfreiheiten nunmehr in ständiger Spruchpraxis als Verbote der Beschränkung grenzüberschreitender wirtschaftlicher Betätigung interpretiert.[546] Während das Diskriminierungsver-

---

542 EuGH v. 28. 1. 1986, Rs. 270/83 – Avoir fiscal, Slg. 1986, 273, Rdnr. 18; EuGH v. 18. 7. 2007, Rs. C-231/05 – Oy AA, Slg. 2007, I-6373, Rdnr. 30; *Kämper*, Nationale Steuervergünstigungshoheit und Europarecht, S. 33; *Kellersmann/Treisch*, Europäische Unternehmensbesteuerung, S. 158.

543 *Kellersmann/Treisch*, Europäische Unternehmensbesteuerung, S. 158.

544 EuGH v. 28. 1. 1986, Rs. 270/83 – Avoir fiscal, Slg. 1986, 273, Rdnr. 20; EuGH v. 29. 4. 1999, Rs. C-311/97 – Royal Bank of Scotland, Slg. 1999, I-2651, Rdnr. 30.

545 *Weber-Grellet*, DStR 2009, S. 1229; *Cordewener*, Europäische Grundfreiheiten und nationales Steuerrecht, S. 322; *Reimer*, in: Lehner (Hrsg.), Grundfreiheiten im Steuerrecht der EU-Staaten, S. 39 (43 f.).

546 Die Anwendbarkeit der Grundfreiheiten über ein Diskriminierungsverbot hinaus wurde vom EuGH erstmals in der Rechtssache „Kraus" (EuGH v. 31. 3. 1993, Rs. C-19/92, Slg. 1993, I-1663) festgestellt. Dort judizierte der Gerichtshof, dass die Arbeitnehmer- und Niederlassungsfreiheit jeder nationalen Regelung entgegenstehen, „die zwar ohne Diskriminierung aus Gründen der Staatsangehörigkeit anwendbar ist, die aber geeignet ist, die Ausübung der durch den EWG-Vertrag garantierten grundlegenden Freiheiten durch die Gemeinschaftsangehörigen einschließlich der Staatsangehörigen des Mitgliedstaats, der die Regelung erlassen hat, zu behindern oder weniger attraktiv zu machen" (Rdnr. 32); vgl. hierzu die Ausführungen des Generalanwalts *Maduro* in seinen Schlussanträgen v. 7. 4. 2005 zur Rs. C-446/03 – Marks & Spencer, Slg. 2005, I-10837, Rdnr. 25 ff.; *Frenz*, Handbuch Europarecht, Bd. 1, Rdnr. 473; *Kämper*, Nationale Steuervergünstigungshoheit und Europarecht, S. 4; *Jochum*, Steuervergünstigung, S. 465;

bot eine Gleichbehandlung von Gebietsfremden mit Gebietsansässigen intendiert, schützt das Beschränkungsverbot den Inländer vor Behinderungen durch seinen eigenen Staat.[547] Die Staatsangehörigen dürfen beim Gebrauch der ihnen vertraglich zugesicherten Grundfreiheiten nicht beschränkt werden.[548] Nach ständiger Rechtsprechung des EuGH stellt es eine grundsätzlich unzulässige Beschränkung dar, wenn Mitgliedstaaten Maßnahmen treffen, welche die Ausübung der Grundfreiheiten verbieten, behindern oder weniger attraktiv machen.[549] Von diesem Verbot umfasst sind sowohl rechtliche als auch tatsächliche Beschränkungen.

Eine Beschränkung von Grundfreiheiten liegt demnach vor, wenn eine nationale Maßnahme zwar formell unterschiedslos wirkt – damit also keine Diskriminierung darstellt[550] –, faktisch aber den Gebrauch der grundfreiheitlichen Rechte erschwert oder unmöglich macht[551] oder zumindest eine „abschreckende Wirkung"[552] entfaltet.

Nicht abschließend geklärt ist indes, ob die Grundfreiheiten durch die Interpretation als Beschränkungsverbot eine freiheitsrechtliche Dimension erhalten oder ob auch das Beschränkungsverbot – wie schon das Diskriminierungsverbot – in einem gleichheitsrechtlichen Sinne zu verstehen ist.[553] Während sich

---

Ehlers, in: Ehlers (Hrsg.), Europäische Grundrechte und Grundfreiheiten, § 7 II 2, Rdnr. 28; *Behrens*, EuR 1992, S. 145 (148 f.).

547 *Jochum*, Steuervergünstigung, S. 465; *Schnitger*, Die Grenzen der Einwirkung der Grundfreiheiten des EG-Vertrages auf das Ertragsteuerrecht, S. 167.

548 *Lehner*, in: Kirchhof/Jakob/Beermann (Hrsg.), Festschrift für Offerhaus, S. 117 (119); *Kokott*, in: Lehner (Hrsg.), Grundfreiheiten im Steuerrecht der EU-Staaten, S. 1 (13).

549 EuGH v. 31. 3. 1993, Rs. C-19/92 – Kraus, Slg. 1993, I-1663, Rdnr. 32; EuGH v. 15. 1. 2002, Rs. C-439/99 – Kommission/Italien, Slg. 2002, I-305, Rdnr. 22; EuGH v. 12. 12. 2002, Rs. C-324/00 – Lankhorst-Hohorst, Slg. 2002, I-11779, Rdnr. 32; EuGH v. 30. 3. 2006, Rs. C-451/03 – Servizi Ausiliari Dottori Commercialisti, Slg. 2006, I-2941, Rdnr. 31; EuGH v. 13. 10. 2011, Rs. C-9/11 – Waypoint Aviation, noch nicht in Slg. veröffentlicht, Rdnr. 22.

550 *Sedemund*, Europäisches Ertragsteuerrecht, Rdnr. 424; *Stapperfend*, FR 2003, S. 165 (168).

551 EuGH v. 12. 12. 2002, Rs. C-385/00 – de Groot, Slg. 2002, I-11819, Rdnr. 78. In seinem Urteil zur Rechtssache „de Groot" entschied der EuGH, dass „Vorschriften, die einen Staatsangehörigen eines Mitgliedstaats daran hindern oder davon abhalten, sein Herkunftsland zu verlassen, um von seinem Recht auf Freizügigkeit Gebrauch zu machen, daher eine Beschränkung dieser Freiheit dar[stellen], auch wenn sie unabhängig von der Staatsangehörigkeit der betroffenen Arbeitnehmer Anwendung finden". Siehe im Übrigen *Haase*, Internationales und Europäisches Steuerrecht, Rdnr. 825.

552 EuGH v. 11. 3. 2004, Rs. C-9/02 – Lasteyrie du Saillant, Slg. 2004, I-2409, Rdnr. 45.

553 *Classen*, EWS 1995, S. 97 (98); *Hahn*, DStZ 2005, S. 433 (436 f.); *Wagner*, Steuergleichheit unter Standortvorbehalt?, S. 41.

einige Vertreter in der Literatur für eine freiheitsrechtliche Auslegung und damit für einen absoluten Gehalt der Grundfreiheiten aussprechen[554], vertreten weite Teile der Lehre die Auffassung, dass auch das Beschränkungsverbot einen gleichheitsrechtlichen Charakter aufweise und folglich nur relativ vor einer Schlechterbehandlung des grenzüberschreitenden Sachverhalts im Vergleich zum rein innerstaatlichen Sachverhalt schütze.[555] Der EuGH hat in dieser Hinsicht keine explizite Entscheidung getroffen[556], scheint sich aber einer gleichheitsrechtlichen Auslegung angeschlossen zu haben. So legt der Gerichtshof auch für die rechtliche Prüfung einer Beschränkung einen relativen Prüfungsmaßstab an und prüft anhand von Vergleichsgruppen, ob eine Ungleichbehandlung vorliegt.[557] Demnach ist zu vergleichen, ob ein Staatsangehöriger, wenn er Gebrauch von seinen Grundfreiheiten macht und eine wirtschaftliche Betätigung grenzüberschreitend ausübt, von seinem Ansässigkeitsstaat rechtlich oder tatsächlich schlechter behandelt wird als bei einer vergleichbaren rein innerstaatlichen Betätigung.[558]

Dem Beschränkungsverbot zuwiderlaufende nationale Vorschriften sind rechtfertigungsbedürftig und stellen – wenn sie nicht gerechtfertigt werden können – einen Grundfreiheitsverstoß dar, der vom jeweiligen Mitgliedstaat zu beseitigen ist.

3. Rechtfertigungsgründe

Eine diskriminierende oder beschränkende Maßnahme stellt keinen Verstoß gegen die Vorgaben des Europarechts dar, wenn sich der Mitgliedstaat bei seiner konkreten Maßnahme auf einen Rechtfertigungsgrund berufen kann und wenn das Verhältnismäßigkeitsprinzip beachtet wurde.[559]

---

554 *Classen*, EWS 1995, S. 97 (104); *Ehlers*, in: Ehlers (Hrsg.), Europäische Grundrechte und Grundfreiheiten, § 7 II 2, Rdnr. 28; *Bieg*, Einfluss des EuGH auf das deutsche Steuerrecht, S. 94; *Schubert*, Der gemeinsame Markt als Rechtsbegriff, S. 101.

555 *Kube*, EuR 2004, S. 230 (249); *Englisch*, StuW 2003, S. 88 (89 f.); *Hahn*, DStZ 2005, S. 433 (437); *Rödder*, DStR 2004, S. 1629 ff.; *Hey*, StuW 2005, S. 317 (318); *Kingreen*, Die Struktur der Grundfreiheiten des Europäischen Gemeinschaftsrechts, S. 115.

556 *Hahn*, DStZ 2005, S. 433 (437).

557 *Kube*, EuGH-Rechtsprechung zum direkten Steuerrecht, S. 36; *Kellersmann/Treisch*, Europäische Unternehmensbesteuerung, S. 145.

558 EuGH v. 28. 4. 1998, Rs. C-158/96 – Kohll, Slg. 1998, I-1931, Rdnr. 33; *Haase*, Internationales und Europäisches Steuerrecht, Rdnr. 827; *Kämper*, Nationale Steuervergünstigungshoheit und Europarecht, S. 4; *Schnitger*, Die Grenzen der Einwirkung der Grundfreiheiten des EG-Vertrages auf das Ertragsteuerrecht, S. 167, 172.

559 *Cordewener*, DStR 2004, S. 6 (9).

Eine Rechtfertigung von offenen Diskriminierungen – also Maßnahmen, die formell an das Kriterium der Staatsangehörigkeit von natürlichen Personen oder der Ansässigkeit von juristischen Personen anknüpfen – ist nach der Rechtsprechung des Europäischen Gerichtshofs nur mittels geschriebener Rechtfertigungsgründe zulässig.[560] Dabei handelt es sich um ausdrücklich im AEUV niedergelegte Vorbehalte, um derentwillen die Grundfreiheiten eingeschränkt werden können. So können etwa diskriminierende Eingriffe in die Niederlassungsfreiheit gemäß Art. 52 Abs. 1 AEUV aus Gründen der öffentlichen Ordnung, Sicherheit oder Gesundheit zu rechtfertigen sein[561], für die Kapital- und Zahlungsverkehrsfreiheit ergibt sich die Einschränkbarkeit aus Art. 65 Abs. 1 lit. b) AEUV und auch die übrigen Grundfreiheiten kennen geschriebene Rechtfertigungsgründe.[562] Auf dem Gebiet der direkten Steuern kommt den geschriebenen Rechtfertigungsgründen indes nur geringe praktische Bedeutung zu.[563] So ist es kaum vorstellbar, dass eine offen diskriminierende steuerliche Regelung etwa aufgrund der Erfordernisse von öffentlicher Sicherheit oder Ordnung eine Rechtfertigung erfahren kann.

Von großer Relevanz sind demgegenüber die ungeschriebenen Rechtfertigungsgründe, die so genannte „Rule of Reason". Erstmalig vom Europäischen

---

560 EuGH v. 26. 4. 1988, Rs. 352/85 – Bond van Adverteerders, Slg. 1988, 2085, Rdnr. 32; EuGH v. 25. 7. 1991, Rs. C-288/89 – Gouda, Slg. 1991, 4007, Rdnr. 11; EuGH v. 25. 7. 1991, Rs. C-353/89 – Kommission/Niederlande, Slg. 1991, 4069, Rdnr. 15; EuGH v. 14. 11. 1995, Rs. C-484/93 – Svensson und Gustavsson, Slg. 1995, I-3955, Rdnr. 15; EuGH v. 29. 4. 1999, Rs. C-224/97 – Ciola, Slg. 1999, I-2517, Rdnr. 16; EuGH v. 29. 4. 1999, Rs. C-311/97 – Royal Bank of Scotland, Slg. 1999, I-2651, Rdnr. 32; Generalanwalt *Saggio*, Schlussanträge v. 1. 12. 1998 zur Rs. C-254/97 – Baxter, Slg. 1999, I-4809, Rdnr. 11; *Kube*, in: Reimer et al. (Hrsg.), Europäisches Gesellschafts- und Steuerrecht, S. 225 (231); *Dahlberg*, in: Andersson et al. (Hrsg.), National Tax Policy in Europe, S. 165 (176); *Kämper*, Nationale Steuervergünstigungshoheit und Europarecht, S. 40; *Bauschatz*, IStR 2002, S. 291 (296 f.).

561 Hierzu *Kokott*, in: Lehner (Hrsg.), Grundfreiheiten im Steuerrecht der EU-Staaten, S. 1 (20).

562 Beispielsweise stehen der Warenverkehrsfreiheit nach Art. 36 AEUV solche Beschränkungen nicht entgegen, die zum Schutze der Gesundheit und des Lebens von Menschen, Tieren oder Pflanzen, des nationalen Kulturguts von künstlerischem, geschichtlichem oder archäologischem Wert oder des gewerblichen und kommerziellen Eigentums gerechtfertigt sind.

563 *Cordewener*, Europäische Grundfreiheiten und nationales Steuerrecht, S. 926; *Kämper*, Nationale Steuervergünstigungshoheit und Europarecht, S. 41; *Haase*, Internationales und Europäisches Steuerrecht, Rdnr. 832; *Schnitger*, Die Grenzen der Einwirkung der Grundfreiheiten des EG-Vertrags auf das Ertragsteuerrecht, S. 309; *Mayer-Theobald*, Non-garden most favoured negotiating, S. 140; *Hahn*, DStZ 2005, S. 507.

Gerichtshof in der Rechtssache „Cassis de Dijon"[564] begründet, gehört es seitdem zur ständigen Rechtsprechung des Gerichtshofs, dass eine Rechtfertigung von Grundfreiheitsbeeinträchtigungen auch durch ungeschriebene zwingende Gründe des Allgemeininteresses erfolgen kann.[565] Während sich die Rechtsprechung des EuGH anfänglich nur auf die Einschränkbarkeit der Warenverkehrsfreiheit bezog, wurde sie in Folgeentscheidungen auf sämtliche Grundfreiheiten ausgedehnt.[566]

Eine Rechtfertigung durch zwingende Gründe des Allgemeininteresses setzt voraus, dass im konkreten Fall ein Rechtfertigungsgrund einschlägig ist, dessen Eignung zur Rechtfertigung von Grundfreiheitsbeeinträchtigungen vom EuGH anerkannt wurde. Ferner muss die nationale Regelung geeignet sein, das erstrebte Ziel zu erreichen und darf schließlich nicht über das hinausgehen, was zur Erreichung des Ziels notwendig ist[567] – die zu rechtfertigende Regelung muss mithin verhältnismäßig sein.[568]

Neben unterschiedslos wirkenden Beschränkungen können durch die ungeschriebenen Rechtfertigungsgründe nach herrschender Meinung auch die ebenfalls unterschiedslos wirkenden versteckten Diskriminierungen gerechtfertigt werden.[569] Offen diskriminierende Maßnahmen sind einer Rechtfertigung anhand der „Rule of Reason" hingegen nicht zugänglich.[570]

---

564 EuGH v. 20. 2. 1979, Rs. 120/78 – Rewe-Zentral (Cassis de Dijon), Slg. 1979, 649.
565 EuGH v. 20. 2. 1979, Rs. 120/78 – Rewe-Zentral (Cassis de Dijon), Slg. 1979, 649, Rdnr. 8; *Kämper*, Nationale Steuervergünstigungshoheit und Europarecht, S. 40.
566 *Hahn*, DStZ 2005, S. 507.
567 EuGH v. 31. 3. 1993, Rs. C-19/92 – Kraus, Slg. 1993, I-1663, Rdnr. 32; EuGH v. 30. 11. 1995, Rs. C-55/94 – Gebhard, Slg. 1995, I-4165, Rdnr. 37; EuGH v. 15. 12. 1995, Rs. C-415/93 – Bosman, Slg. 1995, I-4921, Rdnr. 104; EuGH v. 15. 5. 1997, Rs. C-250/95 – Futura Participations und Singer, Slg. 1997, I-2471, Rdnr. 26; EuGH v. 9. 7. 1997, Rs. C-222/95 – SCI Parodi, Slg. 1997, I-3899, Rdnr. 21; EuGH v. 13. 12. 2005, Rs. C-446/03 – Marks & Spencer, Slg. 2005, I-10837, Rdnr. 35; *Roth*, in: Schön (Hrsg.), Gedächtnisschrift für Knobbe-Keuk, S. 729 (733); *Wünschig*, Perspektiven eines europarechtskonformen Gemeinnützigkeits- und Zuwendungsrechts, S. 95; *Kortz*, Rechtsprechung des EuGH, S. 102 f.
568 *Hahn*, DStZ 2005, S. 507 (513); *Cordewener*, DStR 2004, S. 6 (9); *Lenaerts*, EuR 2009, S. 728 (733).
569 EuGH v. 28. 1. 1986, Rs. 270/83 – Avoir fiscal, Slg. 1986, 273, Rdnr. 21 ff.; EuGH v. 23. 5. 1996, Rs. C-237/94 – O'Flynn, Slg. 1996, I-2617, Rdnr. 19; Generalanwalt *Saggio*, Schlussanträge v. 1. 12. 1998 zur Rs. C-254/97 – Baxter, Slg. 1999, I-4809, Rdnr. 11; *Kämper*, Nationale Steuervergünstigungshoheit und Europarecht, S. 41; *Schnitger*, Die Grenzen der Einwirkung der Grundfreiheiten des EG-Vertrags auf das Ertragsteuerrecht, S. 310; *Haase*, Internationales und Europäisches Steuerrecht, Rdnr. 834; *Nowak/ Schnitzler*, EuZW 2000, S. 627 (629); *Frenz*, Handbuch Europarecht, Bd. 1, Rdnr. 2645.
570 *Dahlberg*, in: Andersson et al. (Hrsg.), National Tax Policy in Europe, S. 165 (176).

Seit der EuGH erstmals über die Zulässigkeit von ungeschriebenen Rechtfertigungsgründen urteilte, wurde er in unzähligen Verfahren dazu berufen, über die von den jeweils verfahrensbeteiligten Mitgliedstaaten vorgebrachten Rechtfertigungsargumente zu entscheiden. Speziell zum Steuerrecht entwickelte sich auf diesem Wege ein Kanon von anerkannten sowie von zurückgewiesenen Rechtfertigungsgründen. Dabei ist zu beachten, dass der EuGH die Rechtfertigungsgründe für sämtliche Grundfreiheiten einheitlich anwendet.[571] Somit ergeben sich aus den verschiedenen Grundfreiheiten keine unterschiedlichen materiellen Anforderungen an die Rechtfertigung von staatlichen Beeinträchtigungen.[572]

a. *Vom EuGH zur Rechtfertigung von Grundfreiheitsbeeinträchtigungen im Steuerrecht anerkannte Gründe des Allgemeininteresses*

aa. Gewährleistung wirksamer steuerlicher Kontrolle

Bereits in der Rechtssache „Cassis de Dijon" wurde vom EuGH anerkannt, dass Grundfreiheitsbeeinträchtigungen hingenommen werden müssen, soweit diese Bestimmungen notwendig sind, um den Erfordernissen einer wirksamen steuerlichen Kontrolle gerecht zu werden.[573] Die Mitgliedstaaten sollen durch nationale Regelungen eine ordnungsgemäße Besteuerung sicherstellen dürfen.[574] In Sachverhaltskonstellationen mit Auslandsbezug kann es für die Mitgliedstaaten jedoch erschwert sein, an die hierfür notwendigen Informationen zu gelangen. Über den Rechtfertigungsgrund der Gewährleistung wirksamer steuerlicher Kontrollen können Maßnahmen von Mitgliedstaaten gerechtfertigt werden, die der klaren und eindeutigen Feststellung der Besteuerungsgrundlagen dienen, dabei allerdings eine diskriminierende oder beschränkende Wirkung aufweisen.[575]
Der EuGH betont jedoch den Verhältnismäßigkeitsgrundsatz, wonach eine Rechtfertigung nur durchgreifen kann, soweit kein milderes Mittel existiert, mit

571 EuGH v. 21. 11. 2002, Rs. C-436/00 – X und Y, Slg. 2002, I-10829, Rdnr. 72; *Lausterer*, IStR 2003, S. 19 (22); *Eicker/Obser*, IStR 2004, S. 443; *Schnitger*, Die Grenzen der Einwirkung der Grundfreiheiten des EG-Vertrags auf das Ertragsteuerrecht, S. 317.
572 *Kube*, EuGH-Rechtsprechung zum direkten Steuerrecht, S. 8.
573 EuGH v. 20. 2. 1979, Rs. 120/78 – Rewe-Zentral (Cassis de Dijon), Slg. 1979, 649, Rdnr. 8; EuGH v. 28. 1. 1992, Rs. 204/90 – Bachmann, Slg. 1992, I-248, Rdnr. 18; EuGH v. 15. 5. 1997, Rs. C-250/95 – Futura Participations und Singer, Slg. 1997, I-2471, Rdnr. 31; EuGH v. 8. 7. 1999, Rs. C-254/97 – Baxter, Slg. 1999, I-4809, Rdnr. 18.
574 *Haase*, Internationales und Europäisches Steuerrecht, Rdnr. 838 f.
575 *Kube*, EuGH-Rechtsprechung zum direkten Steuerrecht, S. 10 f.

welchem das angestrebte Ziel ebenfalls zu erreichen ist.[576] Können die Mitgliedstaaten die für die wirksame Besteuerung erforderlichen Informationen auf anderem Wege erlangen, so ist eine Beeinträchtigung der Grundfreiheiten unverhältnismäßig und mithin unzulässig. Der Gerichtshof stellt in diesem Zusammenhang in ständiger Rechtsprechung auf die Möglichkeiten des zwischenstaatlichen Informationsaustauschs im Wege des Amtshilfeverfahrens ab.[577] Die genannte Rechtsprechung des EuGH erging zur so genannten Amtshilferichtlinie 77/799/EWG[578], die zwischenzeitlich aufgehoben und durch eine neue Richtlinie ersetzt wurde. In seiner Rechtsprechung berücksichtigte der EuGH indes nicht, dass die Effektivität der Amtshilferichtlinie 77/799/EWG durch praktische Schwierigkeiten beeinträchtigt war.[579] So erfordern Amtshilfeverfahren im Vergleich zu rein innerstaatlichen Verwaltungsverfahren einen erhöhten Verwaltungsaufwand; ferner wies die Amtshilferichtlinie zahlreiche Ausnahmetatbestände auf, nach denen der um Auskunft ersuchte Staat eine Auskunftserteilung verweigern konnte.[580]

Im März 2011 trat die neue Amtshilferichtlinie 2011/16/EU[581] in Kraft und verspricht nunmehr eine effizientere Organisation sowie eine Verfahrensbeschleunigung, indem den Mitgliedstaaten verbindliche Fristen zur Beantwortung eines Amtshilfeersuchens vorgegeben werden.[582] Inwiefern die novellierte

---

576 EuGH v. 18. 12. 2007, Rs. C-101/05 – A, Slg. 2007, I-11531, Rdnr. 55 f.; EuGH v. 27. 1. 2009, Rs. C-318/07 – Persche, Slg. 2009, I-359, Rdnr. 52.

577 EuGH v. 28. 1. 1992, Rs. 204/90 – Bachmann, Slg. 1992, I-248, Rdnr. 18; EuGH v. 12. 4. 1994, Rs. C-1/93 – Halliburton, Slg. 1994, I-1137, Rdnr. 22; EuGH v. 14. 9. 2006, Rs. C-386/04 – Centro di Musicologia Walter Stauffer, Slg. 2006, I-8203, Rdnr. 50; EuGH v. 29. 3. 2007, Rs. C-347/04 – Rewe Zentralfinanz, Slg. 2007, I-2647, Rdnr. 56; *Lachmann*, Konkurrenz, S. 120.

578 Richtlinie 77/799/EWG des Rates v. 19. 12. 1977 über die Amtshilfe zwischen den zuständigen Behörden der Mitgliedstaaten im Bereich der direkten Steuern und der Steuern auf Versicherungsprämien, ABl. EG Nr. L 336/15 v. 27. 12. 1977, S. 15.

579 *Kube*, EuGH-Rechtsprechung zum direkten Steuerrecht, S. 20; *Hey*, StuW 2004, S. 193 (196); *Drüen/Kahler*, StuW 2005, S. 171 (179); *Musil/Fähling*, DStR 2010, S. 1501 (1503).

580 *Wünschig*, Perspektiven eines europarechtskonformen Gemeinnützigkeits- und Zuwendungsrechts, S. 102.

581 Richtlinie 2011/16/EU des Rates v. 15. 2. 2011 über die Zusammenarbeit der Verwaltungsbehörden im Bereich der Besteuerung und zur Aufhebung der Richtlinie 77/799/EWG, ABl. EU Nr. L 64/1 v. 11. 3. 2011, S. 1–12.

582 Im Fehlen einer verbindlichen Frist in der alten Richtlinie wurde ein wesentliches Vollzugshindernis gesehen, vgl. *Möllenbeck*, Mitwirkungspflichten, S. 48; *Gabert*, IWB 2011, S. 250 (256).

Richtlinie auch in der Praxis zu einer gesteigerten Effektivität des Amtshilfeverkehrs innerhalb der Europäischen Union führt, bleibt freilich abzuwarten.

Da die Amtshilferichtlinie nur für die Mitgliedstaaten der Europäischen Union gilt, kann der Rechtfertigungsgrund der Gewährleistung einer wirksamen steuerlichen Kontrolle insbesondere in Drittstaatenkonstellationen zur Geltung gelangen. Besteht in einem solchen Fall zwischen den beteiligten Staaten kein Abkommen über den Informationsaustausch und ist es der nationalen Steuerbehörde nicht anderweitig möglich, an die erforderlichen Informationen zu gelangen, so kann mit diesem Rechtfertigungsgrund eine Beeinträchtigung der – auch gegenüber Drittstaaten anwendbaren – Kapitalverkehrsfreiheit gerechtfertigt werden.[583]

bb. Verhinderung von Steuerhinterziehung, Steuerumgehung und Steuermissbrauch

Da nur grenzüberschreitende wirtschaftliche Tätigkeiten vom Schutz der Grundfreiheiten umfasst sind, spielt sich naturgemäß ein Teil des steuerlichen Sachverhalts außerhalb des inländischen Staatsgebiets ab. Bei einigen Mitgliedstaaten kam daher die Befürchtung auf, dass beschränkt Steuerpflichtige aufgrund dieses Umstandes ungerechtfertigte Steuervorteile für sich in Anspruch nehmen könnten, in deren Genuss die Steuerinländer nicht kommen, da letztere dem unbeschränkten Zugriff des inländischen Fiskus unterliegen.[584] So argumentierte die französische Regierung in der Rechtssache „Avoir fiscal", es müsse in Grundfreiheiten eingegriffen werden dürfen, um eine Steuerumgehung zu vermeiden.[585]

Pauschale Regelungen zur Missbrauchsvermeidung sieht der EuGH jedoch in ständiger Rechtsprechung nicht als zulässig an. Den Mitgliedstaaten ist es verwehrt, eine generelle Missbrauchsvermutung aufzustellen, die sich typisierend etwa nur auf den Umstand der Staatsangehörigkeit oder Ansässigkeit des Steuerpflichtigen stützt.[586] Die Mitgliedstaaten dürfen zwar Maßnahmen vornehmen, mit denen Steuerhinterziehung und -missbrauch unterbunden werden –

---

583 EuGH v. 18. 12. 2007, Rs. C-101/05 – A, Slg. 2007, I-11531, Rdnr. 54 ff.; *Kube*, EuGH-Rechtsprechung zum direkten Steuerrecht, S. 20.

584 *Thömmes*, in: Schön (Hrsg.), Gedächtnisschrift für Knobbe-Keuk, S. 795 (822).

585 EuGH v. 28. 1. 1986, Rs. 270/83 – Avoir fiscal, Slg. 1986, 273, Rdnr. 23.

586 EuGH v. 17. 7. 1997, Rs. C-28/95 – Leur-Bloem, Slg. 1997, I-4161, Rdnr. 41; *Thömmes*, in: Schön (Hrsg.), Gedächtnisschrift für Knobbe-Keuk, S. 795 (823).

dabei muss jedoch die Gefahr einer missbräuchlichen Gestaltung in jedem konkreten Einzelfall festgestellt werden.[587]

Der Rechtfertigungsgrund setzt tatbestandlich voraus, dass es sich um eine rein künstliche Konstruktion handelt, mit der eine Steuerumgehung beabsichtigt wird.[588] Der Gebrauch einer Grundfreiheit als solcher impliziert freilich noch keine Steuerumgehung.[589] So stellt eine Sitzverlegung einer Gesellschaft in einen anderen Mitgliedstaat – mithin ein Gebrauch der Niederlassungsfreiheit – selbst dann nicht per se eine Steuerumgehung dar, wenn damit eine Steuerersparnis angestrebt wird.[590]

cc. Kohärenz des Steuersystems

Der Rechtfertigungsgrund der Kohärenz des Steuersystems wurde vom EuGH in der Rechtssache „Bachmann"[591] entwickelt. Der Gerichtshof hatte in diesem Fall über eine belgische Regelung zu entscheiden, nach der Beiträge für Altersvorsorge und Rentenversicherung steuermindernd zum Abzug zugelassen wurde, soweit sie an eine inländische Versicherungsgesellschaft gezahlt wurden, während ins Ausland geleistete Beiträge nicht abziehbar waren. Der EuGH stellte fest, dass die Nichtabziehbarkeit bei ausländischen Versicherungsverträgen insbesondere ausländische Staatsbürger trifft.[592] Somit handelte es sich bei der belgischen Vorschrift um eine versteckte Diskriminierung.

---

587 EuGH v. 21. 11. 2002, Rs. C-436/00 – X und Y, Slg. 2002, I-10829, Rdnr. 42; *Hahn*, DStZ 2005, S. 507 (510); *Thömmes*, in: Schön (Hrsg.), Gedächtnisschrift für Knobbe-Keuk, S. 795 (822 f.); *Kraft/Bron*, IStR 2006, S. 614 (617).

588 EuGH v. 16. 7. 1998, Rs. C-264/96 – ICI, Slg. 1998, I-4695, Rdnr. 26; EuGH v. 12. 12. 2002, Rs. C-324/00 – Lankhorst-Hohorst, Slg. 2002, I-11779, Rdnr. 37; EuGH v. 12. 9. 2006, Rs. C-196/04 – Cadbury Schweppes, Slg. 2006, I-7995, Rdnr. 55; EuGH v. 4. 12. 2008, Rs. C-330/07 – Jobra, Slg. 2008, I-9099, Rdnr. 35; *Borgsmidt*, IStR 2007, S. 802 (807).

589 EuGH v. 9. 3. 1999, Rs. C-212/97 – Centros, Slg. 1999, I-1459, Rdnr. 18; EuGH v. 8. 3. 2001, verbundene Rs. C-397/98 und C-410/98 – Metallgesellschaft, Slg. 2001, I-1727, Rdnr. 57; EuGH v. 12. 12. 2002, Rs. C-324/00 – Lankhorst-Hohorst, Slg. 2002, I-11779, Rdnr. 37; EuGH v. 30. 9. 2003, Rs. C-167/01 – Inspire Art, Slg. 2003, I-10155, Rdnr. 96; EuGH v. 12. 9. 2006, Rs. C-196/04 – Cadbury Schweppes, Slg. 2006, I-7995, Rdnr. 50; *Hahn*, DStZ 2005, S. 507 (510); *Haase*, Internationales und Europäisches Steuerrecht, Rdnr. 836.

590 EuGH v. 16. 7. 1998, Rs. C-264/96 – ICI, Slg. 1998, I-4695, Rdnr. 26; *Haase*, Internationales und Europäisches Steuerrecht, Rdnr. 837.

591 EuGH v. 28. 1. 1992, Rs. C-204/90 – Bachmann, Slg. 1992, I-249; vgl. ferner EuGH v. 28. 1. 1992, Rs. C-300/90 – Kommission/Belgien, Slg. 1992, I-305.

592 EuGH v. 28. 1. 1992, Rs. C-204/90 – Bachmann, Slg. 1992, I-249, Rdnr. 9.

Im Rahmen der Prüfung der Rechtfertigungsebene attestierte der EuGH, dass zwischen der Abziehbarkeit der Beiträge sowie dem späteren Besteuerungszugriff des belgischen Staates auf die Auszahlung der Versicherungsleistung ein Zusammenhang bestünde.[593] Indem es die Versicherungsbeiträge steuermindernd anerkannte, verzichtete Belgien nach Ansicht des EuGH zwar in einem ersten Schritt auf Steuereinnahmen, glich dies jedoch später durch den steuerlichen Zugriff im Zeitpunkt der Auszahlung der Versicherungsleistung wieder aus.[594] Steuerfrei konnte ein Steuerpflichtiger die Versicherungsleistung nur dann vereinnahmen, wenn er zuvor die Beiträge nicht steuermindernd geltend gemacht hatte.[595] Der EuGH betrachtete mithin die Regelungen des belgischen Steuerrechts in ihrer Gesamtheit und kam zu dem Schluss, dass die Ungleichbehandlung zwischen in- und ausländischen Versicherungsverträgen aufgrund der Notwendigkeit, die Kohärenz des Steuerrechts zu gewährleisten, gerechtfertigt sei.[596]

Mit dem Rechtfertigungsgrund der Kohärenz können somit Grundfreiheitsbeeinträchtigungen durch nationale Steuernormen gerechtfertigt werden, soweit zwischen der beschränkenden und einer begünstigenden Vorschrift ein unmittelbarer Zusammenhang besteht. Insgesamt handelt es sich indes um einen schillernden Rechtfertigungsgrund, dessen genaue Umrisse im Detail unklar bleiben.[597] Während es gemäß der „Bachmann"-Entscheidung nur eines bei derselben Person eintretenden wechselseitigen Zusammenhangs zwischen Belastung und Entlastung bedurfte[598], verschärfte der EuGH in nachfolgenden Entscheidungen die Anforderungen und verlangte fortan eine strenge Wechselbeziehung: Vor- und Nachteil müssten sich unmittelbar bei demselben Betroffenen und innerhalb derselben Steuerart verwirklichen.[599] In der Rechtssache „Manninen"[600]

---

593 EuGH v. 28. 1. 1992, Rs. C-204/90 – Bachmann, Slg. 1992, I-249, Rdnr. 21; vgl. ferner *Kortz*, Rechtsprechung des EuGH, S. 118.

594 EuGH v. 28. 1. 1992, Rs. C-204/90 – Bachmann, Slg. 1992, I-249, Rdnr. 22.

595 EuGH v. 28. 1. 1992, Rs. C-204/90 – Bachmann, Slg. 1992, I-249, Rdnr. 21; vgl. ferner *Jochum*, Steuervergünstigung, S. 457.

596 EuGH v. 28. 1. 1992, Rs. C-204/90 – Bachmann, Slg. 1992, I-249, Rdnr. 28; siehe auch *Cordewener*, Europäische Grundfreiheiten und nationales Steuerrecht, S. 448.

597 *Kube*, EuGH-Rechtsprechung zum direkten Steuerrecht, S. 9; *Thömmes*, in: Schön (Hrsg.), Gedächtnisschrift für Knobbe-Keuk, S. 795 (826); *Weber-Grellet*, DStR 2010, S. 1501 (1503); *Hahn*, IStR 2009, S. 198 (201); *Reimer*, in: Lehner (Hrsg.), Grundfreiheiten im Steuerrecht der EU-Staaten, S. 39 (60); *Elicker*, IStR 2005, S. 89. Für einen Überblick über die Entwicklung des Rechtfertigungsgrundes der Kohärenz in der Rechtsprechung des EuGH siehe *Stahlschmidt*, FR 2006, S. 249.

598 EuGH v. 28. 1. 1992, Rs. C-204/90 – Bachmann, Slg. 1992, I-249, Rdnr. 21.

599 EuGH v. 11. 8. 1995, Rs. C-80/94 – Wielockx, Slg. 1995, I-2493, Rdnr. 23 ff.; EuGH v. 13. 4. 2000, Rs. C-251/98 – Baars, Slg. 2000, I-2787, Rdnr. 40; EuGH v. 6. 6. 2000, Rs.

lockerte der EuGH die Anforderungen wieder und scheint nunmehr auf das Erfordernis der Personenidentität zu verzichten.[601]

Obwohl die Mitgliedstaaten wegen dieser verbliebenen Unklarheiten nicht sicher absehen konnten, ob eine konkrete Grundfreiheitsbeeinträchtigung mit dem Gedanken der Kohärenz zu rechtfertigen ist, wurde dieser Rechtfertigungsgrund in zahlreichen Verfahren vorgebracht – jedoch in den meisten Fällen ohne Erfolg.[602] Erfolg war dem Rechtfertigungsgrund der Kohärenz zuletzt erst wieder im Jahr 2008 beschieden, als der Europäische Gerichtshof in der Rechtssache „Krankenheim Ruhesitz am Wannsee"[603] urteilte, dass es gemäß deutschem Steuerrecht hinsichtlich der Berücksichtigung von Verlusten ausländischer Betriebsstätten zwar zu einer ungleichen Behandlung von gebietsansässigen Gesellschaften mit Betriebsstätten im Inland und solchen mit Betriebsstätten im EU-Ausland komme, diese Ungleichbehandlung jedoch durch das Erfordernis gerechtfertigt sei, die Kohärenz des deutschen Steuersystems zu gewährleisten.[604]

dd. Territorialitätsprinzip

Das Territorialitätsprinzip, wonach sich die Gewalt eines Staates nur auf sein jeweiliges Territorium erstreckt und er damit auch nur die inländischen Einkünfte der Besteuerung unterwerfen kann, wurde vom EuGH erstmals in der Entscheidung zur Rechtssache „Futura Participations und Singer"[605] angespro-

---

C-35/98 – Verkooijen, Slg. 2000, I-4071, Rdnr. 56 ff.; EuGH v. 15. 7. 2004, Rs. C-242/03 – Weidert und Paulus, Slg. 2004, I-7379, Rdnr. 20 f.; *Kämper*, Nationale Steuervergünstigungshoheit und Europarecht, S. 44; *Haase*, Internationales und Europäisches Steuerrecht, Rdnr. 842; *Kokott/Ost*, EuZW 2011, S. 496 (501).

600 EuGH v. 7. 9. 2004, Rs. C-319/02 – Manninen, Slg. 2004, I-7477.

601 EuGH v. 7. 9. 2004, Rs. C-319/02 – Manninen, Slg. 2004, I-7477, Rdnr. 45; *Kokott/Ost*, EuZW 2011, S. 496 (501); *Stahlschmidt*, FR 2006, S. 249 (260); *Löhr*, Steuerliche Förderung von Forschung und Entwicklung, S. 59 f.

602 Generalanwalt *Jacobs*, Schlussanträge v. 9. 12. 2004 zur Rs. C-39/04 – Laboratoires Fournier, Slg. 2005, I-2057, Rdnr. 26; *Haase*, Internationales und Europäisches Steuerrecht, Rdnr. 840; *Von Wilmowsky*, in: Ehlers (Hrsg.), Europäische Grundrechte und Grundfreiheiten, § 12 IV 1, Rdnr. 18; *Seiler/Axer*, IStR 2008, S. 838 (839).

603 EuGH v. 23. 10. 2008, Rs. C-157/07 – Krankenheim Ruhesitz am Wannsee, Slg. 2008, I-8061.

604 EuGH v. 23. 10. 2008, Rs. C-157/07 – Krankenheim Ruhesitz am Wannsee, Slg. 2008, I-8061, Rdnr. 38, 43.

605 EuGH v. 15. 5. 1997, Rs. C-250/95 – Futura Participations und Singer, Slg. 1997, I-2471.

chen.[606] In dem Verfahren ging es um eine luxemburgische Regelung, nach welcher Verluste von beschränkt Steuerpflichtigen nur mit Gewinnen verrechnet werden durften, die mit den inländischen Verlusten in Zusammenhang standen. Für Verluste von unbeschränkt Steuerpflichtigen galt diese Beschränkung indes nicht, sie durften ohne Weiteres verrechnet werden. Nach Auffassung des EuGH entspricht diese Differenzierung dem steuerlichen Territorialitätsprinzip und stellt somit keinen Verstoß gegen die EU-Grundfreiheiten dar.[607] Dem wird in der Literatur zugestimmt: Erstrecke sich der steuerliche Zugriff eines Staates bei beschränkt Steuerpflichtigen nur auf die inländischen Einkünfte, so sei dieser Staat folgerichtig nicht verpflichtet, negative Einkünfte in einem größeren Umfang zu berücksichtigen, als sein Zugriff auf die positiven Einkünfte reicht.[608]

ee.   Wahrung der ausgewogenen Aufteilung der Besteuerungsbefugnisse

Aus der Anwendung des Territorialitätsprinzips folgt das bekannte Problem, dass bei Einkünften mit Auslandsberührung eine Doppelbesteuerung droht. So unterliegt zum einen das gesamte Welteinkommen eines Steuerpflichtigen dem steuerlichen Zugriff seines Wohnsitzstaates und zum anderen besteuert der ausländische Staat die jeweils in seinem Territorium erzielten Einkünfte. Da das Unionsrecht keine Vorgaben an die Mitgliedstaaten enthält, wie die Besteuerungskompetenzen im Kollisionsfall zu verteilen sind[609], kommt den Mitgliedstaaten in diesem Bereich die Autonomie zu, das Steuersubstrat zwischen sich aufzuteilen.[610]

Haben die Mitgliedstaaten von dieser Kompetenz Gebrauch gemacht – was im Regelfall mittels bilateraler Doppelbesteuerungsabkommen geschieht – so

---

606   EuGH v. 15. 5. 1997, Rs. C-250/95 – Futura Participations und Singer, Slg. 1997, I-2471, Rdnr. 22; später bestätigt unter anderem in EuGH v. 13. 12. 2005, Rs. C-446/03 – Marks & Spencer, Slg. 2005, I-10837, Rdnr. 39.

607   EuGH v. 15. 5. 1997, Rs. C-250/95 – Futura Participations und Singer, Slg. 1997, I-2471, Rdnr. 22; siehe ferner EuGH v. 15. 2. 2007, Rs. C-345/04 – Centro Equestre da Lezíria Grande, Slg. 2007, I-1425, Rdnr. 22.

608   *Cordewener*, Europäische Grundfreiheiten und nationales Steuerrecht, S. 631; *Wünschig*, Perspektiven eines europarechtskonformen Gemeinnützigkeits- und Zuwendungsrechts, S. 100.

609   Insbesondere ist Art. 293 EGV, der das Gebot an die Mitgliedstaaten enthielt, „soweit erforderlich" untereinander Verhandlungen zur Beseitigung der Doppelbesteuerung innerhalb der Gemeinschaft einzuleiten, durch den Vertrag von Lissabon ersatzlos entfallen. Siehe hierzu *Daurer/Simader*, in: Eilmansberger/Herzig (Hrsg.), Jahrbuch Europarecht 2010, S. 307 (308).

610   EuGH v. 12. 5. 1998, Rs. C-336/96 – Gilly, Slg. 1998, I-2793, Rdnr. 30; EuGH v. 12. 2. 2009, Rs. C-67/08 – Block, Slg. 2009, I-883, Rdnr. 31; *Kube*, EuGH-Rechtsprechung zum direkten Steuerrecht, S. 18; *Borgsmidt*, IStR 2007, S. 802 (804).

müssen sich die in diesen Abkommen getroffenen Regelungen nicht an den Vorgaben der Grundfreiheiten messen lassen.[611] In Doppelbesteuerungsabkommen etwaig enthaltene Differenzierungen aufgrund der Staatsangehörigkeit oder sonstige Ungleichbehandlungen stellen damit keinen Verstoß gegen Grundfreiheiten dar.[612] Entsprechend erkennt der EuGH das mitgliedstaatliche Interesse, die ausgewogene Aufteilung der Besteuerungsbefugnisse zu wahren, seit der Rechtssache „Marks & Spencer"[613] – zunächst noch kumulativ mit zwei weiteren Rechtfertigungsgründen[614], später auch allein – als Rechtfertigungsgrund an.[615]

b. Grundsätzlich nicht anerkannte Rechtfertigungsgründe

Neben den vom EuGH anerkannten zwingenden Gründen des Allgemeininteresses verbleiben auch zahlreiche nationale Interessen, welche von den Mitgliedstaaten im Verfahren zwar wiederholt zur Rechtfertigung von Grundfreiheitsbeeinträchtigungen vorgetragen wurden, vom EuGH indes nicht als Rechtfertigungsgrund anerkannt werden.

aa. De-minimis-Erwägungen

Vom Gerichtshof zurückgewiesen wurde der Einwand, der aufgrund der Grundfreiheitsbeeinträchtigung für den Bürger entstehende Nachteil sei lediglich minimal und daher unbeachtlich. Der EuGH stellte hierzu fest, dass die Grundfreiheiten vor jeglichen Diskriminierungen oder Beschränkungen schützen, unabhängig vom Ausmaß der Beeinträchtigung.[616]

---

611 *Wünschig*, Perspektiven eines europarechtskonformen Gemeinnützigkeits- und Zuwendungsrechts, S. 92.

612 EuGH v. 12. 5. 1998, Rs. C-336/96 – Gilly, Slg. 1998, I-2793, Rdnr. 30.

613 EuGH v. 13. 12. 2005, Rs. C-446/03 – Marks & Spencer, Slg. 2005, I-10837.

614 EuGH v. 13. 12. 2005, Rs. C-446/03 – Marks & Spencer, Slg. 2005, I-10837, Rdnr. 45 f.; siehe auch Generalanwalt *Maduro*, Schlussanträge v. 31. 5. 2006 zur Rs. C-347/04 – Rewe Zentralfinanz, Slg. 2007, I-2647, Rdnr. 32; *Stahlschmidt*, FR 2006, S. 249 (259).

615 EuGH v. 12. 9. 2006, Rs. C-196/04 – Cadbury Schweppes, Slg. 2006, I-7995, Rdnr. 56; EuGH v. 13. 3. 2007, Rs. C-524/04 – Test Claimants in the Thin Cap Group Litigation, Slg. 2007, I-2107, Rdnr. 75; EuGH v. 18. 7. 2007, Rs. C-231/05 – Oy AA, Slg. 2007, I-6373, Rdnr. 51; EuGH v. 8. 11. 2007, Rs. C-379/05 – Amurta, Slg. 2007, I-9569, Rdnr. 56; *Seiler/Axer*, IStR 2008, S. 838; *Wünschig*, Perspektiven eines europarechtskonformen Gemeinnützigkeits- und Zuwendungsrechts, S. 92; *Rublack*, Berücksichtigung finaler Auslandsverluste, S. 11.

616 EuGH v. 18. 5. 1993, Rs. C-126/91 – Yves Rocher, Slg. 1993, I-2361, Rdnr. 21; EuGH v. 11. 3. 2004, Rs. C-9/02 – Lasteyrie du Saillant, Slg. 2004, I-2409, Rdnr. 43; *Mayer-*

bb. Vermeidung des Rückgangs von Steuereinnahmen

Auch rein wirtschaftliche oder fiskalische Erwägungen können nicht zur Rechtfertigung von Beeinträchtigungen der Grundfreiheiten herangezogen werden.[617] So hatten Mitgliedstaaten in Verfahren vor dem EuGH wiederholt vorgetragen, eine Ungleichbehandlung von vergleichbaren Sachverhalten sei erforderlich, damit ein Verlust von Steuereinnahmen vermieden werden könne. Diesen rein budgetären Interessen der Mitgliedstaaten wurde vom EuGH indes stets eine Absage erteilt.[618] Der Rückgang von Steuereinnahmen sei nicht als zwingender Grund des Allgemeininteresses anzusehen.[619]

Dieser Ansicht des EuGH ist zuzustimmen. Zum einen verzichtet der Staat bei Steuervergünstigungen – wie etwa im Rahmen der steuerlichen Forschungsförderung – bewusst auf Steuereinnahmen, so dass es ein widersprüchliches Verhalten wäre, sich zur Rechtfertigung von Grundfreiheitsbeeinträchtigungen auf eben diese Steuermindereinnahmen zu berufen.[620] Zum anderen würde es die Grundfreiheiten entwerten, wenn Mitgliedstaaten diese nur gewähren müssten, soweit sie sich in ihrem Staatshaushalt nicht negativ auswirken.[621]

Theobald, Non-garden most favoured negotiating, S. 142; *Hahn*, DStZ 2005, S. 507 (512).

617 EuGH v. 14. 11. 1995, Rs. C-484/93 – Svensson und Gustavsson, Slg. 1995, I-3955, Rdnr. 15; EuGH v. 16. 7. 1998, Rs. C-264/96 – ICI, Slg. 1998, I-4695, Rdnr. 28; EuGH v. 31. 9. 1999, Rs. C-307/97 – Saint-Gobain, Slg. 1999, I-6161, Rdnr. 51; EuGH v. 6. 6. 2000, Rs. C-35/98 – Verkooijen, Slg. 2000, I-4071, Rdnr. 59; EuGH v. 8. 3. 2001, verbundene Rs. C-397/98 und C-410/98 – Metallgesellschaft, Slg. 2001, I-1727, Rdnr. 59; EuGH v. 3. 10. 2002, Rs. C-136/00 – Danner, Slg. 2002, I-8147, Rdnr. 55 ff.; EuGH v. 21. 11. 2002, Rs. C-436/00 – X und Y, Slg. 2002, I-10829, Rdnr. 50; EuGH v. 12. 12. 2002, Rs. C-324/00 – Lankhorst-Hohorst, Slg. 2002, I-11779, Rdnr. 36; EuGH v. 18. 9. 2003, Rs. C-168/01 – Bosal Holding, Slg. 2003, I-9409, Rdnr. 42; EuGH v. 11. 3. 2004, Rs. C-9/02 – Lasteyrie du Saillant, Slg. 2004, I-2409, Rdnr. 60; EuGH v. 14. 9. 2006, Rs. C-386/04 – Centro di Musicologia Walter Stauffer, Slg. 2006, I-8203, Rdnr. 59; EuGH v. 6. 3. 2007, Rs. C-292/04 – Meilicke, Slg. 2007, I-1835, Rdnr. 30; EuGH v. 22. 12. 2010, Rs. C-287/10 – Tankreederei I, Slg. 2010, I-14233, Rdnr. 27.

618 *Cordewener*, Europäische Grundfreiheiten und nationales Steuerrecht, S. 936.

619 EuGH v. 6. 6. 2000, Rs. C-35/98 – Verkooijen, Slg. 2000, I-4071, Rdnr. 59; EuGH v. 12. 12. 2002, Rs. C-324/00 – Lankhorst-Hohorst, Slg. 2002, I-11779, Rdnr. 36; EuGH v. 7. 9. 2004, Rs. C-319/02 – Manninen, Slg. 2004, I-7477, Rdnr. 49; EuGH v. 6. 3. 2007, Rs. C-292/04 – Meilicke, Slg. 2007, I-1835, Rdnr. 30; EuGH v. 13. 12. 2005, Rs. C-446/03 – Marks & Spencer, Slg. 2005, I-10837, Rdnr. 44.

620 So auch *Jochum*, Steuervergünstigung, S. 459.

621 *Englisch*, StuW 2003, S. 88 (95); *Kortz*, Rechtsprechung des EuGH, S. 112.

cc. Billigkeitsmaßnahmen

Maßnahmen eines Mitgliedstaates, die zu einer Beeinträchtigung von Grundfreiheiten führen, können auch nicht durch den Einwand gerechtfertigt werden, dass die nationale Verwaltung im Einzelfall die Möglichkeit habe, aufgrund von Billigkeitserwägungen von der Anwendung der belastenden Vorschrift abzusehen. Billigkeitsmaßnahmen sind nach Auffassung des EuGH grundsätzlich nicht hinreichend, um den diskriminierenden oder beschränkenden Wirkungen einer gesetzlichen Regelung angemessen entgegenzuwirken.[622] Der Gerichtshof begründet dies mit Rechtssicherheitserwägungen sowie dem Grundsatz der Rechtmäßigkeit der Verwaltung.[623] Billigkeitsmaßnahmen stünden im Ermessen der Verwaltung und die grundfreiheitsbeeinträchtigende Wirkung einer Vorschrift könne nicht durch eine Maßnahme aufgehoben werden, auf welche der Steuerpflichtige keinen Anspruch hat.[624]

dd. Fehlende Harmonisierung der direkten Steuern

Bereits als sich der Europäische Gerichtshof 1986 in der Rechtssache „Avoir fiscal" erstmalig mit Grundfreiheitsbeeinträchtigungen auf dem Gebiet der direkten Steuern zu befassen hatte, wurde von der französischen Regierung vorgetragen, die diskriminierenden oder beschränkenden Vorschriften ihres Steuerrechts seien dadurch zu rechtfertigen, dass das direkte Steuerrecht nicht harmonisiert sei.[625] Diese Argumentation wurde indes vom EuGH zurückgewiesen, indem er feststellte, dass die Mitgliedstaaten auch im nicht harmonisierten Bereich des direkten Steuerrechts die europarechtlichen Vorgaben zu wahren haben[626] und daher keine grundfreiheitswidrigen Regelungen verabschieden dürften.[627]

---

622 EuGH v. 26. 10. 1995, Rs. C-151/94 – Kommission/Luxemburg, Slg. 1995, I-3685, Rdnr. 17.

623 *Bieg*, Einfluss des EuGH auf das deutsche Steuerrecht, S. 194.

624 EuGH v. 8. 5. 1990, Rs. C-175/88 – Biehl, Slg. 1990, I-1779, Rdnr. 17 f.

625 EuGH v. 28. 1. 1986, Rs. 270/83 – Avoir fiscal, Slg. 1986, 273, Rdnr. 23.

626 Vgl. hierzu die vom EuGH regelmäßig verwendete Eingangsformulierung, wonach die Mitgliedstaaten im direkten Steuerrecht ihre Kompetenz unter Wahrung des Unionsrechts auszuüben haben: EuGH v. 4. 10. 1991, Rs. C-246/89 – Kommission/Vereinigtes Königreich, Slg. 1991, I-4585, Rdnr. 12; EuGH v. 14. 2. 1995, Rs. C-279/93 – Schumacker, Slg. 1995, I-225, Rdnr. 21; EuGH v. 11. 8. 1995, Rs. C-80/94 – Wielockx, Slg. 1995, I-2493, Rdnr. 16; EuGH v. 27. 6. 1996, Rs. C-107/94 – Asscher, Slg. 1996, I-3089, Rdnr. 36; EuGH v. 28. 4. 1998, Rs. C-118/96 – Safir, Slg. 1998, I-1897, Rdnr. 21; EuGH v. 14. 9. 1999, Rs. C-391/97 – Gschwind, Slg. 1999, I-5451, Rdnr. 20; EuGH v. 13. 12. 2005, Rs. C-446/03 – Marks & Spencer, Slg. 2005, I-10837, Rdnr. 29; EuGH v. 20. 10. 2011, Rs. C-284/09 – Kommission/Deutschland, noch nicht in Slg. veröffent-

Der Auffassung des Gerichtshofs ist zuzustimmen, begründet die fehlende Harmonisierung im Bereich der direkten Steuern doch gerade eine besondere Schutzbedürftigkeit der Steuerpflichtigen und kann folglich nicht als Rechtfertigungsargument bei Grundfreiheitsbeeinträchtigungen angeführt werden. Denn Folge einer fortgeschrittenen Harmonisierung des direkten Steuerrechts wäre eine rechtlich einheitliche Behandlung aller Steuerpflichtigen, unabhängig von ihrer Ansässigkeit oder Staatsangehörigkeit. Solange eine Rechtsangleichung jedoch noch nicht erfolgt ist, müssen die Unionsbürger vor Steuerregelungen geschützt werden, die nach dem Ort der Ansässigkeit des Steuerpflichtigen differenzieren.[628]

ee. Allgemeine gesetzes- oder verwaltungstechnische Schwierigkeiten

Eine Grundfreiheitsbeeinträchtigung kann auch nicht mit dem Argument gerechtfertigt werden, eine Gleichbehandlung von Gebietsansässigen und Nichtgebietsansässigen könne aufgrund von allgemeinen gesetzlichen oder verwaltungstechnischen Schwierigkeiten nicht umgesetzt werden, beispielsweise, weil sich eine entsprechende Regelung nicht in das nationale Recht einfügen lasse.[629] Darauf entgegnete der EuGH, in einem solchen Fall müsse der betroffene Mitgliedstaat ein Alternativsystem einführen, welches diese Schwierigkeiten nicht aufweist.[630]

Auch die Argumente, dass Beeinträchtigungen der Grundfreiheiten zulässig sein müssten, um Erschwernisse für die nationale Verwaltung zu vermeiden oder um das Steuererhebungsverfahren zu vereinfachen, wurden vom EuGH bislang sämtlich zurückgewiesen.[631] Dem Vorbringen, eine grundfreiheitsbeschneidende Maßnahme sei zur Sachverhaltsaufklärung erforderlich, entgegnet der Gerichtshof, indem er in ständiger Rechtsprechung auf die Instrumente der Amts-

---

licht, Rdnr. 44; *Cordewener*, Europäische Grundfreiheiten und nationales Steuerrecht, S. 932; sowie oben 4. Kapitel, A., S. 93.

627 EuGH v. 28. 1. 1986, Rs. 270/83 – Avoir fiscal, Slg. 1986, 273, Rdnr. 24; *Cordewener*, Europäische Grundfreiheiten und nationales Steuerrecht, S. 932.

628 So auch *Thömmes*, in: Schön (Hrsg.), Gedächtnisschrift für Knobbe-Keuk, S. 795 (821).

629 EuGH v. 4. 12. 1984, Rs. 205/84 – Kommission/Deutschland, Slg. 1986, 3755, Rdnr. 54; EuGH v. 12. 4. 1994, Rs. C-1/93 – Halliburton, Slg. 1994, I-1137, Rdnr. 21 f.; EuGH v. 14. 2. 1995, Rs. C-279/93 – Schumacker, Slg. 1995, I-225, Rdnr. 45; EuGH v. 14. 9. 2006, Rs. C-386/04 – Centro di Musicologia Walter Stauffer, Slg. 2006, I-8203, Rdnr. 48; *Cordewener*, Europäische Grundfreiheiten und nationales Steuerrecht, S. 937; *Hahn*, DStZ 2005, S. 507 (511).

630 EuGH v. 28. 4. 1998, Rs. C-118/96 – Safir, Slg. 1998, I-1897, Rdnr. 33 f.; *Cordewener*, Europäische Grundfreiheiten und nationales Steuerrecht, S. 937.

631 *Mayer-Theobald*, Non-garden most favoured negotiating, S. 144.

hilferichtlinie[632] verweist.[633] Dem liegt der Gedanke zugrunde, dass ein Informationsdefizit der Finanzbehörden in grenzüberschreitenden Sachverhaltskonstellationen zwar oftmals durch eine materiellrechtliche Ungleichbehandlung zwischen Steuerinländer und Steuerausländer behoben werden kann. Jedoch wäre diese Ungleichbehandlung nur eine von mehreren denkbaren Möglichkeiten der Sachverhaltsaufklärung. Und da die benötigten Informationen nach Ansicht des EuGH auf eine schonendere Weise mit den Mitteln der Amtshilferichtlinie beschafft werden können, wäre eine materiellrechtliche Ungleichbehandlung – einzig zum Zwecke der Sachverhaltsaufklärung – nicht erforderlich und folglich unverhältnismäßig.[634]

ff. Vorteilsausgleich

Erwägungen, wonach die Wirkung von steuerlichen Nachteilen durch an einer anderen Stelle gewährte steuerliche Vorteile ausgeglichen werden kann, werden vom EuGH ebenfalls nicht als Rechtfertigungsgrund anerkannt.[635] So hatte die französische Regierung in der Rechtssache „Avoir fiscal" vorgetragen, die schlechtere Behandlung von beschränkt Steuerpflichtigen gegenüber den unbeschränkt Steuerpflichtigen müsse gerechtfertigt werden können, da die beschränkt Steuerpflichtigen wiederum „in verschiedener Hinsicht besser gestellt" seien als unbeschränkt Steuerpflichtige; dies gleiche den Nachteil aus der Versagung des verfahrensgegenständlichen Steuervorteils aus.[636] Der EuGH schloss sich dieser Auffassung indes nicht an, sondern lehnte es ab, Nachteile durch sonstige Vorteile zu kompensieren.[637]

---

632 Siehe hierzu bereits oben, 4. Kapitel, B. I. 3. a. aa., S. 114 ff.

633 EuGH v. 28. 1. 1992, Rs. C-204/90 – Bachmann, Slg. 1992, I-249, Rdnr. 18; EuGH v. 12. 4. 1994, Rs. C-1/93 – Halliburton, Slg. 1994, I-1137, Rdnr. 22; EuGH v. 14. 9. 2006, Rs. C-386/04 – Centro di Musicologia Walter Stauffer, Slg. 2006, I-8203, Rdnr. 50.

634 So auch *Schnitger*, Die Grenzen der Einwirkung der Grundfreiheiten des EG-Vertrags auf das Ertragsteuerrecht, S. 315.

635 EuGH v. 28. 1. 1986, Rs. 270/83 – Avoir fiscal, Slg. 1986, 273, Rdnr. 21; EuGH v. 27. 6. 1996, Rs. C-107/94 – Asscher, Slg. 1996, I-3089, Rdnr. 53; EuGH v. 21. 9. 1999, Rs. C-307/97 – Saint Gobain, Slg. 1999, I-6161, Rdnr. 51 f.; EuGH v. 26. 10. 1999, Rs. C-294/97 – Eurowings, Slg. 1999, I-7447, Rdnr. 44; EuGH v. 6. 6. 2000, Rs. C-35/98 – Verkooijen, Slg. 2000, I-4071, Rdnr. 61; EuGH v. 12. 12. 2002, Rs. C-385/00 – de Groot, Slg. 2002, I-11819, Rdnr. 97; *Jochum*, Steuervergünstigung, S. 458; *Löhr*, Steuerliche Förderung von Forschung und Entwicklung, S. 70.

636 EuGH v. 28. 1. 1986, Rs. 270/83 – Avoir fiscal, Slg. 1986, 273, Rdnr. 17.

637 EuGH v. 28. 1. 1986, Rs. 270/83 – Avoir fiscal, Slg. 1986, 273, Rdnr. 21; *Kortz*, Rechtsprechung des EuGH, S. 108.

Prima facie stellt dies einen Widerspruch zur ständigen Rechtsprechung des Gerichtshofs dar, wonach die Wahrung der Kohärenz des Steuersystems als Rechtfertigungsgrund anerkannt wird. So wird im Rahmen des Kohärenzrechtfertigungsgrundes ein Ausgleich zwischen Vor- und Nachteilen als zulässig angesehen.[638] Insofern gleichen sich der Kohärenzrechtfertigungsgrund und der Gedanke des Vorteilsausgleichs.[639] Für eine Rechtfertigung aufgrund der Kohärenz des Steuersystems ist jedoch erforderlich, dass Vorteil und Nachteil in einem unmittelbaren Zusammenhang stehen. Beim Vorteilsausgleich demgegenüber hatten die Mitgliedstaaten mit sonstigen Vorteilen argumentiert, die gerade keinen Zusammenhang zur fraglichen Steuervorschrift aufwiesen. Daher ist dem EuGH zuzustimmen, wenn dieser einen Vorteilsausgleich nur in den engen Schranken des Rechtfertigungsgrunds der Wahrung der Kohärenz des Steuersystems zulässt. Denn würde man anerkennen, dass die nachteilige Wirkung einer steuerlichen Regelung auch mit sonstigen Vorteilen aus einem anderen Bereich ausgeglichen werden kann, würde dies zu einer letztlich grenzenlosen Kompensationsmöglichkeit führen, die geeignet wäre, den Gewährleistungsgehalt der Grundfreiheiten nachhaltig auszuhöhlen.

4. Zusammenfassung zu I.

Wer innerhalb des Unionsgebiets von einem festen Standort aus seiner selbstständigen Erwerbstätigkeit nachgehen möchte, dem gewährt die in Art. 49 AEUV geregelte Niederlassungsfreiheit das Recht auf freie Standortwahl. Soll diese Tätigkeit zwar grenzüberschreitend erfolgen, aber ohne dass dafür eine dauerhafte Einrichtung geschaffen wird, so ist der Schutzbereich der Dienstleistungsfreiheit nach Art. 56 AEUV einschlägig – unabhängig davon, ob der Leistungserbringer, der Leistungsempfänger oder lediglich die Dienstleistung selbst die Grenze überschreitet. Kapitaltransaktionen im Binnenmarkt oder unter Beteiligung von Drittstaaten sind von der Kapital- und Zahlungsverkehrsfreiheit nach Art. 63 AEUV geschützt; sei es, dass die Transaktion ein Grundgeschäft darstellt oder dass es sich dabei um ein Entgelt für Waren oder Dienstleistungen handelt. Umfassenden Schutz vor Diskriminierungen aufgrund der Staatsangehörigkeit vermittelt schließlich Art. 18 AEUV, diese Regelung tritt aber im Kollisionsfalle hinter der jeweils spezielleren Grundfreiheit zurück.

Die Grundfreiheiten des AEUV schützen vor ungerechtfertigten Diskriminierungen und Beschränkungen. Bezogen auf das Steuerrecht bedeutet dies zum

---

638 Siehe oben, 4. Kapitel, B. I. 3. a. cc., S. 117 ff.
639 So auch *Kämper*, Nationale Steuervergünstigungshoheit und Europarecht, S. 50; *Lang*, in: Wagner/Wedl (Hrsg.), Bilanz und Perspektiven zum europäischen Recht, S. 113 (123).

einen, dass EU-Ausländer, die sich mit Steuerinländern in einer vergleichbaren Situation befinden, nicht einer ungünstigeren steuerlichen Behandlung unterworfen werden dürfen. Steuerinländern wiederum darf die grundfreiheitliche Betätigung durch steuerliche Vorgaben weder erschwert noch unmöglich gemacht werden. Im Grundsatz darf es daher für die steuerliche Belastung keinen Unterschied ergeben, ob ein Steuerpflichtiger von seinen Grundfreiheiten Gebrauch gemacht hat oder nicht.[640]

Eine Beeinträchtigung einer Grundfreiheit durch eine diskriminierende oder beschränkende Vorschrift eines Mitgliedstaats führt nur dann zu einer Verletzung von europäischem Recht, wenn diese Beeinträchtigung nicht gerechtfertigt werden kann. Offene Diskriminierungen verlangen nach geschriebenen Rechtfertigungsgründen, versteckte Diskriminierungen und Beschränkungen können hingegen auch mittels der ungeschriebenen Rechtfertigungsgründe – der „Rule of Reason" – gerechtfertigt werden.

Während offene Diskriminierungen und damit auch die geschriebenen Rechtfertigungsgründe im Recht der direkten Steuern keine praktische Relevanz entfalten, ist zu den ungeschriebenen Gründen des Allgemeininteresses eine umfangreiche EuGH-Rechtsprechung ergangen. Unter der Voraussetzung, dass jeweils das Verhältnismäßigkeitsprinzip gewahrt bleibt, können grundfreiheitsbeschneidende Maßnahmen der Mitgliedstaaten gerechtfertigt sein, die zum Zwecke der Gewährleistung einer wirksamen steuerlichen Kontrolle sowie zur Vermeidung von Steuermissbrauch ergangen sind. Der Rechtfertigungsgrund der Kohärenz des Steuersystems besagt, dass die Mitgliedstaaten steuerliche Nachteile durch dazu im unmittelbaren Zusammenhang stehende Vorteile ausgleichen können. Insbesondere im Fall von Verlustverrechnungsbeschränkungen kann außerdem das Territorialitätsprinzip als Rechtfertigungsgrund angeführt werden. Ferner erkennt der EuGH an, dass Mitgliedstaaten in Grundfreiheiten eingreifen dürfen, um eine ausgewogene Aufteilung der Besteuerungsbefugnisse sicherzustellen.

Mit der Vermeidung von Steuermindereinnahmen oder sonstigen rein fiskalischen Erwägungen können Grundfreiheitsbeeinträchtigungen demgegenüber nicht gerechtfertigt werden. Nicht gelten lässt der EuGH ferner den Einwand, aufgrund von allgemeinen gesetzestechnischen Schwierigkeiten könne die gebotene Gleichbehandlung von Steuerinländern und Steuerausländern nicht umgesetzt werden. Schließlich kann eine Beeinträchtigung von Grundfreiheiten auch nicht mit dem abstrakten Einwand eines Mitgliedstaates gerechtfertigt werden, die aus der Beeinträchtigung resultierenden Nachteile für den betroffenen Steu-

---

640 EuGH v. 12. 12. 2002, Rs. C-385/00 – de Groot, Slg. 2002, I-11819, Rdnr. 94; *Jochum*, Steuervergünstigung, S. 467.

erpflichtigen würden durch Vorteile an anderer Stelle ausgeglichen. Eine Kompensation zwischen steuerlichen Vor- und Nachteilen lässt der EuGH nur konkret und nur innerhalb der engen Grenzen des Rechtfertigungsgrundes der Wahrung der Kohärenz des Steuersystems zu.

II. Anwendung der Maßstäbe auf den Bereich der steuerlichen F&E-Förderung

Die Darstellung der Konzepte zur Umsetzung einer steuerlichen Förderung von F&E hat deutlich gemacht, dass im deutschen Steuerrecht drei systematische Anknüpfungspunkte in Betracht kommen. Eine Förderung kann auf Ebene der steuerlichen Bemessungsgrundlage, durch einen ermäßigten Steuersatz oder durch eine Herabsetzung der Steuerschuld des forschenden Unternehmens erfolgen.[641]

Ebenfalls eingehend beleuchtet wurden die allgemeinen Vorgaben der europäischen Grundfreiheiten für das nationale Steuerrecht, namentlich das Diskriminierungs- und Beschränkungsverbot einschließlich der etwaigen Rechtfertigungsmöglichkeiten. Noch nicht geklärt wurde indes, welche konkreten Vorgaben aus den Grundfreiheiten für die Ausgestaltung einer steuerlichen Förderung von F&E entnommen werden können. In der politischen Debatte über die Einführung einer steuerlichen Forschungsförderung in Deutschland offenbarte sich ein Spannungsverhältnis zwischen nationalen Interessen und zwingenden europäischen Vorgaben. Da die steuerliche Begünstigung von forschenden Unternehmen mit Steuermindereinnahmen für den Fiskus verbunden ist, wurden Stimmen laut, wonach möglichst nur inländische Forschungstätigkeiten der Wirtschaft gefördert oder nur solche Forschungsaktivitäten steuerbegünstigt werden sollen, die sich im Inland durch Wohlfahrtsgewinne oder die Schaffung von Arbeitsplätzen positiv auswirken. Auf der anderen Seite schreiben die zwingenden Vorgaben des europäischen Primärrechts jedoch vor, dass allen Unternehmen eine diskriminierungs- und beschränkungsfreie Nutzung des Binnenmarktes ermöglicht werden muss. Es stellt sich hier daher die Frage, inwieweit die europäischen Grundfreiheiten eine auf inländische Sachverhalte beschränkte F&E-Förderung untersagen.

---

641 Siehe oben, 3. Kapitel, B. I., S. 80.

1. Forschungsförderung auf Ebene der steuerlichen Bemessungsgrundlage

a. Gewährung eines erhöhten Betriebsausgabenabzugs nur für im Inland getätigte Forschungsaufwendungen

Wie bereits dargelegt wurde, kann steuerliche Forschungsförderung auf Ebene der Bemessungsgrundlage durch einen erhöhten Betriebsausgabenabzug sowie durch die Möglichkeit einer beschleunigten Abschreibung erfolgen.[642] Entscheidet sich ein Mitgliedstaat, die Forschungstätigkeiten von Unternehmen dadurch steuerlich zu fördern, dass die vom Unternehmen getätigten Forschungsaufwendungen zu einem erhöhten steuerlichen Betriebsausgabenabzug führen, so könnte dieser Mitgliedstaat erwägen, diese Begünstigung davon abhängig zu machen, an welchem Ort die Forschungsaufwendungen getätigt wurden. Es wäre denkbar, nur diejenigen Forschungsaufwendungen zu begünstigen, die einer inländischen Niederlassung des Unternehmens zuzuordnen sind. Auch im internationalen Steuerrecht folgt die Zuordnung von Aufwand zwischen Betriebsstätte und Stammhaus dem Veranlassungsprinzip.[643] Aufwendungen, die durch die Betriebsstätte veranlasst sind, werden demnach in entsprechender Anwendung von § 4 Abs. 4 EStG auch dieser Betriebsstätte bilanziell zugeordnet. Für die weitere Bearbeitung kann daher davon ausgegangen werden, dass Forschungsaufwendungen, die in einer ausländischen Betriebsstätte durchgeführt wurden, auch von dieser veranlasst sind und somit dort bilanziell ihren Niederschlag finden. Gewährt daher ein Mitgliedstaat einen erhöhten Betriebsausgabenabzug nur für die im Inland angefallenen Aufwendungen, so wären somit alle Aufwendungen für F&E ausgenommen, die ein inländisches Unternehmen in seiner ausländischen Betriebsstätte tätigt.

Ein Staat könnte etwa zu einer derartigen Regelung motiviert sein, wenn er die Auffassung vertritt, dass er nicht verpflichtet sei, die Forschung in anderen Staaten zu fördern. Auch könnte er mit dem Gedanken der territorialen Begrenzung der Steuerhoheit zu argumentieren versuchen: Wenn die ausländische Betriebsstätte der Steuerhoheit des dortigen Staates unterliege, sei es auch primär dessen Aufgabe, die in der Betriebsstätte angefallenen Aufwendungen steuermindernd zu berücksichtigen.

Ungeachtet dieser – aus nationaler Sicht gegebenenfalls nachvollziehbaren – Argumente steht in Zweifel, ob ein Mitgliedstaat eine dahingehende Regelung einführen kann, ohne damit gegen zwingende Vorgaben des Europarechts zu

---

642 Siehe oben, 3. Kapitel, B. I., S. 80.

643 *Frotscher*, Internationales Steuerrecht, Rdnr. 291; *Schaumburg*, Internationales Steuerrecht, § 18.34, S. 997; *Scheffler*, Internationale betriebswirtschaftliche Steuerlehre, 2.2.2.1, S. 83.

verstoßen. Die genannte Vorschrift unterscheidet nach dem Ort, an dem Aufwendungen für F&E getätigt werden; sie trifft eine unterschiedliche Rechtsfolge, je nachdem, ob Forschungsaufwendungen im inländischen Stammhaus oder in einer ausländischen Betriebsstätte angefallen sind. Werden die F&E-Tätigkeiten eines forschenden Unternehmens im Inland am Hauptsitz durchgeführt, sind sie Bestandteil der inländischen Bemessungsgrundlage und werden mit einem erhöhten Betriebsausgabenabzug begünstigt; werden sie hingegen in einer Betriebsstätte im Ausland durchgeführt, sind sie nicht begünstigt. Für ein im Inland ansässiges Unternehmen würde es aufgrund einer solchen Regelung mithin weniger attraktiv werden, von der Niederlassungsfreiheit Gebrauch zu machen und in einem anderen Mitgliedstaat eine Betriebsstätte zu gründen, in welcher Forschungs- und Entwicklungsarbeiten getätigt werden sollen.[644] Die Vorschrift könnte damit eine Beschränkung der Niederlassungsfreiheit gemäß Art. 49 AEUV darstellen.

Nach der Rechtsprechung des EuGH liegt jedoch schon keine Beeinträchtigung einer Grundfreiheit vor, wenn sich die fragliche Ungleichbehandlung unmittelbar aus dem steuerlichen Territorialitätsprinzip ergibt.[645] Zwar besteht keine eindeutige Definition des steuerlichen Territorialitätsprinzips[646], aber diesem Prinzip liegt der Gedanke zugrunde, dass jeder Mitgliedstaat nur die Posten steuerlich berücksichtigen kann und muss, die einen ausreichenden wirtschaftlichen Bezug zu seinem Hoheitsgebiet aufweisen.[647] Aus dem steuerlichen Territorialitätsprinzip folgt, dass ein Staat die Einkünfte der in seinem Gebiet belegenen Betriebsstätten besteuern darf. Zwar hat der Staat, in dem ein Unternehmen seinen Hauptsitz hat, nach dem Universalitätsprinzip steuerlichen Zugriff auf sämtliche Einkünfte dieses Unternehmens. Soweit das Unternehmen jedoch seine Tätigkeit in einem anderen Staat über eine Betriebsstätte ausübt, werden die Einkünfte, die dieser Betriebsstätte zugeordnet werden können, gemäß Art. 7 Abs. 1 Satz 2 des OECD-Musterabkommens 2010 vorrangig vom Betriebsstät-

---

644 Vgl. EuGH v. 16. 6. 1998, Rs. C-264/96 – ICI, Slg. 1998, I-4695, Rdnr. 21; EuGH v. 13. 12. 2005, Rs. C-446/03 – Marks & Spencer, Slg. 2005, I-10837, Rdnr. 33; EuGH v. 6. 12. 2007, Rs. C-298/05 – Columbus Container Services, Slg. 2007, I-10451, Rdnr. 33; EuGH v. 15. 5. 2008, Rs. C-414/06 – Lidl Belgium, Slg. 2008, I-3601, Rdnr. 19 ff.

645 EuGH v. 10. 3. 2005, Rs. C-39/04 – Laboratoires Fournier, Slg. 2005, I-2057, Rdnr. 17 f.; siehe auch Generalanwalt *Jacobs*, Schlussanträge v. 9. 12. 2004 zur Rs. C-39/04 – Laboratoires Fournier, Slg. 2005, I-2057, Rdnr. 15.

646 Generalanwältin *Kokott*, Schlussanträge v. 30. 3. 2006 zur Rs. C-470/04 – N, Slg. 2006, I-7409, Rdnr. 93.

647 *Dürrschmidt/Schiller*, EuR 2006, S. 275 (278). Zum Territorialitätsprinzip siehe auch EuGH v. 13. 12. 2005, Rs. C-446/03 – Marks & Spencer, Slg. 2005, I-10837, Rdnr. 36.

tenstaat besteuert.[648] Einkünfte und Aufwendungen einer ausländischen Betriebsstätte werden somit nicht Bestandteil der inländischen steuerlichen Bemessungsgrundlage. Die Einkünfte einer ausländischen Betriebsstätte aus der Verwertung der von ihr durchgeführten Forschung vergrößern mithin nicht die inländische Bemessungsgrundlage, ebenso wie auch die Forschungsaufwendungen dieser Betriebsstätte nicht die inländische Bemessungsgrundlage mindern. Eine Steuervergünstigung, die steuersystematisch an die Bemessungsgrundlage anknüpft, kann daher die Forschungsaufwendungen einer ausländischen Betriebsstätte nicht erfassen und dementsprechend auch nicht begünstigen.[649]

Es besteht somit ein rechtlich relevanter objektiver Unterschied zwischen inländischen Unternehmen, bei denen Forschungsaufwendungen in die inländische steuerliche Bemessungsgrundlage einfließen, und ausländischen Betriebsstätten, bei denen Forschungsaufwendungen nicht Bestandteil der inländischen Bemessungsgrundlage werden. Dieser Unterschied resultiert unmittelbar aus dem steuerlichen Territorialitätsprinzip. Da sich die inländischen Unternehmen sowie die ausländischen Betriebsstätten dieser Unternehmen objektiv nicht in einer vergleichbaren Situation befinden, führt auch eine Regelung, wonach Forschungsaufwendungen, die in einer ausländischen Betriebsstätte getätigt wurden, nicht in Form eines erhöhten Betriebsausgabenabzugs von der inländischen Bemessungsgrundlage abgezogen werden können, nicht zu einer Beeinträchtigung der Niederlassungsfreiheit aus Art. 49 AEUV.

b. Gewährung eines erhöhten Betriebsausgabenabzugs für materielle Wirtschaftsgüter nur bei anschließender Nutzung im Inland

Soeben wurde geprüft, ob von einer bemessungsgrundlagenbezogenen steuerlichen F&E-Förderung solche Aufwendungen ausgenommen werden können, die in einer ausländischen Betriebsstätte getätigt wurden und daher dieser bilanziell zuzuordnen sind. Denkbar wäre jedoch auch, dass ein Mitgliedstaat bei der Förderung eines zu Forschungszwecken angeschafften materiellen Wirtschaftsgutes danach differenziert, ob dieses – bilanziell dem Inland zugeordnete – Wirtschaftsgut physisch überwiegend im Inland oder im Ausland verwendet wird. In der jüngeren Vergangenheit hatte der Europäische Gerichtshof in den Rechtssachen „Jobra"[650] sowie „Tankreederei I"[651] bereits über zwei Fälle zu entscheiden, in denen die Mitgliedstaaten Österreich bzw. Luxemburg die Gewährung von steu-

---

648 *Hemmelrath*, in: Vogel/Lehner (Hrsg.), DBA, Art. 7 OECD-MA, Rdnr. 16.
649 So auch *Herbold*, Steuerliche Anreize für Forschung und Entwicklung im internationalen Vergleich, S. 86.
650 EuGH v. 4. 12. 2008, Rs. C-330/07 – Jobra, Slg. 2008, I-9099.
651 EuGH v. 22. 12. 2010, Rs. C-287/10 – Tankreederei I, Slg. 2010, I-14233.

erlichen Maßnahmen zur allgemeinen Konjunkturförderung davon abhängig machten, dass das geförderte Wirtschaftsgut nach der Anschaffung physisch im Inland verwendet wurde. Daher könnte ein Mitgliedstaat auch im Bereich der steuerlichen Forschungsförderung in Erwägung ziehen, forschenden Unternehmen durch einen erhöhten Betriebsausgabenabzug einen Anreiz für die Anschaffung von forschungsbezogenen materiellen Wirtschaftsgütern wie etwa einer neuen Computeranlage oder Laboreinrichtung zu setzen, diese Begünstigung jedoch davon abhängig zu machen, dass das angeschaffte Wirtschaftsgut im Inland verwendet wird. Die Motivation des Steuergesetzgebers zu einer solchen Regelung könnte sein, dass dadurch sichergestellt werden soll, dass die innovative Nutzung des geförderten Wirtschaftsguts im Inland erfolgt und sich mithin auch der Erkenntnisgewinn – als das mit Hilfe des Wirtschaftsguts erzielte Ergebnis einer forschenden Tätigkeit – sowie gegebenenfalls zu tätigende Folgeinvestitionen im Inland ereignen sollen.

Eine derartige Vorschrift würde indes bestimmte Geschäftsmodelle im Bereich der grenzüberschreitenden Dienstleistungserbringung im Forschungssektor von einer steuerlichen Förderung ausnehmen. Von einer Begünstigung ausgeschlossen wäre etwa ein Unternehmen, das ein forschungsbezogenes Wirtschaftsgut anschafft, um dieses entgeltlich an ein anderes Unternehmen im Ausland zu überlassen, damit das andere Unternehmen das Wirtschaftsgut nicht selbst anschaffen muss, sondern liquiditätsschonend lediglich die Kosten für die Nutzungsüberlassung zu tragen hat. Erwirbt ein Unternehmen beispielsweise eine auf die Berechnung von Experimenten im Bereich der Biotechnologie zugeschnittene Großrechner-Anlage, um diese anschließend für einen längeren Zeitraum an ein im Ausland ansässiges forschendes Unternehmen zu vermieten, so würde die Anlage zwar weiterhin in der Bilanz des Vermieters im Inland geführt, würde diesen jedoch aufgrund ihrer physischen Verwendung im Ausland nicht zum Empfang einer steuerlichen Vergünstigung in Form eines erhöhten Betriebsausgabenabzugs berechtigen. Wäre die Vermietung demgegenüber an ein inländisches Unternehmen erfolgt, so hätte der Vermieter eine steuerliche Begünstigung erhalten. Diese unterschiedliche Behandlung zwischen inländischem und grenzüberschreitendem Sachverhalt könnte daher einen Verstoß gegen die EU-Grundfreiheiten darstellen.

aa.   Beeinträchtigung der Dienstleistungsfreiheit

Eine derartige Regelung könnte die Dienstleistungsfreiheit gemäß Art. 56 AEUV beeinträchtigen. Im vorliegenden Fall würde die Regelung formell unterschiedslos gelten, da sie in der Rechtsfolge nicht zwischen beschränkt steuerpflichtigen Steuerausländern und unbeschränkt steuerpflichtigen Steuerinländern unterscheidet. Damit stellt sie keine Diskriminierung dar. Es könnte sich jedoch um eine grundsätzlich unzulässige Beschränkung handeln.

Wie bereits angesprochen, liegt eine Beschränkung dann vor, wenn Mitgliedstaaten den Gebrauch der Grundfreiheiten verbieten, behindern oder weniger attraktiv machen.[652] Durch eine Vorschrift, nach der Aufwendungen für die Anschaffung forschungsbezogener materieller Wirtschaftsgüter mit einem erhöhten Betriebsausgabenabzug honoriert werden, sofern die Wirtschaftsgüter im Inland verwendet werden, kann ein Unternehmen davon abgehalten werden, diese Wirtschaftsgüter für Dienstleistungen im Ausland einzusetzen. Für ein Unternehmen wäre es weniger attraktiv, von der Dienstleistungsfreiheit Gebrauch zu machen und Dienstleistungen unter Zuhilfenahme der Wirtschaftsgüter im Ausland anzubieten, wenn dies zum Verlust der Steuervergünstigung führt.

Zur gleichen Auffassung gelangte der EuGH auch in seinem Urteil zu der vergleichbar gelagerten Rechtssache „Jobra".[653] Im „Jobra"-Fall hatte der EuGH über eine Regelung zu entscheiden, mit welcher Österreich die Reichweite einer nationalen Konjunkturfördermaßnahme auf das Inland begrenzen wollte, und darin einen Verstoß gegen die Dienstleistungsfreiheit erblickt. Dem Fall „Jobra" lag die österreichische Regelung des § 108e öEStG zugrunde, wonach Unternehmen in den Jahren 2002 bis 2004 eine Investitionszuwachsprämie für körperliche Wirtschaftsgüter des abnutzbaren Anlagevermögens in Höhe von 10 Prozent der Anschaffungskosten gewährt wurde. Die österreichische Investitionszuwachsprämie sollte zur Konjunkturbelebung beitragen sowie die Investitionstätigkeit der inländischen Betriebe stärken.[654] Indes waren von dieser Steuervergünstigung alle Wirtschaftsgüter ausgeschlossen, die nicht in einer inländischen Betriebsstätte verwendet wurden, sowie solche, die aufgrund einer entgeltlichen Überlassung überwiegend im Ausland genutzt wurden.

Für den konkreten Fall namensgebend war die österreichische Vermögensverwaltungsgesellschaft Jobra, die einen Lkw-Fuhrpark besaß und diesen im Rahmen eines Leasingvertrags der ebenfalls in Österreich ansässigen Spedition Braunshofer zur Verfügung stellte. Jobra war dabei zugleich zu 100 Prozent an der Spedition Braunshofer beteiligt. Die Lastwagen wurden von Braunshofer

---

652 Siehe oben, 4. Kapitel, B. I. 2. b., S. 109 ff. Vgl. ferner EuGH v. 31. 3. 1993, Rs. C-19/92 – Kraus, Slg. 1993, I-1663, Rdnr. 32; EuGH v. 15. 1. 2002, Rs. C-439/99 – Kommission/Italien, Slg. 2002, I-305, Rdnr. 22; EuGH v. 12. 12. 2002, Rs. C-324/00 – Lankhorst-Hohorst, Slg. 2002, I-11779, Rdnr. 32; EuGH v. 30. 3. 2006, Rs. C-451/03 – Servizi Ausiliari Dottori Commercialisti, Slg. 2006, I-2941, Rdnr. 31; EuGH v. 13. 10. 2011, Rs. C-9/11 – Waypoint Aviation, noch nicht in Slg. veröffentlicht, Rdnr. 22.
653 EuGH v. 4. 12. 2008, Rs. C-330/07 – Jobra, Slg. 2008, I-9099. Für eine Urteilsbesprechung vgl. ferner *Sutter*, EuZW 2009, S. 83 (86 ff.); *Bron*, EWS 2009, S. 49 f.
654 *Hofstätter*, ELR 2009, S. 149 (151).

überwiegend in anderen Mitgliedstaaten für Speditionsfahrten eingesetzt. Als Jobra für im Jahr 2002 neu angeschaffte Lastkraftwagen die Investitionszuwachsprämie nach § 108e öEStG geltend machte, verweigerte das zuständige Finanzamt die Zahlung mit der Begründung, die Lkw würden überwiegend im Ausland eingesetzt und gälten daher nicht als in einer inländischen Betriebsstätte verwendet.[655] Rechtsmittel gegen diese Entscheidung blieben erfolglos. Als dem letztinstanzlichen nationalen Gericht aufgrund der in der Steuerrechtsnorm angelegten Gebietsbeschränkung Zweifel an der europarechtlichen Vereinbarkeit aufkamen, legte es dem EuGH die Rechtsfrage zur Vorabentscheidung vor. Der EuGH führte daraufhin aus, dass es eine Beeinträchtigung der Dienstleistungsfreiheit darstellt, wenn Unternehmen die Gewährung einer Steuervergünstigung für die Anschaffung körperlicher Wirtschaftsgüter allein aus dem Grund versagt wird, dass die entgeltlich überlassenen Wirtschaftsgüter, für die diese Steuervergünstigung geltend gemacht wird, überwiegend in anderen Mitgliedstaaten eingesetzt werden.

Der Gerichtshof begründet dies damit, dass es durch die österreichische Regelung zu einer steuerlichen Ungleichbehandlung vergleichbarer Sachverhalte komme: Investitionen in Wirtschaftsgüter, die entgeltlich überlassen und überwiegend in anderen Mitgliedstaaten verwendet werden, würden steuerlich ungünstiger behandelt als Investitionen in im Inland eingesetzte Wirtschaftsgüter. Verliere ein Unternehmen den Anspruch auf eine Prämie, sobald das prämienbegünstigte Wirtschaftsgut weitervermietet und vom Mieter im europäischen Ausland eingesetzt werde, so könne dies das Unternehmen davon abhalten, Mietdienstleistungen an Wirtschaftsbeteiligte zu erbringen, die ihre Tätigkeit in einem anderen Mitgliedstaat ausüben.[656]

Da im Fall „Jobra" das anmietende und das vermietende Unternehmen wirtschaftlich eng miteinander verbunden waren – Jobra hält 100 Prozent des Stammkapitals an Braunshofer –, konstatierte der EuGH, dass die fragliche Regelung auch aus der Sicht des anmietenden Unternehmens eine Beschränkung der Dienstleistungsfreiheit darstelle.[657] Läge zwischen beiden Unternehmen eine derartige enge wirtschaftliche Verbindung vor, so werde das anmietende Unternehmen durch die fragliche Vorschrift davon abgehalten, das gemietete Wirtschaftsgut grenzüberschreitend einzusetzen.[658] Dem liegt die Überlegung zugrunde, dass das anmietende Unternehmen dann besondere Rücksicht auf die

---

655 EuGH v. 4. 12. 2008, Rs. C-330/07 – Jobra, Slg. 2008, I-9099, Rdnr. 8.
656 EuGH v. 4. 12. 2008, Rs. C-330/07 – Jobra, Slg. 2008, I-9099, Rdnr. 24; siehe auch *Staringer*, in: Lang et al. (Hrsg.), ECJ – Recent Developments in Direct Taxation 2008, S. 9 (18).
657 EuGH v. 4. 12. 2008, Rs. C-330/07 – Jobra, Slg. 2008, I-9099, Rdnr. 25.
658 EuGH v. 4. 12. 2008, Rs. C-330/07 – Jobra, Slg. 2008, I-9099, Rdnr. 25.

steuerlichen Belange des Vermieters nehmen wird, wenn beide Unternehmen wirtschaftlich eng verbunden sind. Führt die Verwendung der Wirtschaftsgüter im Ausland dazu, dass der Vermieter eine steuerliche Vergünstigung verliert, so wird ein mit diesem eng verbundener Mieter es unterlassen, das Wirtschaftsgut grenzüberschreitend zu verwenden.

Liegt nach der Rechtsprechung des EuGH eine Beschränkung der Dienstleistungsfreiheit bereits dann vor, wenn zwischen dem von einer Investitionsprämie Begünstigten sowie demjenigen, der das angeschaffte Wirtschaftsgut verwendet, eine enge wirtschaftliche Verbindung besteht, so liegt eine solche Beschränkung erst Recht vor, wenn Begünstigter und Verwender personenidentisch sind. Eine derartige „einstufige" Fallkonstellation war Gegenstand der Rechtssache „Tankreederei I". In diesem Fall hatte der EuGH über eine luxemburgische Investitionsfördermaßnahme zu entscheiden, die nur gewährt wurde, wenn die Investition physisch im Inland durchgeführt wurde und dort dauerhaft verbleiben sollte. Das luxemburgische Steuerrecht behandelte mithin eine Investition, die im Ausland durchgeführt wurde, schlechter als eine im Inland durchgeführte Investition. Im konkreten Fall wurde auf Grundlage dieser Vorschrift dem in Luxemburg ansässigen Schiffsbetankungsdienstleister „Tankreederei I" die in Rede stehende Steuervergünstigung verwehrt, weil die beiden Tankschiffe dieser Gesellschaft im Ausland eingesetzt wurden. Der EuGH entschied, dass die schlechtere Behandlung der ausländischen Investition geeignet sei, ein in Luxemburg ansässiges Unternehmen davon abzuhalten, in anderen Mitgliedstaaten Dienstleistungen zu erbringen, für die der Einsatz von dort belegenen Investitionsgütern notwendig sei.[659] Somit handele es sich bei der luxemburgischen Vorschrift um eine Beschränkung der Dienstleistungsfreiheit.[660]

Als Zwischenergebnis aus den EuGH-Urteilen in den Rechtssachen „Jobra" und „Tankreederei I" kann festgehalten werden, dass Steuervergünstigungen, welche nur bei im Inland durchgeführten oder verwendeten Investitionen einschlägig sind, eine Beschränkung der Dienstleistungsfreiheit darstellen. Gleiches gilt auch für den Bereich der steuerlichen Forschungsförderung. Auch eine steuerliche Vergünstigung von zu Forschungszwecken angeschafften materiellen Wirtschaftsgütern, die nur für im Inland genutzte Wirtschaftsgüter gewährt wird, ist geeignet, das begünstigte Unternehmen davon abzuhalten, diese Wirtschaftsgüter für Dienstleistungen im europäischen Ausland einzusetzen. Eine derartige Gebietsbeschränkung stellt folglich eine rechtfertigungsbedürftige Beeinträchtigung der Dienstleistungsfreiheit dar.

---

659   EuGH v. 22. 12. 2010, Rs. C-287/10 – Tankreederei I, Slg. 2010, I-14233, Rdnr. 17.
660   EuGH v. 22. 12. 2010, Rs. C-287/10 – Tankreederei I, Slg. 2010, I-14233, Rdnr. 18.

bb.   Rechtfertigung der Beeinträchtigung

(1)   Vermeidung des Rückgangs der inländischen Steuereinnahmen

Da eine tatbestandliche Begrenzung einer Steuervergünstigung im Regelfall bewirken wird, dass sich die finanzielle Belastung des Fiskus verringert, könnte
ein Mitgliedstaat motiviert sein, grenzüberschreitende Sachverhalte von einer
Steuervergünstigung auszunehmen. Jedoch hat der EuGH unmissverständlich
klargestellt, dass das mitgliedstaatliche Interesse, einen Rückgang der inländischen Steuereinnahmen zu vermeiden, keine Beeinträchtigung der Grundfreiheiten rechtfertigen kann.[661]

(2)   Wahrung der ausgewogenen Aufteilung der Besteuerungsbefugnisse

Sodann könnte in Erwägung gezogen werden, dass eine derartige Beeinträchtigung der Dienstleistungsfreiheit zur Wahrung der ausgewogenen Aufteilung der
Besteuerungsbefugnisse gerechtfertigt werden kann.

So könnte man die Auffassung vertreten, dass ein Mitgliedstaat die außerhalb seines Staatsgebiets verwendeten Wirtschaftsgüter von seiner Forschungsförderung ausnehmen darf, um damit sicherzustellen, dass eine Verbindung bestehen bleibt zwischen der gewährten Steuervergünstigung einerseits und der
Besteuerung des Gewinns aus der Verwendung des mit dieser Steuervergünstigung geförderten Wirtschaftsguts andererseits.[662] Damit jedoch eine beschränkende Vorschrift über den Rechtfertigungsgrund der Wahrung der ausgewogenen Aufteilung der Besteuerungsbefugnisse gerechtfertigt werden kann, müsste
andernfalls drohen, dass der jeweilige Mitgliedstaat seine Steuerzuständigkeit in
Bezug auf die in seinem Hoheitsgebiet durchgeführten Tätigkeiten nicht mehr
auszuüben vermag.[663] Untersucht man indes, welchem Staat der Besteuerungszugriff auf den Gewinn des geförderten Unternehmens zusteht, so stellt man
fest, dass eine derartige Gefahr für die Ausübung der nationalen Steuerhoheit
nicht besteht. Werden die im Ausland eingesetzten Wirtschaftsgüter von der
Steuervergünstigung ausgenommen, so besteuert der Mitgliedstaat, in dem das
Unternehmen seinen Sitz hat, gleichwohl den Gesamtgewinn des Unternehmens

---

661   Siehe oben, 4. Kapitel, B. I. 3. b. bb., S. 122; zuletzt EuGH v. 22. 12. 2010, Rs.
       C-287/10 – Tankreederei I, Slg. 2010, I-14233, Rdnr. 27.

662   So argumentierten die österreichische sowie die verfahrensbeteiligte deutsche Regie-
       rung in der Rechtssache „Jobra" hinsichtlich der auf eine inländische Verwendung be-
       grenzten österreichischen Investitionszuwachsprämie, vgl. EuGH v. 4. 12. 2008, Rs.
       C-330/07 – Jobra, Slg. 2008, I-9099, Rdnr. 28.

663   EuGH v. 12. 9. 2006, Rs. C-196/04 – Cadbury Schweppes, Slg. 2006, I-7995, Rdnr. 56;
       EuGH v. 13. 3. 2007, Rs. C-524/04 – Test Claimants in the Thin Cap Group Litigation,
       Slg. 2007, I-2107, Rdnr. 75.

– unabhängig davon, inwieweit dieser auf etwaige Einkünfte aus der entgeltlichen Überlassung von Forschungsapparaturen im Inland oder im Ausland zurückzuführen ist. Erstreckt sich die Steuervergünstigung auch auf die außerhalb des Hoheitsgebiets verwendeten Wirtschaftsgüter, so ändert dies nichts am bestehenden Besteuerungsrecht des jeweiligen Mitgliedstaats. Auch in diesem Fall kann der Mitgliedstaat, in dessen Hoheitsgebiet das Unternehmen seinen Sitz hat, sein Besteuerungsrecht in Bezug auf die im Inland durchgeführten Tätigkeiten dieses Unternehmens ausüben.[664] Freilich fällt in der letztgenannten Fallkonstellation die tatsächliche Steuerhöhe geringer aus, führt doch die Erstreckung der tatbestandlichen Reichweite der Steuervergünstigung dazu, dass das Unternehmen einen höheren Förderbetrag von der steuerlichen Bemessungsgrundlage abziehen kann. Diese faktischen Steuermindereinnahmen müssten vom Mitgliedstaat jedoch als direkte Folge einer europarechtskonform ausgestalteten Steuervergünstigung hingenommen werden, denn nach ständiger Rechtsprechung des EuGH sind die Mitgliedstaaten nicht befugt, die Grundfreiheiten zu beeinträchtigen, um Steuermindereinnahmen zu vermeiden.[665] Für die Anwendung des Rechtfertigungsgrundes der Wahrung der ausgewogenen Aufteilung der Besteuerungsbefugnisse geht es vielmehr um die Zuordnung des abstrakten Besteuerungsrechts, also der Befugnis eines Fiskus, seine Besteuerungszuständigkeit in Bezug auf die im Inland durchgeführten Tätigkeiten eines Steuerpflichtigen auszuüben.[666] Dieses abstrakte Recht wird nun im vorliegenden Fall durch die Erstreckung der Vergünstigung auch auf im Ausland verwendete Wirtschaftsgüter nicht gefährdet.

Nachdem auf diese Weise zwischen dem abstrakten Besteuerungsrecht und der tatsächlichen Höhe des Steueranspruchs zu differenzieren ist, kann festgehalten werden, dass im Falle von Forschungsförderung durch einen erhöhten Betriebsausgabenabzug für zu Forschungszwecken angeschaffte materielle Wirtschaftsgüter keine Gefahr für die Ausübung der nationalen Steuerhoheit droht.[667] Werden die im Ausland verwendeten Wirtschaftsgüter von der Vergünstigung

---

664 Vgl. EuGH v. 4. 12. 2008, Rs. C-330/07 – Jobra, Slg. 2008, I-9099, Rdnr. 33.

665 Siehe oben, 4. Kapitel, B. I. 3. b. bb., S. 122.

666 Vgl. EuGH v. 4. 12. 2008, Rs. C-330/07 – Jobra, Slg. 2008, I-9099, Rdnr. 33.

667 Auch in den Urteilen zu den Rechtssachen „Jobra" sowie „Tankreederei I" lehnte der EuGH eine Rechtfertigung über den Rechtfertigungsgrund der Wahrung einer ausgewogenen Aufteilung der Besteuerungsbefugnisse ab. In beiden Fällen sei nicht erkennbar, dass das Besteuerungsrecht des jeweiligen Mitgliedstaates ohne die fragliche Regelung gefährdet sei, siehe EuGH v. 4. 12. 2008, Rs. C-330/07 – Jobra, Slg. 2008, I-9099, Rdnr. 33; EuGH v. 22. 12. 2010, Rs. C-287/10 – Tankreederei I, Slg. 2010, I-14233, Rdnr. 22; vgl. hierzu ferner O'Shea, TNI 2011, S. 277 (278).

ausgeschlossen, so kann dies daher nicht mit dem Argument der Wahrung einer ausgewogenen Aufteilung der Besteuerungsbefugnisse gerechtfertigt werden.

(3) Kohärenz des Steuersystems

Ferner könnte man erwägen, dass ein Forschungsförderungsregime, bei welchem nur die im Inland verwendeten Wirtschaftsgüter begünstigt werden, aufgrund der Kohärenz des Steuersystems zu rechtfertigen ist. Dies setzt voraus, dass die Begünstigung durch den erhöhten Betriebsausgabenabzug zu einer anderen Vorschrift des nationalen Steuerrechts derart in einem Zusammenhang steht, dass sich Vorteil und Nachteil ausgleichen.[668] Bei diesem steuerlichen Nachteil müsste es sich um eine Vorschrift handeln, die ausschließlich dann eingreift, wenn Wirtschaftsgüter im Inland verwendet werden – denn nur in diesem Fall kommt es zu der Begünstigung durch den erhöhten Betriebsausgabenabzug, welche durch den Nachteil wieder ausgeglichen werden soll.[669]

Es ist jedoch keine Vorschrift ersichtlich, welche den steuerlichen Vorteil aus dem erhöhten Betriebsausgabenabzug kompensiert und darüber hinaus nicht im Fall von im Ausland verwendeten Wirtschaftsgütern eingreift. Insbesondere besteht kein kohärenter Zusammenhang zwischen dem Steuervorteil und der Besteuerung des Unternehmens für den Gewinn, den es aus der Verwendung des begünstigten Wirtschaftsgutes erzielt.[670] Wie bereits angesprochen wurde, ergibt sich aus dem Ort der Verwendung des begünstigten Forschungsgegenstandes keine unterschiedliche steuerliche Behandlung des Unternehmensgewinns. Da der vom Unternehmen erzielte Gewinn auch dann der Besteuerung durch den Sitzstaat unterfällt, soweit er durch die physische Verwendung von Wirtschaftsgütern in anderen Mitgliedstaaten erzielt wurde, handelt es sich bei der Besteuerung gerade nicht um einen Nachteil, der nur im Inlandsfall auftritt und der daher durch die Steuervergünstigung ausgeglichen werden müsste.

Außerdem erscheint es schon grundsätzlich fraglich, ob eine auf inländische Sachverhalte beschränkte Steuervergünstigung überhaupt mit dem Argument der

---

668 Vgl. EuGH v. 12. 12. 2002, Rs. C-324/00 – Lankhorst-Hohorst, Slg. 2002, I-11779, Rdnr. 42; EuGH v. 14. 9. 2006, Rs. C-386/04 – Stauffer, Slg. 2006, I-8203, Rdnr. 53; EuGH v. 29. 3. 2007, Rs. C-347/04 – Rewe Zentralfinanz, Slg. 2007, I-2647, Rdnr. 62; EuGH v. 22. 12. 2010, Rs. C-287/10 – Tankreederei I, Slg. 2010, I-14233, Rdnr. 24.

669 Vgl. EuGH v. 14. 9. 2006, Rs. C-386/04 – Centro di Musicologia Walter Stauffer, Slg. 2006, I-8203, Rdnr. 56; siehe auch *Wünsch*, Perspektiven eines europarechtskonformen Gemeinnützigkeits- und Zuwendungsrechts, S. 124.

670 Vgl. EuGH v. 10. 3. 2005, Rs. C-39/04 – Laboratoires Fournier, Slg. 2005, I-2057, Rdnr. 21; Generalanwalt *Jacobs*, Schlussanträge zur Rs. C-39/04 – Laboratoires Fournier, Slg. 2005, I-2057, Rdnr. 27; EuGH v. 28. 10. 1999, Rs. C-55/98 – Vestergaard, Slg. 1999, I-7641, Rdnr. 24.

Kohärenz des Steuersystems gerechtfertigt werden kann.[671] Der Rechtfertigungsgrund der Kohärenz folgt gedanklich daraus, dass die Zuständigkeit für das Recht der direkten Steuern bei den Mitgliedstaaten verblieben ist und es damit den Mitgliedstaaten überlassen ist, wie sie die ihnen zustehende Kompetenz ausfüllen und auf welche Weise sie ihr Steuerrecht ausgestalten.[672] Die Anwendung der Grundfreiheiten darf nicht dazu führen, dass die innere Systematik des nationalen Steuersystems ungerechtfertigt beeinträchtigt wird.[673] Entsprechend hat der EuGH bei der Frage nach der Grundfreiheitsvereinbarkeit einer Vorschrift das gesamte Steuersystem des jeweiligen Mitgliedstaats in den Blick zu nehmen. Grundfreiheitsrelevante Benachteiligungen sollen nicht isoliert betrachtet werden, sondern in eine Gesamtschau eingestellt werden mit den übrigen Vorschriften des jeweiligen Steuerrechts. Nun stellt eine Steuervergünstigung indes gerade eine Ausnahme von den allgemeinen Regeln eines Steuersystems dar. Der Steuergesetzgeber weicht von grundlegenden Belastungsentscheidungen – wie beispielsweise der Besteuerung nach der wirtschaftlichen Leistungsfähigkeit – ab, um außersteuerliche Zwecke zu verfolgen, wie etwa vorliegend die Förderung von Forschung und Entwicklung. Da eine Steuervergünstigung somit schon ihrerseits eine Durchbrechung eines im Übrigen kohärenten Steuersystems darstellt, kann eine etwaige Beeinträchtigung der Grundfreiheiten folglich nicht mit dem Argument gerechtfertigt werden, die Ungleichbehandlung diene der Wahrung der Kohärenz des Steuersystems.[674]

Letztlich spricht auch der Zweck einer Steuervergünstigung dagegen, dass es in diesem Bereich überhaupt zu einer Rechtfertigung über den Kohärenzrechtfertigungsgrund kommen kann. Eine Steuervergünstigung kann nur dann die gewünschte Wirkung entfalten, wenn der durch sie vermittelte Vorteil nicht durch einen Nachteil an anderer Stelle wieder ausgeglichen wird. Somit würde eine Kompensation, wie sie der Rechtfertigungsgrund der Kohärenz fordert, bereits den Sinn einer Steuervergünstigung konterkarieren.[675]

Zusammenfassend kann daher festgehalten werden, dass im konkreten Fall – auch ungeachtet der Frage, ob das Kohärenzargument im Falle von Steuervergünstigungen überhaupt zur Rechtfertigung herangezogen werden kann – jedenfalls schon die Voraussetzungen eines unmittelbaren Zusammenhangs nicht vorliegen. Somit kann die Beschränkung der Dienstleistungsfreiheit durch eine

---

671 So auch *Jochum*, Steuervergünstigung, S. 457.
672 Vgl. insbesondere die Ausführungen des Generalanwalts *Maduro* in seinen Schlussanträgen v. 7. 4. 2005 zur Rs. C-446/03 – Marks & Spencer, Slg. 2005, I-10837, Rdnr. 66.
673 Generalanwalt *Maduro*, Schlussanträge v. 7. 4. 2005 zur Rs. C-446/03 – Marks & Spencer, Slg. 2005, I-10837, Rdnr. 66.
674 So auch *Kämper*, Nationale Steuervergünstigungshoheit und Europarecht, S. 76.
675 Vgl. *Jochum*, Steuervergünstigung, S. 457.

Nichtanerkennung von im Ausland verwendeten Forschungsgegenständen nicht über den Rechtfertigungsgrund der Kohärenz des Steuersystems gerechtfertigt werden.

(4)   Verhinderung von Steuerhinterziehung, Steuerumgehung und Steuermissbrauch

Ferner könnte in Betracht gezogen werden, dass die hier vorliegende Grundfreiheitsbeeinträchtigung mit dem Rechtfertigungsgrund der Verhinderung von Steuerhinterziehung, Steuerumgehung und Steuermissbrauch zu rechtfertigen ist. So hatte der EuGH in der Rechtssache „Tankreederei I" von sich aus – die luxemburgische Regierung hatte diesbezüglich keine Rechtfertigungsargumente vorgetragen – geprüft, ob die fragliche Vorschrift aus Gründen der Missbrauchsvermeidung gerechtfertigt werden könne. Dies erfordert nach ständiger Rechtsprechung des EuGH, dass von der Vorschrift lediglich rein künstliche Gestaltungen erfasst werden, die allein auf die Erlangung einer Steuervergünstigung ausgerichtet sind.[676] Im hier zu untersuchenden Fall der Forschungsförderung im Wege eines erhöhten Betriebsausgabenabzugs erscheint jedoch keine Missbrauchsgefahr ersichtlich, die es rechtfertigen würde, die Begünstigung nur auf im Inland verwendete Wirtschaftsgüter zu beschränken. So ist es nicht nur erlaubt, sondern im freien Binnenmarkt sogar erwünscht, dass ein Unternehmen grenzüberschreitend tätig wird und Dienstleistungen – wie beispielsweise die entgeltliche Überlassung von materiellen Wirtschaftsgütern zu Forschungszwecken – auch an nicht gebietsansässige Abnehmer erbringt.

Selbst wenn in diesem Fall eine Gefahr für missbräuchliche Steuergestaltungen bestünde, so wäre jedenfalls eine Regelung, wonach pauschal sämtliche Fälle von im EU-Ausland verwendeten Wirtschaftsgütern von der Förderung ausgeschlossen werden, unverhältnismäßig und nicht mehr vom Rechtfertigungsgrund gedeckt. Eine solche Vorschrift würde jedes Unternehmen treffen, das Forschungsgegenstände im Ausland verwendet, unabhängig davon, ob objektive Verdachtsmomente für eine missbräuchliche Gestaltung vorliegen. Für derartig weitreichende Vorschriften lehnt der EuGH eine Rechtfertigung mit dem Rechtfertigungsgrund der Missbrauchsvermeidung ab.[677]

---

676   EuGH v. 22. 12. 2010, Rs. C-287/10 – Tankreederei I, Slg. 2010, I-14233, Rdnr. 28; vgl. auch oben, 4. Kapitel, B. I. 3. a. bb., S. 116.

677   Vgl. EuGH v. 12. 12. 2002, Rs. C-324/00 – Lankhorst-Hohorst, Slg. 2002, I-11779, Rdnr. 37; EuGH v. 4. 12. 2008, Rs. C-330/07 – Jobra, Slg. 2008, I-9099, Rdnr. 38; EuGH v. 22. 12. 2010, Rs. C-287/10 – Tankreederei I, Slg. 2010, I-14233, Rdnr. 29; O'Shea, TNI 2009, S. 391 (392); siehe auch Generalanwalt Mengozzi, Schlussanträge v. 14. 10. 2008 zur Rs. C-318/07 – Persche, Slg. 2009, I-359, Rdnr. 101.

(5)   Erfordernis eines gewissen Grads an Verbundenheit zwischen dem von
        einer Steuervergünstigung Begünstigten und dem Gemeinwesen des
        betreffenden Mitgliedstaates

Schließlich bleibt zu prüfen, ob die hier vorliegende Grundfreiheitsbeeinträchtigung mit dem Argument gerechtfertigt werden kann, dass ein Mitgliedstaat die Gewährung von steuerlicher Forschungsförderung auf Konstellationen beschränken darf, in denen der Begünstigte eine besondere Form der Verbundenheit zum Gemeinwesen des jeweiligen Mitgliedstaats aufweist. Mit einer vergleichbaren Argumentation hatte die am Verfahren in der Rechtssache „Tankreederei I" beteiligte französische Regierung versucht, die Inlandsbeschränkung der luxemburgischen Investitionsprämie zu rechtfertigen. Die französische Regierung trug vor, dass ein Mitgliedstaat die Gewährung einer Steuervergünstigung, mit der den besonderen Bedürfnissen der gesamten Bevölkerung oder eines Teils davon entsprochen werden solle, davon abhängig machen könne, ob ein gewisser Grad an Verbundenheit zwischen dem Begünstigten und der Gesellschaft des betroffenen Mitgliedstaats bestünde.[678] Im „Tankreederei I"-Fall war dieses Vorbringen nicht erfolgreich – der EuGH lehnte es ab, die luxemburgische Vorschrift mit solchen Erwägungen zu rechtfertigen.[679] Es stellt sich daher die Frage, ob sich der hier zu untersuchende Fall einer steuerlichen Forschungsförderung nur für im Inland verwendete Wirtschaftsgüter derart vom Sachverhalt in der Rechtssache „Tankreederei I" unterscheidet, dass eine andere rechtliche Bewertung geboten ist.

Im Zusammenhang mit der Frage nach der Zulässigkeit einer Steuervergünstigung mit Inlandsbezug ist zunächst auf die Entscheidung des EuGH in der Rechtssache „Stauffer"[680] einzugehen. In diesem Urteil aus dem Jahr 2006 setzte sich der EuGH erstmals mit der Befugnis der Mitgliedstaaten auseinander, die steuerlichen Vergünstigungen für gemeinnützige Einrichtungen von einem hinreichenden Inlandsbezug abhängig zu machen. Im „Stauffer"-Fall ging es um die in Deutschland nur beschränkt steuerpflichtige Stiftung italienischen Rechts „Centro di Musicologia Walter Stauffer", die es sich satzungsgemäß zur Aufgabe gemacht hatte, das traditionelle Geigenbau-Handwerk zu fördern und zu diesem Zweck jungen Schweizern einen Studienaufenthalt in Italien zu ermöglichen.[681] Ein Bezug zu Deutschland bestand in dem Sachverhalt einzig dadurch,

---

678 EuGH v. 22. 12. 2010, Rs. C-287/10 – Tankreederei I, Slg. 2010, I-14233, Rdnr. 30.
679 EuGH v. 22. 12. 2010, Rs. C-287/10 – Tankreederei I, Slg. 2010, I-14233, Rdnr. 32.
680 EuGH v. 14. 9. 2006, Rs. C-386/04 – Centro di Musicologia Walter Stauffer, Slg. 2006,
     I-8203.
681 EuGH v. 14. 9. 2006, Rs. C-386/04 – Centro di Musicologia Walter Stauffer, Slg. 2006,
     I-8203, Rdnr. 7.

dass die Stiftung zur Kapitalanlage ein in Deutschland belegenes Grundstück besaß und hieraus in Deutschland beschränkt steuerpflichtige Vermietungseinkünf-
te bezog. Die Tätigkeit der Stiftung war nach deutschem Recht als gemeinnützig
anzusehen, da das deutsche Gemeinnützigkeitsrecht weder danach unterschied,
ob die selbstlose Tätigkeit im Inland oder im Ausland ausgeübt wird, noch vo-
raussetzte, dass die Tätigkeit den Staatsangehörigen oder den Bewohnern der
Bundesrepublik Deutschland zugutekommt.[682] Indes, so hob die Generalanwältin Stix-Hackl in der Rechtssache „Stauffer" hervor, wäre eine solche Maßgabe
rechtlich zulässig gewesen: Ein Mitgliedstaat dürfe die Gewährung von Steuervergünstigungen an gemeinnützige Einrichtungen davon abhängig machen, dass
deren Tätigkeit einen tatsächlichen Inlandsbezug aufweise.[683] Der Gerichtshof
schloss sich der Rechtsauffassung der Generalanwältin an und urteilte, dass die
Mitgliedstaaten den Gemeinnützigkeitsbegriff weitgehend autonom festlegen
können. Sie haben ein weites Ermessen, welche Interessen der Allgemeinheit sie
dadurch fördern, dass sie Vergünstigungen an Vereinigungen und Stiftungen
gewähren, die selbstlos mit diesen Interessen zusammenhängende Ziele verfolgen.[684]

Dass ein Mitgliedstaat bei unionsrechtlich nicht geregelten Leistungen
grundsätzlich ein weites Ermessen hat, die Leistung von einer Verbundenheit
zwischen Begünstigten und Gesellschaft des Mitgliedstaat abhängig zu machen,
hatte der EuGH unter anderem in der Rechtssache „Gottwald"[685] entschieden.[686]
Dort ging es um eine österreichische Vorschrift, wonach behinderten Menschen
mit Wohnsitz im Inland eine kostenlose Autobahnvignette zu gewähren ist, um
deren Mobilität und damit auch die soziale Integration zu fördern. Diese Anknüpfung an den Wohnsitz erachtete der EuGH als europarechtskonforme Unterscheidung, diene sie doch dazu, auf legitime Weise eine Verbundenheit zwischen Staat und Leistungsempfänger sicherzustellen.[687]

Der EuGH erlaubt es Mitgliedstaaten jedoch wohl nur dann, auf eine Verbundenheit abzustellen, wenn die in Rede stehende Leistung eine soziale Ziel-

---

682 EuGH v. 14. 9. 2006, Rs. C-386/04 – Centro di Musicologia Walter Stauffer, Slg. 2006,
     I-8203, Rdnr. 38.
683 Generalanwältin *Stix-Hackl*, Schlussanträge v. 15. 12. 2005 zur Rs. C-386/04 – Centro
     di Musicologia Walter Stauffer, Slg. 2006, I-8203, Rdnr. 96.
684 EuGH v. 14. 9. 2006, Rs. C-386/04 – Centro di Musicologia Walter Stauffer, Slg. 2006,
     I-8203, Rdnr. 39; so auch EuGH v. 27. 1. 2009, Rs. C-318/07 – Persche, Slg. 2009,
     I-359, Rdnr. 48.
685 EuGH v. 1. 10. 2009, Rs. C-103/08 – Gottwald, Slg. 2009, I-9117.
686 Siehe auch EuGH v. 26. 10. 2006, Rs. C-192/05 – Tas Hagen und Tas, Slg. 2006,
     I-10451, Rdnr. 36.
687 EuGH v. 1. 10. 2009, Rs. C-103/08 – Gottwald, Slg. 2009, I-9117, Rdnr. 36.

setzung aufweist. Dies ergibt sich auch aus der Rechtssache „Tankreederei I", in welcher der Gerichtshof eine Rechtfertigung der nur für inländische Investitionen gewährten Steuervergünstigung mit der Begründung ablehnt, die fragliche Investition habe keinerlei soziale Zielsetzung.[688]

Unterstellt man, dass der EuGH hier – sprachlich etwas ungenau – nicht auf die Zielsetzung der konkreten Investition abstellen wollte, sondern vielmehr auf die Zielrichtung, derentwillen die fragliche staatliche Leistung gewährt wird, so kann man im „Tankreederei I"-Fall durchaus am sozialen Gehalt zweifeln. Im Gegensatz zur Rechtssache „Gottwald", wo die gesellschaftliche Integration von behinderten Menschen gefördert werden sollte, verfolgte Luxemburg in der Rechtssache „Tankreederei I" keinen erkennbaren sozialen Zweck, sondern betrieb lediglich Investitionsförderung zur Konjunkturbelebung.

Fraglich erscheint daher, inwiefern der EuGH im hier zu untersuchenden Fall der steuerlichen Forschungsförderung mittels eines erhöhten Betriebsausgabenabzugs nur für im Inland verwendete Wirtschaftsgüter von einer sozialen Zielsetzung ausgehen würde. Zwar entfaltet F&E-Förderung – wie bereits dargestellt wurde – mannigfaltige positive Effekte, indem sie Wachstumsimpulse für die Wirtschaft herbeiführt und dazu beiträgt, die Wettbewerbsfähigkeit sowie die Beschäftigungssituation zu verbessern und nicht zuletzt den Wissensstand einer Gesellschaft zu mehren. Es ist jedoch anzunehmen, dass der EuGH diese Ziele nicht als „soziale Zielsetzung" im Sinne des in der „Tankreederei I"-Entscheidung angelegten Maßstabs begreifen wird, denn auch die dortige Investitionsfördermaßnahme verfolgte wirtschaftsstimulierende Zwecke und ihr sprach der EuGH jedwede soziale Zielsetzung ausdrücklich ab.

Der Befund, dass der EuGH in seiner bisherigen Rechtsprechung zum Inlandsbezug bei Steuervergünstigungen voraussetzt, dass der jeweiligen nationalen Regelung eine konkrete soziale Zielsetzung zugrunde liegt, wird auch durch die Rechtssache „Stauffer" bestätigt. Die Ausführungen des EuGH in dieser Rechtssache beziehen sich nur auf das Gemeinnützigkeitsrecht – eine Materie, die durch das selbstlose Tätigwerden der Beteiligten zum Wohle der Allgemeinheit geprägt ist und die folglich eine soziale Zielsetzung aufweist. Die in gemeinnützigen Einrichtungen zusammengeschlossenen Bürger dienen durch ihre selbstlose Tätigkeit dem gemeinen Wohl und ersparen damit dem Staat die Aufwendungen, die erforderlich wären, falls er selbst zur Verwirklichung dieses Gemeinwohlinteresses tätig werden müsste.[689] Die steuerlichen Vergünstigungen für die Tätigkeit von gemeinnützigen Einrichtungen – einschließlich der

---

688   EuGH v. 22. 12. 2010, Rs. C-287/10 – Tankreederei I, Slg. 2010, I-14233, Rdnr. 32.
689   *Neumann*, FR 2008, S. 745 (746); *Drüen/Liedtke*, FR 2008, S. 1 (7).

diesen Einrichtungen zukommenden Zuwendungen[690] – rechtfertigen sich folglich daher, dass diese Einrichtungen staatliche Leistungen substituieren, die andernfalls aus dem Staatshaushalt zu finanzieren wären.[691] Selbst wenn man sich auf den Standpunkt stellt, auch bei steuerlicher Forschungsförderung käme es zu einer derartigen Substitution staatlicher Leistungen, da der Staat mit eigenen Mitteln forschend tätig werden müsste, sofern dies nicht in den Unternehmen geschieht, so kann die unternehmerische Forschungstätigkeit gleichwohl nicht als gemeinnützig bezeichnet werden. Es fehlt evident an einer „selbstlosen"[692] Tätigkeit des forschenden Unternehmens, denn typischerweise arbeitet ein Unternehmen gewinnorientiert und damit gerade nicht selbstlos. Die zum Gemeinnützigkeitsrecht ergangene Rechtsprechung des EuGH kann daher nicht auf den Fall der steuerlichen Förderung von unternehmerischer F&E-Tätigkeit übertragen werden. Somit kann das vom EuGH in der Rechtssache „Stauffer" eröffnete Ermessen der Mitgliedstaaten, in ihre nationale Definition des Begriffs der Gemeinnützigkeit einen Inlandsbezug aufzunehmen, auch nicht zur Rechtfertigung einer Regelung herangezogen werden, wonach eine steuerliche Vergünstigung für die Anschaffung von Wirtschaftsgütern zu Forschungszwecken nur bei anschließender Nutzung im Inland gewährt wird.

Schließlich ist zu beachten, dass ein kategorischer Ausschluss von im Ausland verwendeten Wirtschaftsgütern auch einen Verstoß gegen den Grundsatz der Verhältnismäßigkeit darstellen könnte. So bestand in der Rechtssache „Gottwald" die Möglichkeit, auch ohne österreichischen Wohnsitz seine Verbundenheit mit Österreich darzutun und somit an eine kostenfreie Autobahnvignette zu gelangen. Im „Tankreederei I"-Fall hingegen wäre für die Frage nach der Verbundenheit zur luxemburgischen Gesellschaft in unverhältnismäßiger Weise ausschließlich darauf abzustellen gewesen, an welchem Ort die zu fördernde Investition durchgeführt wurde. Eine Beeinträchtigung der Grundfreiheiten kann mit einer derartigen Erwägung nach Ansicht des EuGH nicht gerechtfertigt werden.[693] Daher ist davon auszugehen, dass der EuGH – selbst wenn er Forschungsförderung als soziale Zielsetzung anerkennen würde –, gleichwohl ein aus-

---

690 *Seer*, in: DStJG 26, S. 11 (26); zur steuerlichen Abzugsfähigkeit von Spenden an im EU-Ausland ansässige Einrichtungen vgl. ferner EuGH v. 27. 1. 2009, Rs. C-318/07 – Persche, Slg. 2009, I-359.

691 *Jachmann*, BB 2006, S. 2607 (2611); *Helios*, EWS 2006, S. 108 (114).

692 Vgl. § 52 Abs. 1 Satz 1 in Verbindung mit § 55 Abs. 1 AO.

693 EuGH v. 22. 12. 2010, Rs. C-287/10 – Tankreederei I, Slg. 2010, I-14233, Rdnr. 32; siehe auch den mit der Rechtssache „Gottwald" vergleichbaren Fall (EuGH v. 26. 10. 2006, Rs. C-192/05 – Tas Hagen und Tas, Slg. 2006, I-10451). Dort erblickte der EuGH in einem Wohnsitzerfordernis ohne sonstige Ausnahmeregelung ebenfalls einen Verstoß gegen das Verhältnismäßigkeitsprinzip.

nahmslos an den Ort der Verwendung eines Wirtschaftsguts anknüpfendes Verbundenheitskriterium als unverhältnismäßig erachten würde.

c. *Beschleunigte Abschreibung von zu Forschungszwecken angeschafften Wirtschaftsgütern*

Als weitere Ausgestaltungsalternative von steuerlicher Forschungsförderung auf der Ebene der Bemessungsgrundlage kommt die Möglichkeit zur beschleunigten Abschreibung in Betracht. Auch hier könnte ein Mitgliedstaat in Erwägung ziehen, die Förderung von einem Inlandsbezug des zu fördernden Sachverhalts abhängig zu machen. In diesem Zusammenhang sind die gleichen Unterscheidungen denkbar, wie sie bereits oben unter dem Punkt der „Gewährung eines erhöhten Betriebsausgabenabzugs" dargestellt wurden.

Zum einen könnte ein Mitgliedstaat danach unterscheiden, ob die Aufwendungen für die Anschaffung eines Wirtschaftsguts im Inland oder im Ausland angefallen sind. So könnte eine beschleunigte Abschreibung nur für Wirtschaftsgüter gewährt werden, die bilanziell einer inländischen Niederlassung zuzuordnen sind. Dieser Ausschluss von in ausländischen Betriebsstätten angefallenen Aufwendungen wäre indes die Folge des steuerlichen Territorialitätsprinzips, wonach Betriebsausgaben, die wirtschaftlich durch eine ausländische Betriebsstätte veranlasst wurden, primär vom Betriebsstättenstaat zu berücksichtigen sind und damit nicht Bestandteil der inländischen Bemessungsgrundlage werden. Da auch die Begünstigung in Form einer beschleunigten Abschreibungsmöglichkeit an die inländische steuerliche Bemessungsgrundlage anknüpft, können Forschungsaufwendungen einer ausländischen Betriebsstätte nicht erfasst und dementsprechend auch nicht begünstigt werden. Eine derartige Ungleichbehandlung zwischen inländischen und ausländischen Aufwendungen würde folglich keinen Verstoß gegen die EU-Grundfreiheiten darstellen.[694]

Nicht zulässig wäre indes, wenn ein Mitgliedstaat nach dem Ort der physischen Verwendung eines Wirtschaftsguts unterscheidet und die Steuervergünstigung nur für im Inland verwendete Gegenstände gewährt. Für die europarechtliche Bewertung ergibt es keinen Unterschied, ob die zu untersuchende Steuervergünstigung mittels eines erhöhten Betriebsausgabenabzugs oder mittels einer beschleunigten Abschreibungsmöglichkeit ausgestaltet wird. Daher sind die oben zu den Grundfreiheitsbeeinträchtigungen durch einen erhöhten Betriebs-

---

694 In der europarechtlichen Bewertung ergibt sich auch kein rechtlich relevanter Unterschied daraus, ob die beschleunigte Abschreibung technisch durch eine Sonderabschreibung oder eine erhöhte Absetzung realisiert wird. Zu den Unterschieden zwischen diesen beiden Instrumenten siehe oben, 3. Kapitel, B. I. 2., S. 82 f.

ausgabenabzug bereits ausführlich dargestellten Argumente auch auf den Fall von begünstigten Abschreibungsregelungen übertragbar.

Zu erwägen bliebe jedoch, ob das Vorliegen eines Verstoßes gegen die europäischen Grundfreiheiten verneint werden kann, weil die fragliche Regelung nur eine geringe Eingriffsintensität aufweist. Vorschriften zur beschleunigten Abschreibung bewirken lediglich, dass die – in der Höhe unveränderten – Aufwendungen für abnutzbare Wirtschaftsgüter schneller steuerlich zum Abzug gebracht werden. Betrachtet man die gesamte Nutzungszeit des abzuschreibenden Wirtschaftsguts, so wird die Steuerlast des Unternehmens bloß zeitlich aufgeschoben, jedoch nicht reduziert. Entsprechend wird einem Unternehmen, das seine Wirtschaftsgüter grenzüberschreitend für Dienstleistungen einsetzt und daher tatbestandlich nicht in den Genuss der beschleunigten Abschreibung kommt, auch keine Steuerersparnis vorenthalten. Daher könnte man argumentieren, dass die Benachteiligung dieses grenzüberschreitenden Sachverhalts so gering sei, dass nicht von einem Grundfreiheitsverstoß gesprochen werden könne.

Dieses Argument verfängt jedoch nicht. Zum einen ergeben sich aus dem zeitlichen Aufschub der Steuerzahlung für das begünstigte Unternehmen Liquiditäts- sowie Zinsvorteile. Zum anderen würde der EuGH – selbst wenn es diese rechtlich relevanten Vorteile nicht gäbe – gleichwohl einen Verstoß gegen die Grundfreiheiten bejahen, da die Grundfreiheiten nach seiner ständigen Rechtsprechung vor jeglichen Diskriminierungen oder Beschränkungen schützen, unabhängig vom Ausmaß der Beeinträchtigung.[695] Eine steuerliche Vorschrift, wonach zu Forschungszwecken angeschaffte Wirtschaftsgüter nur dann beschleunigt abgeschrieben werden können, wenn sie nach der Anschaffung physisch im Inland verwendet werden, stellt somit eine nicht zu rechtfertigende Beeinträchtigung der Dienstleistungsfreiheit dar.

2.   Forschungsförderung auf der Ebene des Steuersatzes

Als zweiter steuersystematischer Anknüpfungspunkt für eine steuerliche Forschungsförderungsmaßnahme kommt eine Begünstigung auf der Ebene des Steuersatzes in Betracht. Ein Mitgliedstaat könnte dem Beispiel Frankreichs folgen und unternehmerische Forschungstätigkeiten durch einen reduzierten Steuersatz begünstigen. So könnte eine Ausnahme vom regulären Steuersatz vorgesehen werden, indem auf Lizenzerträge oder Einkünfte aus der Verwertung oder Veräußerung von Forschungsergebnissen ein ermäßigter Tarif angewandt wird.

---

695   EuGH v. 18. 5. 1993, Rs. C-126/91 – Yves Rocher, Slg. 1993, I-2361, Rdnr. 21; EuGH v. 11. 3. 2004, Rs. C-9/02 – Lasteyrie du Saillant, Slg. 2004, I-2409, Rdnr. 43; *Mayer-Theobald*, Non-garden most favoured negotiating, S. 142; *Hahn*, DStZ 2005, S. 507 (512); siehe auch oben, 4. Kapitel, B. I. 3. b. aa., S. 121.

Führt die Absenkung des Steuersatzes dazu, dass das Steuerniveau für Einkünfte aus der Verwertung von Forschungsergebnissen in einem anderen Mitgliedstaat höher liegt, so geht von dem abgesenkten Steuersatz ein finanzieller Anreiz für innovative ausländische Unternehmen aus, ihre Geschäftstätigkeiten ins Inland zu verlagern und sodann die steuerpflichtigen Einkünfte im Inland unter Geltung des dortigen reduzierten Steuersatzes zu erzielen. Demgegenüber wird es für ein forschendes Unternehmen, das bereits im Inland ansässig ist, weniger attraktiv, seinen Sitz oder zumindest seine Forschungstätigkeiten in einen anderen Mitgliedstaat zu verlegen, da es dann nicht in den Genuss der inländischen Steuersatzreduzierung kommt, sondern seine Verwertungseinkünfte dem dortigen höheren Steuersatz unterworfen werden.

Aufgrund dieser Auswirkungen auf die grenzüberschreitende Tätigkeit eines Unternehmens stellt sich die Frage, inwiefern eine Steuersatzreduktion für Einkünfte aus der Verwertung von Forschungsergebnissen mit den Vorgaben der EU-Grundfreiheiten vereinbar ist. Bezogen auf die Inbound-Konstellation ist eine solche nationale Maßnahme unproblematisch als grundfreiheitskonform anzusehen. Wenn die steuerliche Vorschrift unterschiedslos für jedes im Inland steuerpflichtige Unternehmen gilt, das den Tatbestand der begünstigten Einkünfte erfüllt, so kommt es nicht zu einer Schlechterbehandlung von Steuerausländern und damit nicht zu einer verbotenen Diskriminierung.

Hinsichtlich der Outbound-Konstellation führt eine Steuersatzreduktion – wie dargestellt – dazu, dass es für ein deutsches Unternehmen weniger attraktiv wird, von den Grundfreiheiten Gebrauch zu machen und entweder Unternehmenssitz oder Geschäftstätigkeiten in einen anderen Mitgliedstaat mit höherem Steuerniveau zu verlagern. Nach ständiger Rechtsprechung des EuGH stellt es eine grundsätzlich unzulässige Beschränkung der Grundfreiheiten dar, wenn staatliche Maßnahmen die Ausübung der Grundfreiheiten verbieten, behindern oder weniger attraktiv machen. Zwar kann eine inländische Steuervergünstigung ein Unternehmen davon abhalten, seine Geschäftstätigkeit in anderen EU-Mitgliedstaaten auszuüben, in denen keine derartige Steuervergünstigung gilt – dieser Umstand folgt jedoch unmittelbar aus der fehlenden Harmonisierung des direkten Steuerrechts und stellt damit keine Beschränkung von Grundfreiheiten dar. Es ist Sache jedes Mitgliedstaates, unter Beachtung des Unionsrechts sein Steuerrecht zu errichten und insbesondere die anwendbare Besteuerungsgrundlage und den anwendbaren Steuersatz zu bestimmen.[696] Solange das Recht der direkten Steuern innerhalb Europas nicht harmonisiert ist und die Steuerhoheit

---

696 EuGH v. 12. 12. 2006, Rs. C-446/04 – Test Claimants in the FII Group Litigation, Slg. 2006, I-11753, Rdnr. 47; EuGH v. 23. 10. 2008, Rs. C-157/07 – Krankenheim Ruhesitz am Wannsee, Slg. 2008, I-8061, Rdnr. 48; so auch *Schön*, IStR 2004, S. 289.

daher bei den Mitgliedstaaten liegt, werden die Steuersätze zwischen den einzelnen Mitgliedstaaten differieren. Auch aus den Grundfreiheiten folgt für die Mitgliedstaaten nicht die Verpflichtung, für alle Unionsbürger steuerliche Lastengleichheit herzustellen.[697] Adressat des von den Grundfreiheiten ausgehenden Gleichbehandlungsgebots ist jeweils nur ein und derselbe Hoheitsträger.[698] Somit stellt es keine rechtlich relevante Ungleichbehandlung dar, wenn die Mitgliedstaaten ihre nationalen Steuerrechtsordnungen unterschiedlich ausgestalten.[699] Nach ständiger Rechtsprechung des EuGH könne aus dem EU-Vertrag keine Garantie entnommen werden, dass die Verlagerung einer wirtschaftlichen Tätigkeit in einen anderen Mitgliedstaat hinsichtlich der Besteuerung neutral zu sein habe.[700] Vielmehr ergebe sich aus dem nicht harmonisierten direkten Steuerrecht, dass eine grenzüberschreitende Verlagerung je nach Einzelfall steuerliche Vor- sowie Nachteile aufweisen könne.[701] Auch nach Ansicht des BFH ist eine im Vergleich zu anderen Mitgliedstaaten höhere oder niedrigere Belastung durch direkte Steuern europarechtlich grundsätzlich unbedenklich.[702]

Als Zusammenfassung kann daher festgehalten werden, dass ein Mitgliedstaat aufgrund der bei ihm verbliebenen Steuerhoheit den innerhalb seines Territoriums anwendbaren Steuersatz frei bestimmen darf. Somit stellt es keine Beeinträchtigung der Grundfreiheiten dar, wenn für bestimmte Einkünfte – wie hier

---

697 *Wagner*, Steuergleichheit unter Standortvorbehalt?, S. 55.

698 *Kokott*, in: Lehner (Hrsg.), Grundfreiheiten im Steuerrecht der EU-Staaten, S. 1 (6); *Cordewener*, Europäische Grundfreiheiten und nationales Steuerrecht, S. 181. Ein Staat ist für Ungleichbehandlungen folglich auch nur in dem Umfang verantwortlich, als sich diese aus dem Recht dieses Staates selbst ergeben. Stellen sich Ungleichheiten in der Folge eines Nebeneinanders verschiedener Rechtsordnungen ein, so kann dies dem Staat nicht zugerechnet werden. Siehe hierzu insbesondere *Kube*, in: Mellinghoff/Palm (Hrsg.), Gleichheit im Verfassungsstaat, S. 23 (46); sowie *Kube*, in: Reimer et al. (Hrsg.), Europäisches Gesellschafts- und Steuerrecht, S. 225 (240).

699 *Kokott*, in: Lehner (Hrsg.), Grundfreiheiten im Steuerrecht der EU-Staaten, S. 1 (6).

700 EuGH v. 29. 4. 2004, Rs. C-387/07 – Weigel und Weigel, Slg. 2004, I-4981, Rdnr. 55; Generalanwalt *Geelhoed*, Schlussanträge v. 23. 2. 2006 zur Rs. C-374/04 – Test Claimants in Class IV of the ACT Group Litigation, Slg. 2006, I-11673, Rdnr. 44; Generalanwalt *Léger*, Schlussanträge v. 2. 5. 2006 zur Rs. C-196/04 – Cadbury Schweppes, Slg. 2006, I-7995, Rdnr. 81; *Schön*, IStR 2004, S. 289 (292); *Schnitger*, Die Grenzen der Einwirkung der Grundfreiheiten des EG-Vertrages auf das Ertragsteuerrecht, S. 248.

701 EuGH v. 29. 4. 2004, Rs. C-387/07 – Weigel und Weigel, Slg. 2004, I-4981, Rdnr. 55.

702 BFH v. 18. 9. 2003, X R 2/00, BStBl. II 2004, S. 17 ff.; dazu auch *Keß*, FR 2004, S. 86 (87 f.); *Schnitger*, Die Grenzen der Einwirkung der Grundfreiheiten des EG-Vertrages auf das Ertragsteuerrecht, S. 249.

etwa Lizenzerträge oder Einkünfte aus der Verwertung oder Veräußerung von Forschungsergebnissen – ein ermäßigter Steuersatz zur Anwendung kommt.[703]

Auf einem anderen Blatt steht indes, ob eine derartige Vorschrift auch mit dem europäischen Beihilfenrecht vereinbar wäre. Eine staatliche Maßnahme, durch welche die Belastung reduziert wird, die ein Unternehmen normalerweise zu tragen hat, wirft grundsätzlich – zumal wenn sie selektiv nur für bestimmte Branchen gewährt wird – die Frage nach der Vereinbarkeit mit den Vorschriften des europäischen Beihilfenrechts auf. Auf diesen Themenkomplex wird später im Abschnitt C.[704] einzugehen sein.

3. Forschungsförderung auf der Ebene der Steuerschuld

Schließlich kann eine Maßnahme zur steuerlichen F&E-Förderung rechtstechnisch auf der Ebene der Steuerschuld umgesetzt werden. Neben einer Steuergutschrift in Höhe eines Teils der vom Unternehmen für Forschung aufgewendeten Kosten – dem „Tax credit" – kommt hier in Betracht, jungen innovativen Unternehmen eine temporäre Befreiung von der Ertragsbesteuerung zu gewähren oder den Betrag zu reduzieren, den ein Unternehmen an Lohnsteuer für sein Forschungspersonal an den Fiskus abzuführen hat.

Im Falle von Forschungsförderung mittels einer Steuergutschrift könnte sodann noch zwischen den Aufwendungen eines Unternehmens für interne F&E und solchen für externe F&E differenziert werden.

a. Gewährung einer Steuergutschrift sowohl für interne als auch für externe F&E

Unproblematisch mit den Vorgaben der europäischen Grundfreiheiten vereinbar wäre es, wenn ein Mitgliedstaat eine Steuervergünstigung zur Forschungsförderung sowohl für die intern im Unternehmen durchgeführte F&E als auch für die extern in Auftrag gegebene F&E gewährt und dabei nicht danach unterscheidet, an welchem Ort die externen Forschungstätigkeiten jeweils durchgeführt wurden. Eine derartige Regelung hätte wirtschaftlich zur Folge, dass der von der Forschungsförderung ausgehende finanzielle Anreiz für ein Unternehmen gleich hoch wäre, F&E entweder selbst durchzuführen oder sie – wahlweise im Inland oder im Ausland – von Dritten gegen Entgelt durchführen zu lassen. Im Hin-

---

703 Dies gilt freilich nur unter der Voraussetzung, dass die gesetzliche Regelung keine sonstigen, ihrerseits unzulässigen Differenzierungen vorsieht – wie etwa eine Unterscheidung nach dem Ort der Verwendung des geförderten Wirtschaftsguts; vgl. oben, 4. Kapitel, B. II. 1. b., S. 131 ff.

704 Siehe unten, 4. Kapitel, C., S. 177 ff.

blick auf das den Grundfreiheiten innewohnende Beschränkungsverbot wäre eine solche Maßnahme neutral, wäre es doch für ein deutsches Unternehmen nicht weniger attraktiv, externe Forschungstätigkeiten grenzüberschreitend bei einem ausländischen Forschungsdienstleister in Anspruch zu nehmen als bei einem inländischen Dienstleister.

b. Gewährung einer Steuergutschrift nur für interne F&E

Ein Mitgliedstaat könnte jedoch auch erwägen, die Forschungsförderung mittels Steuergutschrift von einem Inlandsbezug des zu fördernden Sachverhalts abhängig zu machen. Zur Begründung für eine derartige Regelung könnte ein Staat vorbringen, dass nur die innerhalb seines Staatsgebietes durchgeführte Forschung begünstigt werden solle. Der Mitgliedstaat könnte zum einen argumentieren, dass durch das Erfordernis eines Inlandsbezugs sichergestellt werde, dass sich die positiven Auswirkungen, die eine gesteigerte F&E-Tätigkeit von Unternehmen auf den Arbeitsmarkt und das Wirtschaftswachstum entfalten, auch primär im Inland realisieren. Zum anderen könnte ein Staat ebenfalls vortragen, dass er nicht verpflichtet sei, seine Steuereinnahmen dafür einzusetzen, die Forschungstätigkeiten in anderen Mitgliedstaaten zu fördern.

Eine Beschränkung der Förderung auf im Inland durchgeführte Forschung könnte gesetzlich auf zwei Arten umgesetzt werden. Entweder könnte die steuerliche Förderung nur auf Aufwendungen für interne Forschung beschränkt werden. Begünstigt wären dann nur die vom inländischen Betrieb oder der inländischen Betriebsstätte selbst und „im Haus" durchgeführten Forschungsarbeiten. Ausgeschlossen hingegen wären Aufwendungen für externe F&E, also die im In- oder Ausland von anderen Unternehmen, Forschungseinrichtungen oder Hochschulen gegen Entgelt durchgeführte Auftragsforschung. Wenn externe Forschungsaufwendungen wie in diesem Beispiel gänzlich nicht steuerlich begünstigt werden, könnte damit auch keine Förderung für die im Ausland durchgeführte Auftragsforschung begehrt werden.

Als wirtschaftliche Folge eines derartigen generellen Ausschlusses von externen Forschungsaufwendungen wäre es für ein Unternehmen günstiger, Forschungsarbeiten selbst durchzuführen, als sie bei einem Forschungsdienstleister in Auftrag zu geben. Es stellt sich jedoch die Frage, ob darin eine Beeinträchtigung der europäischen Grundfreiheiten zu erblicken ist. Aus der Inbound-Perspektive ist zunächst festzustellen, dass die Regelung unterschiedslos für sämtliche Unternehmen gilt, die der inländischen Besteuerung unterliegen und die die Tatbestandsvoraussetzungen des Steuergesetzes erfüllen. Sowohl unbeschränkt als auch beschränkt Steuerpflichtige könnten demnach für ihre internen Forschungsaufwendungen eine Steuervergünstigung erhalten. Die Vorschrift würde damit keine Unterscheidung nach der Staatsangehörigkeit oder dem Unternehmenssitz vorsehen und mithin keine Diskriminierung darstellen.

Eine Beschränkung von Grundfreiheiten liegt ebenfalls nicht vor. Zwar würde es für ein deutsches Unternehmen weniger attraktiv werden, von seiner Dienstleistungsfreiheit Gebrauch zu machen und beispielsweise einen ausländischen Forschungsdienstleister mit der Durchführung von externer F&E zu beauftragen, wenn für diese Forschungsaufwendungen keine Steuergutschrift gewährt wird. Die fehlende steuerliche Vergünstigung für externe Forschung würde es ferner auch aus Sicht des ausländischen Forschungsdienstleisters erschweren, seine Dienstleistungen am deutschen Markt anzubieten. Diese Nachteile führen jedoch nicht dazu, dass von einer Beschränkung der primärrechtlich garantierten Grundfreiheiten gesprochen werden kann, denn es liegt keine grundfreiheitlich relevante Schlechterbehandlung des grenzüberschreitenden Sachverhaltes gegenüber einem rein innerstaatlichen Sachverhalt vor. So wird ein Unternehmen, das F&E-Arbeiten von einem Forschungsdienstleister mit Sitz in einem anderen Mitgliedstaat bezieht, steuerlich nicht schlechter behandelt, als wenn es den gleichen Auftrag einem inländischen Unternehmen erteilt hätte. In beiden Fällen wären die Aufwendungen für die externe Forschungsarbeit nicht steuerlich begünstigt. Aus demselben Grund liegt auch aus Sicht eines Forschungsdienstleisters mit Sitz im EU-Ausland keine Ungleichbehandlung vor, da dieser nicht schlechter behandelt wird als seine inländische Konkurrenz, dessen Auftraggeber ebenfalls nicht zum Empfang einer Steuergutschrift berechtigt wird.

Mithin würde ein Mitgliedstaat nicht gegen die europäischen Grundfreiheiten verstoßen, wenn er bei der steuerlichen Förderung mittels einer Steuergutschrift nur die Aufwendungen für interne F&E berücksichtigt.

Ob ein vollständiger Ausschluss von externen F&E-Aufwendungen jedoch auch wirtschaftspolitisch sinnvoll ist, darf indes bezweifelt werden. Wie bereits dargestellt, soll mit staatlicher Forschungsförderung insbesondere bezweckt werden, die Kosten zu verringern, die einem Unternehmen durch F&E entstehen, damit sich Unternehmen trotz des kostspieligen Fehlschlagrisikos und des wirtschaftlich unsicheren Ausgangs dazu entschließen, Forschungstätigkeiten durchzuführen.[705] Es soll dem Marktversagen im Forschungssektor entgegengewirkt werden, wonach die positiven Effekte von unternehmerischen Forschungsbemühungen auch einen eminenten gesamtgesellschaftlichen Nutzen stiften, während jedoch die Kosten und das Risiko einseitig beim forschenden Unternehmen verbleiben. In Bezug auf diese genannten Punkte besteht nun aus ökonomischer Perspektive kaum ein Unterschied, ob ein Unternehmen Eigenforschung betreibt

---

705 Siehe oben, 2. Kapitel, B. I., S. 19 ff.

oder Auftragsforschung von einem Dienstleister einkauft. So trägt das auftraggebende Unternehmen auch im Fall von externer Forschung nicht nur die dafür anfallenden Kosten, sondern im Regelfall auch das wirtschaftliche Risiko der Forschungstätigkeit.[706] Bei erfolgreicher Forschungsarbeit werden die geistigen Eigentumsrechte an den Forschungsergebnissen üblicherweise an den Auftraggeber herausgegeben, so dass sie von diesem verwertet werden können und die daraus resultierenden Erlöse auch von diesem versteuert werden müssen.[707] Die zur ökonomischen Rechtfertigung von steuerlicher Forschungsförderung vorgebrachten Argumente haben mithin bei interner wie bei externer Forschung gleichermaßen Gültigkeit. Somit spricht viel dafür, dass auch Auftragsforschung von einer steuerlichen Forschungsförderung mit umfasst sein sollte.[708]

c. *Gewährung einer Steuergutschrift für interne sowie für im Inland durchgeführte externe F&E*

Entscheidet sich ein Mitgliedstaat daher, Steuergutschriften für Forschungsaufwendungen nicht nur im Fall von intern durchgeführter F&E zu gewähren, sondern auch für externe Forschungstätigkeiten, so könnte er gleichwohl in Betracht ziehen, eine tatbestandliche Beschränkung auf inländische Sachverhalte aufzunehmen. So bliebe als zweite Möglichkeit neben dem kategorischen Ausschluss von externen Forschungsaufwendungen zu erwägen, die Aufwendungen für Auftragsforschung in die steuerliche Begünstigung mit aufzunehmen, die Förderung der externen F&E jedoch davon abhängig zu machen, dass die Forschung im Inland durchgeführt wurde.

Auf ähnliche Weise unterscheidet beispielsweise die österreichische Regelung zur steuerlichen Forschungsförderung in § 108c Abs. 2 öEStG zwischen interner und externer Forschung. Während Aufwendungen für die in einem inländischen Betrieb oder einer inländischen Betriebsstätte erfolgte Eigenforschung ohne weitere Voraussetzungen zum Empfang der österreichischen Forschungsprämie berechtigen, ist die Begünstigung für Auftragsforschung zum einen der Höhe nach gedeckelt und setzt außerdem voraus, dass die Auftragsforschung von einem inländischen Betrieb oder einer inländischen Betriebsstätte in Auftrag

---

706 *Spengel et al.*, Steuerliche Förderung von F&E, S. 88; *Herbold*, Steuerliche Anreize für Forschung und Entwicklung im internationalen Vergleich, S. 310; *Löhr*, Steuerliche Förderung von Forschung und Entwicklung, S. 29; Institut der deutschen Wirtschaft (IW) (Hrsg.), Grundgedanke und Ausgestaltungsvariante einer steuerlichen FuE-Förderung, S. 15.

707 *Spengel et al.*, Steuerliche Förderung von F&E, S. 88; *Herbold*, Steuerliche Anreize für Forschung und Entwicklung im internationalen Vergleich, S. 311.

708 So auch *Schlie/Stetzelberger*, IStR 2008, S. 269 (273); *Hornig*, BB 2010, S. 215 (219).

gegeben wurde und dass der Auftragnehmer seinen Sitz in einem Mitgliedstaat der EU oder des EWR hat.[709] Von der steuerlichen Begünstigung ausgeschlossen sind mithin Forschungsaufträge, die von Unternehmen oder Einrichtungen mit Sitz in Drittstaaten durchgeführt werden.

Für die hier vorliegende Untersuchung stellt sich die Frage, ob die Einbeziehung von EU-Staaten in die steuerliche Forschungsförderung vom Recht der Europäischen Union zwingend vorgeschrieben wird oder ob es ebenso mit den Grundfreiheiten vereinbar wäre, wenn ein Mitgliedstaat sich entschließt, auch die im EU-Ausland durchgeführte externe Forschung von einer Förderung auszunehmen und eine Steuergutschrift folglich nur für die innerhalb seines Hoheitsgebiets durchgeführten F&E-Tätigkeiten zu gewähren.

aa. Beeinträchtigung der Dienstleistungsfreiheit

Ein Ausschluss von jedweder im Ausland durchgeführter F&E-Arbeit von einer steuerlichen Vergünstigung würde sich zum einen zu Lasten von inländischen Unternehmen auswirken und diese davon abhalten, grenzüberschreitend als Dienstleistungsempfänger aufzutreten. Während die Aufwendungen für im Inland durchgeführte externe F&E mit einer Steuergutschrift begünstigt werden, berechtigen die an ausländische Dienstleister gezahlten Aufwendungen nicht zum Empfang einer derartigen Steuervergünstigung. Unter Geltung einer derartigen Regelung wäre es für ein inländisches Unternehmen weniger attraktiv, sich „outbound" zu betätigen und ein ausländisches Unternehmen mit der Durchführung von Forschungsarbeiten zu beauftragen. Indem diese Form der steuerlichen Forschungsförderung dazu führt, dass der Gebrauch der Dienstleistungsfreiheit behindert wird, handelt es sich bei dieser staatlichen Maßnahme mithin um eine Beschränkung der Dienstleistungsfreiheit nach Art. 56 AEUV.

Zum anderen würde eine steuerliche Regelung, welche die Aufwendungen für im Ausland durchgeführte externe F&E-Arbeit von einer Begünstigung ausnimmt, auch hinsichtlich der Inbound-Situation zu einer Grundfreiheitsbeeinträchtigung führen. Da die Vorschrift zwischen den Aufwendungen für im Inland und denen für im Ausland durchgeführte externe Forschung unterscheidet – indem eine Steuergutschrift nur im Inlandsfall gewährt wird –, bewirkt dies, dass ein inländisches Unternehmen eher inländische als ausländische Dienstleister mit der Durchführung von Auftragsforschung betrauen wird. Es käme zu einer Ungleichbehandlung objektiv vergleichbarer Sachverhalte, nämlich zwischen Forschungsdienstleistern mit Sitz im Inland und solchen mit Sitz in einem anderen EU-Mitgliedstaat. Eine auf diese Weise ausgestaltete staatliche F&E-

---

709 Siehe hierzu oben, 2. Kapitel, C. III., S. 70 f.

Förderung würde einem Unternehmen, welches in einem anderen EU-Mitgliedstaat niedergelassen ist und von dort aus Forschungsdienstleistungen anbietet, den Zutritt zum deutschen Markt erschweren. Diese Ungleichbehandlung stellt eine Diskriminierung und damit eine Beeinträchtigung der Dienstleistungsfreiheit nach Art. 56 AEUV dar.

Im Hinblick auf die Frage nach einer Rechtfertigung dieser Ungleichbehandlung ist zu unterscheiden, ob es sich dabei um eine offene, unmittelbare oder um eine versteckte, mittelbare Diskriminierung handelt. Offen diskriminierende Vorschriften können nur über die ausdrücklich im Primärrecht geschriebenen Rechtfertigungsgründe gerechtfertigt werden. Demgegenüber können mittelbare Diskriminierungen nach ständiger Rechtsprechung des EuGH auch über ungeschriebene Rechtfertigungsgründe gerechtfertigt werden, womit kein Verstoß gegen die Grundfreiheiten vorläge, wenn die fragliche Maßnahme in verhältnismäßiger Weise zur Erreichung eines zwingenden Grundes des Allgemeinwohls erforderlich ist.[710]

Eine offene Diskriminierung läge vor, wenn sich ein Mitgliedstaat eines unzulässigen Differenzierungskriteriums bedient und an die Staatsangehörigkeit von natürlichen Personen oder an die Ansässigkeit von juristischen Personen eine unterschiedliche rechtliche Behandlung anknüpft.[711]

Im vorliegenden Fall knüpft die Vorschrift, wonach im Ausland durchgeführte externe Forschung – im Gegensatz zu jener, die im Inland durchgeführt wurde –, nicht steuerlich begünstigt wird, nicht an die Staatsangehörigkeit oder den Sitz des Dienstleisters an. Vom Empfang einer Steuergutschrift werden Unternehmen nicht deswegen ausgeschlossen, weil sie ein im Ausland ansässiges Unternehmen mit der Durchführung von externer Forschung beauftragt haben, sondern weil dieser Forschungsdienstleister seine Tätigkeit im Ausland durchgeführt hat. Der Regelung zufolge wäre für den Ausschluss nicht entscheidend, dass es sich um einen ausländischen Dienstleister handelt, sondern vielmehr, dass ein Dienstleister – gleich welcher Nationalität – seine Forschungsdienstleistung nicht im Inland erbringt. So kann durchaus auch die F&E-Dienstleistung eines ausländischen Unternehmens mit Sitz in einem anderen EU-Mitgliedstaat den Auftraggeber zum Empfang der Steuergutschrift berechtigen, sofern dieses Unternehmen seine Dienstleistung im Inland mittels einer inländischen Niederlassung ausübt. Das Unterscheidungskriterium, von dem die Berechtigung zum Empfang der Steuergutschrift für externe F&E abhängig gemacht wird, ist somit der Umstand, ob der F&E-Dienstleister über eine inländische Niederlassung verfügt und seine Dienstleistung demnach im Inland durchführt. Bei der hier zu

---

710 Siehe hierzu oben, 4. Kapitel, B. I. 3., S. 111 f.
711 Siehe oben, 4. Kapitel, B. I. 2. a., S. 105 ff.

prüfenden Vorschrift kommt es daher nicht zu einer Ungleichbehandlung aufgrund von Staatsangehörigkeit oder Ansässigkeit, so dass keine offene Diskriminierung vorliegt.

Auch wenn die fragliche Regelung formal nicht anhand der Staatsangehörigkeit oder des Hauptsitzes des ausländischen Dienstleistungserbringers differenziert, so hat sie doch dieselbe nachteilige Wirkung. Forschungsdienstleister mit Sitz in einem anderen Mitgliedstaat werden aufgrund dieser Vorschrift daran gehindert, ihre Dienstleistungen im Inland anzubieten. Eine derartige Regelung stellt mittelbar auf den Sitz des Erbringers der Forschungsdienstleistung ab und behindert dessen grenzüberschreitende Tätigkeiten.[712] Es handelt sich dabei folglich um eine mittelbare Diskriminierung.

Zusammenfassend kann festgehalten werden, dass es eine Beeinträchtigung der Dienstleistungsfreiheit aus Art. 56 AEUV darstellen würde, wenn ein Mitgliedstaat ein System der steuerlichen Forschungsförderung einführt, bei welchem die Aufwendungen eines Unternehmens für Auftragsforschung nur dann steuerlich begünstigt werden, wenn die Forschung im Inland stattgefunden hat. Aus Sicht des auftraggebenden Unternehmens würde dies eine Beschränkung der Grundfreiheit darstellen, denn durch die fehlende Förderung könnte es davon abgehalten werden, eine grenzüberschreitende Dienstleistung in Anspruch zu nehmen und einen ausländischen Dienstleister mit der Durchführung von Forschungsarbeiten zu beauftragen. Da diese Regelung dazu beiträgt, den Markt abzuschotten und ausländische Dienstleister gegenüber den inländischen Dienstleistern schlechterstellt, kommt es aus Sicht der ausländischen Dienstleister zu einer mittelbaren Diskriminierung.

bb. Rechtfertigung der Beeinträchtigung

Nach ständiger Rechtsprechung des EuGH können sowohl Beschränkungen als auch mittelbare Diskriminierungen mit den ungeschriebenen zwingenden Gründen des Allgemeininteresses gerechtfertigt werden.[713] Daher muss an dieser Stelle für die Beantwortung der Frage, ob eine Rechtfertigungsmöglichkeit besteht, nicht zwischen den beiden Formen der Beeinträchtigung der Dienstleistungsfreiheit unterschieden werden.

---

712 Vgl. EuGH v. 10. 3. 2005, Rs. C-39/04 – Laboratoires Fournier, Slg. 2005, I-2057, Rdnr. 18; Generalanwalt *Jacobs*, Schlussanträge v. 9. 12. 2004 zur Rs. C-39/04 – Laboratoires Fournier, Slg. 2005, I-2057, Rdnr. 11; Generalanwalt *Tesauro*, Schlussanträge v. 23. 9. 1997 zur Rs. C-118/96 – Safir, Slg. 1998, I-1897, Rdnr. 23; siehe auch *Roth*, in: Dauses (Hrsg.), Handbuch des EU-Wirtschaftsrechts, E. I., Rdnr. 160.

713 Siehe nur *Frenz*, Handbuch Europarecht, Bd. 1, Rdnr. 2644.

Über einen Sachverhalt, der der hier vorliegenden Fallkonstellation sehr ähnlich ist, hatte der EuGH bereits im Jahr 2005 in der Rechtssache „Laboratoires Fournier"[714] zu entscheiden. In diesem Verfahren ging es ebenfalls um die Rechtsfrage, ob eine nationale Maßnahme der Forschungsförderung, wonach eine Steuervergünstigung nur für im Inland durchgeführte F&E-Tätigkeiten vorgesehen ist, gegen die Grundfreiheiten verstößt oder ob eine solche Regelung gerechtfertigt werden kann.

Dem Vorabentscheidungsverfahren in der Rechtssache „Laboratoires Fournier" lag Art. 244 quater B des französischen Allgemeinen Steuergesetzbuchs (Code général des impôts) zugrunde. Diese Vorschrift sah vor, dass Unternehmen mit F&E-Aufwendungen eine steuerliche Vergünstigung erfahren sollten, indem ihnen eine Steuergutschrift in Höhe von 50 Prozent des Betrags gewährt werden konnte, um den ihre jährlichen Forschungsaufwendungen den zweijährigen Durchschnitt ihrer bisherigen Forschungsaufwendungen überstiegen. Indes konnte diese Steuervergünstigung nur für Aufwendungen für in Frankreich durchgeführte Forschungstätigkeiten in Anspruch genommen werden.[715]

Zum Verfahren vor dem EuGH kam es, als die im Bereich Pharmazieherstellung und -vertrieb tätige französische Aktiengesellschaft Laboratoires Fournier die angesprochene F&E-Steuervergünstigung auch für ihre in andere Mitgliedstaaten ausgelagerte Auftragsforschung geltend machte, jene Aufwendungen von der zuständigen Finanzbehörde jedoch nicht berücksichtigt wurden. Gegen diese ablehnende Entscheidung bestritt Laboratoires Fournier den Rechtsweg und berief sich auf eine Verletzung der europäischen Grundfreiheiten. In der Folge setzte das zuständige Gericht das Verfahren aus und legte dem EuGH gemäß Art. 267 AEUV die Frage vor, ob die Dienstleistungsfreiheit dahingehend auszulegen ist, dass sie einer Regelung wie der verfahrensgegenständlichen französischen Steuerrechtsnorm entgegensteht. Zunächst stellte der EuGH fest, dass es sich bei der steuerlichen Differenzierung zwischen inländischen und ausländischen Forschungsdienstleistern um eine auf dem Ort der Erbringung der Dienstleistung beruhende Ungleichbehandlung handelt, womit demnach eine Beeinträchtigung der Dienstleistungsfreiheit nach Art. 56 AEUV vorliegt.[716] Sodann hatte sich der Gerichtshof mit der Frage auseinanderzusetzen, inwiefern diese Beeinträchtigung der Dienstleistungsfreiheit gerechtfertigt werden könne. Da der Sachverhalt in der Rechtssache „Laboratoires Fournier" große Gemeinsamkeiten mit der hier zu untersuchenden Fallgestaltung aufweist,

---

714 EuGH v. 10. 3. 2005, Rs. C-39/04 – Laboratoires Fournier, Slg. 2005, I-2057; siehe dazu auch die Besprechung von *Kofler*, ÖStZ 2005, S. 198.
715 EuGH v. 10. 3. 2005, Rs. C-39/04 – Laboratoires Fournier, Slg. 2005, I-2057, Rdnr. 4.
716 EuGH v. 10. 3. 2005, Rs. C-39/04 – Laboratoires Fournier, Slg. 2005, I-2057, Rdnr. 16.

kann diese Entscheidung für die Beantwortung der Frage herangezogen werden, ob es der EuGH als mit den Grundfreiheiten vereinbar ansehen würde, wenn steuerliche Forschungsförderung nur für im Inland durchgeführte F&E gewährt wird.

(1) Steuerliches Territorialitätsprinzip

Ein steuerliches Forschungsförderungsregime, welches Aufwendungen für Auftragsforschung nur dann mit einer Steuergutschrift begünstigt, wenn die Forschung im Inland durchgeführt wurde, würde keinen Verstoß gegen die Grundfreiheiten darstellen, wenn sich die unterschiedliche Behandlung von im Inland und von im Ausland durchgeführter Forschung unmittelbar aus dem steuerlichen Territorialitätsprinzip ergäbe. Das steuerliche Territorialitätsprinzip besagt, dass sich die steuerliche Hoheit eines Staates nur auf das eigene Staatsgebiet erstreckt und dass ein Staat beispielsweise steuerliche Abzugsposten nicht berücksichtigen muss, wenn diese keinen ausreichenden wirtschaftlichen Bezug zu seinem Hoheitsgebiet aufweisen.[717] Darauf aufbauend könnte man daher argumentieren, dass aus dem steuerlichen Territorialitätsprinzip abgeleitet werden könne, dass ein Mitgliedstaat nicht verpflichtet sei, steuerliche Vergünstigungen für Forschungstätigkeiten zu gewähren, die außerhalb seines Territoriums durchgeführt wurden. So berief sich etwa auch die französische Regierung in der Rechtssache „Laboratoires Fournier" auf das steuerliche Territorialitätsprinzip und trug vor, dass die fragliche Regelung aus diesem Grund aus dem Anwendungsbereich der Dienstleistungsfreiheit herausfalle und somit auch keinen Grundfreiheitsverstoß darstelle.[718] Der Europäische Gerichtshof schloss sich jedoch der von Generalanwalt Jacobs in seinen Schlussanträgen vertretenen Rechtsauffassung an, wonach eine Begrenzung der steuerlichen F&E-Förderung auf in Frankreich ausgeführte Forschungstätigkeiten keinen Anwendungsfall des steuerlichen Territorialitätsprinzips darstellt.[719] Zur Begründung führte Generalanwalt Jacobs zum einen aus, dass die Rechtssache „Futura Participations und Singer", in welcher das steuerliche Territorialitätsprinzip vom EuGH erstmalig anerkannt worden war, die Vertragsbestimmungen über die Niederlassungsfreiheit behandelte und nunmehr zweifelhaft sei, inwiefern diese Ausführungen auf den Fall der Dienstleistungsfreiheit übertragen werden könnten. Zum anderen betonte der General-

---

717 *Dürrschmidt/Schiller*, EuR 2006, S. 275 (278); zum Territorialitätsprinzip siehe auch EuGH v. 13. 12. 2005, Rs. C-446/03 – Marks & Spencer, Slg. 2005, I-10837, Rdnr. 36.

718 EuGH v. 10. 3. 2005, Rs. C-39/04 – Laboratoires Fournier, Slg. 2005, I-2057, Rdnr. 8.

719 Generalanwalt *Jacobs*, Schlussanträge zur Rs. C-39/04 – Laboratoires Fournier, Slg. 2005, I-2057, Rdnr. 15; EuGH v. 10. 3. 2005, Rs. C-39/04 – Laboratoires Fournier, Slg. 2005, I-2057, Rdnr. 18.

anwalt, dass das steuerliche Territorialitätsprinzip von der Prämisse ausgehe, dass Steuerinländer nicht besser behandelt werden als Steuerausländer.[720] Indes führe es zu einer besseren Behandlung des Inlandssachverhalts, wenn ein Mitgliedstaat seine steuerliche F&E-Förderung derart ausgestaltet, dass Steuerpflichtige, die sich nationaler Forschungszentren bedienen, eine günstigere steuerliche Behandlung erfahren als solche, die ausländische Forschungsdienstleister mit der Durchführung von externer Forschungsarbeit beauftragen.[721]

Zudem kann, wie der EuGH in der Rechtssache „Manninen" präzisierte, eine unterschiedliche Behandlung von vergleichbaren Sachverhalten nicht über das Territorialitätsprinzip gerechtfertigt werden.[722] Im hier zu untersuchenden Fall kommt es zu einer unterschiedlichen Behandlung von vergleichbaren Sachverhalten. So befindet sich ein Unternehmen, das im Inland durchgeführte Auftragsforschung in Anspruch nimmt, in einer objektiv vergleichbaren Situation mit einem Unternehmen, welches Auftragsforschung in Anspruch nimmt, die in einem anderen EU-Mitgliedstaat durchgeführt wurde. Nach deutschem Ertragsteuerrecht gilt in beiden Fällen – und damit unabhängig vom Ort, an dem die Auftragsforschung durchgeführt wurde –, dass die abgeflossenen Forschungsaufwendungen beim auftraggebenden Unternehmen als Betriebsausgaben abziehbar sind und die Einkünfte aus der Verwertung der Forschungsergebnisse vom verwertenden Unternehmen versteuert werden müssen. Wird nun ausschließlich im Fall von inländischer Auftragsforschung eine Steuergutschrift gewährt, bei ausländischer Auftragsforschung jedoch nicht, so liegt eine unterschiedliche Behandlung vergleichbarer Sachverhalte vor, die demnach nicht über den Gedanken des steuerlichen Territorialitätsprinzips gerechtfertigt werden kann.

Auch über die in der Rechtssache „Laboratoires Fournier" bereits angesprochenen Argumente hinaus erscheint es als zweifelhaft, ob die vorliegend zu untersuchende nationale Maßnahme vom Anwendungsbereich des steuerlichen Territorialitätsprinzips umfasst ist. Das steuerliche Territorialitätsprinzip thematisiert letztlich nur die Frage nach der territorialen Reichweite des steuerlichen Zugriffs eines Staates. Für die steuerliche Berücksichtigung ist entscheidend, an welchem Ort Aufwendungen wirtschaftlich veranlasst wurden. Auch im Fall von im Ausland durchgeführter Auftragsforschung sind die Aufwendungen für diese Forschung aber im Inland – am Sitz des Auftraggebers – wirtschaftlich veranlasst. Da mit steuerlicher F&E-Förderung bezweckt werden soll, ein Unterneh-

---

720 Generalanwalt *Jacobs*, Schlussanträge zur Rs. C-39/04 – Laboratoires Fournier, Slg. 2005, I-2057, Rdnr. 14.

721 Generalanwalt *Jacobs*, Schlussanträge zur Rs. C-39/04 – Laboratoires Fournier, Slg. 2005, I-2057, Rdnr. 14.

722 EuGH v. 7. 9. 2004, Rs. C-319/02 – Manninen, Slg. 2004, I-7477, Rdnr. 39; siehe dazu auch *Kofler*, ÖStZ 2005, S. 26 (30).

men mit F&E-Aufwendungen steuerlich zu entlasten, kann das Territorialitäts-prinzip nach hier vertretener Auffassung nicht als Begründung dafür herangezo-gen werden, bestimmte F&E-Aufwendungen von der steuerlichen Förderung auszunehmen.

(2)   Vermeidung des Rückgangs der inländischen Steuereinnahmen

Der politisch vorherrschende Grund, warum ein Mitgliedstaat seine Forschungs-förderung restriktiv ausgestalten und beispielsweise im Ausland durchgeführte Forschungtätigkeiten von einer Begünstigung ausnehmen möchte, dürfte das Interesse sein, die finanzielle Belastung für den Staatshaushalt möglichst gering zu halten. Freilich fällt die Belastung des Fiskus aufgrund von Steuermindereinnahmen umso geringer aus, je enger der Kreis der Anspruchsberechtigten einer Steuervergünstigung gezogen wird. Dieses rein wirtschaftliche Argument kann jedoch nach ständiger Rechtsprechung des EuGH nicht vorgetragen werden, um eine ungleiche Behandlung zwischen einer im Inland sowie einer im Ausland durchgeführten Dienstleistung zu rechtfertigen.[723]

(3)   Kohärenz des Steuersystems

In der Rechtssache „Laboratoires Fournier" wurde von der französischen Regie-rung vorgetragen, die in Rede stehende Vorschrift sei durch die Notwendigkeit gerechtfertigt, die Kohärenz des Steuersystems in Frankreich zu gewährleis-ten.[724] Hierfür hätte es eines unmittelbaren Zusammenhangs bedurft zwischen einer steuerlichen Entlastung auf der einen Seite und einer steuerlichen Belas-tung auf der anderen Seite, durch welche die Entlastung in systemkohärenter Weise kompensiert würde. Im Fall „Laboratoires Fournier" lag die Entlastung in der Möglichkeit, für in Frankreich durchgeführte F&E-Tätigkeiten eine Steuer-gutschrift zu erhalten. Dem stand nach Auffassung des EuGH jedoch keine Be-lastung gegenüber, die zu einer Kompensation dieses Steuervorteils geführt hät-te. Zu Recht stellte der EuGH fest, dass es sich bei der Belastung mit Körper-schaftsteuer nicht um einen solchen steuersystemkohärenten Nachteil handelt.[725] Die Körperschaftsteuerpflicht trifft jedes in Frankreich wirtschaftlich tätige Un-ternehmen einer bestimmten Rechtsform – unabhängig davon, ob dieses Unter-

---

723   Vgl. die Schlussanträge von Generalanwalt *Saggio* v. 1. 12. 1998 zur Rs. C-254/97 – Baxter, Slg. 1999, I-4809, Rdnr. 13.

724   Generalanwalt *Jacobs*, Schlussanträge zur Rs. C-39/04 – Laboratoires Fournier, Slg. 2005, I-2057, Rdnr. 24.

725   EuGH v. 10. 3. 2005, Rs. C-39/04 – Laboratoires Fournier, Slg. 2005, I-2057, Rdnr. 21; siehe auch Generalanwalt *Jacobs*, Schlussanträge v. 9. 12. 2004 zur Rs. C-39/04 – La-boratoires Fournier, Slg. 2005, I-2057, Rdnr. 27.

nehmen eine F&E-Steuergutschrift erhalten hat. Damit steht die Körperschaftsteuerpflicht gerade nicht in einem unmittelbaren Zusammenhang mit dem steuerlichen Vorteil aus der F&E-Steuervergünstigung.

Außerdem kann nach hier vertretener Auffassung der Rechtfertigungsgrund der Kohärenz schon generell nicht zur Rechtfertigung von grundfreiheitsbeeinträchtigenden Steuervergünstigungen angewandt werden. Der Sinn und Zweck einer Steuervergünstigung wäre konterkariert, wenn der durch die Steuervergünstigung vermittelte steuerliche Vorteil durch einen steuerlichen Nachteil an anderer Stelle wieder ausgeglichen würde.[726]

Als Zwischenfazit kann somit festgehalten werden, dass die steuerliche Vorschrift eines Mitgliedstaates, nach welcher eine Steuergutschrift zur Forschungsförderung nur die Aufwendungen für im Inland durchgeführte F&E-Tätigkeiten begünstigt, nicht mit der Notwendigkeit gerechtfertigt werden kann, die Kohärenz des Steuersystems zu gewährleisten.

(4)   Förderung von Forschung und Entwicklung

Sowohl in der Rechtssache „Laboratoires Fournier" als auch in der zeitlich nachfolgenden Rechtssache „Jundt"[727] hatte sich der EuGH ferner mit dem Argument auseinanderzusetzen, ob die Förderung von Forschung und Entwicklung einen zwingenden Grund des Allgemeininteresses darstellt, mit dem eine Beeinträchtigung von Grundfreiheiten gerechtfertigt werden kann.[728] Dass diese Erwägung nicht bereits in früheren Verfahren, sondern erstmalig im Jahr 2004 im Fall „Laboratoires Fournier" als möglicher Rechtfertigungsgrund vorgetragen wurde, ist – wie Generalanwalt Jacobs zutreffend feststellte[729] – nicht zwangsläufig von Bedeutung ist, da der EuGH im Laufe seiner langjährigen Einzelfallrechtsprechung zur Europarechtskonformität von nationalen Vorschriften des direkten Steuerrechts wiederholt neue Rechtfertigungsgründe herausgearbeitet oder bestehende neu konturiert hatte.

Hinsichtlich der Frage, ob auch die Förderung von F&E zu den ungeschriebenen Rechtfertigungsgründen zählt, legte sich der EuGH in der Rechtssache „Laboratoires Fournier" jedoch nicht endgültig fest, sondern ließ die Beantwortung dieser Frage offen. Der Gerichtshof urteilte lediglich, dass nicht ausge-

---

726   Siehe dazu oben, 4. Kapitel, B. II. 1. b. bb. (3), S. 139.

727   EuGH v. 18. 12. 2007, Rs. C-281/06 – Jundt, Slg. 2007, I-12231; siehe auch *Hüttemann/ Helios*, IStR 2008, S. 200.

728   EuGH v. 10. 3. 2005, Rs. C-39/04 – Laboratoires Fournier, Slg. 2005, I-2057, Rdnr. 22; EuGH v. 18. 12. 2007, Rs. C-281/06 – Jundt, Slg. 2007, I-12231, Rdnr. 47.

729   Generalanwalt *Jacobs*, Schlussanträge v. 9. 12. 2004 zur Rs. C-39/04 – Laboratoires Fournier, Slg. 2005, I-2057, Rdnr. 30.

schlossen werden könne, dass es sich bei der Förderung von Forschung und Entwicklung um einen zwingenden Grund des Allgemeininteresses handele. Da jedoch die im Fall „Laboratoires Fournier" konkret betroffene französische Rechtsvorschrift mit dieser Erwägung nicht gerechtfertigt werden könne, tätigte der EuGH keine weiteren Ausführungen zur grundsätzlichen Eignung als Rechtfertigungsgrund.[730]

In seinem Urteil zur Rechtssache „Laboratoires Fournier" befand der EuGH, dass die im Verfahren streitige französische Vorschrift, wonach im Ausland durchgeführte Forschungstätigkeiten von einer steuerlichen Begünstigung ausgenommen bleiben, nicht mit dem Interesse an der Förderung von Forschung und Entwicklung gerechtfertigt werden könne, da eine solche Vorschrift im direkten Gegensatz zu den Zielen der Unionspolitik aus Art. 179 AEUV stünde.[731] In Art. 179 AEUV ist primärrechtlich festgelegt, welche Ziele die Europäische Union in den Bereichen Forschung und technologische Entwicklung verfolgt. Insbesondere wird angestrebt, dass sich auf diesem Gebiet eine Kooperation zwischen Unternehmen, Forschungszentren und Hochschulen entwickelt. Bei ihren Zusammenarbeitsbestrebungen sollen diese Akteure von der Union unterstützt und gefördert werden, insbesondere gemäß Art. 179 Abs. 2 AEUV durch Beseitigung der einer Zusammenarbeit entgegenstehenden rechtlichen und steuerlichen Hindernisse.[732]

Die französische Vorschrift, über deren Europarechtskonformität der EuGH in der Rechtssache „Laboratoires Fournier" zu entscheiden hatte, wurde diesem Unionsziel nach Auffassung des EuGH indes nicht gerecht; vielmehr führe die Versagung der Steuergutschrift im Auslandsfall zu einem zusätzlichen Hemmnis für die Zusammenarbeit zwischen inländischen Unternehmen und ausländischen Forschungsdienstleistern.

Dem Urteil des EuGH in der Rechtssache „Laboratoires Fournier" kann demnach entnommen werden, dass der Gerichtshof eine Rechtfertigung einer Grundfreiheitsbeeinträchtigung ablehnt, wenn es durch die in Rede stehende nationale Maßnahme zu einem Verstoß gegen ein Unionsziel kommt. Diese Aussage kann als folgerichtige Konsequenz des vom EuGH in ständiger Rechtsprechung formulierten Eingangssatzes einer jeden grundfreiheitlichen Prüfung im Recht der direkten Steuern betrachtet werden: Nach gegenwärtigem Stand der Harmonisierung ist die Kompetenz zur Rechtsetzung im direkten Steuerrecht

---

730 EuGH v. 10. 3. 2005, Rs. C-39/04 – Laboratoires Fournier, Slg. 2005, I-2057, Rdnr. 23.

731 EuGH v. 10. 3. 2005, Rs. C-39/04 – Laboratoires Fournier, Slg. 2005, I-2057, Rdnr. 23; siehe auch die Ausführungen des Generalanwalts *Jacobs* in seinen Schlussanträgen v. 9. 12. 2004 zur Rs. C-39/04 – Laboratoires Fournier, Slg. 2005, I-2057, Rdnr. 32.

732 Siehe dazu auch *Eikenberg*, in: Grabitz/Hilf/Nettesheim (Hrsg.), Das Recht der Europäischen Union, Art. 179 AEUV, Rdnr. 33 sowie 124 ff.

bei den Mitgliedstaaten verblieben, jedoch haben diese ihre Befugnisse unter Wahrung des Unionsrechts auszuüben.[733] In seinem Urteil in der Rechtssache „Laboratoires Fournier" stellt der EuGH somit klar, dass der rechtliche Rahmen, den die Mitgliedstaaten bei der Ausübung ihrer Gesetzgebungskompetenz zu beachten haben, auch die primärrechtlich niedergeschriebenen politischen Ziele der Europäischen Union umfasst. Kommt es durch eine nationale Maßnahme zu einer rechtfertigungsbedürftigen Grundfreiheitsbeeinträchtigung, so ist dieser Maßnahme eine Rechtfertigung verschlossen, wenn sie zugleich auch gegen ein Unionsziel verstößt.

Soweit ersichtlich, ergingen bislang erst zwei EuGH-Urteile zur Frage, ob eine Grundfreiheitsbeeinträchtigung, die gegen ein Ziel der Unionspolitik verstößt, gerechtfertigt werden kann. Die Rechtsauffassung aus dem Fall „Laboratoires Fournier" wurde wenig später in der Rechtssache „Jundt" bestätigt. In der „Jundt"-Entscheidung ging es um die deutsche so genannte „Übungsleiterpauschale" aus § 3 Nr. 26 EStG. Der Kläger des Ausgangsverfahrens, ein deutscher Staatsangehöriger, hatte nebenberuflich an einer französischen Universität einen Lehrauftrag übernommen. Die Aufwandsentschädigung für diese Tätigkeit wurde nach deutschem Steuerrecht der Einkommensbesteuerung unterworfen, während er für die gleiche Tätigkeit an einer inländischen Universität eine Steuerfreigrenze in Anspruch hätte nehmen können.[734] Da diese ungleiche steuerliche Behandlung geeignet ist, Lehrkräfte davon abzuhalten, ihre Leistungen in anderen Mitgliedstaaten anzubieten, führt sie zu einer Beschränkung der Dienstleistungsfreiheit.

Zur Verteidigung trug die deutsche Regierung in der Rechtssache „Jundt" vor, diese Grundfreiheitsbeeinträchtigung sei aufgrund eines zwingenden Grundes des Allgemeininteresses gerechtfertigt, nämlich der Förderung von Bildung, Forschung und Entwicklung.[735] Auch wenn es der EuGH – wie bereits in „Laboratoires Fournier" – nicht ausdrücklich ausschloss, dass die Förderung von Bildung, Forschung und Entwicklung einen ungeschriebenen Rechtfertigungsgrund darstellen könne, ließ der Gerichtshof die Argumentation der deutschen Regierung gleichwohl nicht durchgreifen, sondern lehnte eine Rechtfertigung mit dem Hinweis ab, dass die fragliche deutsche Vorschrift dem Unionsziel aus Art. 165 Abs. 2 AEUV, die Mobilität von Lernenden und Lehrenden zu fördern, zuwider-

---

733 Siehe oben, 4. Kapitel, A., S. 93.
734 EuGH v. 18. 12. 2007, Rs. C-281/06 – Jundt, Slg. 2007, I-12231, Rdnr. 6 ff.; Generalanwalt *Maduro*, Schlussanträge v. 10. 10. 2007 zur Rs. C-281/06 – Jundt, Slg. 2007, I-12231, Rdnr. 2 ff.
735 EuGH v. 18. 12. 2007, Rs. C-281/06 – Jundt, Slg. 2007, I-12231, Rdnr. 47.

laufe.[736] § 3 Nr. 26 EStG in der streitgegenständlichen Fassung bewirke nicht, dass die Mobilität von Lehrkräften gefördert werde, sondern vielmehr würden Lehrkräfte durch die nachteilige steuerliche Behandlung abgeschreckt, von ihren Grundfreiheiten Gebrauch zu machen und grenzüberschreitend tätig zu werden.[737]

Aus den EuGH-Urteilen zu den Rechtssachen „Laboratoires Fournier" und „Jundt" kann somit entnommen werden, dass eine grundfreiheitswidrige Maßnahme eines Mitgliedstaats nicht gerechtfertigt werden kann, wenn diese Maßnahme eine Rechtsfolge vorsieht, die gegen ein ausdrückliches, geschriebenes Ziel der Unionspolitik verstößt.

Ferner stellt es eine unverzichtbare Voraussetzung für die Rechtfertigung einer Grundfreiheitsbeeinträchtigung dar, dass das Verhältnismäßigkeitsprinzip gewahrt bleibt. Eine staatliche Maßnahme muss mithin ein geeignetes, erforderliches sowie angemessenes Mittel sein, um einen als legitimen Zweck anerkannten zwingenden Grund des Allgemeininteresses zu erreichen. Selbst wenn man die Förderung von Forschung und Entwicklung als zwingenden Grund des Allgemeininteresses und damit als möglichen Rechtfertigungsgrund anerkennt, muss die konkrete nationale Maßnahme auch tauglich sein, diesen Zweck zu erreichen. Mit Forschungsförderung verfolgt ein Staat unter anderem den Zweck, den Unternehmen einen Anreiz für mehr F&E-Investitionen zu geben, indem die Kosten reduziert werden, die dem Unternehmen durch Forschungstätigkeiten erwachsen. Ferner soll eine steuerliche Förderung zu herausragenden Forschungsleistungen anspornen.[738] Zutreffend stellt Generalanwalt Jacobs in seinen Schlussanträgen zur Rechtssache „Laboratoires Fournier" fest, dass herausragende Leistungen indes nicht zwangsläufig auf die inländischen Forschungseinrichtungen eines einzelnen Mitgliedstaates beschränkt sind.[739] Um den Vorgaben des Verhältnismäßigkeitsgrundsatzes gerecht zu werden, besteht hier für die Mitgliedstaaten ein besonderer Begründungsaufwand, darzulegen, dass die konkrete Maßnahme in verhältnismäßiger Weise dem angestrebten Zweck dienlich ist. So müsste es zur Förderung von F&E erforderlich sein, dass eine Maßnahme nur die im Inland getätigten Forschungsaufwendungen begünstigt.

---

736 EuGH v. 18. 12. 2007, Rs. C-281/06 – Jundt, Slg. 2007, I-12231, Rdnr. 61; siehe ferner *Marchgraber*, ZfHR 2010, S. 47 (58).

737 Generalanwalt *Maduro*, Schlussanträge v. 10. 10. 2007 zur Rs. C-281/06 – Jundt, Slg. 2007, I-12231, Rdnr. 17.

738 So auch Generalanwalt *Jacobs*, Schlussanträge zur Rs. C-39/04 – Laboratoires Fournier, Slg. 2005, I-2057, Rdnr. 31.

739 Generalanwalt *Jacobs*, Schlussanträge zur Rs. C-39/04 – Laboratoires Fournier, Slg. 2005, I-2057, Rdnr. 31.

In seinen Schlussanträgen zur Rechtssache „Laboratoires Fournier" attestierte Generalanwalt Jacobs jedoch, dass die französische Regierung seines Erachtens nicht hinreichend deutlich vorgetragen habe, inwiefern die fragliche Regelung geeignet sei, das angeblich verfolgte Ziel – die Förderung von Forschung und Entwicklung – zu erreichen.[740] Auch in der Rechtssache „Jundt" versäumte es die deutsche Regierung nach Auffassung des EuGH, schlüssig darzulegen, woraus sich ergebe, dass es zur Förderung des Bildungswesens erforderlich sei, die Steuerfreiheit für nebenberufliche Lehrtätigkeit allein den Steuerpflichtigen vorzubehalten, die eine solche Lehrtätigkeit im Inland ausüben.[741] Wenn ein Mitgliedstaat keine Argumente dafür vorbringen kann, weshalb es seiner Ansicht nach für die Förderung von F&E unerlässlich ist, eine Maßnahme zu erlassen, welche zu einer Beeinträchtigung der Dienstleistungsfreiheit führt, so liegt die Annahme nahe, dass es dem Mitgliedstaat mit der Maßnahme vielmehr darum geht, den Forschungssektor im Inland zu schützen.[742] Der Schutz eines bestimmten Wirtschaftszweigs vor Konkurrenz aus anderen Mitgliedstaaten stellt indes einen rein wirtschaftlichen Grund dar und ist nicht geeignet, eine Grundfreiheitsbeeinträchtigung zu rechtfertigen.[743]

Als Zusammenfassung kann festgehalten werden, dass der EuGH in seinen Urteilen zu den Rechtssachen „Laboratoires Fournier" und „Jundt" zwar nicht ausschlossen hat, dass die Förderung von Forschung und Entwicklung einen zwingenden Grund des Allgemeininteresses und damit einen ungeschriebenen Rechtfertigungsgrund darstellen könnte. Eine Rechtfertigungsmöglichkeit lehnt der Gerichtshof indes ab, wenn die konkrete mitgliedstaatliche Maßnahme gegen ein ausdrückliches Ziel der Unionspolitik verstößt oder der Verhältnismäßigkeitsgrundsatz nicht gewahrt ist.

Im vorliegend zu untersuchenden Fall sollen die Aufwendungen für im Ausland durchgeführte externe Forschung von einer steuerlichen Begünstigung ausgenommen werden. Diese Schlechterstellung behindert die grenzüberschreitende Zusammenarbeit zwischen Unternehmen und den ausländischen Anbietern von Auftragsforschung, also Forschungszentren, Hochschulen oder anderen Unternehmen. Dies stellt ein steuerliches Hindernis und damit einen Verstoß gegen das Unionsziel aus Art. 179 Abs. 2 AEUV dar. Außerdem würde der EuGH die

---

740 Generalanwalt *Jacobs*, Schlussanträge zur Rs. C-39/04 – Laboratoires Fournier, Slg. 2005, I-2057, Rdnr. 31.

741 EuGH v. 18. 12. 2007, Rs. C-281/06 – Jundt, Slg. 2007, I-12231, Rdnr. 63.

742 Siehe auch Generalanwalt *Jacobs*, Schlussanträge zur Rs. C-39/04 – Laboratoires Fournier, Slg. 2005, I-2057, Rdnr. 31.

743 Generalanwalt *Jacobs*, Schlussanträge zur Rs. C-39/04 – Laboratoires Fournier, Slg. 2005, I-2057, Rdnr. 31; EuGH v. 5. 6. 1997, Rs. C-398/95 – Ypourgos Ergasias, Slg. 1997, I-3091, Rdnr. 23.

fragliche Regelung voraussichtlich als unverhältnismäßig einstufen, da nicht ersichtlich ist, inwiefern ein Ausschluss von ausländischen F&E-Aufwendungen geeignet ist, zur Förderung von F&E beizutragen. Demnach könnte eine solche Vorschrift nicht durch das Ziel, Forschung und Entwicklung zu fördern, gerechtfertigt werden.

(5)   Wirksamkeit der steuerlichen Kontrolle

Schließlich könnte erwogen werden, dass eine steuerliche Vorschrift, die eine Steuergutschrift nur für im Inland durchgeführte Forschung gewährt, mit dem Erfordernis gerechtfertigt werden kann, die Wirksamkeit der steuerlichen Kontrolle sicherzustellen. Ein Mitgliedstaat könnte argumentieren, es sei für ihn nur schwer nachvollziehbar, ob und in welcher Höhe ein Unternehmen Forschungsaufwendungen in einem anderen Mitgliedstaat getätigt habe und daher müssten derartige Aufwendungen von vornherein von einer Begünstigung ausgenommen werden.

Nach ständiger Rechtsprechung des EuGH handelt es sich bei der Wirksamkeit der steuerlichen Kontrolle um einen zwingenden Grund des Allgemeininteresses, mit dem Beschränkungen von Grundfreiheiten gerechtfertigt werden können.[744] So urteilte der EuGH etwa in der Rechtssache „Baxter"[745], dass ein Mitgliedstaat zur Anwendung von Maßnahmen befugt ist, die die klare und eindeutige Feststellung der Höhe der in diesem Staat als Forschungsausgaben abziehbaren Beträge erlauben.[746]

In der Rechtssache „Baxter" ging es um die Frage nach der Europarechtskonformität einer französischen Abgabe, die Unternehmen der Pharmaindustrie im Jahr 1995 auf ihren Umsatz aus der Verwertung von Arzneimitteln zu zahlen hatten. Die Regelung verfolgte den Zweck, die Kosten des Gesundheitssystems zu senken, und sah daher vor, dass die abgabenpflichtigen Unternehmen ihre für wissenschaftliche und technische Forschung getätigten Aufwendungen von der Bemessungsgrundlage der Abgabe abziehen konnten, da die durch Arzneimittelforschung bewirkten medizinischen Verbesserungen nach Ansicht des französischen Gesetzgebers ihrerseits zu einer Senkung der Gesundheitskosten beitru-

---

744 EuGH v. 20. 2. 1979, Rs. 120/78 – Rewe-Zentral (Cassis de Dijon), Slg. 1979, 649, Rdnr. 8; EuGH v. 28. 1. 1992, Rs. 204/90 – Bachmann, Slg. 1992, I-248, Rdnr. 18; EuGH v. 15. 5. 1997, Rs. C-250/95 – Futura Participations und Singer, Slg. 1997, I-2471, Rdnr. 31; EuGH v. 8. 7. 1999, Rs. C-254/97 – Baxter, Slg. 1999, I-4809, Rdnr. 18; siehe auch oben, 4. Kapitel, B. I. 3. a. aa., S. 114.

745 EuGH v. 8. 7. 1999, Rs. C-254/97 – Baxter, Slg. 1999, I-4809.

746 EuGH v. 8. 7. 1999, Rs. C-254/97 – Baxter, Slg. 1999, I-4809, Rdnr. 18.

gen.[747] Zum Abzug zugelassen waren indes nur die Aufwendungen für in Frankreich getätigte Forschung. Dies führte zu der Situation, dass die neu eingeführte Abgabe insbesondere die im Ausland forschenden Unternehmen belastete, da diese im Gegensatz zu Unternehmen mit Forschungstätigkeit in Frankreich ihre F&E-Aufwendungen nicht von der Bemessungsgrundlage der Abgabe abziehen konnten. Da ein Pharmaunternehmen nach Auffassung des EuGH den wesentlichen Teil seiner Forschungsarbeiten im Allgemeinen am Ort seines Hauptsitzes durchführe, benachteilige diese Regelung überwiegend Unternehmen, die auf dem französischen Arzneimittelmarkt über eine Zweigniederlassung tätig sind, ihren Hauptsitz jedoch in einem anderen Mitgliedstaat innehaben.[748] Da das gewählte Differenzierungskriterium zu den gleichen Ergebnissen führe wie eine Unterscheidung nach dem Sitz des Unternehmens, handele es sich bei dieser Ungleichbehandlung um eine mittelbar diskriminierende Beeinträchtigung der Niederlassungsfreiheit.[749]

Frankreich trug zur Rechtfertigung vor, die Begrenzung der Abzugsfähigkeit auf in Frankreich durchgeführte Forschungstätigkeiten sei unerlässlich, damit die französische Steuerbehörde überprüfen könne, ob die geltend gemachten Forschungsaufwendungen tatsächlich geleistet worden seien.[750] Der EuGH stellte daraufhin klar, dass die Wirksamkeit der steuerlichen Kontrolle zwar als ein Argument zur Rechtfertigung von Grundfreiheitsbeeinträchtigungen vorgebracht werden kann und dass ein Mitgliedstaat demgemäß befugt ist, Maßnahmen anzuwenden, mit denen die Höhe der in diesem Staat als Forschungsausgaben abziehbaren Beträge klar und eindeutig festgestellt werden kann.[751] Aber auch im Rahmen einer Rechtfertigung aus Gründen der wirksamen steuerlichen Kontrolle sei immer erforderlich, dass das Verhältnismäßigkeitsprinzip gewahrt bleibe. Pauschale Regelungen erkennt der EuGH – wie auch bei dem Rechtfertigungsgrund der Missbrauchsvermeidung[752] – nicht an. In der Rechtssache „Baxter" kam der Gerichtshof daher zu dem Schluss, dass eine nationale Regelung nicht mit der Wirksamkeit der steuerlichen Kontrolle gerechtfertigt werden könne, wenn sie dem steuerpflichtigen Unternehmen jegliche Möglichkeit abschneidet, etwa durch die Vorlage von Belegen nachzuweisen, dass Forschungsaufwendungen in anderen Mitgliedstaaten tatsächlich getätigt worden sind.[753]

---

747 EuGH v. 8. 7. 1999, Rs. C-254/97 – Baxter, Slg. 1999, I-4809, Rdnr. 16.
748 EuGH v. 8. 7. 1999, Rs. C-254/97 – Baxter, Slg. 1999, I-4809, Rdnr. 12.
749 Generalanwalt *Saggio*, Schlussanträge v. 1. 12. 1998 zur Rs. C-254/97 – Baxter, Slg. 1999, I-4809, Rdnr. 12.
750 EuGH v. 8. 7. 1999, Rs. C-254/97 – Baxter, Slg. 1999, I-4809, Rdnr. 16.
751 EuGH v. 8. 7. 1999, Rs. C-254/97 – Baxter, Slg. 1999, I-4809, Rdnr. 18.
752 Siehe oben, 4. Kapitel, B. I. 3. a. bb, S. 116 f.
753 EuGH v. 8. 7. 1999, Rs. C-254/97 – Baxter, Slg. 1999, I-4809, Rdnr. 19 f.

Auf den vorliegenden Fall angewandt, kann man daher zusammenfassen, dass eine Beschränkung der Steuergutschrift auf im Inland durchgeführte F&E schließlich auch nicht mit der Erwägung gerechtfertigt werden kann, die Beschränkung sei erforderlich, um dem Problem der erschwerten steuerlichen Kontrolle in grenzüberschreitenden Fällen zu begegnen.

d. Temporäre Steuerbefreiung für junge innovative Unternehmen

Als weitere Ausgestaltungsoption für eine steuerliche Forschungsförderung, die auf der Ebene der Steuerschuld anknüpft, käme in Betracht, forschende Unternehmen, deren Gründung erst wenige Jahre zurückliegt, von der Ertragbesteuerung zu befreien. Nach dem Vorbild der französischen Regelung[754] könnte Unternehmen, die noch nicht lange am Markt tätig sind, aber bereits einen hohen Anteil ihres Umsatzes für F&E aufwenden – den so genannten jungen innovativen Unternehmen –, eine temporäre Befreiung von der Einkommen- oder Körperschaftsteuer gewährt werden.

Naturgemäß setzt eine Steuerbefreiung voraus, dass das begünstigte Unternehmen in dem jeweiligen Mitgliedstaat überhaupt steuerpflichtig ist. Um den Kreis der begünstigten Unternehmen zu begrenzen, könnte ein Mitgliedstaat jedoch in Erwägung ziehen, bei der steuerlichen F&E-Förderung zwischen beschränkt und unbeschränkt steuerpflichtigen Unternehmen zu unterscheiden. So könnte die steuerliche Regelung etwa so ausgestaltet werden, dass ausschließlich jungen innovativen Unternehmen, die im Inland ansässig und daher unbeschränkt steuerpflichtig sind, eine Begünstigung in Form einer kompletten oder anteiligen Steuerbefreiung gewährt wird. Beschränkt steuerpflichtige Unternehmen, insbesondere also die im Inland niedergelassenen Betriebsstätten von Unternehmen mit Sitz im Ausland, könnten hingegen von einer derartigen Begünstigung ausgenommen werden, selbst wenn sie an sich die Tatbestandsvoraussetzung eines jungen innovativen Unternehmens erfüllen, weil ihre Gründung erst kurze Zeit zurückliegt und sie hohe Forschungsinvestitionen aufweisen.

Es ist indes stark zweifelhaft, ob eine solche Differenzierung mit den Vorgaben der europäischen Grundfreiheiten zu vereinbaren wäre. Dass beschränkt Steuerpflichtigen eine Steuervergünstigung vorenthalten wird, in deren Genuss unbeschränkt Steuerpflichtige kommen, würde eine Ungleichbehandlung darstellen, vorausgesetzt, dass sich beschränkt und unbeschränkt Steuerpflichtige in einer vergleichbaren Situation befinden. Nach ständiger Rechtsprechung des EuGH befinden sich inländische Gesellschaften und die in Ausübung der Nie-

---

754 In Frankreich können sich junge innovative Unternehmen auf Antrag für die ersten drei gewinnbringenden Jahre komplett und für die beiden Folgejahre hälftig von Einkommen- und Körperschaftsteuer befreien lassen, siehe oben 2. Kapitel, C. I. 4., S. 66 f.

derlassungsfreiheit gegründeten Betriebsstätten oder Niederlassungen ausländischer Gesellschaften in einer vergleichbaren Situation.[755] Da die Bundesrepublik Deutschland sowohl die Einkünfte von gebietsansässigen Gesellschaften als auch die inländischen Einkünfte von gebietsfremden Gesellschaften der Besteuerung unterwirft, gibt sie damit zu erkennen, dass zwischen beiden Gruppen kein objektiver Unterschied herrscht, der eine unterschiedliche steuerliche Behandlung rechtfertigen könnte.[756] Demnach müssen den Betriebsstätten oder Niederlassungen ausländischer Gesellschaften grundsätzlich alle steuerlichen Vergünstigungen zustehen, die auch inländischen Gesellschaften zustehen.[757] Steuerliche Forschungsförderung muss demnach so ausgestaltet werden, dass sie nicht nach dem Ort der Hauptniederlassung des von der steuerlichen Förderung begünstigten Unternehmens unterscheidet.

Nimmt ein Mitgliedstaat gleichwohl eine solche Unterscheidung vor, so stellt dies eine mittelbar diskriminierende Beeinträchtigung der Niederlassungsfreiheit gemäß Art. 49 AEUV dar. Diese Beeinträchtigung kann auch nicht gerechtfertigt werden. Nicht anerkannt hat der EuGH insbesondere das – von der französischen Regierung im Fall „Avoir fiscal" vorgetragene – Argument, die nachteilige Behandlung eines gebietsfremden Unternehmens könne durch die mannigfaltigen Vorteile kompensiert werden, die gebietsfremden Gesellschaften an anderer Stelle im Steuerrecht eingeräumt werde.[758] Eine Rechtfertigung von Grundfreiheitsbeeinträchtigungen aufgrund einer derartigen Aufrechnung zwischen steuerlichen Vor- und Nachteilen – dem so genannten Vorteilsausgleich – lässt der EuGH bereits grundsätzlich nicht zu.[759] Auch mit dem von der französischen Regierung in der Rechtssache „Avoir fiscal" ebenfalls vorgebrachten Hinweis auf die fehlende Harmonisierung des direkten Steuerrechts kann eine Grundfreiheitsbeeinträchtigung nicht gerechtfertigt werden.[760] Da weitere Rechtfertigungsmöglichkeiten nicht ersichtlich sind, verstößt die hier zu untersuchende Vorschrift, wonach jungen innovativen Unternehmen nur dann eine temporäre Steuerbefreiung gewährt wird, wenn diese im Inland unbeschränkt steuer-

---

755 Ständige Rechtsprechung, vgl. EuGH v. 28. 1. 1986, Rs. 270/83 – Avoir fiscal, Slg. 1986, 273, Rdnr. 20; EuGH v. 12. 4. 1994, Rs. C-1/93 – Halliburton, Slg. 1994, I-1137, Rdnr. 19 f.; EuGH v. 29. 4. 1999, Rs. C-311/97 – Royal Bank of Scotland, Slg. 1999, I-2651, Rdnr. 28; EuGH v. 12. 12. 2002, Rs. C-324/00 – Lankhorst-Hohorst, Slg. 2002, I-11779, Rdnr. 31 f.; vgl. ferner oben, 4. Kapitel, B. I. 2. a., S. 105 ff.

756 Siehe oben, 4. Kapitel, B. I. 2. a., S. 105.

757 *Jochum*, Steuervergünstigung, S. 455.

758 EuGH v. 28. 1. 1986, Rs. 270/83 – Avoir fiscal, Slg. 1986, 273, Rdnr. 21.

759 Siehe oben, 4. Kapitel, B. I. 3. b. ff., S. 125 f.

760 EuGH v. 28. 1. 1986, Rs. 270/83 – Avoir fiscal, Slg. 1986, 273, Rdnr. 24; siehe ferner oben, 4. Kapitel, B. I. 3. b. dd., S. 123 f.

pflichtig sind, in nicht zu rechtfertigender Weise gegen die Niederlassungsfreiheit.[761] Eine solche Schlechterbehandlung von Unternehmen mit Sitz in einem anderen Mitgliedstaat, die ihre Tätigkeit im Inland durch Zweigniederlassungen ausüben, gegenüber Unternehmen mit Sitz im Inland wäre daher unzulässig.

Ob das Konzept einer temporären Steuerbefreiung für junge innovative Unternehmen europarechtlich zulässig wäre, wenn es nicht zu einer grundfreiheitswidrigen Ungleichbehandlung zwischen gebietsfremden und gebietsansässigen Unternehmen kommt, ist indes eine Frage des Beihilfenrechts und wird daher eingehend im folgenden Abschnitt C.[762] behandelt.

e. Reduktion der abzuführenden Lohnsteuer

Schließlich kann einem Unternehmen ein steuerlicher Anreiz zu vermehrten Forschungstätigkeiten auch dadurch gegeben werden, dass unmittelbar die Kosten des Faktors Arbeit reduziert werden, die durch die Beschäftigung von Forschungspersonal entstehen – in der Erwartung, dass ein Unternehmen aufgrund der gesenkten Forschungskosten im größeren Umfang forscht oder etwa vom gesparten Geld seine Forschungsabteilung personell aufstockt und damit zukünftig mehr Forschungsprojekte durchführen kann. Um unmittelbar die Personalkosten in Forschungsabteilungen zu senken, könnte – vergleichbar mit der in den Niederlanden bereits praktizierten Regelung[763] – ein forschendes Unternehmen teilweise von seiner Verpflichtung befreit werden, die von den Löhnen für sein Forschungspersonal einbehaltene Lohnsteuer an die Finanzverwaltung abzuführen.

Von einer derartigen Begünstigung werden freilich nur jene Unternehmen erfasst, die im jeweiligen Mitgliedstaat verpflichtet sind, die Lohnsteuer vom Arbeitslohn einzubehalten und abzuführen. In der Bundesrepublik Deutschland besteht die Verpflichtung zum Einbehalt, zur Anmeldung sowie zur Abführung von Lohnsteuer gemäß § 38 Abs. 1 Satz 1 Nr. 1 EStG für alle inländischen Arbeitgeber. Ein Arbeitgeber ist „inländisch" im Sinne dieser Norm, wenn er im Inland Wohnsitz, gewöhnlichen Aufenthalt, Geschäftsleitung, Sitz, Betriebsstätte oder ständigen Vertreter aufweist.[764] Folglich muss auch ein im Ausland ansässiger Arbeitgeber den deutschen Lohnsteuerabzug vornehmen, sofern er im Inland mittels einer Betriebsstätte oder eines ständigen Vertreters tätig wird.[765]

---

761 Vgl. auch *Löhr*, Steuerliche Förderung von Forschung und Entwicklung, S. 71.
762 Siehe unten, 4. Kapitel, C. II. 3. b., S. 200 ff.
763 Zur niederländischen Regelung siehe oben, 2. Kapitel, C. II. 2., S. 69 f.
764 *Eisgruber*, in: Kirchhof (Hrsg.), EStG, § 38, Rdnr. 7.
765 Siehe auch LStH 2012 H 38.3 – „Inländischer Arbeitgeber"; *Thürmer*, in: Blümich (Begr.), 114. Aufl., § 38 EStG, Rdnr. 71.

Ein Unternehmen hingegen, das in einem anderen EU-Mitgliedstaat niedergelassen ist und in Deutschland nicht einmal eine Betriebsstätte unterhält oder einen ständigen Vertreter bestellt hat, ist nicht zum Lohnsteuereinbehalt verpflichtet und könnte daher auch keine Lohnsteuerreduktion in Anspruch nehmen.

Zwar wird es für ein Unternehmen weniger attraktiv, seine Niederlassung im Inland aufzugeben und seinen Sitz ins EU-Ausland zu verlegen, wenn eine Lohnsteuerreduktion, die an die Eigenschaft als inländischer Arbeitgeber anknüpft, dann nicht mehr in Anspruch genommen werden kann. Dieser Umstand stellt jedoch keine Verletzung der Niederlassungsfreiheit dar, sondern ist vielmehr die Folge daraus, dass die Souveränität zur Ausgestaltung des direkten Steuerrechts nach wie vor bei den einzelnen Mitgliedstaaten liegt. Die Grundfreiheiten garantieren nicht, dass die grenzüberschreitende Verlagerung einer Tätigkeit hinsichtlich der Besteuerung neutral zu verlaufen habe; vielmehr kann eine Sitzverlegung – wie bereits dargestellt wurde – je nach Einzelfall steuerliche Vor- oder Nachteile aufweisen.[766] Wenn ein Unternehmen seinen Sitz endgültig dergestalt verlegt, dass es nunmehr keinerlei steuerliche Verbindung zu einem Mitgliedstaat aufweist – dort etwa mangels Betriebsstätte nicht einmal beschränkt steuerpflichtig wäre –, so kann es naturgemäß auch die in dieser Rechtsordnung vorgesehenen Steuervergünstigungen nicht mehr in Anspruch nehmen.

Aus dem gleichen Grund liegt auch im Hinblick auf die Inbound-Konstellation kein Verstoß gegen die Dienstleistungsfreiheit vor. Zwar käme es an sich zu einer Schlechterbehandlung von Unternehmen mit Sitz in einem anderen Mitgliedstaat, denn wenn ein gebietsfremdes Unternehmen grenzüberschreitend tätig wird und im Inland Forschungsdienstleistungen erbringt, dort jedoch keine Betriebsstätte oder dergleichen innehat, so wäre es nicht als inländischer Arbeitgeber anzusehen und könnte entsprechend keine Steuervergünstigung in Anspruch nehmen. Demgegenüber würde ein in Deutschland ansässiger Konkurrent eine Ermäßigung der geschuldeten Lohnsteuer erhalten und könnte aufgrund dieser Ersparnis mit niedrigeren Preisen am Markt auftreten, wäre mithin gegenüber dem gebietsfremden Dienstleister im Vorteil. Da sich diese Ungleichbehandlung jedoch unmittelbar aus dem steuerlichen Territorialitätsprinzip ergibt, stellt sie zumindest keinen Verstoß gegen die europäischen Grundfreiheiten dar. Da die staatliche Steuerhoheit territorial begrenzt ist, kann ein Arbeitgeber vom Staat nur dann verpflichtet werden, einen Lohnsteuerabzug vom Ar-

---

766 EuGH v. 29. 4. 2004, Rs. C-387/07 – Weigel und Weigel, Slg. 2004, I-4981, Rdnr. 55; Generalanwalt *Geelhoed*, Schlussanträge v. 23. 2. 2006 zur Rs. C-374/04 – Test Claimants in Class IV of the ACT Group Litigation, Slg. 2006, I-11673, Rdnr. 44; Generalanwalt *Léger*, Schlussanträge v. 2. 5. 2006 zur Rs. C-196/04 – Cadbury Schweppes, Slg. 2006, I-7995, Rdnr. 81; *Schön*, IStR 2004, S. 289 (292); *Schnitger*, Die Grenzen der Einwirkung der Grundfreiheiten des EG-Vertrages auf das Ertragsteuerrecht, S. 248.

beitslohn seiner Angestellten vorzunehmen, wenn der Arbeitgeber beispielsweise durch inländische Ansässigkeit oder Tätigkeit einen hinreichenden territorialen Anknüpfungspunkt zum Inland aufweist. Ein Arbeitgeber ohne diesen Inlandsbezug unterliegt nicht dem inländischen Lohnsteuerverfahren und kann dementsprechend auch nicht in den Genuss einer im Rahmen dieses Lohnsteuerverfahrens gewährten Steuervergünstigung kommen.

Diese Auffassung wird auch von der Europäischen Kommission in ihrer im November 2006 veröffentlichten Mitteilung über Wege zu einer wirksameren steuerlichen F&E-Förderung[767] geteilt. Die Kommission stellt fest, dass es europarechtskonform sei, wenn Mitgliedstaaten bei ihren Maßnahmen zur steuerlichen Forschungsförderung explizite oder implizite Gebietsbeschränkungen vorsehen, sofern diese lediglich das für die steuerliche Zuständigkeit der Mitgliedstaaten geltende Territorialitätsprinzip widerspiegeln.[768] Reduktionen der für den Arbeitslohn von F&E-Personal geschuldeten Lohnsteuer könnten sich entsprechend de facto auch nur auf Personen beziehen, die Forschungstätigkeiten in dem Mitgliedstaat ausüben, in dem sie besteuert werden.[769]

Mithin stellt es keinen Verstoß gegen EU-Grundfreiheiten dar, wenn sich ein Mitgliedstaat entschließt, forschende Unternehmen steuerlich zu fördern, indem diesen Unternehmen die Lohnsteuer, die sie für ihr F&E-Personal abzuführen haben, teilweise erlassen wird. Insbesondere wäre es legitim, dass diese Begünstigung nur denjenigen Unternehmen zuteilwird, die der inländischen Besteuerung sowie der Verpflichtung zur Vornahme des Lohnsteuerabzugs unterliegen und damit ausländische Unternehmen ohne hinreichende steuerliche Verbindung zum Inland von einer Begünstigung ausgeschlossen sind.

4.   Zusammenfassung zu II. und Ausblick

Zusammenfassend kann festgehalten werden, dass für die Beantwortung der Frage, inwiefern eine mitgliedstaatliche Maßnahme zur steuerlichen Förderung von F&E mit den europäischen Grundfreiheiten vereinbar ist, nach der jeweiligen Ausgestaltung der Steuervergünstigung zu unterscheiden ist. Werden Aufwendungen, die bilanziell einer ausländischen Betriebsstätte zuzuordnen sind, von einer steuerlichen Begünstigung ausgenommen, indem etwa ein erhöhter

---

767   Mitteilung der Kommission über Wege zu einer wirksameren steuerlichen Förderung von FuE, KOM (2006) 728 endg.

768   Mitteilung der Kommission über Wege zu einer wirksameren steuerlichen Förderung von FuE, KOM (2006) 728 endg., S. 7.

769   Mitteilung der Kommission über Wege zu einer wirksameren steuerlichen Förderung von FuE, KOM (2006) 728 endg., S. 7; vgl. ferner *Herbold*, Steuerliche Anreize für Forschung und Entwicklung im internationalen Vergleich, S. 85 f.

Betriebsausgabenabzug oder eine beschleunigte Abschreibung nur für im Inland angefallene Aufwendungen gewährt wird, so stellt dies keinen Verstoß gegen die europäischen Grundfreiheiten dar. Da die Einkünfte und Aufwendungen einer ausländischen Betriebsstätte aufgrund des steuerlichen Territorialitätsprinzips vorrangig der Besteuerungshoheit des Betriebsstättenstaats unterliegen, werden die Forschungsaufwendungen einer ausländischen Betriebsstätte schon nicht Bestandteil der inländischen steuerlichen Bemessungsgrundlage und können folglich auch nicht durch eine an die Bemessungsgrundlage anknüpfende Steuervergünstigung begünstigt werden.

Nicht mit den Grundfreiheiten vereinbar wäre demgegenüber eine Vorschrift, nach der eine steuerliche Vergünstigung nur für den Fall gewährt wird, dass ein Wirtschaftsgut nach der Anschaffung auch physisch im Inland verwendet wird. So stellt es eine Beeinträchtigung der Dienstleistungsfreiheit gemäß Art. 56 AEUV dar, wenn das nationale Recht einen erhöhten Betriebsausgabenabzug oder eine beschleunigte Abschreibung nur für im Inland verwendete Wirtschaftsgüter vorsieht, da ein inländisches Unternehmen durch eine solche Regelung davon abgehalten werden kann, die Wirtschaftsgüter in anderen Mitgliedstaaten für die Erbringung von Dienstleistungen einzusetzen.

Diese Schlechterbehandlung ausländischer Sachverhalte könnte auch nicht gerechtfertigt werden. Das rein fiskalische Argument, auf diese Weise müsse ein Rückgang von Steuereinnahmen vermieden oder zumindest begrenzt werden, wird vom EuGH bereits grundsätzlich nicht als Rechtfertigungsgrund anerkannt. Ferner ist eine Unterscheidung nach dem Ort der physischen Verwendung auch nicht zur Wahrung der ausgewogenen Aufteilung der Besteuerungsbefugnisse gerechtfertigt. Die abstrakte Befugnis eines Fiskus, seine Besteuerungszuständigkeit in Bezug auf die im Inland durchgeführten Tätigkeiten eines Steuerpflichtigen auszuüben, wäre nicht gefährdet, da die Einkünfte des Unternehmens auch dann der inländischen Besteuerung unterliegen, soweit sie etwa durch die entgeltliche Überlassung von Wirtschaftsgütern ins Ausland erzielt wurden.

Eine Rechtfertigung aufgrund der Kohärenz des Steuersystems scheidet ebenfalls aus. Zunächst ist bereits fraglich, ob dieser Rechtfertigungsgrund überhaupt auf Steuervergünstigungen angewandt werden kann. Indem der Steuergesetzgeber mit Steuervergünstigungen oftmals außerhalb des Steuerrechts liegende Interessen verfolgt, stellt eine Steuervergünstigung insoweit gerade eine Durchbrechung eines im Übrigen kohärenten Steuersystems dar. Ferner würde die für den Rechtfertigungsgrund der Kohärenz erforderliche Kompensation zwischen steuerlichem Vorteil und Nachteil den mit einer Steuervergünstigung angestrebten finanziellen Anreiz für forschende Unternehmen entfallen lassen. Letztlich liegen im hier zu untersuchenden Fall aber schon die tatbestandlichen Voraussetzungen des Kohärenzrechtfertigungsgrundes nicht vor. Dem steuerlichen Vorteil eines erhöhten Betriebsausgabenabzugs oder einer beschleunigten Abschreibung steht kein damit im Zusammenhang stehender steuerlicher Nachteil gegenüber, der nur für im Inland verwendete Wirtschaftsgüter einschlägig wäre und es daher rechtfertigen könnte, im Ausland verwendete Wirtschaftsgüter von der Förderung auszunehmen.

Die fragliche Regelung kann auch nicht aus Gründen der Missbrauchsvermeidung gerechtfertigt werden. Zum einen ist im vorliegenden Fall schon keine erhöhte Missbrauchsgefahr ersichtlich. Zum anderen wäre die nationale Vorschrift nicht verhältnismäßig, weil pauschal jedes Unternehmen von der Förderung ausgenommen wird, welches seine zu Forschungszwecken angeschafften Wirtschaftsgüter für Dienstleistungen im EU-Ausland einsetzt.

Schließlich verfängt nach hier vertretener Auffassung auch das denkbare Argument nicht, ein Mitgliedstaat dürfe steuerliche Forschungsförderung auf Konstellationen beschränken, in denen das begünstigte Unternehmen eine besondere Form der Verbundenheit zum Gemeinwesen des jeweiligen Mitgliedstaats aufweist. Zwar wurde den Mitgliedstaaten vom EuGH zugestanden, bei unionsrechtlich nicht geregelten Leistungen eine solche Verbundenheit voraussetzen zu dürfen und auch im Fall von gemeinnützigen Einrichtungen kann die Gewährung einer steuerlichen Vergünstigung nach der „Stauffer"-Rechtsprechung an das Erfordernis eines Inlandsbezugs geknüpft werden. Dies umfasst aber – wie sich aus der Rechtsprechung im „Tankreederei I"-Fall ergibt – wohl nur Fälle, in denen mit der Leistung eine soziale Zielsetzung verfolgt wird. Maßnahmen der allgemeinen Wirtschaftsförderung wären davon nicht umfasst. Da einiges dafür spricht, dass auch die hier zu untersuchende F&E-Förderung vom EuGH nicht als soziale Zielsetzung in diesem Sinne angesehen werden würde, kann eine unterschiedliche steuerliche Behandlung je nach dem Ort der physischen Verwendung eines Wirtschaftsguts nicht mit dem Erfordernis einer Verbundenheit zwischen gefördertem Unternehmen und Gemeinwesen gerechtfertigt werden. Insgesamt stellt daher eine nationale Vorschrift der steuerlichen Forschungsförderung, nach welcher ein erhöhter Betriebsausgabenabzug oder die Möglichkeit zur beschleunigten Abschreibung von Wirtschaftsgütern davon abhängig gemacht wird, dass das Wirtschaftsgut im Inland verwendet wird, einen nicht zu rechtfertigenden Verstoß gegen die Dienstleistungsfreiheit dar.

Nicht um einen Verstoß gegen die europäischen Grundfreiheiten handelt es sich hingegen, wenn ein Mitgliedstaat für bestimmte Einkünfte von forschenden Unternehmen einen ermäßigten Steuertarif vorsieht. Zwar würde sich die Begünstigung durch einen reduzierten Steuersatz naturgemäß nur auf die in dem jeweiligen Land steuerpflichtigen Unternehmen beschränken, darin liegt jedoch keine grundfreiheitsrechtlich relevante Schlechterbehandlung von gebietsfremden Unternehmen. Solange das Recht der direkten Steuern innerhalb der Europäischen Union nicht harmonisiert ist, bleiben die Mitgliedstaaten befugt, die Höhe des in ihrem Territorium anwendbaren Steuersatzes festzulegen. Dass es für ein inländisches Unternehmen weniger attraktiv werden könnte, den Unternehmenssitz in einen anderen Mitgliedstaat mit höherem Steuerniveau zu verlegen, stellt sich als notwendige Folge dieser Kompetenzverteilung und daher als europarechtlich unbedenklich dar.

Bei einer steuerschuldbezogenen Forschungsförderungsmaßnahme, etwa einer Steuergutschrift, könnte ein Mitgliedstaat sowohl die Aufwendungen eines Unternehmens für interne als auch die Aufwendungen für externe F&E in die Berechnung der Steuergutschrift mit einfließen lassen. Da es in diesem Fall zu keinen europarechtlich relevanten Differenzierungen kommt, wäre eine solche Regelung mit den Grundfreiheiten vereinbar.

Grundfreiheitsrechtlich ebenfalls zulässig wäre es, eine F&E-Steuergutschrift nur für die internen Forschungsaufwendungen eines Unternehmens zu gewähren. Zwar würde es durch eine solche Regelung für ein inländisches Unternehmen weniger attraktiv gemacht werden, etwa die Dienstleistungen eines ausländischen Forschungsdienstleisters in Anspruch zu nehmen. Da durch die Vorschrift jedoch generell sämtliche externen F&E-Aufwendungen von einer Begünstigung ausgenommen sind und es demnach nicht zu einer Schlechterbehandlung des grenzüberschreitenden Sachverhalts kommt, würde eine solche Maßnahme keinen Verstoß gegen die Dienstleistungsfreiheit darstellen.

Europarechtlich unzulässig wäre demgegenüber eine Unterscheidung nach dem Ort der Durchführung von externer Forschung, indem etwa die Aufwendungen für in anderen Mitgliedstaaten durchgeführte Auftragsforschung von einer Steuervergünstigung ausgenommen sind, während im Inland durchgeführte Auftragsforschung gefördert wird. Bei einer solchen Regelung würde es sich um eine Beeinträchtigung der Dienstleistungsfreiheit handeln. Zum einen könnten inländische Unternehmen davon abgehalten werden, Forschungsdienstleistungen aus dem europäischen Ausland zu beziehen, wenn ihnen nur im Fall von im Inland durchgeführten F&E-Dienstleistungen eine Steuergutschrift gewährt wird. Zum anderen könnte eine solche, an den Ort der Erbringung einer Dienstleistung anknüpfende Ungleichbehandlung auch zur Folge haben, dass dem ausländischen Forschungsdienstleister der Zutritt zum deutschen Markt auf mittelbar diskriminierende Weise erschwert werden würde.

Diese Grundfreiheitsbeeinträchtigung kann auch nicht gerechtfertigt werden. Insbesondere sind die vom EuGH aufgestellten Voraussetzungen für eine Rechtfertigung anhand des steuerlichen Territorialitätsprinzips nicht erfüllt, da es durch die vorliegende Regelung zu einer unterschiedlichen rechtlichen Behandlung von im Übrigen vergleichbaren Sachverhalten kommen würde. Bereits grundsätzlich keinen tauglichen Rechtfertigungsgrund stellt das Anliegen dar, durch die restriktive Ausgestaltung einer Steuervergünstigungsnorm einen Rückgang der inländischen Steuereinnahmen zu vermeiden. Ferner kann die Beeinträchtigung nicht aufgrund der Kohärenz des Steuersystems oder der Wirksamkeit der steuerlichen Kontrolle gerechtfertigt werden. Zwar sind diese beiden Erwägungen vom EuGH grundsätzlich als Rechtfertigungsgründe anerkannt, jedoch liegen im vorliegenden Fall deren Voraussetzungen nicht vor. Schließlich scheidet auch eine Rechtfertigung über die erstmals im Fall „Laboratoires Fournier" diskutierte Erwägung aus, dass die Förderung von F&E einen zwingenden Grund des Allgemeininteresses darstelle. Selbst wenn es sich bei diesem Interesse um einen Grund handle, der eine Beeinträchtigung von Grundfreiheiten zu rechtfertigen vermag, so würde die hier zu untersuchende Regelung gegen das Unionsziel aus Art. 179 Abs. 2 AEUV verstoßen, da es durch die auf inländische Sachverhalte beschränkte Steuervergünstigung zu einem Hemmnis für die grenzüberschreitende Zusammenarbeit im Forschungssektor käme. Da der EuGH in seiner bisherigen Rechtsprechung eine Rechtfertigungsmöglichkeit verneinte, wenn eine nationale Maßnahme einem Ziel der Unionspolitik diametral entgegenläuft, könnte auch im vorliegenden Fall die steuerliche Schlechterstellung von im EU-Ausland durchgeführter externer Forschung nicht gerechtfertigt werden.

Um ein europarechtskonformes Forschungsförderungsregime einzurichten, kann ein Mitgliedstaat auf diesen Befund in zweierlei Weise reagieren. Entweder nimmt der nationale Gesetzgeber die Aufwendungen für externe Forschung gänzlich von einer steuerlichen Begünstigung aus und beschränkt sich darauf, nur die von Unternehmen intern durchgeführte F&E steuerlich zu fördern, oder er weitet den Kreis der von der Steuervergünstigung umfassten Tatbestände aus, indem er die im Ausland – zumindest jedoch die in den anderen EU-Mitgliedstaaten – durchgeführte externe Forschung ebenfalls begünstigt.

Indes sprechen gewichtige wirtschaftspolitische Erwägungen gegen eine Beschränkung der steuerlichen F&E-Förderung nur auf den Fall von unternehmensintern durchgeführter Forschung. Die eingangs dargestellten ökonomischen Gründe, die für eine indirekte Forschungsförderung mit Mitteln des Steuerrechts angeführt werden können – etwa der Spillover-Effekt sowie das Marktversagen aufgrund unzureichender Internalisierung externer Effekte[770] –, gelten gleichermaßen bei interner wie bei externer Forschung. Während ein Unternehmen bei der Eigenforschung auf eigene Chancen und Risiken innovativ tätig wird, liegt das Fehlschlagrisiko bei der Auftragsforschung nicht etwa beim Forschungsdienstleister, sondern in den allermeisten Fällen ebenfalls bei dem Unternehmen, das die Forschung in Auftrag gegeben hat. War die Forschung erfolgreich, wer-

---

770 Siehe oben, 2. Kapitel, B. I., S. 19 ff.

den die geistigen Eigentumsrechte an den Forschungsergebnissen an das auftraggebende Unternehmen herausgegeben und können von diesem genutzt oder verwertet werden. Aber auch wenn das Forschungsergebnis nicht wie geplant gewinnbringend wirtschaftlich verwertet werden kann, bleibt das Unternehmen freilich unverändert verpflichtet, dem Forschungsdienstleister das vereinbarte Entgelt zu bezahlen. Somit bestehen sowohl bei interner als auch bei externer Forschung die gleichen wirtschaftlichen Risiken und Hemmnisse für ein Unternehmen, sich innovativ zu betätigen. Folglich sollte auch das wirtschaftspolitische Bedürfnis, diese Hemmnisse durch steuerliche Anreize in der Form von F&E-Förderung zu überwinden, beide Male gleich stark ausgeprägt sein.[771]

Ferner sollte eine steuerliche F&E-Förderung auch aufgrund der besonderen Situation von kleinen und mittleren Unternehmen nicht nur auf interne Forschungsaufwendungen beschränkt werden. So kann den Forschungsstatistiken entnommen werden, dass kleine und mittlere Unternehmen im Vergleich zu Großunternehmen seltener forschen.[772] Ein kleineres Unternehmen kann ein kostspieliges, aber letztlich fehlgeschlagenes Forschungsprojekt oftmals weniger gut verkraften als ein Großunternehmen, was sich daher besonders hemmend auf die Bereitschaft von KMU auswirken kann, überhaupt innovativ tätig zu werden.[773] Da sich viele KMU aufgrund ihrer geringen Größe und Finanzausstattung keine eigene Forschungsabteilung leisten können, stellt die Auftragsforschung gerade für kleinere Unternehmen eine attraktive Möglichkeit dar, ohne großen Investitionsaufwand Forschung zu betreiben.[774] Entsprechend sollte sich ein Mitgliedstaat bei der Einführung eines Systems der steuerlichen F&E-Förderung in Form einer Steuergutschrift dafür entscheiden, auch die Aufwendungen für externe Forschung in den Begünstigungstatbestand einzuschließen.

Sollen durch eine steuerschuldbezogene Maßnahme zur F&E-Förderung vorwiegend junge innovative Unternehmen gefördert werden, indem diese etwa vorübergehend von der Einkommen- oder Körperschaftsteuer befreit werden, so

---

771 So auch *Schlie/Stetzelberger*, die auf die Verteilung des Investitionsrisikos abstellen und dafür plädieren, dass von steuerlicher Forschungsförderung immer das Unternehmen begünstigt werden solle, welches das Investitionsrisiko trägt – unabhängig davon, ob die Forschung selbst im Inland oder im Ausland durchgeführt wird, siehe *Schlie/Stetzelberger*, IStR 2008, S. 269 (275).

772 Siehe oben, 2. Kapitel, A. II. 2. b., S. 17. Vgl. ferner Expertenkommission Forschung und Innovation (EFI) (Hrsg.), KMU im Fokus, S. 6 ff.

773 Vgl. *Koppel*, in: Institut der deutschen Wirtschaft (IW) (Hrsg.), Wachstumsfaktor Innovation, S. 142 (144); *Czarnitzki/Binz*, R&D Investment of SME, S. 21.

774 So auch *Löhr*, Steuerliche Förderung von Forschung und Entwicklung, S. 34; Institut der Deutschen Wirtschaft (IW) (Hrsg.), Grundgedanke und Ausgestaltungsvarianten einer steuerlichen FuE-Förderung, S. 15.

darf ein Mitgliedstaat die Förderung nicht lediglich auf die im Inland unbeschränkt steuerpflichtigen Unternehmen beschränken. Da in der Bundesrepublik Deutschland auch beschränkt Steuerpflichtige mit ihren inländischen Einkünften der inländischen Besteuerung unterliegen, würde eine Differenzierung zwischen gebietsansässigen und gebietsfremden Unternehmen eine nicht zu rechtfertigende Diskriminierung darstellen und wäre mithin europarechtlich unzulässig.

Schließlich begünstigt eine Senkung der für Forschungspersonal abzuführenden Lohnsteuer – eine weitere denkbare Form der steuerlichen F&E-Förderung auf Ebene der Steuerschuld – naturgemäß nur diejenigen Unternehmen, die dem inländischen Lohnsteuerabzugsverfahren unterworfen sind. Dieser Umstand folgt jedoch aus dem steuerlichen Territorialitätsprinzip sowie aus dem Charakter des Lohnsteuerabzugsverfahrens und stellt daher keinen Verstoß gegen die europäischen Grundfreiheiten dar.

C. Beihilfenrecht

I. Beihilfenrecht im Allgemeinen

1. Beihilfenverbot als Schutz vor Verfälschungen des Wettbewerbs im Binnenmarkt

Bei der Einführung einer Steuervergünstigung für forschende Unternehmen hat ein Mitgliedstaat neben den Grundfreiheiten auch die Vorgaben des europäischen Beihilfenrechts zu beachten. Während die Grundfreiheiten einen diskriminierungs- und beschränkungsfreien Zugang zum Binnenmarkt ermöglichen sollen, dienen die Beihilfenregelungen dazu, gleiche Wettbewerbsbedingungen für alle Marktteilnehmer herzustellen.[775] Diesem Ziel eines unverfälschten Wettbewerbs mit prinzipiell gleichen Ausgangsbedingungen für jeden Marktteilnehmer liefe es zuwider, wenn ein Mitgliedstaat einzelne Unternehmen oder Unternehmensgruppen herausgreifen und besonders begünstigen würde. Da sich ein staatlich gefördertes Unternehmen gegenüber einem nicht geförderten Unternehmen im Wettbewerbsvorteil befindet, entstünde eine Marktsituation, die das begünstigte Unternehmen allein aufgrund seiner eigenen Leistungsfähigkeit nicht erlangt hätte.[776]

---

775 *Götz/Martinez Soria*, in: Dauses (Hrsg.), Handbuch des EU-Wirtschaftsrechts, H) III) 2) c) aa), Rdnr. 40; *Zuleeg*, in: von der Groeben/Schwarze (Hrsg.), EUV/EGV, Art. 3 EGV, Rdnr. 8.

776 *Koenig/Schreiber*, Europäisches Wettbewerbsrecht, S. 217; *Heinrich*, Systematik der Forschungsförderung, S. 167; *Ullrich*, EWS 1991, S. 1 (2); *Seidel*, in: Börner/Neundörfer (Hrsg.), Recht und Praxis der Beihilfen im Gemeinsamen Markt, S. 55 (58).

Auch im Fall von steuerlicher Forschungsförderung könnte es – je nach konkreter Ausgestaltung – zu einer Beeinträchtigung des freien und unverfälschten Wettbewerbs kommen, etwa wenn ein Mitgliedstaat nur die Forschungstätigkeiten von kleinen und mittleren Unternehmen begünstigt und damit folglich alle Unternehmen ab einer bestimmten Größe von der steuerlichen Begünstigung ausgenommen bleiben. Ob in einer solchen Regelung jedoch ein Verstoß gegen die europäischen Beihilfenregelungen liegt, richtet sich insbesondere nach Art. 107 AEUV sowie den zur Konkretisierung dieser Vorschrift ergangenen Rechtsakten.

Gemäß Art. 107 Abs. 1 AEUV sind staatliche oder aus staatlichen Mitteln gewährte Beihilfen gleich welcher Art, die durch die Begünstigung bestimmter Unternehmen oder Produktionszweige den Wettbewerb verfälschen oder zu verfälschen drohen, mit dem Binnenmarkt unvereinbar, soweit sie den Handel zwischen Mitgliedstaaten beeinträchtigen.

Die Zuständigkeit für die Entscheidung, ob eine staatliche Maßnahme als Beihilfe einzustufen ist und ob sie wegen Verstoßes gegen das Beihilfenverbot unzulässig ist, liegt bei der Europäischen Kommission. Bevor ein Mitgliedstaat eine neue Beihilfe einführen oder eine bestehende Beihilfe umgestalten darf, muss er daher die Kommission gemäß Art. 108 Abs. 3 Satz 1 AEUV über das geplante Vorhaben in Kenntnis setzen und ihre Genehmigung abwarten.

Das grundsätzliche Verbot von wettbewerbsverfälschenden Beihilfen gilt unabhängig von der Form der staatlichen Maßnahme, so dass es sich auch bei Steuervergünstigungen um unzulässige staatliche Beihilfen handeln kann.[777] Entsprechend wenden die Europäische Kommission und in ständiger Rechtsprechung seit Beginn der 1960er Jahre auch der EuGH das Beihilfenverbot auch auf Vorschriften des Steuerrechts an.[778] Zur Präzisierung ihrer dabei angelegten Maßstäbe veröffentlichte die Kommission 1998 eine Mitteilung, in welcher die

---

777 *Th. Jaeger*, in: Montag/Säcker (Hrsg.), MüKo-Wettbewerbsrecht, Bd. 3, Steuern, Rdnr. 1; *Frick*, Einkommensteuerliche Steuervergünstigungen und Beihilfeverbot nach dem EG-Vertrag, S. 20 f.

778 EuGH v. 23. 2. 1961, Rs. 30/59 – De Gezamenlijke Steenkolenmijnen in Limburg, Slg. 1961, 3; EuGH v. 2. 7. 1974, Rs. 173/73 – Italien/Kommission, Slg. 1974, 709, Rdnr. 26/28; EuGH v. 15. 3. 1994, Rs. C-387/92 – Banco Exterior de España, Slg. 1994, I-877, Rdnr. 13 f.; EuGH v. 19. 9. 2000, Rs. C-156/98 – Deutschland/Kommission, Slg. 2000, I-6857, Rdnr. 25–28; *Kube*, Finanzgewalt in der Kompetenzordnung, § 4 A. II. 3. b. cc. aaa., S. 285; *Jann*, in: Monti et al. (Hrsg.), Festschrift für Baudenbacher, S. 419 (420); *Jestaedt*, in: Heidenhain (Hrsg.), Handbuch des Europäischen Beihilfenrechts, § 8, Rdnr. 1; *Voß*, in: Dauses (Hrsg.), Handbuch des EU-Wirtschaftsrechts, Rdnr. J-68; *Jochum*, Steuervergünstigung, S. 424; *Schön*, in: Koenig/Roth/Schön (Hrsg.), Aktuelle Fragen des EG-Beihilfenrechts, S. 106.

Anwendung des Beihilfenrechts auf staatliche Maßnahmen im Bereich der direkten Unternehmensbesteuerung thematisiert wird.[779] Die Leitlinien in dieser Mitteilung sollen zum einen dazu beitragen, dass die Kommissionsentscheidungen transparenter und berechenbarer werden und zum anderen eine Gleichbehandlung der Mitgliedstaaten sicherstellen.[780] Da die Kommission die selbst gesetzten Richtlinien als abschließend betrachtet, kommt dieser Mitteilung in der Praxis eine so hohe Bedeutung zu, dass in der Literatur diesbezüglich von einer „Quasi-Gesetzgebung" gesprochen wird.[781]

Ungeklärt ist bislang jedoch, in welchem Verhältnis das Beihilfenverbot und die grundfreiheitlichen Diskriminierungs- und Beschränkungsverbote zueinander stehen. So stellt sich beispielsweise die Frage, ob eine mitgliedstaatliche Maßnahme, die potenziell sowohl dem Beihilfenverbot unterliegt als auch gegen Grundfreiheiten verstößt, von der Kommission nach den Vorschriften des Beihilfenrechts überprüft werden kann oder ob hierfür – etwa im Rahmen eines Vertragsverletzungsverfahrens nach Art. 258 Abs. 2 AEUV – der EuGH anzurufen ist. Nach überwiegend vertretener Meinung wird diese Normenkollision dadurch aufgelöst, dass das Beihilfenrecht als spezieller angesehen wird und damit vorrangig zur Anwendung kommt.[782] Begründet wird dies damit, dass die Beihilfenregelungen für die Prüfung von potenziell wettbewerbsverfälschenden staatlichen Maßnahmen einen umfangreichen Ausnahmenkatalog bereithalten und deren eigenständige Bedeutung nur durch eine prioritäre Anwendung gewahrt bleiben kann.[783] Der Prüfungsmaßstab der Kommission im Beihilfeverfahren erstreckt sich in einem solchen Fall dann jedoch auch auf die Verletzung von Grundfreiheiten, denn es wäre widersprüchlich und somit als ein rechtsstaatlich untragbarer Verstoß gegen die Systematik des AEUV anzusehen, wenn eine staatliche Beihilfe, die zwar im Einklang mit den Beihilfevorschriften ausgestaltet wurde, dafür jedoch gegen sonstige Bestimmungen des AEUV verstößt, von der Kommission für mit dem Binnenmarkt vereinbar erklärt werden würde. Da-

---

779   Mitteilung der Kommission über die Anwendung der Vorschriften über staatliche Beihilfen auf Maßnahmen im Bereich der direkten Unternehmensbesteuerung, ABl. EG Nr. C 384/3 v. 10. 12. 1998.

780   Mitteilung der Kommission über die Anwendung der Vorschriften über staatliche Beihilfen auf Maßnahmen im Bereich der direkten Unternehmensbesteuerung, ABl. EG Nr. C 384/3 v. 10. 12. 1998, Rdnr. 4.

781   *Kellersmann/Treisch*, Europäische Unternehmensbesteuerung, S. 298.

782   Siehe nur *Kube*, Finanzgewalt in der Kompetenzordnung, § 4 A. II. 3. b. bb., S. 283.

783   *Kube*, Finanzgewalt in der Kompetenzordnung, § 4 A. II. 3. b. bb., S. 283; *Mestmäcker/Schweitzer*, Europäisches Wettbewerbsrecht, § 42, Rdnr. 21; *Jochum*, Steuervergünstigung, S. 432; *Cremer*, in: Calliess/Ruffert (Hrsg.), EUV/AEUV, 4. Aufl., Art. 107 AEUV, Rdnr. 82.

her darf das von der Kommission durchzuführende Beihilfenverfahren niemals zu einem Ergebnis führen, welches mit anderen Vorschriften des Vertrages im Widerspruch steht.[784] Stellt die Kommission demnach im Beihilfeverfahren fest, dass die zu überprüfende staatliche Maßnahme eine Beihilfe im Sinne des Art. 107 AEUV darstellt, so ist sie berechtigt, im Rahmen ihrer Vereinbarkeitsprüfung ebenfalls zu prüfen, ob ein Verstoß gegen die Grundfreiheiten vorliegt.[785]

2. Beihilfentatbestand

Damit von einer Beihilfe im Sinne des Art. 107 Abs. 1 AEUV gesprochen werden kann, bedarf es einer Begünstigung bestimmter Unternehmen oder Produktionszweige aus staatlichen Mitteln, die dazu führt, dass der Wettbewerb und der Handel zwischen den Mitgliedstaaten beeinträchtigt werden.

a. Begünstigung aus staatlichen Mitteln

Unter einer Begünstigung versteht man die Zuwendung eines wirtschaftlichen Vorteils. Der Beihilfenbegriff ist dabei weiter als der Begriff der Subvention, so dass nicht nur positive Leistungen umfasst sind, sondern auch sämtliche Maßnahmen eines Mitgliedstaates tatbestandlich eingeschlossen sind, die in verschiedener Form die Belastung vermindern, welche ein Unternehmen normalerweise zu tragen hat.[786] Auch eine Verringerung der Steuerlast eines Unternehmens, etwa aufgrund von Steuervergünstigungen für Forschungsaufwendungen, kann daher grundsätzlich eine unzulässige staatliche Beihilfe darstellen.

Der Vorteil muss vom Staat oder aus staatlichen Mitteln gewährt werden. Verzichtet ein Mitgliedstaat aufgrund einer Steuervergünstigung auf Steuerein-

---

784 EuGH v. 19. 9. 2000, C-156/98 – Deutschland/Kommission, Slg. 2000, I-6857, Rdnr. 78; Mitteilung der Kommission über die Anwendung der Vorschriften über staatliche Beihilfen auf Maßnahmen im Bereich der direkten Unternehmensbesteuerung, ABl. EG Nr. C 384/3 v. 10. 12. 1998, S. 7; siehe auch *Lang*, IStR 2010, S. 570; *Mestmäcker/Schweitzer*, Europäisches Wettbewerbsrecht, § 42, Rdnr. 20; *Triantafyllou*, in: von der Groeben/Schwarze (Hrsg.), EUV/EGV, Art. 87 EGV, Rdnr. 109.

785 *Lang*, IStR 2010, S. 570; *Bartosch*, EU-Beihilfenrecht, Einl., Rdnr. 5.

786 EuGH v. 15. 3. 1994, Rs. C-387/92 – Banco Exterior de España, Slg. 1994, I-877, Rdnr. 12 f.; EuGH v. 26. 9. 1996, Rs. C-241/94 – Frankreich/Kommission, Slg. 1996, I-4551, Rdnr. 34; EuGH v. 17. 6. 1999, Rs. C-295/97 – Piaggio, Slg. 1999, I-3735, Rdnr. 34; EuGH v. 7. 3. 2002, Rs. C-310/99 – Italien/Kommission, Slg. 2002, I-2289, Rdnr. 51; EuGH v. 10. 1. 2006, Rs. C-222/04 – Ministero dell'Economia e delle Finanze, Slg. 2006, I-289, Rdnr. 5; *Mederer*, in: von der Groeben/Schwarze (Hrsg.), EUV/EGV, Vorbemerkungen zu den Artikeln 87 bis 89 EGV, Rdnr. 2; *Grube*, DStZ 2007, S. 371 (375); *Nowak*, EuZW 2003, S. 389 (393).

nahmen, so steht dieser Steuereinnahmeverlust einer Verwendung staatlicher Mittel in Form von Steuerausgaben gleich.[787] Das Kriterium des Steuereinnahmeverlustes darf jedoch nicht dahingehend missverstanden werden, dass eine Beihilfe tatbestandlich voraussetzt, dass es zu einer finanziellen Belastung des mitgliedstaatlichen Haushalts kommen muss. So ist es eine erwünschte Folge von effektiver steuerlicher F&E-Förderung, dass die gestiegene Innovationstätigkeit auch zu einer gesteigerten Wettbewerbskraft der begünstigten Unternehmen führt, was letztlich ein erhöhtes Steueraufkommen begründen und damit langfristig sogar positive Auswirkungen auf den Staatshaushalt haben kann. Am Vorliegen einer Beihilfe ändern diese künftigen Staatseinnahmen freilich nichts.[788] Das Tatbestandsmerkmal „aus staatlichen Mitteln" dient lediglich dazu, die finanziellen Vergünstigungen dem Staat zuzurechnen – es fragt gleichsam nach der „Urheberschaft" der Maßnahme.[789] Bei steuerlichen Maßnahmen ist das Merkmal daher im Regelfall unproblematisch erfüllt.

b. Selektivität der Maßnahme

Problematischer ist demgegenüber das Tatbestandsmerkmal, wonach sich die Begünstigung durch eine staatliche Beihilfe an bestimmte Unternehmen oder Produktionszweige richten muss. Dieses als Selektivitäts- bzw. Bestimmtheitsgrundsatz bezeichnete Kriterium soll dazu dienen, zulässige Maßnahmen der allgemeinen Wirtschaftspolitik von den prinzipiell unzulässigen Begünstigungen einzelner Unternehmen abzugrenzen. So handelt es sich nicht um eine Beihilfe im Sinne des Art. 107 AEUV, wenn eine staatliche Maßnahme alle Wirtschaftsteilnehmer eines Staates gleichermaßen betrifft und der Adressatenkreis nicht etwa durch zusätzliche Elemente eingeschränkt wird.[790] Auf diese Weise wird sichergestellt, dass die Kompetenz der Mitgliedstaaten zur Regelung von Fragen

---

787 Mitteilung der Kommission über die Anwendung der Vorschriften über staatliche Beihilfen auf Maßnahmen im Bereich der direkten Unternehmensbesteuerung, ABl. EG Nr. C 384/3 v. 10. 12. 1998, Rdnr. 10; *Triantafyllou*, in: von der Groeben/Schwarze (Hrsg.), EUV/EGV, Art. 87 EGV, Rdnr. 95; *Blumenberg*, in: Grotherr (Hrsg.), Handbuch der internationalen Steuerplanung, S. 1787 (1794).

788 Vgl. Bericht der Kommission über die Umsetzung der Mitteilung der Kommission über die Anwendung der Vorschriften über staatliche Beihilfen auf Maßnahmen im Bereich der direkten Unternehmensbesteuerung, C (2004) 434 v. 9. 2. 2004, Rdnr. 20; *Frenz/Roth*, DStZ 2006, S. 465 (469); *Linn*, IStR 2008, S. 601 (604); *Kellersmann/Treisch*, Europäische Unternehmensbesteuerung, S. 297.

789 *Soltész*, EuZW 1998, S. 747 (748).

790 EuGH v. 8. 11. 2001, Rs. C-143/99 – Adria-Wien Pipeline, Slg. 2001, I-8365, Rdnr. 34 f.; *Triantafyllou*, in: von der Groeben/Schwarze (Hrsg.), EUV/EGV, Art. 87 EGV, Rdnr. 96; *Durinke*, Gemeinschaftsrahmen, S. 183; *Gross*, RIW 2002, S. 46 (49).

der allgemeinen Wirtschafts- und Steuerpolitik gewahrt bleibt.[791] Rein steuertechnische Bestimmungen – wie etwa die Festlegung der Höhe von Steuersätzen – sowie staatliche Maßnahmen, die ein Ziel der allgemeinen Wirtschaftspolitik verfolgen, sind nach Auffassung der Kommission als allgemeine Regelungen anzusehen und unterfallen daher nicht dem Beihilfenverbot.[792]

Ebenfalls nicht als Beihilfen beanstandet werden steuerliche Maßnahmen, die zwar selektiv sind, da sie nur für bestimmte Unternehmen eine wirtschaftliche Begünstigung vorsehen, die jedoch durch die Natur oder den inneren Aufbau des Steuersystems des jeweiligen Mitgliedstaates gerechtfertigt sind.[793] Bei steuerlichen Maßnahmen ist daher zusätzlich auf einer zweiten Stufe zu prüfen, ob die konkrete Maßnahme von den allgemeinen Wertungen des Steuerrechts dieses Mitgliedstaates abweicht.[794] Dies gründet daher, dass auch im Fall des Beihilfenrechts die grundlegende Kompetenzzuordnung im direkten Steuerrecht zu berücksichtigen ist, wonach die Mitgliedstaaten mangels europäischer Rechtsangleichung unverändert die Souveränität besitzen, ihr direktes Steuerrecht nach ihren Vorstellungen auszugestalten, ohne dass zwangsläufig jede entlastende Regelung der Beihilfenkontrolle durch die Europäische Kommission unterliegt.[795] Dies setzt jedoch voraus, dass die Mitgliedstaaten nur solche Regelungen vornehmen, die sich unmittelbar aus den Grund- und Leitprinzipien ihres

---

791 *Von Hippel*, EuZW 2006, S. 614 (618); *Gross*, RIW 2002, S. 46 (50); *Koschyk*, Steuervergünstigungen als Beihilfen, S. 63; *Rengeling*, in: Börner/Neundörfer (Hrsg.), Recht und Praxis der Beihilfen im Gemeinsamen Markt, S. 23 (39 f.); *Quigley*, in: Biondi/Eeckhout/Flynn (Hrsg.), The Law of State Aid in the European Union, S. 207.

792 Mitteilung der Kommission über die Anwendung der Vorschriften über staatliche Beihilfen auf Maßnahmen im Bereich der direkten Unternehmensbesteuerung, ABl. EG Nr. C 384/3 v. 10. 12. 1998, Rdnr. 13.

793 EuGH v. 2. 7. 1974, Rs. 173/73 – Italien/Kommission, Slg. 1974, 709, Rdnr. 33/35; EuGH v. 17. 6. 1999, Rs. C-75/97 – Belgien/Kommission (Maribel), Slg. 1999, I-3671, Rdnr. 34; EuGH v. 3. 3. 2005, Rs. C-172/03 – Heiser, Slg. 2005, I-1627, Rdnr. 43; EuGH v. 14. 4. 2005, verbundene Rs. C-128/03 und C-129/03 – AEM und AEM Torino, Slg. 2005, I-2861, Rdnr. 39; EuGH v. 15. 12. 2005, Rs. C-148/04 – Unicredito Italiano, Slg. 2005, I-11137, Rdnr. 51; Mitteilung der Kommission über die Anwendung der Vorschriften über staatliche Beihilfen auf Maßnahmen im Bereich der direkten Unternehmensbesteuerung, ABl. EG Nr. C 384/3 v. 10. 12. 1998, Rdnr. 15; Generalanwalt *Darmon*, Schlussanträge v. 17. 3. 1993 zu den verbundenen Rs. C-72/91 und C-73/91 – Sloman Neptun, Slg. 1993, I-887, Rdnr. 58; *Mederer*, in: von der Groeben/Schwarze (Hrsg.), EUV/EGV, Vorbemerkungen zu den Artikeln 87 bis 89 EGV, Rdnr. 39; *Strüber*, Steuerliche Beihilfen, S. 71; *Grube*, DStZ 2007, S. 371 (376); *Frenz/Roth*, DStZ 2006, S. 465 (466); *Micheau*, EC Tax Review 2008/6, S. 276 (281).

794 *Helios*, EWS 2006, S. 108 (112); *Koenig/Schreiber*, Europäisches Wettbewerbsrecht, S. 234.

795 *Jaeger*, EuZW 2012, S. 92.

nationalen Steuerrechts ergeben.[796] Weicht der nationale Steuergesetzgeber nämlich von seinem eigenen kohärenten System ab, indem er nur bestimmte Unternehmen oder Wirtschaftszweige steuerlich begünstigt, ohne dass diese Ausnahme mit der normalen Struktur des mitgliedstaatlichen Steuersystems in Einklang steht, so kann es sich bei dieser steuerlichen Maßnahme um eine Beihilfe nach Art. 107 AEUV handeln.

Eine Vermutung für das Vorliegen einer staatlichen Beihilfe greift ferner, wenn es ins Ermessen der Verwaltung gestellt wurde, eine steuerliche Vergünstigung zu gewähren, da dies im Ergebnis ebenfalls darauf hinauslaufen kann, dass nur bestimmte Unternehmen begünstigt werden.[797] Schließlich ist eine steuerliche Vergünstigung jedoch nicht allein deshalb als selektive Maßnahme anzusehen, weil faktisch bestimmte Unternehmen in größerem Maße in den Genuss der Begünstigung kommen als andere. Ist etwa der Tatbestand für einen Steueranreiz bei Investitionen in F&E so formuliert, dass prinzipiell jedes Unternehmen die Voraussetzungen erfüllen kann, so handelt es sich dabei um eine allgemeine Maßnahme.[798] Dies gilt dann auch ungeachtet der Tatsache, dass eine F&E-Steuervergünstigung eher Unternehmen mit hohen Forschungsinvestitionen begünstigt als solche, die wenig oder keine Forschung betreiben.[799]

---

796 EuG v. 18. 12. 2008, verbundene Rs. T-211/04 und T-215/04 – Gibraltar/Kommission, Slg. 2008, II-3745, Rdnr. 144; Mitteilung der Kommission über die Anwendung der Vorschriften über staatliche Beihilfen auf Maßnahmen im Bereich der direkten Unternehmensbesteuerung, ABl. EG Nr. C 384/3 v. 10. 12. 1998, Rdnr. 16; *Jann*, in: Monti et al. (Hrsg.), Festschrift für Baudenbacher, S. 419 (427); *Koenig/Schreiber*, Europäisches Wettbewerbsrecht, S. 235; *Mestmäcker/Schweitzer*, Europäisches Wettbewerbsrecht, § 43, Rdnr. 46; *Th. Jaeger,* in: Montag/Säcker (Hrsg.), MüKo-Wettbewerbsrecht, Bd. 3, Steuern, Rdnr. 43.

797 Mitteilung der Kommission über die Anwendung der Vorschriften über staatliche Beihilfen auf Maßnahmen im Bereich der direkten Unternehmensbesteuerung, ABl. EG Nr. C 384/3 v. 10. 12. 1998, Rdnr. 21 f.; EuGH v. 26. 9. 1996, Rs. C-241/94 – Frankreich/Kommission, Slg. 1996, I-4551, Rdnr. 23; *Jestaedt*, in: Heidenhain (Hrsg.), Handbuch des Europäischen Beihilfenrechts, § 8, Rdnr. 14; *Götz/Martinez Soria*, in: Dauses (Hrsg.), Handbuch des EU-Wirtschaftsrechts, H) III) 3) c) dd), Rdnr. 66; *Koenig/Schreiber*, Europäisches Wettbewerbsrecht, S. 234; *Koenig/Kühling/Ritter*, EG-Beihilfenrecht, Rdnr. 173; *Jochum*, Steuervergünstigung, S. 427; *Heskamp*, Vereinbarkeit allgemeiner und horizontaler Beihilfen, S. 156.

798 Vgl. die Mitteilung der Kommission über die Anwendung der Vorschriften über staatliche Beihilfen auf Maßnahmen im Bereich der direkten Unternehmensbesteuerung, ABl. EG Nr. C 384/3 v. 10. 12. 1998, Rdnr. 13; *Schön*, in: DStJG 23, S. 191 (215).

799 Mitteilung der Kommission über die Anwendung der Vorschriften über staatliche Beihilfen auf Maßnahmen im Bereich der direkten Unternehmensbesteuerung, ABl. EG Nr.

c.   *Wettbewerbsverfälschung und Beeinträchtigung des zwischenstaatlichen Handels*

Des Weiteren setzt der Tatbestand des Art. 107 Abs. 1 AEUV voraus, dass es durch die staatliche Beihilfe zu einer Wettbewerbsverfälschung kommen muss. Dies ist dann der Fall, wenn aufgrund der Beihilfe die Stellung eines bestimmten Unternehmens gegenüber seinen Mitbewerbern im innergemeinschaftlichen Handel verstärkt wird.[800] Wendet ein Mitgliedstaat lediglich bestimmten Unternehmen Subventionen zu oder befreit diese im Wege von Steuervergünstigungen von normalerweise bestehenden Verpflichtungen, so verstärkt dies in aller Regel die Marktposition des begünstigten Unternehmens zu Lasten aller übrigen, nicht begünstigten Unternehmen.[801] Überschreiten die Auswirkungen einer solchen Wettbewerbsverfälschung die nationalen Grenzen, so führt dies dazu, dass von einer Beeinträchtigung des Handels zwischen den Mitgliedstaaten zu sprechen ist.[802] In der Praxis hat die Europäische Kommission diesbezüglich eine weite Einschätzungsprärogative. Es genügt, wenn sie nachweist, dass die fragliche Maßnahme zur Wettbewerbsverfälschung und Handelsbeeinträchtigung geeignet ist; die Kommission muss hingegen nicht den Nachweis erbringen, dass die Maßnahme tatsächlich diese nachteiligen Auswirkungen auf den Binnenmarkt hat.[803]

C 384/3 v. 10. 12. 1998, Rdnr. 14; *Löhr*, Steuerliche Förderung von Forschung und Entwicklung, S. 84.

800   EuGH v. 17. 9. 1980, Rs. C-730/79 – Philipp Morris, Slg. 1980, I-2671, Rdnr. 11 und 12; siehe auch Generalanwalt *Mischo*, Schlussanträge v. 8. 5. 2001 zur Rs. C-143/99 – Adria-Wien Pipeline, Slg. 2001, I-8365, Rdnr. 66; *Tumpel*, in: DStJG 23, S. 321 (330); *Cremer*, in: Calliess/Ruffert (Hrsg.), EUV/AEUV, 4. Aufl., Art. 107 AEUV, Rdnr. 30; *Durinke*, Gemeinschaftsrahmen, S. 185.

801   EuGH v. 19. 9. 2000, Rs. C-156/98 – Deutschland/Kommission, Slg. 2000, I-6857, Rdnr. 33; *Mederer*, in: von der Groeben/Schwarze (Hrsg.), EUV/EGV, Vorbemerkungen zu den Artikeln 87 bis 89 EGV, Rdnr. 43.

802   *Götz/Martínez Soria*, in: Dauses (Hrsg.), Handbuch des EU-Wirtschaftsrechts, H) III) 3) c) ee), Rdnr. 68.

803   EuG v. 23. 6. 2000, verbundene Rs. T-204/97 und T-270/97 – Empresa para a Agroalimentação e Cerais (EPAC), Slg. 2000, II-2267, Rdnr. 85; EuG v. 11. 6. 2009, Rs. T-189/03 – ASM Brescia, Slg. 2009, II-1831, Rdnr. 66; *Jestaedt*, in: Heidenhain (Hrsg.), European State Aid Law, § 8, Rdnr. 24; *Götz/Martínez Soria*, in: Dauses (Hrsg.), Handbuch des EU-Wirtschaftsrechts, H) III) 3) c) ee), Rdnr. 68; *Kellersmann/Treisch*, Europäische Unternehmensbesteuerung, S. 303; *F. Kirchhof*, ZfZ 2006, S. 246 (247).

3.　Verfahren der Beihilfenkontrolle

a.　Kompetenzen der Kommission

Maßnahmen der Mitgliedstaaten, die gegen das Beihilfenverbot aus Art. 107 Abs. 1 AEUV verstoßen, sind grundsätzlich unzulässig. Das Beihilfenverbot gilt indes nicht absolut und kategorisch, sondern vielmehr sind die in der Legalausnahme des Art. 107 Abs. 2 AEUV aufgezählten Beihilfen als binnenmarktkonform anzusehen. Daneben wird der Kommission durch Art. 107 Abs. 3 AEUV ein Ermessensspielraum eingeräumt, den dort aufgezählten Beihilfen ebenfalls die Vereinbarkeit mit dem Binnenmarkt zu attestieren.[804] Dies spiegelt die starke Stellung der Europäischen Kommission im Beihilfenverfahren wider. Sie wurde zur „Herrin" des Beihilfenverfahrens berufen und diesbezüglich mit einer umfangreichen Kompetenzfülle ausgestattet. Die Kommission hat eine weitreichende Einschätzungsprärogative und sie allein trifft die Entscheidung, ob eine Beihilfe mit dem Binnenmarkt vereinbar und daher zulässig ist.[805] Ferner hat sie das Recht, von den Mitgliedstaaten verbindlich die Unterlassung, Aufhebung, Umgestaltung und Rückforderung von Beihilfen zu verlangen.[806]

Das Beihilfenkontrollverfahren ist in Art. 108 AEUV geregelt und wird insbesondere von einer Verfahrensverordnung des Rates[807] sowie einer hierzu ergangenen Durchführungsverordnung der Kommission[808] näher präzisiert.[809] Gemäß dem so genannten Notifizierungserfordernis aus Art. 108 Abs. 3 AEUV

804　EuGH v. 22. 3. 1977, Rs. 74/76 – Iannelli & Volpi, Slg. 1977, 557, Rdnr. 11/12; EuGH v. 22. 3. 1977, Rs. 78/76 – Steinike & Weinlig, Slg. 1977, 595, Rdnr. 8; EuGH v. 14. 2. 1990, Rs. C-301/87 – Frankreich/Kommission, Slg. 1990, I-307, Rdnr. 15; EuG v. 5. 11. 1997, Rs. T-149/95 – Etablissements J. Richard Ducros, Slg. 1997, II-2031, Rdnr. 49; EuGH v. 8. 11. 2001, Rs. C-143/99 – Adria-Wien Pipeline, Slg. 2001, I-8365, Rdnr. 30; *Bartosch*, NJW 2001, S. 921 (922); *Durinke*, Gemeinschaftsrahmen, S. 219; *Koenig/ Kühling*, NJW 2000, S. 1065; *Von Danwitz*, JZ 2000, S. 429 (434).

805　*Bartosch*, EU-Beihilfenrecht, Einl., Rdnr. 3; *Aldestam*, EC State aid rules applied to taxes, S. 27.

806　*Götz/Martínez Soria*, in: Dauses (Hrsg.), Handbuch des EU-Wirtschaftsrechts, H) III) 2) c) aa), Rdnr. 36; *Lübbig/Martin-Ehlers*, Beihilfenrecht der EU, Rdnr. 896 ff.

807　Verordnung (EG) Nr. 659/1999 des Rates v. 25. 3. 1999 über besondere Vorschriften für die Anwendung von Artikel 93 des EG-Vertrags, ABl. EG Nr. L 83/1 v. 27. 3. 1999; siehe ferner *Sinnaeve*, EuZW 1999, S. 270; *Kruse*, NVwZ 1999, S. 1049. Zur Effektivität dieser Verfahrensverordnung in der praktischen Anwendung siehe *Bartosch*, EuZW 2004, S. 43.

808　Verordnung (EG) Nr. 794/2004 der Kommission v. 21. 4. 2004 zur Durchführung der Verordnung (EG) 659/1999 des Rates über besondere Vorschriften für die Anwendung von Artikel 93 des EG-Vertrags, ABl. EU Nr. L 140/1 v. 30. 4. 2004.

809　Für einen Überblick über das Beihilfenkontrollverfahren vgl. etwa *Linn*, IStR 2008, S. 601 (603) und *Koenig/Schreiber*, Europäisches Wettbewerbsrecht, S. 253 ff.

muss ein Mitgliedstaat die Kommission rechtzeitig unterrichten, bevor eine Beihilfe neu eingeführt oder geändert wird. Solange die Kommission noch nicht abschließend über die Vereinbarkeit dieser geplanten Beihilfe entschieden hat, darf die Beihilfe nicht durchgeführt werden. Verstößt ein Mitgliedstaat gegen dieses „Stand-still"-Gebot, indem er die Beihilfe gleichwohl vorzeitig durchführt und etwa an ein Unternehmen auszahlt, so hat dies die Rechtswidrigkeit der Beihilfe zur Folge.[810] Nach Ansicht von Kommission und EuGH stellt es die logische Folge der Rechtswidrigkeit dar, dass die betreffende Beihilfe zwingend zurückzufordern ist[811] – was je nach Umfang der Beihilfe existenzbedrohende Folgen für das zur Rückzahlung verpflichtete Unternehmen haben kann.[812]

b. *Freistellung vom Notifizierungserfordernis durch Gruppenfreistellungs-verordnungen*

Dieses reguläre Beihilfenkontrollverfahren gilt jedoch nicht ausnahmslos, da zahlreiche Arten von Beihilfen vom Notifizierungserfordernis befreit sind. Auf Grundlage des Art. 109 AEUV wurde die Kommission vom Rat ermächtigt, mittels so genannter Gruppenfreistellungsverordnungen bestimmte Beihilfen für grundsätzlich mit dem Binnenmarkt vereinbar zu erklären und damit vom Notifizierungsverfahren auszunehmen.[813] 1998 erließ der Rat daher – auf Vorschlag der Kommission – eine Gruppenfreistellungsverordnung[814], mit der Beihilfen zugunsten kleiner und mittlerer Unternehmen sowie Beihilfen in den Bereichen Forschung und Entwicklung, sowie Umweltschutz, Beschäftigung und Ausbil-

---

810 *Koschyk*, Steuervergünstigungen als Beihilfen, S. 90; *Cremer*, in: Calliess/Ruffert (Hrsg.), EUV/AEUV, 4. Aufl., Art. 108 AEUV, Rdnr. 12; *Grube*, DStZ 2007, S. 371 (378); *Blumenberg*, in: Grotherr (Hrsg.), Handbuch der internationalen Steuerplanung, S. 1787 (1798); *Jansen*, Vorgaben des europäischen Beihilferechts für das nationale Steuerrecht, S. 154; *Randelzhofer*, Das Kontrollverfahren über staatliche Beihilfen im EG-Vertrag, S. 47.

811 EuGH v. 14. 1. 1997, Rs. C-169/95 – Spanien/Kommission, Slg. 1997, I-135, Rdnr. 47; *Sinnaeve*, Die Rückforderung gemeinschaftsrechtswidriger nationaler Beihilfen, S. 50; *Grube*, DStZ 2007, S. 371 (373); *Linn*, IStR 2008, S. 601 (606); *Lübbig/Martin-Ehlers*, Beihilfenrecht der EU, Rdnr. 940; *Conte*, in: Rodríguez Iglesias (Hrsg.), Festschrift für Santaolalla Gadea, S. 289 (297); *Terra/Wattel*, European Tax Law, S. 114.

812 *Linn*, IStR 2008, S. 601 (603); *Grube*, DStZ 2007, S. 371 (373).

813 *Koenig/Schreiber*, Europäisches Wettbewerbsrecht, S. 219; *Koschyk*, Steuervergünstigungen als Beihilfen, S. 96 f.

814 Verordnung (EG) Nr. 994/1998 des Rates v. 7. 5. 1998 über die Anwendung der Artikel 92 und 93 des Vertrags zur Gründung der Europäischen Gemeinschaft auf bestimmte Gruppen horizontaler Beihilfen, ABl. EG Nr. L 142 v. 14. 5. 1998.

dung freigestellt wurden.[815] 2008 wurden die Vorschriften zu Gruppenfreistellung konsolidiert und als Allgemeine Gruppenfreistellungsverordnung (AGVO) neugefasst.[816] Durch die AGVO wurde der Anwendungsbereich erweitert, so dass nunmehr auch Beihilfen an junge innovative Unternehmen umfasst sind.[817] Die Vorschriften zur Gruppenfreistellung bewirken, dass nationale Beihilfen, die den Kriterien aus den genannten Verordnungen entsprechen, vom Mitgliedstaat ohne vorherige Prüfung durch die Kommission durchgeführt werden können. Die Kontrolle, ob eine geplante Maßnahme die Genehmigungskriterien erfüllt, wird somit auf die Mitgliedstaaten verlagert.[818]

Mit dem Instrument der Gruppenfreistellung bezweckt die Kommission hauptsächlich, dass die Mitgliedstaaten zukünftig weniger wettbewerbsverzerrende Beihilfen gewähren und dafür die mitgliedstaatliche Förderung von Unternehmen gezielter in solchen Bereichen erfolgt, in denen die Maßnahmen zu positiven Effekten für den Binnenmarkt führen. Die Mitgliedstaaten sollen ihre staatlichen Beihilfen primär auf die von der AGVO umfassten Bereiche konzentrieren und auf diese Weise dazu beitragen, dass die Wettbewerbsfähigkeit der europäischen Wirtschaft gesteigert wird und neue Arbeitsplätze geschaffen werden.[819] Darüber hinaus dient die AGVO aber auch der Verfahrensvereinfachung – ermöglicht die umfangreiche Befreiung vom Notifizierungserfordernis es der Kommission doch, ihre Ressourcen im Bereich der Beihilfenkontrolle auf jene Bereiche zu fokussieren, in denen es tatsächlich zu schweren Wettbewerbs- und Handelsverzerrungen kommen kann.[820] Zwar müssen Beihilfen, die nach der AGVO freigestellt sind, nicht bei der Kommission angemeldet werden; doch

---

815 *Grube*, DStZ 2007, S. 371 (378).
816 Verordnung (EG) Nr. 800/2008 der Kommission v. 6. 8. 2008 zur Erklärung der Vereinbarkeit bestimmter Gruppen von Beihilfen mit dem Gemeinsamen Markt in Anwendung der Artikel 87 und 88 EG-Vertrag (Allgemeine Gruppenfreistellungsverordnung), ABl. EU Nr. L 214/3 v. 9. 8. 2008.
817 Verordnung (EG) Nr. 800/2008 der Kommission v. 6. 8. 2008 zur Erklärung der Vereinbarkeit bestimmter Gruppen von Beihilfen mit dem Gemeinsamen Markt in Anwendung der Artikel 87 und 88 EG-Vertrag (Allgemeine Gruppenfreistellungsverordnung), ABl. EU Nr. L 214/3 v. 9. 8. 2008, Erwägungsgrund 58; *Cremer*, in: Calliess/Ruffert (Hrsg.), EUV/AEUV, 4. Aufl., Art. 107 AEUV, Rdnr. 64.
818 *Sinnaeve*, EuZW 2001, S. 69 (70); *Koenig/Kühling*, DVBl. 2000, S. 1025 (1026).
819 Bericht der Kommission über die Wettbewerbspolitik 2005, SEK (2006) 761 endg. v. 15. 6. 2006, S. 128; *Jann*, in: Monti et al. (Hrsg.), Festschrift für Baudenbacher, S. 419 (440).
820 Bericht der Kommission über die Wettbewerbspolitik 2005, SEK (2006) 761 endg. v. 15. 6. 2006, S. 128; *Lübbig/Martín-Ehlers*, Beihilfenrecht der EU, Rdnr. 119; *Blumenberg*, in: Grotherr (Hrsg.), Handbuch der internationalen Steuerplanung, S. 1787 (1798); *Koenig/Kühling*, DVBl. 2000, S. 1025 (1026 f.).

gänzlich intransparent und ohne Kontrollmöglichkeit sollen auch in diesem Bereich keine selektiv begünstigenden nationalen Maßnahmen stattfinden; daher sind die Mitgliedstaaten gehalten, die durchgeführten Beihilfen zu registrieren und im Internet zu publizieren.[821]

Die Vorschriften über Beihilfen für F&E-Vorhaben befinden sich im siebten Abschnitt der Allgemeinen Gruppenfreistellungsverordnung (Art. 30–37 AGVO). Unter den Voraussetzungen des Art. 31 AGVO sind F&E-Beihilfen als im Sinne des Art. 107 Abs. 3 AEUV mit dem Binnenmarkt vereinbar anzusehen und vom Notifizierungserfordernis freigestellt. Dies setzt insbesondere voraus, dass die Begünstigung durch die Beihilfe vollständig den Bereichen Grundlagenforschung, industrielle Forschung oder experimentelle Entwicklung zugutekommt und dass sich die Beihilfenintensität[822] innerhalb der für die jeweilige Forschungskategorie geltenden Höchstgrenze bewegt.

Die maximal zulässige Beihilfenintensität ist gestaffelt und nimmt mit zunehmender Marktnähe der Forschungskategorie ab. Dies begründet sich mit dem Ziel des europäischen Beihilfenrechts, Verfälschungen des Wettbewerbs im Binnenmarkt zu unterbinden, denn je marktnäher die F&E-Tätigkeiten sind, desto verzerrender könnte auch die Wirkung der staatlichen Beihilfe sein.[823] Als am meisten förderungswürdig werden Projekte der Grundlagenforschung angesehen, so dass gemäß Art. 31 Abs. 3 lit. a) AGVO in diesem Bereich Beihilfen im Umfang von bis zu 100 Prozent der förderbaren Kosten gewährt werden können. Indes wird Grundlagenforschung – eben insbesondere aufgrund der hohen Marktferne – weit überwiegend nicht von Unternehmen der Privatwirtschaft, sondern von Universitäten oder öffentlichen Forschungseinrichtungen durchgeführt[824], welche bereits tatbestandlich nicht dem Anwendungsbereich der Beihilfenkontrolle unterfallen.[825] Die maximale Beihilfenintensität im Falle von industrieller Forschung liegt bei 50 Prozent, für Projekte der experimentellen

---

821 Verordnung (EG) Nr. 800/2008 der Kommission v. 6. 8. 2008 zur Erklärung der Vereinbarkeit bestimmter Gruppen von Beihilfen mit dem Gemeinsamen Markt in Anwendung der Artikel 87 und 88 EG-Vertrag (Allgemeine Gruppenfreistellungsverordnung), ABl. EU Nr. L 214/3 v. 9. 8. 2008, Erwägungsgrund 33; *Sinnaeve*, EuZW 2001, S. 69 (70); *Lübbig/Martín-Ehlers*, Beihilfenrecht der EU, Rdnr. 123; *Bartosch*, NJW 2008, S. 3612 (3615).

822 Für den als Beihilfenintensität bezeichneten Quotienten wird die Höhe der einem Unternehmen gewährten Beihilfe in Relation zu den förderbaren Kosten dieses Unternehmens gesetzt.

823 *Haucap/Schwalbe*, in: Montag/Säcker (Hrsg.), MüKo-Wettbewerbsrecht, Bd. 3, Einl., Rdnr. 196 ff.; *Klodt et al.*, Forschungspolitik unter EG-Kontrolle, S. 41; *Koenig/Kühling/Ritter*, EG-Beihilfenrecht, S. 494; *Durinke*, Gemeinschaftsrahmen, S. 231.

824 Siehe oben, 2. Kapitel, A. II., S. 13 f.

825 *Eisermann*, EuZW 1996, S. 683 (686).

Entwicklung sind staatliche Beihilfen nur bis zu einem Umfang von 25 Prozent der beihilfefähigen Kosten zulässig. Um eine weitergehende Förderung von KMU zu ermöglichen, können diese Obergrenzen gemäß Art. 31 Abs. 4 lit. a) AGVO um 10 Prozentpunkte für Beihilfen an mittlere Unternehmen und um 20 Prozentpunkte für Beihilfen an kleine Unternehmen erhöht werden.[826]

c. Gemeinschaftsrahmen für F&E&I-Beihilfen

Ein weiteres Regelwerk der Europäischen Kommission, das die bei staatlichen Forschungsbeihilfen auftretenden Rechtsfragen behandelt, ist der im Jahr 2007 in Kraft getretene Gemeinschaftsrahmen für staatliche Beihilfen für Forschung, Entwicklung und Innovation (F&E&I).[827] Die Praxis der Kommission, ihre ermessensleitenden Kriterien für die Beurteilung von F&E-Beihilfen mittels eines Gemeinschaftsrahmens[828] zu erläutern, um den Mitgliedstaaten aufzuzeigen, wie Forschungsförderung ausgestaltet werden sollte, damit sie im Einklang mit den Vorgaben des Beihilfenrechts steht und somit genehmigungsfähig ist, blickt auf eine nunmehr knapp 30-jährige Tradition zurück. Bereits 1985 erließ die Kommission den ersten Gemeinschaftsrahmen für F&E-Beihilfen.[829] 1996 erging ein novellierter Gemeinschaftsrahmen[830], der – nach dreimaliger Verlängerung – schließlich zum Jahr 2007 durch die heute gültige Fassung ersetzt wurde.[831]

Die praktische Bedeutung des F&E&I-Gemeinschaftsrahmens wurde jedoch mit Inkrafttreten der AGVO im August 2008 stark zurückgedrängt. Zwar enthal-

---

826 Die Europäische Kommission begründet diese Unterscheidung innerhalb der Gruppe der KMU mit den Unterschieden zwischen kleinen und mittleren Unternehmen, wonach sich für kleine Unternehmen etwa der Zugang zu Fremdkapital oftmals noch schwieriger gestalte als für mittlere Unternehmen, vgl. Verordnung (EG) Nr. 800/2008 der Kommission v. 6. 8. 2008 zur Erklärung der Vereinbarkeit bestimmter Gruppen von Beihilfen mit dem Gemeinsamen Markt in Anwendung der Artikel 87 und 88 EG-Vertrag (Allgemeine Gruppenfreistellungsverordnung), ABl. EU Nr. L 214/3 v. 9. 8. 2008, Erwägungsgrund 55.

827 Mitteilung der Kommission über den Gemeinschaftsrahmen für staatliche Beihilfen für Forschung, Entwicklung und Innovation, ABl. EU Nr. C 323/1 v. 30. 12. 2006.

828 Zu Rechtsnatur und Zustandekommen von Gemeinschaftsrahmen siehe *Durinke*, Gemeinschaftsrahmen, S. 54 f.; zur rechtlichen Verbindlichkeit dieses Instruments siehe *Koenig/Schreiber*, Europäisches Wettbewerbsrecht, S. 245; *Heskamp*, Vereinbarkeit allgemeiner und horizontaler Beihilfen, S. 248; *Bartosch*, NJW 2001, S. 921 (922).

829 Gemeinschaftsrahmen für staatliche FuE-Beihilfen, ABl. EG Nr. C 83 v. 11. 4. 1986, S. 2; siehe hierzu *Klodt et al.*, Forschungspolitik unter EG-Kontrolle, S. 40.

830 Gemeinschaftsrahmen für staatliche Forschungs- und Entwicklungsbeihilfen, ABl. EG Nr. C 45/5 v. 17. 2. 1996; vgl. hierzu etwa *Cremer*, EWS 1996, S. 379.

831 *Cremer*, in: Calliess/Ruffert (Hrsg.), EUV/AEUV, 4. Aufl., Art. 107 AEUV, Rdnr. 67; *Frenz/Kühl*, EuZW 2007, S. 172.

ten sowohl die AGVO als auch der Gemeinschaftsrahmen inhaltlich weitgehend identische Regelungen für den Bereich von F&E-Beihilfen[832], jedoch geht die AGVO an entscheidender Stelle über den Regelungsgehalt des F&E&I-Gemeinschaftsrahmens hinaus. Da sich nur aus der AGVO ergibt, dass die von der Verordnung erfassten F&E-Beihilfen vom Notifizierungserfordernis nach Art. 108 Abs. 3 AEUV freigestellt sind und daher ohne vorherige Anmeldung bei der Kommission durchgeführt werden können, ist die AGVO in diesen Fällen als speziellere Vorschrift vorrangig anzuwenden. Der Gemeinschaftsrahmen gelangt nur noch dann zur Anwendung, wenn eine Beihilfe bei der Kommission angemeldet wurde, weil sie nicht gemäß der AGVO freigestellt ist oder weil sich ein „Mitgliedstaat zur Anmeldung entschlossen hat, obwohl die betreffende Maßnahme theoretisch gemäß der Gruppenfreistellungsverordnung hätte freigestellt werden können."[833] Nicht nach der AGVO freigestellt und daher zwingend bei der Kommission anzumelden sind insbesondere Einzelbeihilfen größeren Umfangs gemäß Art. 6 Abs. 1 lit. e) AGVO.[834] Da hier die Gefahr einer Wettbewerbsverfälschung aufgrund des hohen Beihilfevolumens besonders virulent ist, behält die Kommission sich vor, derartige Beihilfen eingehender zu überprüfen.[835] Für alle übrigen vom F&E&I-Gemeinschaftsrahmen vorgesehenen Forschungsbeihilfen gilt indes, dass diese auch gemäß der AGVO freigestellt sind.[836] Mithin kommt es nicht zu einer Prüfung durch die Kommission, so dass auch die im Gemeinschaftsrahmen aufgeführten Genehmigungskriterien nicht zur Anwendung kommen.

---

832 Von einem „Parallellauf materiell-rechtlicher Vorschriften" sprechen *Lübbig/Martin-Ehlers*, Beihilfenrecht der EU, Rdnr. 734; *Jestaedt/Häsemeyer*, EuZW 1995, S. 787 (788).

833 Mitteilung der Kommission über den Gemeinschaftsrahmen für staatliche Beihilfen für Forschung, Entwicklung und Innovation, ABl. EU Nr. C 323/1 v. 30. 12. 2006, Tz. 1.2., S. 4; vgl. ferner *Zuleger*, in: Montag/Säcker (Hrsg.), MüKo-Wettbewerbsrecht, Bd. 3, Art. 30–37 AGVO, Rdnr. 15.

834 Eine Beihilfe größeren Umfangs liegt vor, wenn eine Maßnahme die folgenden Schwellenwerte (je Unternehmen bzw. je Vorhaben) überschreitet: 20 Millionen Euro bei Maßnahmen im Bereich der Grundlagenforschung, 10 Millionen Euro bei Maßnahmen im Bereich der industriellen Forschung sowie 7,5 Millionen Euro bei allen übrigen Vorhaben.

835 Mitteilung der Kommission über den Gemeinschaftsrahmen für staatliche Beihilfen für Forschung, Entwicklung und Innovation, ABl. EU Nr. C 323/1 v. 30. 12. 2006, Tz. 7.1., S. 19.

836 Europäische Kommission (Hrsg.), Gemeinschaftsvorschriften für staatliche Beihilfen, S. 18 f.

II. Anwendung der Maßstäbe auf den Bereich der steuerlichen F&E-Förderung

1. Forschungsförderung auf Ebene der steuerlichen Bemessungsgrundlage durch erhöhten Betriebsausgabenabzug oder beschleunigte Abschreibung

Anknüpfend an die oben[837] bereits vorgenommene Prüfung, inwiefern steuerliche Forschungsförderung in Form eines erhöhten Betriebsausgabenabzugs oder einer beschleunigten Abschreibung mit den europäischen Grundfreiheiten vereinbar ist, ist nun zu untersuchen, ob solche Regelungen auch beihilfenrechtskonform sind.

Dies setzt voraus, dass es sich bei einer solchen Maßnahme entweder schon tatbestandlich nicht um eine Beihilfe im Sinne des Art. 107 Abs. 1 AEUV handelt oder dass zwar eine Beihilfe vorliegt, diese jedoch nicht gegen den Binnenmarkt verstößt und daher zulässig wäre. Das erste Merkmal des Beihilfentatbestands, die Begünstigung aus staatlichen Mitteln, liegt hier vor. Durch die in Rede stehende Steuervergünstigung wird einem Unternehmen ein wirtschaftlicher Vorteil zugewendet, indem das Unternehmen von einer Belastung befreit wird, die es normalerweise zu tragen hätte. Beim erhöhten Betriebsausgabenabzug liegt die Begünstigung darin, dass die Aufwendungen für Forschungsinvestitionen in einem größeren Umfang von der steuerlichen Bemessungsgrundlage abgezogen werden können, als sie tatsächlich angefallen sind und sich entsprechend die Steuerlast des Unternehmens reduziert. Im Falle einer beschleunigten Abschreibungsvorschrift kommt das begünstigte Unternehmen in den Genuss eines Zinsvorteils, da der getätigte Aufwand schneller als regulär steuerlich geltend gemacht werden kann. Beide Male handelt es sich bei der Begünstigung um einen Verzicht des Staates auf Steuereinnahmen, somit stammt die Begünstigung aus staatlichen Mitteln.

Fraglich ist jedoch, ob es sich bei der Maßnahme um eine selektive, nur bestimmten Unternehmen oder Produktionszweigen zugutekommende Begünstigung handelt, oder ob die Regelung nicht vielmehr als Maßnahme der allgemeinen Wirtschaftspolitik einzuordnen wäre. Wenn ein Mitgliedstaat die mit bestimmten Produktionskosten verbundene Steuerbelastung reduziert, indem er etwa Investitionen in F&E steuerlich fördert, so stellt dies grundsätzlich eine Maßnahme im Rahmen seiner Kompetenz zur Regelung der allgemeinen Wirt-

---

837 Siehe oben, 4. Kapitel, B. II. 1., S. 129 ff.

191

schafts- und Steuerpolitik dar.[838] Allgemeine steuerliche Maßnahmen müssen grundsätzlich allen Wirtschaftsteilnehmern eines Mitgliedstaates in gleicher Weise offenstehen.[839] Da eine Steuervergünstigung für F&E-Aufwendungen potenziell von jedem Unternehmen in Anspruch genommen werden kann, das den Tatbestand des Steuergesetzes erfüllt, handelt es sich dabei um eine allgemeine Maßnahme, die nicht unter den Beihilfentatbestand fällt. Diese steuerliche Maßnahme wird auch nicht alleine dadurch zu einer selektiven Begünstigung, dass faktisch nur Unternehmen, die Forschungstätigkeiten betreiben, in den Genuss der Vergünstigung kommen.[840] Um als allgemeine Maßnahme angesehen zu werden, muss sich eine Maßnahme nicht für alle Unternehmen in gleichem Maße auswirken.[841] Dass manche Unternehmen die tatbestandlichen Voraussetzungen einer staatlichen Vergünstigung eher erfüllen werden als andere, ist für die beihilfenrechtliche Qualifikation der staatlichen Maßnahme unschädlich.[842] So folgt aus dem Umstand, dass Unternehmen in forschungsintensiven Branchen relativ höhere F&E-Aufwendungen tätigen und damit auch in größerem Umfang von einer F&E-Steuervergünstigung profitieren würden, nicht notwendigerweise, dass die betreffende Maßnahme als selektiv anzusehen wäre.[843] Entscheidend ist vielmehr, dass eine staatliche Begünstigung so ausgestaltet wird, dass sie sich unterschiedslos auf alle Unternehmen und die Herstellung aller Waren und Dienstleistungen bezieht und somit die Möglichkeit der Inanspruchnahme jedem Unternehmen offensteht.[844]

Im Fall der Einführung einer steuerlichen Forschungsförderung hat der nationale Steuergesetzgeber die gesetzlichen Grundlagen daher so offen zu formulieren, dass jedes Unternehmen mit qualifizierten F&E-Aufwendungen den Tatbestand der Steuervergünstigung erfüllen kann. Wenn diese Voraussetzung erfüllt ist, kann eine mitgliedstaatliche Regelung zur steuerlichen Forschungsför-

---

838 Mitteilung der Kommission über die Anwendung der Vorschriften über staatliche Beihilfen auf Maßnahmen im Bereich der direkten Unternehmensbesteuerung, ABl. EG Nr. C 384/3 v. 10. 12. 1998, Rdnr. 13.

839 Mitteilung der Kommission über die Anwendung der Vorschriften über staatliche Beihilfen auf Maßnahmen im Bereich der direkten Unternehmensbesteuerung, ABl. EG Nr. C 384/3 v. 10. 12. 1998, Rdnr. 13.

840 Mitteilung der Kommission über Wege zu einer wirksameren steuerlichen Förderung von FuE, KOM (2006) 728 endg., S. 8; *Jochum*, Steuervergünstigung, S. 428.

841 *Kellersmann/Treisch*, Europäische Unternehmensbesteuerung, S. 299.

842 *Jochum*, Steuervergünstigung, S. 428.

843 Mitteilung der Kommission über Wege zu einer wirksameren steuerlichen Förderung von FuE, KOM (2006) 728 endg., S. 8.

844 Mitteilung der Kommission über Wege zu einer wirksameren steuerlichen Förderung von FuE, KOM (2006) 728 endg., S. 7 f.

derung mittels erhöhten Betriebsausgabenabzugs oder beschleunigter Abschreibung nicht als Beihilfe im Sinne des Art. 107 Abs. 1 AEUV angesehen werden.

2. Forschungsförderung durch eine Ermäßigung des Steuersatzes

Gleiches gilt für die Entscheidung eines Mitgliedstaates, unternehmerische Forschungsbemühungen durch einen ermäßigten Steuersatz zu fördern. Senkt ein Mitgliedstaat aus diesem Grund etwa den auf Lizenzerträge oder Einkünfte aus der Verwertung oder Veräußerung von Forschungsergebnissen anzuwendenden Steuersatz, so handelt es sich dabei – wenn dies gleichermaßen für alle Unternehmen oder Produktionszweige gilt – um eine rein steuertechnische Maßnahme und damit ebenfalls schon tatbestandlich nicht um eine staatliche Beihilfe nach Art. 107 Abs. 1 AEUV.[845]

3. Forschungsförderung auf Ebene der Steuerschuld

a. *Gewährung einer Steuergutschrift nur für KMU*

Zu einem Konflikt mit den Vorgaben des europäischen Beihilfenrechts könnte es jedoch kommen, wenn ein Mitgliedstaat bei der F&E-Förderung nach der Unternehmensgröße differenziert, etwa indem er eine Steuergutschrift ausschließlich kleinen und mittleren Unternehmen gewährt. So wird in der aktuellen Debatte über die Einführung von steuerlicher Forschungsförderung in Deutschland durchaus diskutiert, Großunternehmen von der Förderung auszunehmen und die Begünstigung auf KMU zu beschränken, um damit die Kosten für den Staatshaushalt gering zu halten.[846] Eine solche Regelung wäre jedoch beihilfenrechtlich unzulässig, wenn es sich dabei tatbestandlich um eine staatliche Beihilfe handelt, und kein Ausnahmetatbestand einschlägig ist, der die konkrete Maßnahme erlaubt.

aa. Tatbestandsmäßigkeit

(1) Begünstigung aus staatlichen Mitteln

Steuerliche Forschungsförderung durch eine Steuergutschrift („Tax credit") bedeutet, dass ein Unternehmen einen bestimmten Prozentsatz der begünstigten

---

845   Vgl. die Mitteilung der Kommission über die Anwendung der Vorschriften über staatliche Beihilfen auf Maßnahmen im Bereich der direkten Unternehmensbesteuerung, ABl. EG Nr. C 384/3 v. 10. 12. 1998, Rdnr. 13.

846   *Elschner/Ernst/Spengel*, Fiskalische Kosten, S. 21; Expertenkommission Forschung und Innovation (EFI) (Hrsg.), Gutachten 2012, S. 98; siehe ferner bereits oben, 2. Kapitel, A. II. 2. b., S. 17 f.

Forschungsaufwendungen als Gutschrift von der Steuerschuld abziehen kann.[847] Dadurch reduziert sich die Belastung des Unternehmens, verglichen mit dem Steuerbetrag, den das Unternehmen regulär – also ohne Geltung dieser Steuervergünstigung – zu entrichten hätte. Bei einer solchen Maßnahme handelt es sich folglich um eine Begünstigung im Sinne des Beihilfenrechts. Da sich diese Begünstigung als Verzicht des Staates auf Steuereinnahmen darstellt, handelt es sich ferner um eine Begünstigung aus staatlichen Mitteln.

(2)   Selektivität

Sodann müsste die Maßnahme als selektive Begünstigung anzusehen sein. Eine Steuergutschrift zur Forschungsförderung verfolgt ein Ziel der allgemeinen Wirtschaftspolitik und würde somit grundsätzlich nicht unter den Beihilfentatbestand fallen. Wie bereits dargestellt, setzt dies jedoch voraus, dass die Begünstigung gleichermaßen für alle Unternehmen und Produktionszweige gilt.[848] Es handelt sich nicht um eine allgemeine Maßnahme, wenn nach Wirtschaftszweig, Unternehmensgröße oder Umsatzhöhe des Unternehmens differenziert wird.[849] Würde die hier in Rede stehende Steuergutschrift für F&E-Aufwendungen so ausgestaltet werden, dass sie nur von kleinen und mittleren Unternehmen in Anspruch genommen werden kann, so liegt eine Differenzierung nach der Unternehmensgröße vor. Dies hätte zur Folge, dass das Tatbestandsmerkmal der Selektivität erfüllt wäre.

Nun sind Steuersysteme naturgemäß sehr facettenreich und vielschichtig, indem sie in ihren Rechtsfolgen auf mannigfaltige Weise zwischen den verschiedenen Formen von wirtschaftlicher Betätigung unterscheiden. Da nicht jede dieser selektiven Differenzierungen automatisch die Beihilfenkontrolle durch die Kommission auf den Plan rufen soll, ist im Fall von steuerlichen Maßnahmen zusätzlich zu prüfen, ob die konkrete Maßnahme durch die Natur oder den inneren Aufbau des Steuersystems des jeweiligen Mitgliedstaates gerechtfertigt werden kann.[850] Es stellt sich hier daher die Frage, ob eine steuerliche Begünstigung, die in selektiver Weise nur für kleine und mittlere Unternehmen gewährt wird, durch die Struktur oder den Aufbau des deutschen Steuersystems gerechtfertigt werden kann.

---

847   Siehe oben, 3. Kapitel, B. III., S. 84 ff.

848   Vgl. ferner Mitteilung der Kommission über die Anwendung der Vorschriften über staatliche Beihilfen auf Maßnahmen im Bereich der direkten Unternehmensbesteuerung, ABl. EG Nr. C 384/3 v. 10. 12. 1998, Rdnr. 13.

849   *Jochum*, Steuervergünstigung, S. 427; *Linder/Müller*, Der Schweizer Treuhänder 2008, S. 146 (150).

850   Siehe oben, 4. Kapitel, C. I. 2. b., S. 181 f.

Dies setzt voraus, dass die Maßnahme mit der inneren Logik respektive dem Sinn und Zweck des allgemeinen Steuersystems in Einklang steht.[851] Die genauen Grenzen dieses schillernden Ausnahmetatbestands bleiben indes im Ungefähren, nicht zuletzt, weil Beispiele aus der bisherigen Rechtsanwendungspraxis von Kommission und europäischen Gerichten, die die Auslegung des Begriffs verdeutlichen könnten, ein uneinheitliches Bild hinterlassen. So betrachtet die Kommission etwa die Tatsache, dass die Steuertabellen in vielen Mitgliedstaaten progressiv ausgestaltet sind, als durch die Steuerumverteilungslogik gerechtfertigt.[852] Auch die Differenzierungen bei den nationalen Vorschriften zur steuerlichen Abschreibung oder Bewertung von Lagerbeständen seien systemkohärent und damit beihilfenrechtlich unbedenklich.[853] Schließlich stützte sich die Kommission auch auf diesen Ausnahmetatbestand, als sie attestierte, dass die selektive Grundsteuerbefreiung für landwirtschaftliche Nutzflächen im dänischen sowie im niederländischen Steuerrecht mit der „besonderen Bedeutung des Grundeigentums in der Landwirtschaft" gerechtfertigt werden könne.[854]

Von besonderer Bedeutung für den vorliegend zu untersuchenden Fall ist, dass die Kommission die Auffassung vertritt, die „Logik bestimmter besonderer Steuervorschriften für kleine und mittlere Unternehmen" sei mit der Logik vergleichbar, die auch der progressiven Ausgestaltung des Steuertarifs zugrunde

---

851 EuG v. 6. 3. 2002, verbundene Rs. T-92/00 und T-103/00 – Territorio Histórico de Álava/Kommission, Slg. 2002, II-1385, Rdnr. 60; Bericht der Kommission über die Umsetzung der Mitteilung der Kommission über die Anwendung der Vorschriften über staatliche Beihilfen auf Maßnahmen im Bereich der direkten Unternehmensbesteuerung, C (2004) 434 v. 9. 2. 2004, Rdnr. 35.

852 Mitteilung der Kommission über die Anwendung der Vorschriften über staatliche Beihilfen auf Maßnahmen im Bereich der direkten Unternehmensbesteuerung, ABl. EG Nr. C 384/3 v. 10. 12. 1998, Rdnr. 24; EuG v. 6. 3. 2002, verbundene Rs. T-92/00 und T-103/00 – Territorio Histórico de Álava/Kommission, Slg. 2002, II-1385, Rdnr. 60; *Jestaedt*, in: Heidenhain (Hrsg.), Handbuch des Europäischen Beihilfenrechts, § 8, Rdnr. 21.

853 Mitteilung der Kommission über die Anwendung der Vorschriften über staatliche Beihilfen auf Maßnahmen im Bereich der direkten Unternehmensbesteuerung, ABl. EG Nr. C 384/3 v. 10. 12. 1998, Rdnr. 24.

854 Staatliche Beihilfe Nr. N 20/2000 – Niederlande; Staatliche Beihilfe Nr. N 53/99 – Dänemark; Bericht der Kommission über die Umsetzung der Mitteilung der Kommission über die Anwendung der Vorschriften über staatliche Beihilfen auf Maßnahmen im Bereich der direkten Unternehmensbesteuerung, C (2004) 434 v. 9. 2. 2004, Rdnr. 36; *Kube*, in: Becker/Schön (Hrsg.), Steuer- und Sozialstaat im europäischen Systemwettbewerb, S. 99 (104).

liegt.[855] Dies würde bedeuten, dass die hiervon umfassten Steuervergünstigungen zugunsten von KMU – ebenso wie die Steuerprogression – von der Kommission als systemkohärente Differenzierungen eingestuft würden und damit nicht den Beihilfentatbestand verwirklichten. Dieser Vergleich zwischen Steuerprogression und Regelungen zur gezielten Förderung von KMU wird in der Literatur kritisiert.[856] Es ist auch keineswegs so, dass pauschal jedwede Steuerbestimmung, die zu einer selektiven Begünstigung von KMU führt, als gerechtfertigt anzusehen ist, sondern es ist stets im Einzelfall zu prüfen, ob die konkrete Maßnahme aufgrund der Art und des inneren Aufbaus des Steuersystems zu rechtfertigen ist.[857]

Um zu vermeiden, dass dieser Ausnahmetatbestand uferlos zur Anwendung gelangt, können nach hier vertretener Auffassung nur systemtragende Erwägungen zur Rechtfertigung herangezogen werden. Externe Ziele, wie etwa Regionalförderung, die Schaffung von Arbeitsplätzen oder der Umweltschutz, stellen hingegen – selbst wenn sie mit Mitteln des Steuerrechts verwirklicht werden sollen – keine das Steuersystem durchziehenden Grundsätze dar.[858] Entsprechend sind Maßnahmen, die solche Ziele verfolgen, auch nicht durch die Natur und den inneren Aufbau des Steuersystems zu rechtfertigen.[859] Gleiches muss damit

---

855 Mitteilung der Kommission über die Anwendung der Vorschriften über staatliche Beihilfen auf Maßnahmen im Bereich der direkten Unternehmensbesteuerung, ABl. EG Nr. C 384/3 v. 10. 12. 1998, Rdnr. 27.

856 *Schön*, in: Koenig/Roth/Schön (Hrsg.), Aktuelle Fragen des EG-Beihilfenrechts, S. 106 (123).

857 Vgl. etwa das Urteil des Gerichts erster Instanz in der Rechtssache „CETM/Kommission": In dieser Rechtssache ging es um die beihilfenrechtliche Konformität einer spanischen Regelung, wonach KMU für die Anschaffung von neuen Nutzfahrzeugen ein zinsgünstiges Darlehen gewährt wurde. Vom Gesetzgeber angestrebt war, auf diese Weise durch die Erneuerung der Nutzfahrzeugflotte zu einer Verbesserung von Umweltschutz und Verkehrssicherheit beizutragen. Da Großunternehmen von dieser Begünstigung ausgeschlossen waren, war diese Vorschrift als selektiv anzusehen. Das Gericht erster Instanz prüfte sodann, ob die Maßnahme durch das Wesen oder die Struktur des spanischen Rechtssystems gerechtfertigt werden konnte, verneinte dies jedoch: Mit den von Spanien vorgeblich verfolgten Zielen sei ein Ausschluss von Großunternehmen nicht systemlogisch zu erklären, denn für die Rechtsgüter Umweltschutz und Verkehrssicherheit gehe von überalterten Nutzfahrzeugen eines Großunternehmens eine ebensolche Gefahr aus wie von denjenigen eines KMU; siehe EuG v. 29. 9. 2000, Rs. T-55/99 – CETM/Kommission, Slg. 2000, II-3207, Rdnr. 52 ff.; vgl. ferner *Bartosch*, EU-Beihilfenrecht, Art. 87 Abs. 1 EGV, Rdnr. 103.

858 So auch *Triantafyllou*, in: von der Groeben/Schwarze (Hrsg.), EUV/EGV, Art. 87 EGV, Rdnr. 106; zweifelnd *Bartosch*, EuZW 2012, S. 12 (14 ff.).

859 Vgl. *Triantafyllou*, in: von der Groeben/Schwarze (Hrsg.), EUV/EGV, Art. 87 EGV, Rdnr. 106.

auch für eine auf kleine und mittlere Unternehmen beschränkte Steuergutschrift für F&E-Aufwendungen gelten. Mit steuerlicher Forschungsförderung wird insbesondere eine Steigerung von Wettbewerbsfähigkeit und Innovationskraft angestrebt, während eine spezielle Förderung für KMU vornehmlich die Nachteile kompensieren soll, die Unternehmen dieser Größe in der gegenwärtigen projektbezogenen Forschungsförderungslandschaft zu erleiden haben. Die Steuergutschrift soll die begünstigten Unternehmen zu vermehrten Forschungsaktivitäten anregen. Letztlich handelt es sich bei steuerlicher F&E-Förderung folglich um eine Maßnahme mit Lenkungswirkung, die sich Mitteln des Steuerrechts bedient, um externe Ziele der Wirtschafts- und Innovationspolitik zu verfolgen. Wird diese Begünstigung selektiv nur für kleine und mittlere Unternehmen gewährt, so kann dies nicht durch die Natur oder den inneren Aufbau des deutschen Steuerrechts gerechtfertigt werden.[860]

(3)   Wettbewerbsverfälschung und Beeinträchtigung des zwischenstaatlichen Handels

Schließlich verlangt der Beihilfentatbestand des Art. 107 Abs. 1 AEUV, dass durch die selektive Begünstigung bestimmter Unternehmen der Wettbewerb verfälscht sowie der Handel zwischen den Mitgliedstaaten beeinträchtigt wird.

Angesichts der Tatsache, dass die hier zu untersuchende Steuergutschrift für F&E-Aufwendungen nur für kleine und mittlere Unternehmen gewährt werden soll, welche mitunter nur geringe Forschungsaufwendungen aufweisen, so dass folglich auch die an diese Unternehmen ausgezahlte Steuergutschrift nur von verhältnismäßig geringer Höhe wäre, könnte man argumentieren, dass eine solche Maßnahme nicht geeignet sei, sich negativ auf den Wettbewerb oder den Handel zwischen den Mitgliedstaaten auszuwirken.

Nach Auffassung des Europäischen Gerichtshofs sowie des Gerichts erster Instanz ist es nicht erforderlich, dass die negativen Folgen von staatlichen Beihilfen spürbar sind; vielmehr besteht das Beihilfenverbot grundsätzlich unabhängig von der Höhe der Beihilfe.[861] Auch geringfügige staatliche Beihilfen sei-

---

860 So auch *Löhr*, Steuerliche Förderung von Forschung und Entwicklung, S. 85.
861 EuGH v. 19. 9. 2000, Rs. C-156/98 – Deutschland/Kommission, Slg. 2000, I-6857, Rdnr. 32, 39; EuG v. 30. 4. 1998, Rs. T-214/95 – Flämische Region/Kommission, Slg. 1998, II-717, Rdnr. 46; EuG v. 29. 9. 2000, Rs. T-55/99 – CETM/Kommission, Slg. 2000, II-3207, Rdnr. 92; EuG v. 6. 3. 2002, verbundene Rs. T-92/00 und T-103/00 – Territorio Histórico de Álava/Kommission, Slg. 2002, II-1385, Rdnr. 72; *Wimmer/Müller*, Wirtschaftsrecht, S. 255; *Bartosch*, EU-Beihilfenrecht, Art. 87 Abs. 1 EGV, Rdnr. 132; *Bührle*, Beihilfenverbot, S. 336 f.

en demnach tatbestandsmäßig, da auch diese zu einer Verfälschung des Wettbewerbs führten.[862]

Die Europäische Kommission vertritt demgegenüber eine andere Ansicht. Kraft ihrer Kompetenz zur Regelung des Beihilfenkontrollverfahrens legte sie sekundärrechtlich fest, dass Beihilfen unterhalb einer Bagatellschwelle aufgrund ihrer Geringfügigkeit keinen Einfluss auf den zwischenstaatlichen Handel haben sowie den Wettbewerb nicht verfälschen oder zu verfälschen drohen.[863] Folglich stellen solche so genannten „De-minimis"-Beihilfen[864] schon tatbestandlich keine Beihilfen im Sinne des Art. 107 Abs. 1 AEUV dar, so dass sie von vornerein nicht anmeldepflichtig sind und auch nicht von der Anmeldung freigestellt zu werden brauchen.[865]

Zunächst äußerte die Kommission ihre Rechtsauffassung über eine Bagatellschwelle im Beihilfenrecht im Jahr 1996 im Wege einer Kommissionsmitteilung[866], im Jahr 2001 wurde dann eine erste Verordnung über De-minimis-Beihilfen[867] erlassen, die schließlich 2006 durch die heute gültige Fassung[868] ersetzt wurde. Gemäß Art. 2 Abs. 2 dieser Verordnung gilt eine Maßnahme als De-minimis-Beihilfe, wenn einem Unternehmen im Zeitraum von drei Jahren nicht mehr als 200 000 Euro zugewendet werden.

Der nationale Steuergesetzgeber müsste daher durch eine betragsmäßige Deckelung sicherstellen, dass der Steuernachlass, der forschenden Unternehmen gewährt werden soll, in keinem Fall mehr als 200 000 Euro beträgt, denn eine staatliche Maßnahme erfüllt den Beihilfentatbestand, sobald die De-minimis-

---

862 „Ist der Vorteil geringer, so wird auch der Wettbewerb geringer verfälscht, aber verfälscht wird er gleichwohl", vgl. EuG v. 30. 4. 1998, Rs. T-214/95 – Flämische Region/ Kommission, Slg. 1998, II-717, Rdnr. 46.

863 *Sinnaeve*, EuZW 2001, S. 69 (75); *Hertel*, Beihilfen an KMU, S. 120; *Mederer*, in: von der Groeben/Schwarze (Hrsg.), EUV/EGV, Art. 87 EGV, Rdnr. 45; *Nordmann*, EuZW 2007, S. 752.

864 Die Bezeichnung „De minimis" leitet sich vom Grundsatz „de minimis non curat preator" ab, vgl. *Heskamp*, Vereinbarkeit allgemeiner und horizontaler Beihilfen, S. 188.

865 *Sinnaeve*, EuZW 2001, S. 69 (75); *Blumenberg*, in: Grotherr (Hrsg.), Handbuch der internationalen Steuerplanung, S. 1787 (1801); *Götz/Martínez Soria*, in: Dauses (Hrsg.), Handbuch des EU-Wirtschaftsrechts, H) III) 3) c) ee), Rdnr. 73.

866 Mitteilung der Kommission über „de minimis"-Beihilfen, ABl. EG Nr. C 68/9 v. 6. 3. 1996.

867 Verordnung (EG) Nr. 69/2001 der Kommission v. 12. 1. 2001 über die Anwendung der Artikel 87 und 88 EG-Vertrag auf „De-minimis"-Beihilfen, ABl. EG Nr. L 10/30 v. 13. 1. 2001.

868 Verordnung (EG) Nr. 1998/2006 der Kommission v. 15. 12. 2006 über die Anwendung der Artikel 87 und 88 EG-Vertrag auf „De-minimis"-Beihilfen, ABl. EU Nr. L 379/5 v. 28. 12. 2006.

Grenze in einem einzigen Anwendungsfall nicht eingehalten wurde.[869] Eine solche Deckelung widerspräche jedoch dem Sinn einer steuerlichen Forschungsförderung, denn dadurch fehlt für Unternehmen, die bereits in nicht unerheblichem Umfang forschend tätig sind, der Anreiz, ihre Forschungsinvestitionen weiter zu steigern. Nicht zuletzt aufgrund der vergleichsweise niedrigen Bagatellschwelle, die vermutlich allenfalls im Fall von F&E-Steuergutschriften an kleine Unternehmen mit entsprechend niedrigen Forschungsaufwendungen gewahrt bleiben würde, erscheint es nicht als praktikabel, eine steuerliche Forschungsförderung nach den Vorgaben der De-minimis-Verordnung auszurichten.

bb. Ausnahmetatbestand: Vereinbarkeit mit dem Binnenmarkt

Eine Steuergutschrift, die nur kleinen und mittleren Unternehmen gewährt wird und nicht dem Anwendungsbereich der Verordnung über „De-minimis"-Beihilfen unterfällt, stellt demnach tatbestandlich eine Beihilfe gemäß Art. 107 Abs. 1 AEUV dar. Eine derartige Maßnahme könnte jedoch gemäß der Allgemeinen Gruppenfreistellungsverordnung vom Notifizierungserfordernis ausgenommen und daher zulässig sein.

Die AGVO legt die Voraussetzungen fest, unter denen eine staatliche Beihilfe mit dem Binnenmarkt vereinbar ist.[870] Bei Beihilfen für Forschungs- und Entwicklungsvorhaben setzt dies nach Art. 31 AGVO voraus, dass die Beihilfe vollständig den Bereichen Grundlagenforschung, industrielle Forschung oder experimentelle Entwicklung zugutekommt und dass sich die Beihilfenintensität innerhalb der für die jeweilige Forschungskategorie geltenden Höchstgrenze bewegt.

Im Fall von steuerlichen Maßnahmen zur Forschungsförderung gestaltet sich die Berechnung der Beihilfenintensität indes als schwierig. Anders als bei direkter Forschungsförderung muss die steuerliche F&E-Förderung vom Unternehmen nicht vor der Durchführung des Forschungsvorhabens beantragt werden, sondern es stellt ja gerade einen der Vorteile von steuerlicher F&E-Förderung dar, dass sich die Höhe der Steuervergünstigung aus den Forschungsaufwendungen ergibt, die ein Unternehmen innerhalb des jeweiligen steuerlichen Veranlagungszeitraums getätigt hat. Damit ein Unternehmen in die Lage versetzt wird, die Höhe der zu erwartenden Steuergutschrift bereits im Vorfeld selbst zu kalkulieren, sollte diese Berechnung so einfach wie möglich ausgestaltet werden. Es empfiehlt sich daher, dass im nationalen Steuergesetz nicht zwischen den verschiedenen Forschungskategorien – Grundlagenforschung, industrieller For-

---

869 Vgl. *Frenz/Roth*, DStZ 2006, S. 465.
870 *Jestaedt*, in: Montag/Säcker (Hrsg.), MüKo-Wettbewerbsrecht, Bd. 3, Vor Art. 1 ff. AGVO, Rdnr. 2.

schung sowie experimenteller Entwicklung – differenziert wird, sondern dass die Steuergutschrift einheitlich für sämtliche F&E-Aufwendungen berechnet wird. Zwar enthält die AGVO keine Angaben, wie die Beihilfenintensität im Fall von steuerlichen Maßnahmen zu berechnen ist, aber im Gemeinschaftsrahmen für F&E&I-Beihilfen gestattet es die Kommission den Mitgliedstaaten, Maßnahmen zur Forschungsförderung unterschiedslos auf sämtliche förderbaren F&E-Tätigkeiten anzuwenden.[871] Unterscheidet ein Mitgliedstaat demnach nicht zwischen den Forschungskategorien, so hat sich die gesamte Maßnahme nach der strengsten Grenze zu richten und darf somit die für experimentelle Entwicklung festgesetzte Beihilfenintensität von 25 Prozent – zuzüglich der Aufschläge gemäß Art. 31 Abs. 4 lit. a) AGVO für F&E-Beihilfen an KMU[872] – nicht überschreiten.[873]

Eine staatliche F&E-Beihilfe, die sich innerhalb dieser Schwellenwerte bewegt, wird von der Kommission als mit dem Binnenmarkt vereinbar angesehen und wäre damit – selbst wenn sie nur für Unternehmen einer bestimmten Größe gewährt werden würde – beihilfenrechtlich zulässig.

b. Temporäre Steuerbefreiung für junge innovative Unternehmen

Nachdem oben bereits festgestellt wurde, dass eine temporäre Steuerbefreiung für junge innovative Unternehmen nur dann als grundfreiheitswidrig anzusehen wäre, wenn unzulässige Differenzierungskriterien wie etwa eine Unterscheidung zwischen beschränkter und unbeschränkter Steuerpflicht hinzutreten[874], fragt sich nun, wie eine vorübergehende Steuerbefreiung für junge innovative Unternehmen beihilfenrechtlich zu bewerten wäre.

Aus beihilfenrechtlicher Perspektive wirft eine solche Maßnahme vergleichbare Probleme auf wie eine nur für kleine und mittlere Unternehmen gewährte Steuergutschrift. Auch eine temporäre Steuerbefreiung für junge innovative Unternehmen begünstigt nur bestimmte Unternehmen und ist daher als selektiv im Sinne des Beihilfentatbestands anzusehen. Wie bereits im Fall von Beihilfen an

---

871 Vgl. Mitteilung der Kommission über den Gemeinschaftsrahmen für staatliche Beihilfen für Forschung, Entwicklung und Innovation, ABl. EU Nr. C 323/1 v. 30. 12. 2006, Tz. 5.1.6, S. 15.

872 Die maximal zulässige Beihilfenintensität erhöht sich um 10 Prozentpunkte für Beihilfen an mittlere Unternehmen und um 20 Prozentpunkte für Beihilfen an kleine Unternehmen, siehe oben, 4. Kapitel, C. I. 3. b., S. 186 ff.

873 Vgl. Mitteilung der Kommission über den Gemeinschaftsrahmen für staatliche Beihilfen für Forschung, Entwicklung und Innovation, ABl. EU Nr. C 323/1 v. 30. 12. 2006, Tz. 5.1.6, S. 15.

874 Siehe oben, 4. Kapitel, B. II. 3. d., S. 167 ff.

KMU, hat die Europäische Kommission jedoch auch bei staatlichen Maßnahmen zugunsten von jungen innovativen Unternehmen einige Sonderbestimmungen vorgesehen.

So sind staatliche Beihilfen gemäß Art. 35 AGVO mit dem Binnenmarkt vereinbar und von der Anmeldepflicht aus Art. 108 Abs. 3 AEUV freigestellt, wenn es sich bei dem Beihilfenempfänger um ein kleines Unternehmen[875] handelt, das seit weniger als sechs Jahren existiert und das in zumindest einem der drei vergangenen Jahre mindestens 15 Prozent seiner gesamten Betriebsausgaben für F&E aufwendete. Nach Art. 35 Abs. 4 AGVO darf die Beihilfe an junge innovative Unternehmen einen Betrag von 1 Million Euro nicht überschreiten.

Im Fall von staatlichen Beihilfen an junge innovative Unternehmen zum Zwecke der F&E-Förderung kommt es damit zu einer Normenkonkurrenz zwischen den Vorschriften der AGVO bezüglich F&E-Beihilfen und jenen, die Beihilfen an junge innovative Unternehmen behandeln. Sind die Voraussetzungen einer Beihilfe an junge innovative Unternehmen aus Art. 35 AGVO erfüllt, so sieht diese Norm eine günstigere Rechtsfolge vor als die allgemeine Vorschrift über F&E-Beihilfen aus Art. 31 AGVO. Bei Beihilfen an junge innovative Unternehmen ist nämlich unbeachtlich, wie hoch die Beihilfenintensität der jeweiligen Maßnahme liegt, solange die Beihilfe je Unternehmen insgesamt nicht mehr als 1 Million Euro beträgt. Theoretisch könnte einem jungen innovativen Unternehmen somit eine Steuervergünstigung gewährt werden, deren Betrag sogar über den vom Unternehmen getätigten Forschungsaufwendungen liegt – was einer Beihilfenintensität von über 100 Prozent entspräche und damit nach den allgemeinen Vorgaben der AGVO über F&E-Beihilfen nicht einmal im Bereich der Grundlagenforschung zulässig wäre. Zwar bestimmt Art. 35 Abs. 5 AGVO, dass einem jungen innovativen Unternehmen die Beihilfe nur ein einziges Mal innerhalb des Zeitraums gewährt werden darf, in dem es als jung und innovativ anzusehen ist.[876] Jedoch können die Beihilfen an junge innovative Unternehmen mit F&E-Beihilfen nach Art. 31 ff. AGVO kumuliert werden, so dass ein Unternehmen, das bereits eine Beihilfe für junge innovative Unternehmen

---

875 Ein Unternehmen ist als „klein" anzusehen, wenn es weniger als 50 Personen beschäftigt und wenn der Jahresumsatz bzw. die Jahresbilanz eine Schwelle von 10 Millionen Euro nicht übersteigen, vgl. Art. 2 Abs. 2 der Empfehlung der Europäischen Kommission v. 6. 5. 2003 betreffend die Definition der Kleinstunternehmen sowie der kleinen und mittleren Unternehmen, ABl. EU Nr. L 124/36 v. 20. 5. 2003, S. 39.

876 *Zuleger,* in: Montag/Säcker (Hrsg.), MüKo-Wettbewerbsrecht, Bd. 3, Art. 30–37 AGVO, Rdnr. 54; *Frenz/Kühl,* EuZW 2007, S. 172 (173).

erhalten hat, ohne Einschränkungen auch in den Genuss von weiteren Forschungsbeihilfen kommen kann.[877]

Als Fazit ist damit festzuhalten, dass eine steuerliche Vergünstigung für
junge innovative Unternehmen, etwa in der Form einer temporären Steuerbefreiung, unter den Voraussetzungen des Art. 35 AGVO beihilfenrechtlich zulässig wäre. Auf Grundlage dieser Vorschrift könnte ein Mitgliedstaat daher eine
intensivere Förderung von jungen innovativen Unternehmen vornehmen und
diese ferner problemlos mit sonstigen steuerlichen Vergünstigungen für forschende Unternehmen kombinieren.

c. Reduktion der abzuführenden Lohnsteuer

Schließlich könnte eine mitgliedstaatliche Forschungsförderung auch dadurch
erfolgen, dass ein forschendes Unternehmen eine Ermäßigung auf die für Forschungspersonal abzuführende Lohnsteuer erhält. Die beihilfenrechtliche Vereinbarkeit einer solchen Lohnsteuerreduktion bestimmt sich nach den allgemeinen Maßstäben. Wird die Lohnsteuerermäßigung so ausgestaltet, dass sie grundsätzlich von sämtlichen Unternehmen des jeweiligen Mitgliedstaates in Anspruch genommen werden kann, so handelt es sich um eine Maßnahme der allgemeinen Wirtschaftspolitik und damit schon tatbestandlich nicht um eine Beihilfe gemäß Art. 107 Abs. 1 AEUV.[878] Ist die Vergünstigung hingegen auf bestimmte Unternehmen beschränkt, etwa auf KMU oder auf junge innovative Unternehmen, so muss der Steuergesetzgeber sicherstellen, dass die Beihilfenintensität aus der AGVO eingehalten wird, da die Maßnahme andernfalls bei der Europäischen Kommission anzumelden ist und ohne deren Genehmigung nicht
durchgeführt werden darf.

III. Zusammenfassung zu C.

Das Europäische Beihilfenrecht nach Art. 107–109 AEUV dient dazu, den Wettbewerb im Binnenmarkt und den Handel zwischen den Mitgliedstaaten vor Verfälschungen zu schützen. Die Mitgliedstaaten sollen nicht in den freien Wettbewerb eingreifen, indem sie einseitig bestimmte Unternehmen oder Produktions-

---

877 Siehe Art. 7 Abs. 5 lit. b) AGVO. Die gleiche Regelung enthält auch der F&E&I-
     Gemeinschaftsrahmen, vgl. Mitteilung der Kommission über den Gemeinschaftsrahmen
     für staatliche Beihilfen für Forschung, Entwicklung und Innovation, ABl. EU Nr.
     C 323/1 v. 30. 12. 2006, Tz. 5.4., S. 16.
878 Vgl. hierzu die Entscheidung der Kommission im Verfahren über die staatliche Beihilfe
     Nr. N 649/2005 – Belgien, Rdnr. 22.

zweige begünstigen und diesen somit einen künstlichen Wettbewerbsvorteil verschaffen.

Auch für eine Maßnahme der steuerlichen Forschungsförderung gilt daher, dass es sich tatbestandlich um eine Beihilfe handeln kann, sofern diese Vergünstigung in selektiver Weise nur für bestimmte Unternehmen, Branchen oder nur für Unternehmen bis zu einer bestimmten Größe gewährt wird. Jedoch erkennt die Europäische Kommission an, dass eine staatliche Förderung von forschenden Unternehmen aufgrund des im Forschungssektor vorherrschenden Marktversagens positive Auswirkungen auf die Wettbewerbsfähigkeit der gesamten Union hat und steht staatlichen F&E-Beihilfen daher ausgesprochen positiv gegenüber. Im F&E&I-Gemeinschaftsrahmen sowie in der Allgemeinen Gruppenfreistellungsverordnung AGVO hat die Kommission festgelegt, unter welchen Voraussetzungen F&E-Beihilfen nicht gegen den Binnenmarkt verstoßen und daher auch ohne vorherige Genehmigung durch die Kommission als zulässig angesehen werden. Insbesondere die kleinen und mittleren Unternehmen sowie junge innovative Unternehmen sind nach Ansicht der Kommission besonders förderungswürdig, so dass eine staatliche Unterstützung dieser Unternehmen beihilfenrechtlich zulässig ist, sofern sich der Umfang der konkreten Maßnahme innerhalb der von der Kommission aufgestellten Grenzen bewegt. Wird steuerliche F&E-Förderung demgegenüber so ausgestaltet, dass die Vergünstigung jedem Unternehmen innerhalb eines Mitgliedstaates offen steht, so handelt es sich dabei um eine Maßnahme der allgemeinen Wirtschafts- und Steuerpolitik und damit schon tatbestandlich nicht um eine staatliche Beihilfe.

5. Kapitel: Fazit und Perspektiven

A.   Ergebnisse der Prüfung

Als Fazit aus der Prüfung von europäischen Grundfreiheiten und Beihilfenrecht ergibt sich der folgende europarechtliche Rahmen für die Ausgestaltung einer steuerlichen Förderung von Forschung und Entwicklung:

Bei F&E-Förderung in Form eines erhöhten Betriebsausgabenabzugs oder einer beschleunigten Abschreibung ist es europarechtlich unbedenklich, wenn Forschungsaufwendungen, die bilanziell einer ausländischen Betriebsstätte zuzuordnen sind, von der Förderung ausgenommen bleiben. Dies liegt darin begründet, dass durch ein bemessungsgrundlagenbezogenes Förderinstrument aus rechtstechnischen Gründen nur solche Aufwendungen begünstigt werden können, die auch Bestandteil der inländischen steuerlichen Bemessungsgrundlage geworden sind.

Europarechtlich unzulässig wäre es demgegenüber, einen Inlandsbezug etwa dadurch herzustellen, dass eine steuerliche Vergünstigung für die Anschaffung von Wirtschaftsgütern zu Forschungszwecken davon abhängig gemacht wird, dass das Wirtschaftsgut anschließend im Inland verwendet wird. Eine solche Regelung würde die grenzüberschreitende Dienstleistungserbringung im Forschungssektor erschweren und damit einen Verstoß gegen die Dienstleistungsfreiheit aus Art. 56 AEUV darstellen.

Eine steuerliche F&E-Förderung könnte ferner dadurch erfolgen, dass für Einkünfte, die im Zusammenhang mit Forschungs- und Entwicklungstätigkeiten stehen, ein ermäßigter Steuersatz vorgesehen wird. Da die Steuerhoheit im Bereich der direkten Besteuerung unverändert bei den Mitgliedstaaten liegt, wären diese weitestgehend frei darin, etwa Lizenzerträge oder Einkünfte aus der Verwertung oder Veräußerung von Forschungsergebnissen mit einem reduzierten Steuersatz zu begünstigen – vorausgesetzt, dass die Regelung keine sonstigen europarechtlich unzulässigen Differenzierungskriterien wie etwa die soeben angesprochene Unterscheidung nach dem Ort der überwiegenden Verwendung des geförderten Wirtschaftsguts enthält.

Europarechtlich ebenfalls unzulässig wäre es, bei einer gesetzlichen Regelung nach dem Ort zu differenzieren, an dem ein Unternehmen seine F&E-Tätigkeiten durchführen lässt. So verstieße es in nicht zu rechtfertigender Weise gegen die Dienstleistungsfreiheit, wenn vom Tatbestand einer steuerlichen F&E-Begünstigung nur die im Inland getätigte Forschung umfasst würde und demzufolge beispielsweise den Aufwendungen für im EU-Ausland durchgeführte externe Forschung eine schlechtere Behandlung zuteilwürde.

Da gemäß deutschem Steuerrecht sowohl die Einkünfte von unbeschränkt Steuerpflichtigen als auch die inländischen Einkünfte von beschränkt Steuerpflichtigen der Besteuerung unterworfen werden, muss auch beiden Gruppen grundsätzlich die gleiche Steuervergünstigung zugestanden werden. Eine steuerliche F&E-Förderung dürfte demnach nicht nach dem Ort des Hauptsitzes des begünstigten Unternehmens unterscheiden und beispielsweise nur für unbeschränkt steuerpflichtige Unternehmen gewährt werden.

Demgegenüber wäre es – auch nach Auffassung der Europäischen Kommission – zulässig, eine Lohnsteuerreduktion für forschendes Personal nur solchen Unternehmen zu gewähren, die aufgrund ihrer Eigenschaft als inländische Arbeitgeber überhaupt verpflichtet sind, einen Lohnsteuerabzug vorzunehmen. Im Ausland ansässigen Unternehmen, die im Inland weder eine Betriebsstätte noch einen ständigen Vertreter aufweisen, könnte diese Form einer steuerlichen F&E-Förderung demnach vorenthalten werden.

Schließlich hat sich eine steuerliche Förderung von F&E – wie jede staatliche Begünstigung von Unternehmen – an den Vorgaben des europäischen Beihilfenrechts nach Art. 107 ff. AEUV zu messen, wonach wettbewerbsverzerrende staatliche Maßnahmen mit dem Binnenmarkt unvereinbar und damit unzulässig sind. Der Beihilfenkontrolle unterliegen indes nur Maßnahmen, durch die es zu einer selektiven Begünstigung bestimmter Unternehmen oder Produktionszweige kommt. Steht eine staatliche Begünstigung allen Unternehmen innerhalb eines Mitgliedstaates in der gleichen Weise offen, so handelt es sich um eine allgemeine wirtschaftspolitische Maßnahme und damit nicht um eine Beihilfe.

Sollen demgegenüber nur bestimmte Unternehmen – etwa nur kleine und mittlere oder nur junge innovative Unternehmen – von einer steuerlichen F&E-Förderung begünstigt werden, so kann eine solche selektive Maßnahme gleichwohl als mit dem Binnenmarkt vereinbar angesehen werden. Hierfür müssen die Leitlinien erfüllt sein, die die Europäische Kommission für den Bereich von F&E&I-Beihilfen aufgestellt hat. Eine steuerliche F&E-Förderung muss demnach so ausgestaltet werden, dass die Höchstwerte für die maximale Beihilfenintensität aus Art. 31 AGVO nicht überschritten werden. Handelt es sich bei den Beihilfenempfängern um kleine oder mittlere Unternehmen, so erhöht sich der Grenzwert stufenweise.

Eine selektive steuerliche F&E-Förderung nur von jungen innovativen Unternehmen kann schließlich auch auf Art. 35 AGVO gestützt werden. Nach dieser Vorschrift kann Unternehmen, die als jung und innovativ anzusehen sind, unabhängig von der Höhe der Beihilfenintensität einmalig eine staatliche Begünstigung im Umfang von bis zu 1 Million Euro gewährt werden.

B. Finanzierbarkeit

Wie bei jeder Steuervergünstigung stellt sich auch im Fall einer steuerlichen F&E-Förderung die Frage nach der Finanzierbarkeit. Gerade in Zeiten, in denen die Konsolidierung der öffentlichen Haushalte das wichtigste Ziel der staatlichen Finanzpolitik darstellt[879], hängt es in erheblichem Maße von der Finanzierbarkeit ab, ob eine Steuersenkung für forschende Unternehmen in Deutschland politisch durchsetzbar wäre.

Die Kosten für die Einführung einer steuerlichen Forschungsförderung bestehen insbesondere aus den Steuermindereinnahmen, aber auch aus den Verfahrenskosten, die dem Staat für die Verwaltung sowie den Unternehmen für die Beantragung und Inanspruchnahme der Steuervergünstigung entstehen.[880]

Naturgemäß unterscheiden sich die Kosten einer steuerlichen F&E-Förderung erheblich, je nachdem, wie die Maßnahme konkret ausgestaltet wird, in welchem Umfang unternehmerische Forschung begünstigt wird und wie vielen Unternehmen die Vergünstigung tatbestandlich zuteilwird. Von einer Forschungsgruppe wurde beispielhaft berechnet, auf welche Höhe sich die Steuermindereinnahmen belaufen, wenn steuerliche Forschungsförderung in Form einer Steuergutschrift gewährt wird: Bei einem Fördersatz von 10 Prozent auf sämtliche – interne und externe – unternehmerischen F&E-Aufwendungen wäre ein jährlicher Steuerausfall von 4,75 Milliarden Euro zu erwarten, bei einem Fördersatz von 5 Prozent halbieren sich die prognostizierten Steuermindereinnahmen auf 2,37 Milliarden Euro, bei 3 Prozent lägen sie unter 1,5 Milliarden Euro.[881] In dieser Schätzung sind indes die positiven einzel- und gesamtwirtschaftlichen Wirkungen einer steuerlichen F&E-Förderung noch nicht berücksichtigt. So wird geschätzt, dass eine 10-prozentige F&E-Steuergutschrift dazu führt, dass

---

879 Vgl. etwa die Stellungnahmen der Sachverständigen in der öffentlichen Anhörung des Haushaltsausschusses des Deutschen Bundestags v. 6. 6. 2012 zu dem Entwurf eines Gesetzes über die Feststellung eines Nachtrags zum Bundeshaushaltsplan für das Haushaltsjahr 2012 (Nachtragshaushaltsgesetz 2012).

880 *Herbold*, Steuerliche Anreize für Forschung und Entwicklung im internationalen Vergleich, S. 26; *Spengel et al.*, Steuerliche Förderung von F&E, S. 12; Institut der deutschen Wirtschaft (IW) (Hrsg.), Grundgedanke und Ausgestaltungsvariante einer steuerlichen FuE-Förderung, S. 12.

881 *Spengel/Wiegard*, Ökonomische Effekte einer steuerlichen Forschungsförderung in Deutschland, S. 5; *Elschner/Ernst/Spengel*, Fiskalische Kosten, S. 21.
Hinzu kämen ferner die Verfahrenskosten („compliance costs" der Unternehmen und „administration costs" der öffentlichen Verwaltung), die sich laut Berechnung von Sachverständigen auf insgesamt 12,7 Prozent des Werts der steuerlichen F&E-Förderung addieren, vgl. Institut der deutschen Wirtschaft (IW) (Hrsg.), Grundgedanke und Ausgestaltungsvariante einer steuerlichen FuE-Förderung, S. 12.

sich die jährliche Wirtschaftswachstumsrate um 0,1 Prozentpunkte erhöht.[882] Dies wiederum würde zu steigenden Steuereinnahmen führen, so dass sich eine steuerliche F&E-Förderung zum Teil selbst finanzieren könnte.[883]

Im Übrigen könnten Maßnahmen zur steuerlichen F&E-Förderung durch eine Reduktion von bestehenden Subventionen gegenfinanziert werden – insbesondere von denjenigen Subventionen, die zwar auf eine Förderung der Innovationstätigkeit abzielen, dieses Ziel jedoch schlechter erreichen, als es etwa mit steuerlicher F&E-Förderung möglich wäre: So verfolgt beispielsweise § 1 Abs. 1 des Erneuerbare-Energien-Gesetzes (EEG)[884] ausdrücklich das innovationspolitische Ziel, die Weiterentwicklung von Technologien zur Erzeugung von Strom aus erneuerbaren Energien zu fördern.[885] Im Jahr 2011 betrug die aufgrund dieses Gesetzes allein für Strom aus Photovoltaikanlagen gezahlte Einspeisevergütung[886] über 5,8 Milliarden Euro – die Photovoltaikbranche wendete jedoch nur 2 Prozent ihres Umsatzes für F&E auf.[887] Entgegen dem Gesetzeszweck fließt die Solarsubvention somit größtenteils nicht in die Entwicklung von Zukunftstechnologien.[888]

Eine Reduzierung der staatlichen Subventionierung der Photovoltaiktechnologie könnte daher dazu beitragen, einen finanziellen Spielraum für die Einführung von steuerlicher Forschungsförderung in Deutschland zu schaffen. Steuerliche F&E-Förderung würde sämtliche forschenden Unternehmen begünstigen und damit auch diejenigen Unternehmen unterstützen, die an verbesserten Technologien zur Nutzung von regenerativen Energien forschen – ohne dass dabei jedoch eine bestimmte Technologie bevorzugt gefördert werden würde.

---

882 *Spengel/Wiegard*, Ökonomische Effekte einer steuerlichen Forschungsförderung in Deutschland, S. 52.

883 *Spengel/Wiegard*, Ökonomische Effekte einer steuerlichen Forschungsförderung in Deutschland, S. 20.

884 Gesetz für den Vorrang Erneuerbarer Energien (Erneuerbare-Energien-Gesetz – EEG) v. 25. 10. 2008, BGBl. I S. 2074.

885 Sachverständigenrat zur Begutachtung der gesamtwirtschaftlichen Entwicklung (Hrsg.), Jahresgutachten 2011/12, BT-Drucks. 17/7710 v. 11. 11. 2011, Rdnr. 422.

886 Die Einspeisevergütung wird von den Netzbetreibern an die Betreiber von Photovoltaikanlagen bezahlt. Auch wenn die Zahlung somit nicht durch den öffentlichen Haushalt organisiert wird, handelt es sich bei dieser gesetzlich garantierten Mindestvergütung aus ökonomischer Sicht gleichwohl um eine Subvention, vgl. Sachverständigenrat zur Begutachtung der gesamtwirtschaftlichen Entwicklung (Hrsg.), Jahresgutachten 2011/12, BT-Drucks. 17/7710 v. 11. 11. 2011, Rdnr. 425.

887 *Plickert*, FAZ v. 31. 1. 2011, S. 12; vgl. ferner *Mihm*, FAZ v. 15. 7. 2012, S. 11.

888 *Plickert*, FAZ v. 31. 1. 2011, S. 12.

6. Kapitel: Thesenförmige Zusammenfassung

1. Die für wirtschaftliches Wachstum und langfristigen Wohlstand eminent bedeutsamen Forschungs- und Entwicklungstätigkeiten finden in Deutschland – gemessen an der Höhe der F&E-Aufwendungen – zu knapp einem Drittel im öffentlichen Sektor und zu gut zwei Dritteln in der Privatwirtschaft statt.

2. Vom deutschen Staat wird die institutionelle Forschung in Hochschulen und außeruniversitären Forschungseinrichtungen finanziert, unter erheblicher Beteiligung auch von Seiten der Wirtschaft. Aus der Finanzierung der im Wirtschaftssektor durchgeführten F&E hat sich die Bundesrepublik Deutschland indes in den letzten Jahrzehnten zunehmend zurückgezogen, so dass die privatwirtschaftliche Forschung heute zum größten Teil von den Unternehmen selbst finanziert wird.

3. Eine staatliche Unterstützung von forschenden Unternehmen ist wirtschaftspolitisch gerechtfertigt, um dem Marktversagen im Forschungssektor entgegenzuwirken und Unternehmen zu vermehrten Forschungstätigkeiten anzureizen. Eine staatliche Forschungsförderung im Wirtschaftssektor erfolgt in Deutschland gegenwärtig einzig direkt, mittels einer Vielzahl an projektbezogenen Förderprogrammen, die vom Bund, von den Ländern sowie von der EU ausgeschrieben wurden. Hierbei handelt es sich um ein bewährtes und unverzichtbares Instrument, das jedoch auch einige strukturelle Defizite aufweist. Aufgrund der großen Menge an Förderprogrammen wird die Förderlandschaft als unübersichtlich wahrgenommen, ein hoher Verwaltungsaufwand schreckt viele Unternehmen von einer Beantragung von Forschungsgeldern ab und schließlich bewirkt die themenbezogene Förderung, dass ein gefördertes Unternehmen nicht frei darin ist, über die inhaltliche Ausrichtung seiner Forschung zu bestimmen.

4. Diese Nachteile könnten kompensiert werden, indem in Deutschland zusätzlich ein System einer steuerlichen Forschungsförderung eingeführt würde. Denn steuerliche F&E-Förderung ist inhaltlich neutral, transparent, vorausplanbar und kann aufgrund ihres niedrigeren Administrationsaufwands sämtliche forschenden Unternehmen erreichen.

5. Ein System steuerlicher Forschungsförderung muss sich innerhalb der Grenzen des europäischen Rechts bewegen. Alle von den Mitgliedstaaten eingeführten steuerlichen Anreize für F&E müssten mithin die Vorgaben von Grundfreiheiten und Beihilfenrecht beachten.

6. Durch die europäischen Grundfreiheiten werden die Mitgliedstaaten verpflichtet, keine Maßnahme vorzunehmen, die zu einer unzulässigen Diskriminierung oder Beschränkung führt. Weder darf Gebietsfremden bei ihrer grenzüberschreitenden wirtschaftlichen Tätigkeit unmittelbar oder mittelbar aufgrund ihrer Staatsangehörigkeit eine schlechtere Behandlung widerfahren, noch dürfen Gebietsansässige beim Gebrauch ihrer Grundfreiheiten unzulässig beschränkt werden. Eine Grundfreiheitsbeeinträchtigung kann indes gerechtfertigt sein, wenn ein zwingender Grund des Allgemeininteresses vorliegt und sofern das Verhältnismäßigkeitsprinzip gewahrt wurde.

7. Im Falle von Forschungsförderung auf der Ebene der steuerlichen Bemessungsgrundlage – etwa durch einen erhöhten Betriebsausgabenabzug oder eine beschleunigte Abschreibungsmöglichkeit – könnte ein Mitgliedstaat eine Steuervergünstigung auf diejenigen F&E-Aufwendungen beschränken, die bilanziell dem Inland zugeordnet sind. Es läge dann bereits tatbestandlich keine Beeinträchtigung von Grundfreiheiten vor. Da Aufwendungen einer ausländischen Betriebsstätte der dortigen Besteuerungshoheit unterliegen und somit schon nicht Bestandteil der inländischen Bemessungsgrundlage werden, könnten diese Aufwendungen auch nicht durch eine bemessungsgrundlagenbezogene F&E-Förderung begünstigt werden.

8. Europarechtlich unzulässig wäre es demgegenüber, wenn ein Mitgliedstaat bei der steuerlichen F&E-Förderung eine Differenzierung nach dem Ort der physischen Verwendung des geförderten Wirtschaftsguts vorsieht. Wird eine bemessungsgrundlagenbezogene Steuervergünstigung an die Bedingung geknüpft, dass das angeschaffte Wirtschaftsgut anschließend überwiegend im Inland verwendet wird, so kann dies insbesondere im Fall von Unternehmen, die Forschungsgegenstände für grenzüberschreitende Dienstleistungen einsetzen, zu einer Beschränkung der Dienstleistungsfreiheit führen. Eine Rechtfertigung einer solchen Regelung scheidet aus, da diese Differenzierung weder zulässig wäre, um die ausgewogene Aufteilung der Besteuerungsbefugnisse oder die Kohärenz des Steuersystems zu wahren, noch aus anderen zwingenden Gründen des Allgemeininteresses geboten wäre.

9. Steuersatzfestlegungen hingegen sind vollständig von der Kompetenz der Mitgliedstaaten zur Regelung ihres direkten Steuerrechts gedeckt, so dass es keinen Verstoß gegen die EU-Grundfreiheiten darstellen würde, wenn ein Mitgliedstaat seinen Steuertarif für F&E-Anreize nutzt und etwa Lizenzerträge oder Einkünfte aus der Verwertung oder Veräußerung von Forschungsergebnissen ermäßigt besteuert.

10. Schließlich kann steuerliche Forschungsförderung auch auf der Ebene der Steuerschuld angesiedelt werden, etwa in Form von Steuergutschriften oder partiellen Steuerbefreiungen. Keine grundfreiheitsrechtlichen Implikationen wirft es auf, wenn ein Mitgliedstaat eine Steuergutschrift sowohl für die internen als auch die externen F&E-Aufwendungen eines Unternehmens gewährt. Auch wenn nur die intern durchgeführte Forschung mit einer Steuergutschrift begünstigt wird, wäre dies grundsätzlich mit den Vorgaben der EU-Grundfreiheiten zu vereinbaren. Zwar könnte ein Unternehmen in diesem Fall keine Förderung auf die Aufwendungen für extern eingekaufte Forschungstätigkeiten erhalten, dies bewirkt jedoch keinen Grundfreiheitsverstoß, da es nicht zu einer schlechteren Behandlung des grenzüberschreitenden Sachverhaltes kommt. Die negative Folge einer solchen Regelung würde vielmehr sämtliche Forschungsdienstleister treffen – unabhängig von Staatsangehörigkeit oder Firmensitz.

11. Der Staat könnte jedoch auch erwägen, zwar die Aufwendungen für Auftragsforschung in die Begünstigung durch eine steuerliche Forschungsförderung mit einzubeziehen, dies jedoch davon abhängig zu machen, dass die Auftragsforschung im Inland durchgeführt wird. Dies würde zum einen ein inländisches Unternehmen davon abhalten, einen ausländischen Forschungsdienstleister in Anspruch zu nehmen und zum anderen würde dies für ausländische Forschungslabore den Zutritt zum inländischen Markt erschweren, da sie, sofern sie Auftragsforschungstätigkeiten in ihrem Heimatland durchführen, schlechter behandelt werden als inländische F&E-Dienstleister. Diese mittelbare Diskriminierung kann auch nicht gerechtfertigt werden. Nach der Rechtsprechung des EuGH in der Rechtssache „Laboratoires Fournier" kann eine mitgliedstaatliche Vorschrift, die die grenzüberschreitende Zusammenarbeit zwischen Unternehmen und Forschungsdienstleistern hemmt und damit dem politischen Ziel der Europäischen Union aus Art. 179 Abs. 2 AEUV diametral zuwiderläuft, nicht mit dem Erfordernis, Forschung und Entwicklung zu fördern, gerechtfertigt werden. Die Tatbestandsvoraussetzungen von weiteren Rechtfertigungsgründen sind vorliegend ebenfalls nicht erfüllt, so dass die fragliche Regelung europarechtswidrig wäre.

12. Da in der Bundesrepublik Deutschland auch beschränkt Steuerpflichtige mit ihren inländischen Einkünften der inländischen Besteuerung unterliegen, darf eine steuerliche F&E-Förderung nicht auf die im Inland unbeschränkt steuerpflichtigen Unternehmen beschränkt werden. Eine derartige Differenzierung zwischen gebietsansässigen und gebietsfremden Unternehmen würde eine nicht zu rechtfertigende Diskriminierung darstellen und wäre mithin unzulässig.

13. Schließlich kann eine Steuervergünstigung, nach welcher Unternehmen teilweise von ihrer Verpflichtung befreit werden, die auf ihr Forschungspersonal entfallende Lohnsteuer an die zuständige Finanzverwaltung abzuführen, nur von Unternehmen in Anspruch genommen werden, die dem inländischen Lohnsteuerabzugsverfahren unterliegen. Dieses Erfordernis folgt unmittelbar aus dem steuerlichen Territorialitätsprinzip und stellt mithin keinen Verstoß gegen die europäischen Grundfreiheiten dar.

14. Ein EU-Mitgliedstaat hat bei der Einführung von steuerlicher F&E-Förderung – neben den Wertungen der Grundfreiheiten – auch das Verbot wettbewerbsverfälschender staatlicher Beihilfen gemäß Art. 107 ff. AEUV zu beachten. Die Europäische Kommission steht einer staatlichen Unterstützung von forschenden Unternehmen indes ausgesprochen aufgeschlossen gegenüber und hat F&E-Beihilfen in Sekundärrechtsakten weitgehend für mit dem Binnenmarkt vereinbar und somit beihilfenrechtlich zulässig erklärt.

15. Maßnahmen der allgemeinen Wirtschafts- und Steuerpolitik unterfallen nicht dem Beihilfenrecht. Wenn eine mitgliedstaatliche Steuervergünstigung für F&E-Aufwendungen so ausgestaltet wird, dass sie gleichermaßen für sämtliche Unternehmen und Produktionszweige innerhalb eines Mitgliedstaates gilt, dann handelt es sich dabei bereits tatbestandlich nicht um eine staatliche Beihilfe im Sinne des Art. 107 Abs. 1 AEUV.

16. Wird eine staatliche Begünstigung demgegenüber nur für bestimmte Unternehmen gewährt, da die Regelung etwa nach Branche, Größe oder Umsatzhöhe differenziert, so handelt es sich hierbei grundsätzlich um eine staatliche Beihilfe. Im Fall von F&E-Beihilfen für kleine und mittlere Unternehmen sowie für junge innovative Unternehmen gilt jedoch, dass derartige Maßnahmen beihilfenrechtlich zulässig sind, sofern sie sich innerhalb der Höchstgrenzen aus Art. 31, 35 AGVO bewegen.

Literaturverzeichnis

Aldestam, Mona: EC State aid rules applied to taxes – An analysis of the selectivity criterion, Uppsala 2005

Baaijens, Gaby G./Breuer, Almut: Niederlande: Steuerliche Impulse für Forschung und Entwicklung: Die „Innovatiebox" und flankierende Regelungen, in: BB 2010, S. 2932–2939

Bartosch, Andreas: Die neuen Gruppenfreistellungsverordnungen im EG-Beihilfenrecht, in: NJW 2001, S. 921–927

– 5 Jahre Verfahrensverordnung in Beihilfesachen, eine Zwischenbilanz, in: EuZW 2004, S. 43–49

– Die neue Allgemeine Gruppenfreistellungsverordnung im EG-Beihilfenrecht, in: NJW 2008, S. 3612–3617

– EU-Beihilfenrecht, Kommentar, München 2009

– Materielle Selektivität und Europäische Beihilfenkontrolle – Ein Diskussionsbeitrag zum derzeitigen Stand der Gemeinschaftsrechtsprechung, in: EuZW 2010, S. 12–17

Bauschatz, Peter: Steuerlicher Gestaltungsmissbrauch und Europarecht (Teil I) – Öffnung der Steuersysteme im Recht der direkten Steuern der EU-Mitgliedstaaten und Abwehr grenzüberschreitender Gestaltungen durch Missbrauchsvorschriften anhand ausgewählter Beispiele des deutschen Steuerrechts, in: IStR 2002, S. 291–298

Behrens, Peter: Die Konvergenz der wirtschaftlichen Freiheiten im europäischen Gemeinschaftsrecht, in: EuR 1992, S. 145–162

Beier, Friedrich-Karl: Staatliche Innovationsförderung und Patentsystem, in: GRUR Int 1982, S. 77–85

Berger, Martin/Gassler, Helmut/Meyer, Susanne: Untersuchung der Kooperationspotentiale österreichischer Unternehmen im Bereich Forschung und Entwicklung ausserhalb Europas, Wien 2010 [zitiert: Kooperationspotenziale österreichischer Unternehmen]

Bieg, Thorsten: Der Gerichtshof der Europäischen Gemeinschaften und sein Einfluß auf das deutsche Steuerrecht – Dogmatische Grundlagen, verallgemeinerungsfähige Prinzipien und Auswirkungen der Rechtsprechung des EuGH zu dem direkten Steuern, Frankfurt am Main 1997 [zitiert: Einfluss des EuGH auf das deutsche Steuerrecht]

Bielinski, Juliane: Forschungs- und Entwicklungstätigkeiten von multinationalen Unternehmen in China – Eine empirische Analyse der deutschen Automobil-, Chemie- und Elektronikindustrie, Frankfurt am Main 2010

Birk, Dieter: Das sog. „Europäische" Steuerrecht, in: FR 2005, S. 121–127

– Steuerrecht, 14. Aufl., Heidelberg 2011

Blumenberg, Jens: Steuervergünstigungen als staatliche Beihilfe im Sinne des Europäischen Gemeinschaftsrechts, in: Grotherr, Siegfried (Hrsg.), Handbuch der internationalen Steuerplanung, 2. Aufl., Herne/Berlin 2003, S. 1787–1813

Blümich, Walter (Begr.): Einkommensteuergesetz, Körperschaftsteuergesetz, Gewerbesteuergesetz, Kommentar, Loseblattsammlung, Stand: 114. Ergänzungslieferung, Februar 2012, München 2012

Blümich, Walter/Falk, Ludwig: Einkommensteuergesetz, Band 1, 10. Aufl., München 1971 [zitiert: EStG]

Borchardt, Klaus-Dieter: Die rechtlichen Grundlagen der Europäischen Union, 3. Aufl., Heidelberg 2006

Borgsmidt, Kirsten: Leitgedanken der EuGH-Rechtsprechung zu den Grundfreiheiten in Steuerfällen – eine Bestandsaufnahme, in: IStR 2007, S. 802–809

Boss, Alfred/Rosenschon, Astrid: Subventionen in Deutschland – Der Kieler Subventionsbericht, Kieler Diskussionsbeiträge, Nr. 479/480, Institut für Weltwirtschaft (IfW), Kiel 2010

Brandt, Karsten: Die Schutzfrist des Patents – Eine rechtsvergleichende Untersuchung, München 1996

Brinkmann, Jan/Maier, Anette/Brandstätter, Daniel: Forschung und Entwicklung – Steueroptimierung durch Nutzung ausländischer Steueranreize, in: IStR 2009, S. 563–567

Bron, Jan F.: Urteilsanmerkung zu EuGH in der Rs. Jobra, in: EWS 2009, S. 49–50

Bührle, Folko: Gründe und Grenzen des „EG-Beihilfenverbots", Tübingen 2006 [zitiert: Beihilfenverbot]

Bundesministerium für Bildung und Forschung (BMBF) (Hrsg.): Forschung und Innovation in Deutschland 2006, Bonn/Berlin 2006

– (Hrsg.): KMU-innovativ – Vorfahrt für Spitzenforschung im Mittelstand, Bonn/Berlin 2007

– (Hrsg.): Bundesbericht Forschung und Innovation 2010, Bonn/Berlin 2010, BT-Drucks. 17/1880 v. 14. 5. 2010

– (Hrsg.): Bundesbericht Forschung und Innovation 2012, Bonn/Berlin 2012, BT-Drucks. 17/9680 v. 18. 5. 2012

– (Hrsg.): Ausgaben des Bundes für Wissenschaft, Forschung und Entwicklung nach Empfängergruppen, online verfügbar unter <http://www.bmbf.de/daten-portal/Tabelle-1.1.8.pdf> (zuletzt abgerufen am 23. 3. 2013)

– (Hrsg.): Förderung in der Forschung, online verfügbar unter <http://www.bmbf.de/de/1398.php> (zuletzt abgerufen am 23. 3. 2013)

– (Hrsg.): Europäisches Forschungsrahmenprogramm, online verfügbar unter <http://www.bmbf.de/de/959.php> (zuletzt abgerufen am 23. 3. 2013)

– (Hrsg.): Bekanntmachung des Bundesministeriums für Bildung und Forschung zur Förderrichtlinie „Forschungsprämie", online verfügbar unter <http://www.bmbf.de/foerderungen/7483.php> (zuletzt abgerufen am 23. 3. 2013) [zitiert: Bekanntmachung zur Forschungsprämie]

Bundesministerium der Finanzen (BMF) (Hrsg.): Bericht der Facharbeitsgruppe „Verlustverrechnung und Gruppenbesteuerung", Berlin 2011 [zitiert: Verlustverrechnung und Gruppenbesteuerung]

Bundesministerium für Wirtschaft und Technologie (BMWi) (Hrsg.): Patentschutz und Innovation – Gutachten des wissenschaftlichen Beirats beim Bundesministerium für Wirtschaft und Technologie, Nr. 1/07, Berlin 2007

Bundesverband der Deutschen Industrie (BDI) (Hrsg.): Steuerliche Forschungsförderung unverzüglich einführen! – Begründung und Ausgestaltung einer steuerlichen Förderung der Aufwendungen für Forschung und Entwicklung (FuE) in Unternehmen als zusätzliches Instrument zur Forschungsförderung in Deutschland, Positionspapier, Berlin 2009 [zitiert: Positionspapier zur steuerlichen Forschungsförderung]

Bundesverband Informationswirtschaft, Telekommunikation und neue Medien (BITKOM) (Hrsg.): Impulse für den Innovationsstandort Deutschland – Positionspapier zur steuerlichen Förderung von Forschung und Entwicklung (FuE), Berlin 2008 [zitiert: Positionspapier zur steuerlichen F&E-Förderung]

– (Hrsg.): Positionspapier zur Unternehmensbesteuerung – Steuerpolitische Prioritäten für die 17. Legislaturperiode, Berlin 2009

Calliess, Christian/Ruffert, Matthias (Hrsg.): Kommentar zu EU-Vertrag und EG-Vertrag, 3. Aufl., München 2007 [zitiert: EUV/EGV]

–   (Hrsg.): EUV/AEUV – Das Verfassungsrecht der Europäischen Union mit Europäischer Grundrechtecharta, Kommentar, 4. Aufl., München 2011

Classen, Claus Dieter: Auf dem Weg zu einer einheitlichen Dogmatik der EG-Grundfreiheiten?, in: EWS 1995, S. 97–106

Conte, Guiseppe: The EC Rules Concerning Existing Aid: Substantial and Procedural Aspects, in: Rodríguez Iglesias, Gil Carlos (Hrsg.), EC State Aid Law / Le droit des aides d'Etat dans la CE, Festschrift für Francisco Santaolalla Gadea, Alphen aan den Rijn 2008, S. 289–310 [zitiert: Festschrift für Santaolalla Gadea]

Cordewener, Axel: Europäische Grundfreiheiten und nationales Steuerrecht – „Konvergenz" des Gemeinschaftsrechts und „Kohärenz" der direkten Steuern in der Rechtsprechung des EuGH, Köln 2002

–   Deutsche Unternehmensbesteuerung und europäische Grundfreiheiten – Grundzüge des materiellen und formellen Rechtsschutzsystems der EG, in: DStR 2004, S. 6–15

Cortez, Benjamin/Brucker, Benjamin: Änderungen der Verlustabzugsbeschränkungsregelung des § 8c KStG durch das Wachstumsbeschleunigungsgesetz vom 22. 12. 2009, in: BB 2010, S. 734–740

Cremer, Wolfram: Forschungssubventionen im Lichte des EGV – Zugleich ein Beitrag zu den gemeinschaftsrechtlichen Rechtsschutzmöglichkeiten gegenüber Subventionen, Baden-Baden 1995

–   Mitgliedstaatliche Forschungsförderung und Gemeinschaftsrecht: Der neue Gemeinschaftsrahmen für staatliche Forschungs- und Entwicklungsbeihilfen, in: EWS 1996, S. 379–389

Czarnitzki, Dirk/Binz, Hanna L.: R&D Investment and Financing Constraints of Small and Medium-Sized Firms, Discussion Paper No. 08-047 des Zentrums für Europäische Wirtschaftsforschung (ZEW), Mannheim 2008 [zitiert: R&D Investment of SME]

Dahlberg, Mattias: The European Court of Justice and Direct Taxation: A Recent Change of Direction, in: Andersson, Krister/Eberhartinger, Eva/Oxelheim, Lars (Hrsg.), National Tax Policy in Europe – To Be or Not to Be?, Berlin/Heidelberg 2007, S. 165–190

Von Danwitz, Thomas: Grundfragen der Europäischen Beihilfeaufsicht, in: JZ 2000, S. 429–435

Daurer, Veronika/Simader, Karin: Direkte Steuern, in: Eilmansberger, Thomas/Herzig, Günter (Hrsg.), Jahrbuch Europarecht 2010, S. 307–334

Dauses, Manfred A. (Hrsg.): Handbuch des EU-Wirtschaftsrechts, Loseblattsammlung, Stand: 30. Ergänzungslieferung, Februar 2012, München 2012

Dautzenberg, Norbert: Die Kapitalverkehrsfreiheit des EG-Vertrags und die direkten Steuern, in: StuB 2000, S. 720–726

–   Kommentar zum Urteil des EuGH v. 6. 6. 2000, Rs. C-35/98 – Verkooijen, in: FR 2000, S. 725–728

Dohrn, Susanne: SPD fordert steuerliche Forschungsförderung, in: Vorwärts v. 14. 3. 2011, online verfügbar unter <http://www.vorwaerts.de/artikel_ar chiv/27182/spd-fordert-steuerliche-forschungsfoerderung.html> (zuletzt abgerufen am 23. 3. 2013)

Dorenkamp, Christian: Systemgerechte Neuordnung der Verlustverrechnung – Haushaltsverträglicher Ausstieg aus der Mindestbesteuerung, IFSt-Schrift Nr. 461, Bonn 2010

Dötsch, Ewald et al. (Hrsg.): Die Körperschaftsteuer, Kommentar zum Körperschaftsteuergesetz, Umwandlungssteuergesetz und zu den einkommensteuerrechtlichen Vorschriften der Anteilseignerbesteuerung, Loseblattsammlung, Stand: 74. Ergänzungslieferung, April 2012, Stuttgart 2012 [zitiert: KStG]

Drüen, Klaus-Dieter/Kahler, Björn: Die nationale Steuerhoheit im Prozess der Europäisierung, in: StuW 2005, S. 171–184

Drüen, Klaus-Dieter/Liedtke, Stefan: Die Reform des Gemeinnützigkeits- und Zuwendungsrechts und seine europarechtliche Flanke, in: FR 2008, S. 1–15

Durinke, Corinna: Der neue Gemeinschaftsrahmen für Forschungs-, Entwicklungs- und Innovationsbeihilfen – Inhalt, Bedeutung und Rechtsnatur, Berlin 2010 [zitiert: Gemeinschaftsrahmen]

Dürrschmidt, Daniel/Schiller, Martin: Die Rechtssache Marks & Spencer und ihre Folgen – Anmerkung zum Urteil des EuGH v. 13. 12. 2005, Rs. C-446/03, in: EuR 2006, S. 275–284

Eberhartinger, Michael: Konvergenz und Neustrukturierung der Grundfreiheiten, in: EWS 1997, S. 43–52

Ehlers, Dirk (Hrsg.): Europäische Grundrechte und Grundfreiheiten, 3. Aufl., Berlin 2009

Eickelpasch, Alexander/Grenzmann, Christoph: Wo viel geforscht wird, wird nicht immer viel gefördert, in: DIW Wochenbericht Nr. 29/2009, S. 468–473

Eicker, Klaus/Obser, Ralph: Die Kapitalverkehrsfreiheit bekommt Konturen – zugleich Anmerkungen zu den Schlussanträgen in den Rechtssachen Weidert und Paulus, Manninen und Lenz, in: IStR 2004, S. 443–447

Eisermann, Karl Stefan: Gemeinschaftsrechtliche Beihilfenkontrolle bei staatlich unterstützten Forschungs- und Entwicklungsvorhaben, in: EuZW 1996, S. 683–688

Ekardt, Felix/Kornack, Daniel: „Europäische" und „deutsche" Menschenwürde und die europäische Grundrechtsinterpretation, in: ZEuS 2010, S. 111–145

Elicker, Michael: Die „steuerrechtliche Kohärenz" in der Rechtsprechung des Europäischen Gerichtshofs – Zugleich eine Einordnung der Entscheidung vom 11. 3. 2004 „de Lasteyrie" –, in: IStR 2005, S. 89–92

Elineau, Christoph/Stahl-Rolf, Silke: Steuerliche Anreize für FuE-Investitionen. Überblick über ausgewählte Länder, Bonn 2006

Elschner, Christina/Ernst, Christof/Spengel, Christoph: Fiskalische Kosten einer steuerlichen Förderung von Forschung und Entwicklung in Deutschland – Eine empirische Analyse verschiedener Gestaltungsoptionen, Discussion Paper No. 10-019 des Zentrums für Europäische Wirtschaftsforschung (ZEW), Mannheim 2010 [zitiert: Fiskalische Kosten]

Englisch, Joachim: Zur Dogmatik der Grundfreiheiten des EGV und ihren ertragsteuerlichen Implikationen, in: StuW 2003, S. 88–97

Erhardt, Kai: Der Status Quo der Europäisierung des Ertragsteuerrechts unter besonderer Berücksichtigung der (negativen) Harmonisierungswirkung des EU-Beihilferechts, in: KSzW 2012, S. 198–205

Ernst, Christof/Heinemann, Friedrich: Wie kann der Staat wirtschaftliche Innovationen steuerlich fördern? Möglichkeiten steuerlicher Förderung, in: Bayer AG (Hrsg.): Stärker mit Forschung – Mit einer steuerlichen Förderung aus der Krise, Berlin 2009, S. 12–13

Europäische Kommission (Hrsg.): INNO-Policy TrendChart – Policy Trends and Appraisal Report – Germany 2007, Brüssel 2007 [zitiert: INNO-Policy Report Germany 2007]

218

–   (Hrsg.): INNO-Policy TrendChart – Innovation Policy Progress Report – Germany 2009, Brüssel 2009 [zitiert: INNO-Policy Report Germany 2009]

–   (Hrsg.): Gemeinschaftsvorschriften für staatliche Beihilfen zugunsten von KMU – Ein praktisches Handbuch, Brüssel 2009, online verfügbar unter <http://ec.europa.eu/competition/state_aid/studies_reports/sme_handbook_de.pdf> (zuletzt abgerufen am 23. 3. 2013) [zitiert: Gemeinschaftsvorschriften für staatliche Beihilfen]

–   (Hrsg.): Small Business Act Fact Sheet Germany 2010/2011, Brüssel 2011

–   (Hrsg.): Ziele der Strategie „Europa 2020", online verfügbar unter <http://ec.europa.eu/europe2020/pdf/targets_de.pdf> (zuletzt abgerufen am 23. 3. 2013)

–   (Hrsg.): Was ist neu im RP7?, online verfügbar unter <http://ec.europa.eu/research/leaflets/fp7/page_02_de.html> (zuletzt abgerufen am 23. 3. 2013)

Everling, Ulrich: Das Niederlassungsrecht in der EG als Beschränkungsverbot, in: Schön, Wolfgang (Hrsg.), Gedächtnisschrift für Brigitte Knobbe-Keuk, Köln 1997, S. 607–625 [zitiert: Gedächtnisschrift für Knobbe-Keuk]

Expertenkommission Forschung und Innovation (EFI) (Hrsg.): Gutachten 2008 zu Forschung, Innovation und technologischer Leistungsfähigkeit Deutschlands, Berlin 2008 [zitiert: Gutachten 2008]

–   (Hrsg.): Gutachten 2009 zu Forschung, Innovation und technologischer Leistungsfähigkeit Deutschlands, Berlin 2009 [zitiert: Gutachten 2009]

–   (Hrsg.): Kleine und mittelgroße Unternehmen im Fokus: FuE-Aktivitäten, Wirtschaftsstruktur, Ausbildungsanstrengungen und Nachfrage nach Hochqualifizierten, Studien zum deutschen Innovationssystem 11-2009, Berlin 2009 [zitiert: KMU im Fokus]

–   (Hrsg.): Gutachten 2010 zu Forschung, Innovation und technologischer Leistungsfähigkeit Deutschlands, Berlin 2010 [zitiert: Gutachten 2010]

–   (Hrsg.): Gutachten 2011 zu Forschung, Innovation und technologischer Leistungsfähigkeit Deutschlands, Berlin 2011 [zitiert: Gutachten 2011]

–   (Hrsg.): Gutachten 2012 zu Forschung, Innovation und technologischer Leistungsfähigkeit Deutschlands, Berlin 2012 [zitiert: Gutachten 2012]

Frenz, Walter: Handbuch Europarecht, Band 1: Europäische Grundfreiheiten, 2. Aufl., Heidelberg 2012

Frenz, Walter/Kühl, Andrea: Der neue Gemeinschaftsrahmen Forschung, Entwicklung und Innovation (FuEuI), in: EuZW 2007, S. 172–174

Frenz, Walter/Roth, David: Steuer- und Abgabenbefreiungen als Beihilfen – aktuelle Rechtsprechung und Entwicklungen (Energiesteuer), in: DStZ 2006, S. 465–474

Frick, Karl Alois: Einkommensteuerliche Steuervergünstigungen und Beihilfenverbot nach dem EG-Vertrag, Tübingen 1994

Fritsch, Michael/Wein, Thomas/Ewers, Hans-Jürgen: Marktversagen und Wirtschaftspolitik – Mikroökonomische Grundlagen staatlichen Handelns, 7. Aufl., München 2007

Frotscher, Gerrit: Internationales Steuerrecht, 3. Aufl., München 2009

Gabert, Isabel: Die neue EU-Amtshilferichtlinie, in: IWB 2011, S. 250–260

Gatterer, Martina: Österreich: Das Budgetbegleitgesetz 2011 brachte weitreichende Änderungen im Einkommensteuergesetz, Körperschaftsteuergesetz, Umgründungssteuergesetz und Gebührengesetz sowie die Einführung einer Stabilitätsabgabe, in: IStR-LB 2011, S. 64–66

Geiger, Rudolf/Khan, Daniel-Erasmus/Kotzur, Markus: EUV/AEUV – Vertrag über die Europäische Union und Vertrag über die Arbeitsweise der Europäischen Union, Kommentar, 5. Aufl., München 2010

Germelmann, Claas Friedrich: Konkurrenz von Grundfreiheiten und Missbrauch von Gemeinschaftsrecht – Zum Verhältnis von Kapitalverkehrs- und Niederlassungsfreiheit in der neueren Rechtsprechung, in: EuZW 2008, S. 596–600

Gillmann, Barbara/Riedel, Donata: Politik streitet über Förderung, in: Handelsblatt vom 6. 4. 2010, online verfügbar unter <http://www.handelsblatt.com/politik/deutschland/politik-streitet-ueber-foerderung/3405444.html> (zuletzt abgerufen am 23. 3. 2013)

Glanegger, Peter/Güroff, Georg: Gewerbesteuergesetz, Kommentar, 7. Aufl., München 2009 [zitiert: GewStG]

Gosch, Dietmar (Hrsg.): Körperschaftsteuergesetz, Kommentar, 2. Aufl., München 2009 [zitiert: KStG]

Grabitz, Eberhard/Hilf, Meinhard/Nettesheim, Martin (Hrsg.): Das Recht der Europäischen Union, Loseblattsammlung, Stand: 46. Ergänzungslieferung, Oktober 2011, München 2011

Von der Groeben, Hans/Schwarze, Jürgen (Hrsg.): Kommentar zum Vertrag über die Europäische Union und zur Gründung der Europäischen Gemeinschaft, 6. Aufl., Baden-Baden 2003 [zitiert: EUV/EGV]

Gross, Ivo: Subventionsrecht und „schädlicher Steuerwettbewerb": Selektivität von Steuervergünstigungen als gemeinsames Kriterium, in: RIW 2002, S. 46–55

Groß, Thomas/Arnold, Natalie: Regelungsstrukturen der außeruniversitären Forschung – Organisation und Finanzierung der Forschungseinrichtungen in Deutschland, Baden-Baden 2007

Grube, Friederike: Der Einfluss des EU-Beihilfenrechts auf das deutsche Steuerrecht, in: DStZ 2007, S. 371–382

Haase, Florian: Internationales und Europäisches Steuerrecht, 3. Aufl., Heidelberg 2011

Hahn, Hartmut: Gemeinschaftsrecht und Recht der direkten Steuern, in: DStZ 2005, S. 433–442 (Teil I), 469–481 (Teil II), 507–515 (Teil III)

–   Im Westen nichts Neues – Überlegungen zur Entscheidung des EuGH in der Rechtssache Papillon, in: IStR 2009, S. 198–202

Haratsch, Andreas/Koenig, Christian/Pechstein, Matthias: Europarecht, 8. Aufl., Tübingen 2012

Hartmann, Rainer: Bestandsschutz für die Gewerbesteuer, in: BB 2008, S. 2490–2496

Heidenhain, Martin (Hrsg.): Handbuch des Europäischen Beihilfenrechts, München 2003

–   (Hrsg.): European State Aid Law, München 2010

Heinrich, Oliver: Die rechtliche Systematik der Forschungsförderung in Deutschland und den Europäischen Gemeinschaften unter Beachtung von Wissenschaftsfreiheit und Wettbewerbsrecht, Münster 2003 [zitiert: Systematik der Forschungsförderung]

Heitzinger, Franz/Silber, Günther: Die steuerliche Begünstigung von Forschung und Entwicklung in Österreich, in: IStR 2005, S. 118–122

Helios, Marcus: EG-beihilfenrechtliche Vereinbarkeit von gemeinnützigkeitsabhängigen Steuervergünstigungen (Teil 2), in: EWS 2006, S. 108–120

Herbold, Sabine: Steuerliche Anreize für Forschung und Entwicklung im internationalen Vergleich, Köln 2009

Herdegen, Matthias: Europarecht, 14. Aufl., München 2012

Herrmann, Carl/Heuer, Gerhard/Raupach, Arndt: Einkommensteuer- und Körperschaftsteuergesetz, Kommentar, Loseblattsammlung, Stand: 251. Ergänzungslieferung, Juni 2012, Köln 2012

Hertel, Arne: Beihilfen an kleine und mittlere Unternehmen, Frankfurt am Main 2006 [zitiert: Beihilfen an KMU]

Heskamp, Dieter: Die Vereinbarkeit allgemeiner und horizontaler Beihilfen und Beihilferegelungen mit Art. 87 EGV, Dissertation Universität Münster 2000 [zitiert: Vereinbarkeit allgemeiner und horizontaler Beihilfen]

Hey, Johanna: Perspektiven der Unternehmensbesteuerung in Europa, in: StuW 2004, S. 193–211

–   Erosion nationaler Besteuerungsprinzipien im Binnenmarkt? – zugleich zu den Rechtfertigungsgründen der „Europatauglichkeit" und „Wettbewerbsfähigkeit" des Steuersystems, in: StuW 2005, S. 317–326

Hildebrandt, Burghard/Castillon, Nicole: Finanzierung von Investitionsvorhaben durch Forschungs- und Entwicklungsbeihilfen (F&E-Beihilfen), in: EWS 2006, S. 17–25

Von Hippel, Thomas: Zukunft des deutschen Gemeinnützigkeitsrechts nach der „Stauffer"-Entscheidung des EuGH, in: EuZW 2006, S. 614–618

Hofstätter, Irene: Gemeinschaftsrechtsverstoss durch inlandsbeschränkte Investitionszuwachsprämie, in: ELR 2009, S. 149–152

Hohage, Uwe/Willkommen, Christa/Meijer, Matthias: Niederlande: Immaterielle Wirtschaftsgüter und F&E-Tätigkeiten werden ab 2010 mit 10 % besteuert, in: IStR-LB 2010, S. 12

Hohage, Uwe et al.: Niederlande: „Innovation Box" als Steuergestaltungsoption, in: IStR-LB 2010, S. 50–51

Hörmann, Franz/Haslinger, Stefan/Hirschler, Klaus: Unternehmensbesteuerung anhand von Fallbeispielen: Steuerreform 2005 in der Fassung des Abgabengesetzes 2004, 7. Aufl., Frankfurt am Main 2005 [zitiert: Unternehmensbesteuerung]

Hornbostel, Stefan/Knie, Andreas/Simon, Dagmar (Hrsg.): Handbuch Wissenschaftspolitik, Wiesbaden 2010

Hornig, Marcus: Steuerliche Förderung von Forschung und Entwicklung in Deutschland – Handlungsempfehlungen vor dem Hintergrund ausgewählter internationaler FuE-Steuerregime, in: BB 2010, S. 215–221

Hornschild, Kurt: Präferenzregelung der Forschungs- und Entwicklungsförderung in Berlin, Berlin 1985

Hüttemann, Rainer/Helios, Marcus: Steuerfreie Aufwandsentschädigung nach § 3 Nr. 26 EStG bei nebenberuflicher gemeinnütziger Tätigkeit im EU-Ausland – Anmerkung zum EuGH-Urteil vom 18. 12. 2007, Jundt, Rs. C-281/06, in: IStR 2008, S. 200–202

Institut der deutschen Wirtschaft (IW) (Hrsg.): iwd – Informationsdienst, Nr. 37/2009 v. 10. 9. 2009, Köln 2009

–   (Hrsg.): iwd – Informationsdienst, Nr. 26/2010 v. 1. 7. 2010, Köln 2010

–   (Hrsg.): Grundgedanke und Ausgestaltungsvarianten einer steuerlichen FuE-Förderung – Kurzexpertise für den Verband der forschenden Pharma-Unternehmen (vfa), Köln 2010

International Bureau of Fiscal Documentation (IBFD) (Hrsg.): Tax Treatment of Research & Development Expenses, Amsterdam 2004 [zitiert: Tax Treatment]

Internationale Kommission zur Systemevaluation der Deutschen Forschungsgemeinschaft und der Max-Planck-Gesellschaft (Hrsg.), Forschungsförderung in Deutschland, Hannover 1999

IW Consult (Hrsg.): Forschungsförderung in Deutschland – Stimmen Angebots- und Nachfragebedingungen für den Mittelstand? Köln 2006

Jachmann, Monika: Die Entscheidung des EuGH im Fall Stauffer – Nationale Gemeinnützigkeit in Europa, in: BB 2006, S. 2607–2611

Jaeger, Thomas: Fehlstellungen im Verhältnis von Steuer- und Beihilferecht: Ein Plädoyer für mehr Ausgewogenheit, in: EuZW 2012, S. 92–100

Jann, Peter: Nationale Steuern und das EG-Beihilfenverbot – ein Überblick, in: Monti, Mario et al. (Hrsg.), Economic Law and Justice in Times of Globalisation, Festschrift für Carl Baudenbacher, Baden-Baden 2007, S. 419–441 [zitiert: Festschrift für Baudenbacher]

Jansen, Bela: Vorgaben des europäischen Beihilferechts für das nationale Steuerrecht, Baden-Baden 2003

Jarass, Hans D.: Elemente einer Dogmatik der Grundfreiheiten II, in: EuR 2000, S. 705–723

Jestaedt, Thomas/Häsemeyer, Ulrike: Die Bindungswirkung von Gemeinschaftsrahmen und Leitlinien im EG-Beihilfenrecht, in: EuZW 1995, S. 787–792

Jochum, Georg: Die Steuervergünstigung – Vergünstigungen und vergleichbare Subventionsleistungen im deutschen und europäischen Steuer-, Finanz- und Abgabenrecht, Berlin 2006 [zitiert: Steuervergünstigung]

Jungmittag, Andre: Innovations- und Wachstumsdynamik in der EU: Empirische Befunde und wirtschaftspolitische Implikationen, in: Schefold, Bertram/Lenz, Thorsten (Hrsg.), Europäische Wissensgesellschaft – Leitbild europäischer Forschungs- und Innovationspolitik?, Berlin 2008, S. 69–90.

Kämper, Andrea: Nationale Steuervergünstigungshoheit und Europarecht, Frankfurt am Main 2009

Kellersmann, Dietrich/Treisch, Corinna: Europäische Unternehmensbesteuerung, Wiesbaden 2002

Keß, Thomas: Urteilsbesprechung zu BFH v. 18. 9. 2003, X R 2/00, in: FR 2004, S. 86–88

Kessler, Wolfgang et al.: Steuerliche Anreize zur Stimulierung von Forschung und Entwicklung in Deutschland, in: DB 2008, S. 1172–1176 (Teil I), 1237–1241 (Teil II)

Kingreen, Thorsten: Die Struktur der Grundfreiheiten des Europäischen Gemeinschaftsrechts, Berlin 1999

Kirchhof, Ferdinand: Nationale Steuerermäßigung und europäisches Beihilfeverbot – Zur Genehmigungsfähigkeit der neuen Energiesteuerermäßigungen für das Produzierende Gewerbe, in: ZfZ 2006, S. 246–254

Kirchhof, Paul (Hrsg.): Einkommensteuergesetz, Kommentar, 11. Aufl., Köln 2012 [zitiert: EStG]

Klodt, Henning: Grundlagen der Forschungs- und Technologiepolitik, Arbeitspapier am Institut für Weltwirtschaft Nr. 664, Kiel 1994

Klodt, Henning et al.: Forschungspolitik unter EG-Kontrolle, Tübingen 1988

Koenig, Christian/Kühling, Jürgen: Grundfragen des EG-Beihilfenrechts, in: NJW 2000, S. 1065–1074

–   Beihilfen an kleine und mittlere Unternehmen (KMU) unter Berücksichtigung der geplanten EG-Verordnung für KMU, in: DVBl. 2000, S. 1025–1035

Koenig, Christian/Kühling, Jürgen/Ritter, Nicolai: EG-Beihilfenrecht, 2. Aufl., Frankfurt am Main 2005

Koenig, Christian/Schreiber, Kristina: Europäisches Wettbewerbsrecht, Tübingen 2010

Kofler, Georg: Einige Überlegungen zur steuerlichen Kohärenz nach dem Urteil des EuGH in der Rs Manninen, in: ÖStZ 2005, S. 26–30

– EuGH: Beschränkung der Forschungsförderung auf Inland EU-widrig, in: ÖStZ 2005, S. 198–200

Kokott, Juliane: Die Bedeutung der europarechtlichen Diskriminierungsverbote und Grundfreiheiten für das Steuerrecht der EU-Mitgliedstaaten, in: Lehner, Moris (Hrsg.), Grundfreiheiten im Steuerrecht der EU-Staaten, München 2000, S. 1–24

Kokott, Juliane/Ost, Hartmut: Europäische Grundfreiheiten und nationales Steuerrecht, in: EuZW 2011, S. 496–503

Koppel, Oliver: Innovationspolitische Empfehlungen, in: Institut der deutschen Wirtschaft (IW) (Hrsg.), Wachstumsfaktor Innovation: Eine Analyse aus betriebs-, regional- und volkswirtschaftlicher Sicht; Köln 2006, S. 142–154

Kortz, Michael: Die Rechtsprechung des Europäischen Gerichtshofs zur beschränkten Einkommensteuerpflicht – Gefahr der Inländerdiskriminierung, München 2010 [zitiert: Rechtsprechung des EuGH]

Koschyk, Mirko M.: Steuervergünstigungen als Beihilfen nach Artikel 92 EG-Vertrag, Baden-Baden 1999 [zitiert: Steuervergünstigungen als Beihilfen]

Kraft, Gerhard/Bron, Jan: Implikationen des Urteils in der Rechtssache „Cadbury Schweppes" für die Fortexistenz der deutschen Hinzurechnungsbesteuerung, in: IStR 2006, S. 614–620

Kraßer, Rudolf: Patentrecht, 6. Aufl., München 2009

Krenz, Roland: Frankreich: Verbesserte steuerliche Rahmenbedingungen für Forschungs- und Entwicklungsaktivitäten, in: IStR-LB 2008, S. 10–11

– Frankreich: Jahressteuergesetze – Entwicklung des französischen Steuerrechts zum 1. 1. 2011, in: IStR-LB 2011, S. 28–31

Krenz, Roland/Halbach, Gerrit: 2. Frankreich: Entwicklung des französischen Steuerrechts zum 1. 1. 2010, in: IStR-LB 2010, S. 16–18

Krumrey, Henning: Steuerliche Förderung von Forschungsaufgaben kommt nicht mehr, in: Wirtschaftswoche v. 21. 7. 2012, online verfügbar unter <http://www.wiwo.de/politik/deutschland/forschungsfoerderung-steuerliche-foerderung-von-forschungsaufgaben-kommt-nicht-mehr/6902620.html> (zuletzt abgerufen am 23. 3. 2013)

Kruse, Eberhard: Bemerkungen zur gemeinschaftlichen Verfahrensverordnung für die Beihilfekontrolle – Erwägungen zu einzelnen Verfahrensregelungen und zu Rechtsschutzmöglichkeiten, in: NVwZ 1999, S. 1049–1056

Kube, Hanno: Finanzgewalt in der Kompetenzordnung, Tübingen 2004

– Die Gleichheitsdogmatik des europäischen Wettbewerbsrechts – zur Beihilfenkontrolle staatlicher Ausgleichsleistungen, in: EuR 2004, S. 230–252

– Nationales Steuerrecht und europäisches Beihilfenrecht, in: Becker, Ulrich/Schön, Wolfgang (Hrsg.), Steuer- und Sozialstaat im europäischen Systemwettbewerb, Tübingen 2005, S. 99–118

– EuGH und Steuerrecht – Steuerrechtliche Probleme bei Ausübung der Grundfreiheiten, in: Reimer, Ekkehart et al. (Hrsg.), Europäisches Gesellschafts- und Steuerrecht, München 2007, S. 225–247

– Rechtliche Gleichheit und tatsächliche Verschiedenheit, in: Rudolf Mellinghoff/Ulrich Palm (Hrsg.), Gleichheit im Verfassungsstaat. Symposion aus Anlass des 65. Geburtstages von Paul Kirchhof, Heidelberg 2008, S. 23–49

– EuGH-Rechtsprechung zum direkten Steuerrecht – Stand und Perspektiven, Zentrum für Europäisches Wirtschaftsrecht, Universität Bonn, Vorträge und Berichte, Nr. 171, Bonn 2009

Küting, Karlheinz/Pfirmann, Armin/Ellmann, David: Die bilanzielle Behandlung von öffentlichen Zuwendungen für Forschungs- und Entwicklungstätigkeiten im HGB-Recht, in: DStR 2010, S. 2206–2214

Lachmann, Mary: Die Konkurrenz zwischen der Rechtsprechung des Europäischen Gerichtshofs und den Gesetzgebungsbefugnissen der Gemeinschaft und der Mitgliedstaaten im Ertragsteuerrecht, Frankfurt am Main 2010 [zitiert: Konkurrenz]

Lang, Joachim: Besteuerung in Europa zwischen Harmonisierung und Differenzierung, in: Klein, Franz/Stihl, Hans Peter/Wassermeyer, Franz (Hrsg.), Unternehmen Steuern, Festschrift für Hans Flick, Köln 1997, S. 873–894 [zitiert: Festschrift für Flick]

– Rechtsgutachten zur Verfassungsmäßigkeit der Mindestbesteuerung nach den §§ 10d Abs. 2 EStG; 10a GewStG in der ab 1. Januar 2004 geltenden Fassung, Köln 2004 [zitiert: Mindestbesteuerung]

Lang, Michael: Kapitalverkehrsfreiheit und Doppelbesteuerungsabkommen, in: Lechner, Eduard/Staringer, Claus/Tumpel, Michael (Hrsg.), Kapitalverkehrsfreiheit und Steuerrecht – Eine Analyse des österreichischen Steuerrechts vor dem Hintergrund der Kapitalverkehrsfreiheit des EG-Rechts, Wien 2000, S. 181–196

– Die Rechtsprechung des EuGH zu den direkten Steuern – Planungssicherheit für den nationalen Gesetzgeber?, in: Wagner, Alice/Wedl, Valentin (Hrsg.), Bilanz und Perspektiven zum europäischen Recht – eine Nachdenkschrift anlässlich 50 Jahre Römische Verträge, Wien 2007, S. 113–129

– Die Rechtsprechung des EuGH zu den direkten Steuern – Welcher Spielraum bleibt den Mitgliedstaaten?, Frankfurt am Main 2007

– Seminar J: Steuerrecht, Grundfreiheiten und Beihilfeverbot, in: IStR 2010, S. 570–580

Lausterer, Martin: X und Y: Neues zu den Grundfreiheiten des EG-Vertrages, in: IStR 2003, S. 19–22

Legler, Harald/Krawczyk, Olaf: FuE-Aktivitäten von Wirtschaft und Staat im internationalen Vergleich, Studien zum deutschen Innovationssystem 1-2009, Niedersächsisches Institut für Wirtschaftsforschung e.V. (NIW), Hannover 2009

Legler, Harald/Schasse, Ulrich: Forschungs- und Entwicklungsaktivitäten der deutschen Wirtschaft – eine strukturelle Langfristbetrachtung, in: Expertenkommission Forschung und Entwicklung (EFI) (Hrsg.), Studien zum deutschen Innovationssystem Nr. 2-2010, Hannover 2010

Lehmann, Sören: Steuerliche Anreize für Forschungs- und Entwicklungskosten, in: DStR 2010, S. 1459–1464

Lehner, Moris: Steuergerechtigkeit in der Rechtsprechung des Gerichtshofs der Europäischen Gemeinschaften, in: Kirchhof, Paul/Jakob, Wolfgang/Beermann, Albert (Hrsg.), Steuerrechtsprechung Steuergesetz Steuerreform – Festschrift für Klaus Offerhaus, Köln 1999, S. 117–132 [zitiert: Festschrift für Offerhaus]

Lehner, Stefan/Meiklejohn, Roderick: Fairer Wettbewerb im Binnenmarkt: Die Beihilfepolitik der Europäischen Gemeinschaft, in: Europäische Wirtschaft, Nr. 48/1991, S. 7–123

Lenaerts, Koen: Die Entwicklung der Rechtsprechung des Gerichtshofs der Europäischen Gemeinschaften auf dem Gebiet der direkten Besteuerung, in: EuR 2009, S. 728–749

Lindecke, Andrea: Selektive staatliche Förderung innovativer Bereiche – eine kritische Diskussion traditioneller und handelsstrategischer Erklärungsansätze, Göttingen 1993

Linder, Thomas/Müller, Andreas: Steuerliche Anreize für Forschung und Entwicklung. Ein Standortvergleich – Handlungsbedarf der Schweiz, in: Der Schweizer Treuhänder 2008, S. 146–154

Linn, Alexander: Die Anwendung des Beihilfeverbots im Unternehmenssteuerrecht, in: IStR 2008, S. 601–607

Löhr, Sebastian: Steuerliche Förderung von Forschung und Entwicklung, IFSt-Schrift Nr. 459, Bonn 2009

Lübbig, Thomas/Martin-Ehlers, Andrés: Beihilfenrecht der EU – Das Recht der Wettbewerbsaufsicht über staatliche Beihilfen in der Europäischen Union, München 2003

Lutz, Markus: Steuerung internationaler Forschungs- und Entwicklungsnetzwerke, Berlin 2008

Marchgraber, Christoph: Steuerliche Forschungsförderung im Lichte des Unionsrechts, in: ZfHR 2010, S. 47–59

Mayer-Theobald, Felicitas: Non-garden most favoured negotiating, München 2011

Mestmäcker, Ernst-Joachim/Schweitzer, Heike: Europäisches Wettbewerbsrecht, 2. Aufl., München 2004

Micheau, Claire: Tax selectivity in State aid review: a debatable case practice, in: EC Tax Review 2008/6, S. 276–284

Mihm, Andreas: Solarausbau kostet Deutschland mehr als 110 Milliarden Euro, in: FAZ v. 16. 7. 2012, S. 11

Möllenbeck, Claus: Das Verhältnis der EG-Amtshilfe zu den erweiterten Mitwirkungspflichten bei internationalen Steuerfällen, Frankfurt am Main 2010 [zitiert: Mitwirkungspflichten]

Montag, Frank/Säcker, Franz Jürgen (Hrsg.): Münchener Kommentar zum Europäischen und Deutschen Wettbewerbsrecht (Kartellrecht), Band 3: Beihilfen- und Vergaberecht, München 2011 [zitiert: MüKo-Wettbewerbsrecht, Bd. 3]

Mössner, Jörg Manfred: Diskriminierung beschränkt Steuerpflichtiger, in: Haarmann, Wilhelm (Hrsg.), Die beschränkte Steuerpflicht, Köln 1993, S. 110–131

Musil, Andreas/Fähling, Lars: Neue Entwicklungen bei den europarechtlichen Rechtfertigungsgründen im Bereich des Ertragsteuerrechts, in: DStR 2010, S. 1501–1505

Neumann, Steffen: Steuerliche Verbesserungen für das bürgerschaftliche Engagement und die Folgen aus der Stauffer-Entscheidung des EuGH für den Spendenabzug, in: FR 2008, S. 745–751

Nonnenmacher, Rolf: Bilanzierung von Forschung und Entwicklung, in: DStR 1993, S. 1231–1235

Nordmann, Matthias Johannes: Die neue de-minimis Verordnung im EG-Beihilfenrecht, in: EuZW 2007, S. 752–756

Nowak, Carsten: Die Entwicklung des EG-Beihilfenkontrollrechts in den Jahren 2001 und 2002, in: EuZW 2003, S. 389–403

Nowak, Carsten/Schnitzler, Jörg: Erweiterte Rechtfertigungsmöglichkeiten für mitgliedstaatliche Beschränkungen der EG-Grundfreiheiten – Genereller Rechtsprechungswandel oder Sonderweg im Bereich der sozialen Sicherheit?, in: EuZW 2000, S. 627–631

Oppenländer, Karl Heinrich: Die wirtschaftspolitische Bedeutung des Patentwesens aus der Sicht der empirischen Wirtschaftsforschung, in: GRUR Int 1982, S. 598–604

– (Hrsg.): Patentwesen, technischer Fortschritt und Wettbewerb, Berlin 1984

Oppermann, Thomas/Classen, Claus Dieter/Nettesheim, Martin: Europarecht – Ein Studienbuch, 5. Aufl., München 2011

Organisation for Economic Co-operation and Development (OECD) (Hrsg.): Frascati Manual – Proposed Standard Practice for Surveys on Research and Experimental Development, Paris 2002 [zitiert: OECD (Hrsg.), Frascati-Handbuch 2002]

– (Hrsg.): Main Science and Technology Indicators, Volume 2010/1, Paris 2011 [zitiert: OECD (Hrsg.), Main Science and Technology Indicators 2010/1]

– (Hrsg.): Main Science and Technology Indicators, Volume 2012/1, Paris 2012 [zitiert: OECD (Hrsg.), Main Science and Technology Indicators 2012/1]

O'Shea, Tom: Austrian Leasing Rules Incompatible With EC Treaty, ECJ Says, in: TNI 2009, S. 391–393

- Luxembourg's Rules on Investment Tax Credit Violate EU Law, ECJ Says, in: TNI 2011, S. 277–279

Österreichisches Bundesministerium für Wirtschaft, Familie und Jugend (BMWFJ) (Hrsg.): Forschungsfreibetrag, online verfügbar unter <http://www.bmwfj. gv.at/forschungundinnovation/foerderungen/Seiten/Forschungsfreibetrag. aspx> (zuletzt abgerufen am 23. 3. 2013)

Osterrieth, Christian: Patentrecht, 4. Aufl., München 2010

Perlitz, Manfred: Internationales Management, 5. Aufl., Stuttgart 2004

Plewka, Harald: Die Entwicklung des Steuerrechts, in: NJW 2010, S. 488–493

Plickert, Philip: „Eine völlig verrückte Subventionsmaschinerie", in: FAZ v. 31. 1. 2011, S. 12

Prange-Gstöhl, Heiko: Kommentar zum Beitrag von Andre Jungmittag, in: Schefold, Bertram/Lenz, Thorsten (Hrsg.), Europäische Wissensgesellschaft – Leitbild europäischer Forschungs- und Innovationspolitik?, Berlin 2008, S. 91–96

Quigley, Conor: General Taxation and State Aid, in: Biondi, Andrea/Eeckhout, Piet/Flynn, James (Hrsg.), The Law of State Aid in the European Union, Oxford 2004, S. 207–218

Rammer, Christian et al.: Internationale Trends der Forschungs- und Innovationspolitik, Zentrum für Europäische Wirtschaftsforschung GmbH, Band 73, Baden-Baden 2004

Randelzhofer, Albrecht Alexander: Das Kontrollverfahren über staatliche Beihilfen im EG-Vertrag, Dissertation Universität Bonn 1997

Reger, Guido: Koordination und strategisches Management internationaler Innovationsprozesse, Heidelberg 1997 [zitiert: Innovationsprozesse]

Reimer, Ekkehart: Die Auswirkungen der Grundfreiheiten auf das Ertragsteuerrecht der Bundesrepublik Deutschland – Eine Bestandsaufnahme –, in: Lehner, Moris (Hrsg.), Grundfreiheiten im Steuerrecht der EU-Staaten, München 2000, S. 39–101

Rengeling, Hans-Werner: Das Beihilferecht der Europäischen Gemeinschaft, in: Börner, Bodo/Neundörfer, Konrad (Hrsg.), Recht und Praxis der Beihilfen im Gemeinsamen Markt, Köln/Berlin/Bonn/München 1984, S. 23–54

Rödder, Thomas: Deutsche Unternehmensbesteuerung im Visier des EuGH, in: DStR 2004, S. 1629–1634

Rödding, Adalbert: Änderungen der Zinsschranke durch das Wachstumsbeschleunigungsgesetz, in: DStR 2009, S. 2649–2652

Rolshoven, Michael: „Beschränkungen" des freien Dienstleistungsverkehrs, Berlin 2002

Rosenberger, Hans-Peter: Zur Problematik von Subventionen für F&E-Projekte – Eine Auseinandersetzung mit den Konzepten der EU und der Bundesrepublik Deutschland, in: WiVerw 2009/3, S. 133–192

Rossi, Matthias: Das Diskriminierungsverbot nach Art. 12 EGV, in: EuR 2000, S. 197–217

Roth, Wulf-Henning: Die Niederlassungsfreiheit zwischen Beschränkungs- und Diskriminierungsverbot, in: Schön, Wolfgang (Hrsg.), Gedächtnisschrift für Brigitte Knobbe-Keuk, Köln 1997, S. 729–742 [zitiert: Gedächtnisschrift für Knobbe-Keuk]

Röthlingshöfer, Karl Christian/Sprenger, Rolf-Ulrich: Effizienz der indirekten steuerlichen Forschungsförderung, Berlin 1977

Rublack, Carolin: Berücksichtigung finaler Auslandsverluste – ein Vorschlag zur Umsetzung der unionsrechtlichen Anforderungen im deutschen Steuerrecht, IFSt-Schrift Nr. 472, Berlin 2011

Ruppe, Hans Georg: Die Bedeutung der Kapitalverkehrsfreiheit für das Steuerrecht, in: Lechner, Eduard/Staringer, Claus/Tumpel, Michael (Hrsg.), Kapitalverkehrsfreiheit und Steuerrecht – Eine Analyse des österreichischen Steuerrechts vor dem Hintergrund der Kapitalverkehrsfreiheit des EG-Rechts, Wien 2000, S. 9–26

Sachverständigenrat zur Begutachtung der gesamtwirtschaftlichen Entwicklung (Hrsg.): Jahresgutachten 2008/09, Wiesbaden 2008, BT-Drucks. 16/10985 v. 18. 11. 2008

–   (Hrsg.): Jahresgutachten 2011/12, Wiesbaden 2011, BT-Drucks. 17/7710 v. 11. 11. 2011

Saß, Gert: Zum Schutz von Kapitalbewegungen in der EU gegen steuerliche Diskriminierungen, in: FR 2000, S. 1270–1275

Schaumburg, Harald: Internationales Steuerrecht – Außensteuerrecht, Doppelbesteuerungsrecht, 3. Aufl., Köln 2011

Scheffler, Wolfram: Internationale betriebswirtschaftliche Steuerlehre, 3. Aufl., München 2009

Scheunemann, Marc P./Dennisen, Andre: Steuerliche Strukturierung von Forschung und Entwicklung im internationalen Konzern, in: DB 2010, S. 408–413

Schlie, Ina/Stetzelberger, Anna: Steuerliche Förderung von Forschung und Entwicklung, in: IStR 2008, S. 269–275

Schlösser, Julia: Steuerliche Vergünstigungen für Forschung und Entwicklung in Frankreich, in: IStR 2009, S. 557–563

Schmidt, Karsten (Hrsg.): Münchener Kommentar zum Handelsgesetzbuch, Band 4: §§ 238–342e HGB, 2. Aufl., München 2008 [zitiert: MüKo HGB, Bd. 4]

Schmidt, Ludwig: Einkommensteuergesetz, Kommentar, 4. Aufl., München 1985 [zitiert: EStG]

Schneider, Herwig W.: Steuerliche Begünstigung von Forschung und Entwicklung, 3. Aufl., Wien 2008

Schnitger, Arne: Die Grenzen der Einwirkung der Grundfreiheiten des EG-Vertrages auf das Ertragsteuerrecht, Düsseldorf 2006

Scholz, Stefan: Internet-Politik in Deutschland – vom Mythos der Unregulierbarkeit, Münster 2004

Schön, Wolfgang: Europäische Kapitalverkehrsfreiheit und nationales Steuerrecht, in: Schön, Wolfgang (Hrsg.), Gedächtnisschrift für Brigitte Knobbe-Keuk, Köln 1997, S. 743–777 [zitiert: Gedächtnisschrift für Knobbe-Keuk]

– Der „Wettbewerb" der europäischen Steuerordnungen als Rechtsproblem, in: DStJG Band 23 (2000), Köln 2000, S. 191–226 [zitiert: DStJG 23]

– Steuerliche Beihilfen, in: Koenig, Christian/Roth, Wulf-Henning/Schön, Wolfgang (Hrsg.), Aktuelle Fragen des EG-Beihilfenrechts, Beihefte der Zeitschrift für das gesamte Handelsrecht und Wirtschaftsrecht, Heft 69, Heidelberg 2001, S. 106–132

– Besteuerung im Binnenmarkt – die Rechtsprechung des EuGH zu den direkten Steuern, in: IStR 2004, S. 289–300

Schubert, Thure: Der Gemeinsame Markt als Rechtsbegriff – Die allgemeine Wirtschaftsfreiheit des EG-Vertrages, München 1999

Sedemund, Jan: Die Bedeutung des Prinzips der steuerlichen Kohärenz als Rechtfertigungsaspekt für Eingriffe in die Grundfreiheiten des EG-Vertrages, in: IStR 2001, S. 190–192

–   Europäisches Ertragsteuerrecht, Baden-Baden 2008

Sedlaczek, Michael: Der Begriff der Diskriminierung und der Beschränkung – die Kapitalverkehrsfreiheit als konvergente Grundfreiheit des EG-Vertrages, in: Lechner, Eduard/Staringer, Claus/Tumpel, Michael (Hrsg.), Kapitalverkehrsfreiheit und Steuerrecht – Eine Analyse des österreichischen Steuerrechts vor dem Hintergrund der Kapitalverkehrsfreiheit des EG-Rechts, Wien 2000, S. 27–61

Seer, Roman: Gemeinwohlzwecke und steuerliche Entlastung, in: DStJG Band 26 (2003), Köln 2003, S. 11–48 [zitiert: DStJG 26]

Seidel, Martin: Grundfragen des Beihilfenaufsichtsrechts der Europäischen Gemeinschaften, in: Börner, Bodo/Neundörfer, Konrad (Hrsg.), Recht und Praxis der Beihilfen im Gemeinsamen Markt, Köln/Berlin/Bonn/München 1984, S. 55–82

Seiler, Christian: Das Steuerrecht unter dem Einfluss der Marktfreiheiten, in: StuW 2005, S. 25–36

–   Steuerstaat und Binnenmarkt, in: Depenheuer, Otto et al. (Hrsg.), Staat im Wort – Festschrift für Josef Isensee, Heidelberg 2007, S. 875–894 [zitiert: Festschrift für Isensee]

Seiler, Christian/Axer, Georg: Die EuGH-Entscheidung im Fall „Lidl Belgium" als (Zwischen-) Schritt auf dem Weg zur Abstimmung von nationaler Steuerhoheit und europäischem Recht, in: IStR 2008, S. 838–844

Seitz, Wolfgang: Steuerharmonisierung versus nationale Interessen in der EU, in: Lang, Michael/Weinzierl, Christine (Hrsg.), Europäisches Steuerrecht, Festschrift für Friedrich Rödler zum 60. Geburtstag, Wien 2010, S. 867–884 [zitiert: Festschrift für Rödler]

Siegemund, Ulrich: Auswirkungen der Steuerreform in Frankreich auf deutsche Unternehmen, in: Handelsblatt vom 3. 11. 2011, online verfügbar unter <http:// blog. handelsblatt. com/ steuerboard/ 2011/ 11/ 03/ steuerreform- in-frankreich---auswirkungen-auf-deutsche-unternehmen/> (zuletzt abgerufen am 23. 3. 2013)

Sinnaeve, Adinda: Die Rückforderung gemeinschaftsrechtswidriger nationaler Beihilfen – Kollisionen im Spannungsverhältnis zwischen Gemeinschafts- und nationalem Recht, Berlin 1997

–   Die neue Verfahrensverordnung in Beihilfensachen – Ein weiterer Schritt bei der Reform des Beihilfenrechts, in: EuZW 1999, S. 270–277

\- Die ersten Gruppenfreistellungen: Dezentralisierung der Beihilfenkontrolle?, in: EuZW 2001, S. 69–77

Sistermann, Christian/Brinkmann, Jan: Verlustuntergang aufgrund konzerninterner Umstrukturierungen – § KSTG § 8c KStG als Umstrukturierungshindernis?, in: DStR 2008, S. 897–903

Soltész, Ulrich: Die „Belastung des Staatshaushalts" als Tatbestandsmerkmal einer Beihilfe i. S. des Art. 92 I EGV, in: EuZW 1998, S. 747–753

Spengel, Christoph/Wiegard, Wolfgang: Ökonomische Effekte einer steuerlichen Forschungsförderung in Deutschland – Studie im Auftrag des Bundesverbandes der Deutschen Industrie e.V. (BDI) und des Verbandes der Chemischen Industrie e.V. (VCI), Mannheim/Regensburg 2011

Spengel, Christoph et al.: Steuerliche Förderung von Forschung und Entwicklung (FuE) in Deutschland – Ökonomische Begründung, Handlungsbedarf und Reformbedarf, Berlin/Heidelberg 2009 [zitiert: Steuerliche Förderung von F&E]

Stahlschmidt, Michael: Kohärenz – ein Beweis, dass der EuGH die Kompetenz in Steuersachen noch nicht gefunden hat, in: FR 2006, S. 249–261

Stapperfend, Thomas: Der Einfluß der Grundfreiheiten und der Diskriminierungsverbote des EG-Vertrags auf die inländische Besteuerung, in: FR 2003, S. 165–174

Staringer, Claus: Austria: The Jobra Case, in: Lang, Michael et al. (Hrsg.), ECJ – Recent Developments in Direct Taxation 2008, Wien 2008, S. 9–19

Statistisches Bundesamt (Hrsg.): Körperschaftsteuerstatistik 2004, Wiesbaden 2010

\- (Hrsg.): Statistisches Jahrbuch 2011, Wiesbaden 2011

\- (Hrsg.): Volkswirtschaftliche Gesamtrechnungen, Inlandsproduktberechnung – Lange Reihen ab 1970, Wiesbaden 2012 [zitiert: Volkswirtschaftliche Gesamtrechnungen]

Stewen, Tobias: Der EuGH und die nationale Steuerhoheit – Spannungsverhältnis und Konfliktlösung, in: EuR 2008, S. 445–467

Stifterverband für die Deutsche Wissenschaft (Hrsg.): FuE-Datenreport 2009 – Tabellen und Daten, Essen 2009

\- (Hrsg.): FuE-Datenreport 2010 – Analysen und Vergleiche, Essen 2010

\- (Hrsg.): FuE-Datenreport 2011 – Tabellen und Daten, Essen 2011

–   (Hrsg.): FuE-Datenreport 2012 – Analysen und Vergleiche, Essen 2012

Streck, Michael (Hrsg.): Körperschaftsteuergesetz mit Nebengesetzen, 7. Aufl., München 2008 [zitiert: KStG]

Streinz, Rudolf: Europarecht, 9. Aufl., Heidelberg 2012

Streinz, Rudolf/Ohler, Christoph/Herrmann, Christoph: Der Vertrag von Lissabon zur Reform der EU, 3. Aufl., München 2010

Strüber, Malte: Steuerliche Beihilfen – Eine kritische Analyse der Anwendung des Beihilfeverbots im Bereich der direkten Steuern, Frankfurt am Main 2006

Sutter, Franz Philipp: Anmerkung zum EuGH-Urteil „Jobra", in: EuZW 2009, S. 86–87

Terra, Ben J. M./Wattel, Peter J.: European Tax Law, 5. Aufl., Den Haag 2008

Thömmes, Otmar: Tatbestandsmäßigkeit und Rechtfertigung steuerlicher Diskriminierungen nach EG-Recht, in: Schön, Wolfgang (Hrsg.), Gedächtnisschrift für Brigitte Knobbe-Keuk, Köln 1997, S. 795–834 [zitiert: Gedächtnisschrift für Knobbe-Keuk]

Tiedtke, Klaus/Mohr, Martin: Die Grundfreiheiten als zulässiger Maßstab für die direkten Steuern, in: EuZW 2008, S. 424–428

Töben, Thomas: Eilvorlage: Praktikables Krisensteuerrecht dringender denn je – Ein Appell an Gesetzgeber und Verwaltung, in: FR 2010, S. 249–258

Tumpel, Michael: Europarechtliche Besteuerungsmaßstäbe für die grenzüberschreitende Organisation und Finanzierung von Unternehmen, in: DStJG Band 23 (2000), Köln 2000, S. 321–372 [zitiert: DStJG 23]

Ullrich, Hanns: Einzelstaatliche Förderung industrieller Forschung und Entwicklung zwischen Binnenmarkt und Technologiegemeinschaft, in: EWS 1991, S. 1–10

Vedder, Christoph/Heintschel von Heinegg, Wolff (Hrsg.): Europäisches Unionsrecht – Handkommentar zu EUV, AEUV, Grundrechte-Charta, Baden-Baden 2012

Vogel, Klaus/Lehner, Moris (Hrsg.): Doppelbesteuerungsabkommen der Bundesrepublik Deutschland auf dem Gebiet der Steuern vom Einkommen und Vermögen, Kommentar, 5. Aufl., München 2008 [zitiert: DBA]

Wagner, Christoph: Steuergleichheit unter Standortvorbehalt? – Verfassungsrechtliche Grenzen einer ungleichen Einkommensbesteuerung von Kapital und Arbeit, Frankfurt am Main 2010

Weber-Grellet, Heinrich: Neu-Justierung der EuGH-Rechtsprechung, in: DStR 2009, S. 1229–1236

Weiß, Wolfgang: Nationales Steuerrecht und Niederlassungsfreiheit – Von der Konvergenz der Grundfreiheiten als Beschränkungsverbote zur Auflösung der Differenzierung zwischen unterschiedslosen und unterschiedlichen Maßnahmen, in: EuZW 1999, S. 493–498

Wernsmann, Rainer: Steuerliche Diskriminierungen und ihre Rechtfertigung durch die Kohärenz des nationalen Rechts – Zur Dogmatik der Schranken der Grundfreiheiten, in: EuR 1999, S. 754–775

Wieland, Joachim: Der Europäische Gerichtshof als Steuergesetzgeber?, in: Gaitanides, Charlotte/Kadelbach, Stefan/Rodriguez, Gil Carlos (Hrsg.), Europa und seine Verfassung, Festschrift für Manfred Zuleeg, Baden-Baden 2007, S. 492–504 [zitiert: Festschrift für Zuleeg]

Wimmer, Norbert/Müller, Thomas: Wirtschaftsrecht. International – Europäisch – National, Wien/New York 2007

Wittkowski, Ansas/Hielscher, Stephan: Änderungen des § 8c KStG durch das Wachstumsbeschleunigungsgesetz, in: DB 2010, S. 11–18

Wunderlich, Nina/Blaschke, Christoph: Die Gewährleistung der Kapitalverkehrsfreiheit in Bezug auf Drittstaaten – Neuere Entwicklungen in der Rechtsprechung des EuGH, in: IStR 2008, S. 754–762

Wünschig, Dirk: Perspektiven eines europarechtskonformen Gemeinnützigkeits- und Zuwendungsrechts, Frankfurt am Main 2011

Zentralverband Elektrotechnik- und Elektronikindustrie (ZVEI) (Hrsg.), Steuerliche Förderung von Forschung und Entwicklung, online verfügbar unter <http://www.zvei-akademie.de/index.php?id=4410> (zuletzt abgerufen am 23. 3. 2013)

www.peterlang.de